outros modernismos no brasil

1870 — 1930

Giovanna Dealtry,
Luís Augusto Fischer
& Guto Leite (orgs.)

editora ZOUK

Conselho Editorial

Cristiane Tavares – Instituto Vera Cruz/SP
Daniela Mussi – UFRJ
Idalice Ribeiro Silva Lima – UFTM
Joanna Burigo – Emancipa mulher
Leonardo Antunes – UFRGS
Lucia Tennina – UBA
Luis Augusto Campos – UERJ
Luis Felipe Miguel – UnB
Maria Amélia Bulhões – UFRGS
Regina Dalcastagnè – UnB
Regina Zilberman – UFRGS
Renato Ortiz – Unicamp
Ricardo Timm de Souza – PUCRS
Rodrigo Saballa de Carvalho – UFRGS
Rosana Pinheiro Machado – Universidade de Bath/UK
Susana Rangel – UFRGS
Winnie Bueno – Winnieteca

Giovanna Dealtry,
Luís Augusto Fischer
& Guto Leite (orgs.)

outros modernismos no brasil

1870 - 1930

2022

1ª edição

Porto Alegre

editora ZOUK

2022 © Giovanna Dealtry, Luís Augusto Fischer & Guto Leite

Projeto gráfico e edição: Editora Zouk
Revisão: Tatiana Tanaka
Capa: Maria Williane

Dados Internacionais de Catalogação na Publicação (CIP)
de acordo com ISBD
Elaborado por Odilio Hilario Moreira Junior - CRB-8/9949

O94
    Outros modernismos no Brasil: 1870 - 1930 / organizado por Giovanna Dealtry, Luís Augusto Fischer, Guto Leite. - Porto Alegre, RS : Zouk, 2022.
    470 p. ; 15,5cm x 22,5cm.

    Inclui bibliografia.
    ISBN: 978-65-5778-067-1

    1. Literatura brasileira. 2. Crítica literária. I. Dealtry, Giovana. II. Fischer, Luis Augusto. III. Leite, Guto.

2022-1448
    CDD 869.909
    CDU 821.134.3(81).09

Índice para catálogo sistemático:
1. Literatura brasileira : crítica literária 869.909
2. Literatura brasileira : crítica literária 821.134.3(81).09

---

direitos desta edição reservados à
Editora Zouk
Av. Cristóvão Colombo, 1343 sl. 203
90560-004 – Floresta – Porto Alegre – RS – Brasil
f. 51. 3024.7554

www.editorazouk.com.br

Sumário

Outros modernismos no Brasil: 1870-1930
9

Sousândrade, harpa antiga com cordas novas
Olívia Barros de Freitas
13

Benjamim Costallat, um *recordman*
Armando Gens
27

Machado de Assis: revolucionário e conservador
André Boucinhas
41

Josephina Álvares de Azevedo: uma mulher moderna do século XIX
Laila Thaís Correa e Silva
57

A obra múltipla de **Arthur Azevedo**
Maria Clara Gonçalves
69

Aluísio Azevedo e o cânone moderno e enfurecido da jovem república
Homero Vizeu Araújo
85

Carmen Dolores e Chrysanthème: lutas e nervos ao início do século XX
Rosa Gens
95

Cruz e Sousa e o mito do SuperNegro
Luiz Mauricio Azevedo
109

Julia Lopes de Almeida, escritora do Rio moderno dos anos 1920
Anna Faedrich
115

Raul Pompeia: o leitor ideal
Magali Lippert da Silva Almeida
127

O lugar de **Simões Lopes Neto** é entre os grandes
Heloisa Sousa Pinto Netto
141

Euclides da Cunha, um rebelde sonhador
Ricardo Souza de Carvalho
151

Os males de origem e nosso tempo no tempo do mundo
Marcos Lacerda
161

A **Padaria Espiritual** e a modernização da cidade de Fortaleza
Rodrigo de Albuquerque Marques
169

Helena Morley e o livro *Minha vida de menina*:
índices da modernidade em um diário
Ana Elisa Ribeiro, Maria do Rosário Alves Pereira e Renata Moreira
183

A articulação entre rua e linguagem em **João do Rio**
Giovanna Dealtry
195

Cor, movimento e tensão nas páginas de **Lima Barreto**
Carmem Negreiros
207

Os "modernismos" de **Monteiro Lobato**
Raquel Afonso da Silva
221

Augusto dos Anjos, as várias fisionomias de uma mesma face
Tiago Lopes Schiffner
237

O *clown*, a boneca e outros membros da família: notas sobre o percurso estético de **Álvaro Moreyra e Eugênia Moreyra**
Vinícius de Oliveira Prusch
247

Evocação de **Juó Bananére**
Jean Pierre Chauvin
261

Graciliano Ramos e a modernidade de contos-capítulos: singularidades e sentido coletivo
Ieda Lebensztayn
271

Orestes Barbosa, um cronista na esquina entre a cidade e a modernidade
Paulo Roberto Tonani do Patrocínio
285

Do corpo ao cosmo: a modernidade de **Gilka Machado**
Gilberto Araújo e Suzane Silveira
297

O modernismo sem dó de peito de **Cecília Meireles**
Guto Leite
309

Henriqueta Lisboa, modernista hispano-americana
Karina de Castilhos Lucena
321

Joaquim Inojosa: história e memória do Modernismo em Pernambuco
Natália Conceição Silva Barros Cavalcanti
331

Augusto Meyer: um modernista na Província
Patrícia Lima
347

Pagu em caleidoscópio: revolução permanente de uma obra-vida
Adriana Armony
359

Escrevendo como uma mulher: **Cacy Cordovil**
Hugo Lorenzetti Neto
371

Cataguases no mapa literário brasileiro: o **Grupo Verde**
Luiz Rufatto
385

Do falso realismo ao *Teatro da Bagunça*: a crítica
teatral de **António de Alcântara Machado**
Rodrigo Alves do Nascimento
397

Gestos modernos no teatro da década de 1930: as peças *Amor...*, de
Oduvaldo Vianna, e *Deus lhe pague*, de **Joracy Camargo**
Lígia Rodrigues Balista, Phelippe Celestino, Paulo Pina e Carlos Gontijo
Rosa
415

A Nova Música do Brasil: **Samba Moderno** e Outras Bossas
na virada dos anos 1920/30
Arthur de Faria
435

História e crítica literária: Machado de Assis; José Veríssimo e Sílvio
Romero; João Pinto da Silva e Ronald de Carvalho
Luís Augusto Fischer
445

Sobre os autores
459

Outros modernismos no Brasil: 1870-1930

O ano de 2022 é marcado, no Brasil, por duas efemérides incontornáveis – o bicentenário da Independência e o centenário da Semana de Arte Moderna de São Paulo. Impossível estar vivo e passar ao largo dos dois eventos, nos campos literário e intelectual.

Na condição de professores e pesquisadores da literatura, os três organizadores deste livro se propuseram a congregar colegas pelo Brasil afora com vistas a pensar conceituações como "modernismo" e "modernidade", usualmente atreladas ao advento da Semana de Arte Moderna. Desde sempre nos animou propor um debate em busca da renegociação crítica e da ampliação do sentido dominante dos termos citados. Dada a trajetória dos fenômenos postos em ação pela Semana – seja pelo evento em si, pela carreira dos escritores e outros artistas envolvidos, fato que se estendeu por algumas décadas adiante, seja ainda pela consagração da ideia modernista paulista como modelo paradigmático de leitura da literatura e da cultura brasileiras, efetivada por críticos e professores de grande importância há pelo menos meio século –, nos pareceu ser este o momento oportuno para apresentar outros eixos do modernismo para além dos já estabelecidos.

Para tanto, nos distanciamos do entendimento já consagrado entre modernismo e movimento, apostando na pluralidade de autores que, cada um a sua maneira e em diferentes épocas e lugares do país, souberam incorporar em suas obras inovações de caráter temático e estético, ao mesmo tempo que se projetavam no campo literário. Outros modernismos, nesse sentido, pressupõem formas de experimentação literária não entendidas como devedoras de 22 ou, no melhor dos casos, antecipadoras em parte das propostas dos paulistas.

Nossa publicação começa derrubando a ideia de que só há modernismo, modernidade, obra moderna depois de 1922. Os trinta e três autores, movimentos e produções letradas aqui abordados apareceram entre o final do século XIX e as primeiras décadas do XX, razoavelmente entre o começo da Primeira República no Brasil, 1889, e o início da Segunda Guerra Mundial, 1939. Propusemo-nos a mapear obras, artistas e fenômenos que, segundo os parâmetros logo abaixo descritos, possam ser entendidos como modernistas, para além do recorte habitual. Está em causa, portanto, disputar o sentido e a abrangência da categoria "modernismo", que tem sido, por assim dizer, privatizada para designar exclusivamente obras e escritores que tenham vinculação direta com a Semana de Arte Moderna de 1922 e/ou com a capital paulista, gerando marcações temporais dela decorrentes, e ainda em uso no cenário escolar, como os termos Pré-modernismo e Modernismo de Segunda e Terceira Geração.

Dentro do recorte temporal, os parâmetros empregados alcançam obras

1) que apresentem uma posição de rompimento, disjunção, diferenciação em relação a algum movimento estético ou instituição, ou uma movimentação pela novidade, pelo "ir adiante" em termos estéticos e/ou de representação, ou que recuperem invenções ou movimentos anteriores de vanguarda que, segundo a leitura desses letrados, teriam sido esquecidos pelo caminho;

2) que abordem temas identificados com a modernidade desse período, em geral, ligados à metrópole e à tecnologia, à imprensa ágil, à multidão, à *flânerie*, aos grupos de trabalhadores ou minorias (negros, indígenas, homossexuais, mulheres, imigrantes), e que não apresentem ponto de vista elitista, conservador, reacionário ou homogeneizador;

3) cujo autor ou autora pertença a um grupo social que passa a tomar a palavra neste momento e, com isso, elabore uma perspectiva outra para dar conta de experiências sociais eventualmente já visitadas por formas elaboradas em cidades centrais da experiência moderna, especificamente as europeias.

Esses parâmetros foram pensados para dar conta de um movimento mais amplo do que estamos habituados a considerar, a fim de configurar um novo alcance para a palavra "modernismo". A postulação desse sentido novo, mais abrangente e, sempre que possível, explicitado, envolve também um movimento de discussão historiográfica e crítica, iluminando objetos que merecem ser lidos como parte ativa dessa renovação sem serem associados exclusivamente ao modernismo de São Paulo, cujo evento principal é a Semana de Arte Moderna.

Fique claro que os organizadores e os colaboradores consideram a Semana e a obra dos artistas a ela ligados como marcos relevantes e imprescindíveis para compreender o Brasil. Mas justamente esse conjunto de escritores e intelectuais – Paulo Prado e Sérgio Buarque de Holanda; Mário e

Oswald de Andrade, mais os paulistas que estavam ligados à SAM, mesmo que depois tenham sido alijados do panteão modernista, como Guilherme de Almeida, Menotti del Picchia e Plínio Salgado, assim como os cariocas (ou residentes no Rio) que estavam na primeira hora da articulação da Semana, como Graça Aranha, Ribeiro Couto e Ronald de Carvalho, ou escritores de outros estados identificados pelo movimento no paradigma atual de leitura, como Manuel Bandeira e Carlos Drummond de Andrade – não precisa ser postulado como modernista porque os manuais de crítica e história literária os consideram como tal. Por isso mesmo, tais figuras não estão no repertório de nosso livro.

O livro *Outros modernismos no Brasil: 1870-1930* se compõe de capítulos monográficos, escritos por professores e pesquisadores não necessariamente formados em Letras, almejando a maior abrangência possível pelo território brasileiro e pelas modalidades letradas, porque também cá estão a canção popular, o teatro e a historiografia literária. Não tem ambição de promover uma simples reforma ou um alargamento do cânone, mas sim de propor um olhar menos viciado para a produção literária do período. Também não tem ambição imediata de reescrita da história literária, porque reconhece que a história literária é resultante do sempre complexo jogo de forças sociais, políticas, ideológicas.

A reflexão que anima o livro procurou estruturar-se na direção de, por um lado, não ignorar que existe um cânone, ao menos em algumas instâncias (currículos escolares, programa do Enem, livros didáticos), e que esse cânone tem sido comandado conceitualmente pelos valores do modernismo paulista, quer dizer, aquele que se pode depreender da obra de Mário de Andrade (e secundariamente da de Oswald de Andrade), valores estabilizados no processo de canonização da Semana de 22, especialmente a partir da USP nos anos 1940.

Mas não se trata, em nosso trabalho agora, de postular outro cânone. Se é verdade que estamos divergindo do existente, não defendemos apenas a imposição de outra lista de canonizados. O que nos anima é demonstrar, para o leitor, que diversos outros escritores e escritoras produziram obras que merecem ser lidas e analisadas como parte do grande processo de modernização ocorrido entre os limites de 1870 e 1930.

A intenção foi dar a ver outras figuras desse arco que principia nos anos posteriores à Guerra do Paraguai e à derrota da Comuna de 1871 na França, no tempo da Primeira República no Brasil, e se encerra por volta da Segunda Guerra Mundial – não para esgotar ou encerrar o assunto, mas para retomá-lo, para botar em jogo novamente, com algumas informações e caminhos interpretativos, esses autores e autoras de tanto valor. Da mesma maneira, destacamos a importância conferida pelos ensaístas a inovações estéticas, discussões sobre o campo literário e novos modelos de articulação entre literatura, cultura e nação.

Por fim, cabe lembrar que seria impossível apresentar a totalidade de autores e movimentos compreendida dentro desse espectro. Nosso trabalho ensaiou abranger o maior número de autores e movimentos cuja relevância para a compreensão dos "outros modernismos" faz-se cada vez mais necessária.

Giovanna Dealtry, Luís Augusto Fischer & Guto Leite
(organizadores)

Sousândrade, harpa antiga com cordas novas

Olívia Barros de Freitas

Um peregrino no século XIX

Joaquim Manuel de Sousa Andrade, conhecido simplesmente como Sousândrade (aglutinação criada pelo próprio), nasceu no Maranhão, em 1832. Sua obra poética tem início em 1857 com as *Harpas Selvagens*, estendendo-se até 1902 com a publicação de "O Guesa, O Zac", parte do poema de cunho épico inconcluso *O Guesa* ([1857-1902] 1857-1877). Além desses, é autor de *Novo Éden* ([1888-1889] 1893), *Harpa de ouro* ([1888-1889] 1969), *Harpas eólias* (1870), *Obras poéticas* (1874) e *Liras perdidas* (1970). Filho da nobreza rural maranhense, graduou-se em Letras pela Universidade de Sorbonne, em Paris, além de ter cursado Engenharia de Minas. Financiado pela venda gradativa de vários de seus bens herdados, Sousândrade pôde fazer diversas viagens, muitas delas dedicadas aos seus estudos, tendo uma vasta experiência cosmopolita: conheceu Portugal, Alemanha, Inglaterra, Estados Unidos e vários países da América Latina. Morou em São Luís, várias cidades da Europa, Rio de Janeiro e Nova York, e supõe-se que durante algum período tenha chegado a residir no Chile e no Peru. Foi casado e se separou. Foi pai bastante atuante para com a educação de sua única filha, Maria Bárbara (quem inspirou vários de seus versos e poemas).

Cidadão ativo, Sousândrade tinha um grande desejo político de que ocorresse uma verdadeira mudança social no Brasil. Foi professor de grego no Liceu Maranhense e sonhava com a criação de uma universidade na localidade, a "Universidade Atlântida" ou "Nova Atenas" – para isso, criava currículos, esboçava documentos, convocava reuniões públicas para as quais poucos comparceriam, dedicando-se muito a um sonho que não encontrou amparo social ou político. Participava de agremiações, debates e reuniões, nos quais defendia fervorosamente a instalação da república, a abolição da escravidão e práticas indigenistas. Para além dos poemas, publicou textos em diversos jornais, nos quais discutia política, arte, educação e moralização dos costumes. Após a proclamação da República, desenhou a bandeira do estado do Maranhão e, por alguns meses, chegou a atuar como o primeiro prefeito de São Luís. O escritor almejava que o Brasil e o estado do Maranhão ingressassem no mundo moderno. Como resultado de uma trajetória excêntrica para os padrões da segunda metade do século XIX, por ter alforriado escravos da família e por ter vendido bens para financiar viagens, educação ou outros projetos, Sousândrade terminou a vida louco, segundo alguns, e doente, abandonado pelos parentes. Morreu pobre, amparado apenas por alunos, em 1902, no Hospital Português de São Luís.

O Guesa, linguagem, forma e seus infernos

Indubitavelmente, a obra hoje mais conhecida, estudada e comentada, que corresponde também ao mais ousado projeto literário do autor, é *O Guesa*. Composto ao longo de mais de 20 anos (de 1868 a 1902), é um poema de cunho épico narrativo transamericano, marcado por viagem e peregrinação. O herói do título, cujo nome designa um errante, uma pessoa sem lar, tem inspiração na mitologia muísca colombiana, conforme reportado pelo naturalista alemão Alexander Von Humbolt. Para aquela cultura, o guesa é vítima de um sacrifício relacionado à astrologia, que ocorre a cada 15 anos, no qual uma criança é retirada de seu ambiente familiar e criada no templo do sol; aos 10 anos de idade, deve sair em peregrinação a percorrer os *sunas* (caminhos) e posteriormente ser imolada ao atingir a idade aproximada de 15 anos. No poema, o herói sacrificado tem como inimigos os Xeques, sacerdotes que seguiam a vítima em seu caminho, e Fomagatá, um monstro da mitologia muísca, figura que simboliza o mal, por vezes apresentado como o monarca brasileiro D. Pedro II. É formado por proposição, invocação, dedicatória e narração, estruturas básicas de um texto épico. Entretanto, o poema apresenta uma grande ruptura estrutural e linguística, o que gerou enorme estranhamento entre os leitores quando foi publicado.

Estruturalmente, o mais longo poema de Sousândrade mostra-se fiel à tendência inglesa iniciada por Byron em *Childe Harold's Pilgrimage* (1812-1818), em que há quebra de uma métrica fixa no poema e a adaptação do gênero épico à retórica romântica. Tardiamente em relação à Europa, foram bastante numerosas as tentativas épicas românticas no Brasil. Entretanto, os usos da forma empreendidos pelo poeta maranhense, sobretudo sonora e imageticamente, diferem de tudo o que já havia sido feito por aqui em termos de épica híbrida (texto épico com influência de outros gêneros). Seus fortes efeitos melopaicos acabam por se distanciar do ímpeto romântico. O frequente uso de onomatopeias, aliterações e silabações, entre outros, evidencia tal proposta no poema. Outro fator que chama a atenção do leitor é o frequente uso de termos em outras línguas (inglês, francês, latim, grego, *nheengatu*), grafias alteradas de termos em quaisquer idiomas, além de uma série estonteante de neologismos.

> (Yankee protestante em paraense egreja catholica:)
> — Que stentor! que pancadaria
> Por Phallus, Mylitta! Urubu
> Pará-engenheiro;
> Newyorkeiro
> Robber-Indio, bailo o *tatu!*
> (SOUSÂNDRADE, 2003, p. 143).

A estrutura de *O Guesa*, por apresentar elementos estéticos que indicam uma forma de abrangência globalizadora ou universalizadora, incluindo-se aí suas opções linguísticas, foi vista como uma evidência de modernidade ou de traço vanguardista. Um de seus elementos diferenciais seria o uso dos versos em *limerick*, forma nada usual para a poesia em língua portuguesa – até aquela altura –, ainda mais em poesia narrativa de cunho épico. De origem irlandesa, o *limerick* é composto por três versos longos e dois versos curtos e tradicionalmente é estruturado em cinco versos octossílabos. A rima costuma coincidir nos versos mais extensos, que, geralmente, são o primeiro, o segundo e o quinto; e entre os curtos, geralmente no terceiro e no quarto versos. Em sua forma usual em língua inglesa, correspondem às redondilhas maior e menor. Os versos em *limerick* foram muito utilizados pela imprensa dos países anglófonos durante o século XIX e intencionavam satirizar ou dar um tom de comicidade a notícias, cujos temas geralmente estavam ligados ao cotidiano. Sousândrade amplifica o tom satírico presente nos acontecimentos dos dois episódios que corresponderiam aos infernos do poema, conhecidos como a "Dança do Taturema" e o "Inferno de Wall Street", presentes nos Cantos II e X, respectivamente.

Ao investir em uma forma que mistura a épica a outros gêneros, o poeta acaba por dar a ver a complexa tentativa de narrar um mundo de questões históricas e sociais do século XIX, como a modernização tardia, e arquiteta o texto épico em torno de outros gêneros para tentar narrar esse mundo diferente do conhecido durante a Antiguidade clássica e neoclássica, acabando, nesse aspecto, por se diferenciar de seus colegas românticos, como veremos a seguir.

Se fazer uso do gênero tragicômico em textos épicos acontecera no mundo luso durante o Barroco e o Neoclassicismo, essa investida não foi tão frequente no Romantismo. Investidas literárias de enaltecimento de administradores, como Jorge d'Albuquerque Coelho na *Prosopopeia*, de Bento Teixeira ou de membros da Coroa, como D. Maria I e Marquês de Pombal, na obra de Alvarenga Peixoto, soam forçadas e acabam por evidenciar a ainda impossível "totalidade nacional" ou grandiosidade de feito digno de epopeia. Em Sousândrade, tais personalidades públicas não são consideradas ilustres ou dignas – são retratadas de forma satirizada e acabam por evidenciar a impossibilidade de progressão da nação.

De modo geral, *O Guesa* tem estrutura fixa, quartetos decassílabos com rimas cruzadas ou entrelaçadas. Nesses momentos, a sua estética aproxima-se bastante da tradição romântica para textos de intensão épica com hibridismo de gênero. Pode-se dizer que uma grande massa romântica no texto corresponde a cerca de 80% da obra. Entretanto, o que mais se estuda sobre o poema são partes do Cantos II e X, respectivamente, conhecidos pela crítica literária como os infernos do Taturema e de Wall Street. Neles há predominância de um estilo autônomo e de uma estrutura rítmica tensa e rápida.

Para Haroldo de Campos (CAMPOS; CAMPOS, 2002, p. 55), a estilística apresentada nos infernos remeteria a peças inteiriças, pequenas farsas poéticas. Não há preocupação com a verossimilhança, tampouco com o julgamento de valores; há nelas a busca do humor e, para isso, introduzem-se temas e assuntos subitamente, evitando qualquer interrupção no fio da ação ou análises psicológicas mais profundas. Sousândrade buscaria com esse recurso satirizar acontecimentos nos dois episódios e fatos contemporâneos à época de escrita do texto. Segundo Astolfo Serra, o uso dos versos dialógicos desses cantos poderia caracterizar Sousândrade como um "precursor do futurismo" (cf. SERRA, A. *apud* CAMPOS; CAMPOS, 2002, p. 55).

O Canto II de *O Guesa*, conhecido como "O inferno do Taturema" ou a "Dança do Taturema", refere-se à festa dedicada ao culto de Jurupari, entidade sobrenatural, legislador divinizado invocado em mitos indígenas, que preside os rituais de iniciação masculina. Há registros de que, inicialmente, da dança do Taturema as mulheres não participavam. Porém, ainda no século XIX, há mudanças estruturais no rito que, mesclado à fé cristã de algumas localidades, passou a cultuar boas colheitas e já admitia participação feminina (LOBO, 1979, p. 49). Ao iniciar a entoar o Taturema, a estrutura épica é quebrada, abrindo-se espaço para uma disposição cômico-dramática. Logo no início do episódio da dança do Taturema são evocadas críticas e reflexões acerca da colonização do Brasil, e a *muxurana*[1] *histórica* representa o cativo do indígena durante o período pré-colonial e colonial:

> Quando os Indios mais vários doidejavam
> E este canto veridico e grosseiro
> Em toada monotona alternavam:
>
> (MUXURANA *historica:*)
> — Os primeiros fizeram
> As escravas de nós;
> Nossas filhas roubavam,
> Logravam
> E vendiam após. [...]
> (*Côro dos Indios:*)
> — Mas os tempos mudaram,
> Já não se anda mais nu:
> Hoje o padre que folga,
> Que empolga,
> Vem connosco ao *tatú*.
> (SOUSÂNDRADE, 2003, p. 38).

Há, aqui, uma inversão de papéis: não é o prisioneiro de guerra tupi que está preso, mas sim o próprio índio. No entanto, "os tempos mudaram": os índios perderam sua identidade, porém influenciam culturalmente membros da igreja, que são denunciados de forma moralizante ao participarem do tatu, uma dança de roda virtuosística e de caráter satírico em que um dos participantes narra, cantando, uma caçada ao tatu. Os indígenas nesses versos aparecem como sofridos, escravizados, mas também como ignorantes e aculturados. No entanto, encontram-se em igualdade de voz nos versos a seus dominadores (clérigos, membros da realeza, grandes artistas) apenas no sonho bêbado e desordenado do Taturema.

Sousândrade tece críticas a vários literatos nas vozes fantasmagóricas do *Taturema*. Há, no cerne deste episódio, um confronto ideológico entre conteúdo local e conteúdo universal, que apenas é resolvido na forma

---

1   Do tupi *musu'rana* ("semelhante ao muçu"): corda com que os indígenas amarravam os prisioneiros de guerra antes do sacrifício.

artística ébria do rito. Uma forma depende da outra para criar a desarmonia, que se harmonizaria ao explicitar o Brasil do século XIX, dando voz ao colonizador e ao colonizado.

Outro ponto sensível em Sousândrade e diverso dos poetas de sua época é o indianismo. Como bem sabemos, a matéria indígena foi inserida no mundo literário brasileiro de modo idealizado, de forma a alimentar elementos de "nacionalidade" para a literatura brasileira, buscando, ao fazer uso dessa temática, distanciamento de Portugal e originalidade própria. Luiza Lobo (cf. 2005) vê na escolha temática da obra de *O Guesa*, que tem como protagonista um índio muísca, e não um índio de tribos do território brasileiro, um elemento de inovação.

Aliada às andanças internacionais do herói, tem-se a visão peculiar do indígena, que não é, ao contrário de Gonçalves Dias, Gonçalves de Magalhães e José de Alencar, a do índio colonizado no litoral brasileiro, mas sim um índio que transmite culturalmente a presença tradicional de várias tribos latino-americanas como incas, muíscas, nheengaíbas e tupinambás; há aqui a visão do índio dominado e ignorante como uma unidade em toda a América Latina, o que certamente revela ruptura do autor em relação ao estilo de época e ao cânone romântico vigente no Brasil. Da maneira com que está estruturado, o indianismo revela a contradição presente na representação da prática colonizadora, a qual causou um duplo malefício aos índios: impossibilidade de representação da violência e espoliação que sofreram e impossibilidade de representação de seus costumes devido ao processo de aculturação.

O posicionamento de Sousândrade sobre a abolição da escravatura não se diferencia daquele que apresenta frente às práticas indigenistas. Essas questões sociais, políticas e econômicas estão esteticamente formalizadas na obra de Sousândrade, que, indo além da reles piedade frente aos maus-tratos sofridos pelos espoliados, aborda temas como a necessidade de mão de obra para o avanço do capitalismo, a miscigenação e o projeto de "embranquecimento" da nação. Práticas de escravidão eram, para o autor, sinônimo do Império e deveriam, portanto, ser combatidas, para abrir caminho à república e ao desenvolvimento. Para o poeta, com a erradicação do trabalho servil o capitalismo poderia se instaurar de fato no Brasil, gerando o esperado ingresso na modernidade. Tal posicionamento demonstra que o poeta muito provavelmente não tinha uma visão crítica sobre o trabalho servil ou a exploração do trabalho de modo geral; sua visão, atrelada ao pensamento de sua época, é amena, pois acredita que, com a abolição da escravatura, o trabalho deixaria, pura e simplesmente, de ser um meio de exploração.

O outro célebre inferno, o de Wall Street, presente no Canto X de *O Guesa*, apresenta o herói Guesa e sua filha, que, após terem deixado seu lar no Maranhão, seguindo seus caminhos de peregrinação pelos sunas, chegam aos Estados Unidos. Esse país é louvado em relação ao sistema educacional e à honestidade dos homens, graças ao regime republicano. Também é narrada a chegada lá do imperador D. Pedro II, e são feitas comparações entre as vidas do monarca e do Guesa. Apenas após essa apresentação, em versos decassílabos, tem-se início o inferno de Wall Street que, contrariamente ao apresentado em cantos anteriores e nos primeiros versos do próprio Canto X, evoca a corrupção e a ganância que reinam na América. Aqui se faz a crítica da rendição dos americanos ao apelo excessivo de bens materiais e à sua pouca propensão de ajuda aos pobres.

Na América de modo geral, a cidade foi instaurada como um símbolo de progressão do sistema capitalista. Em torno dela eram nutridos o sonho de ordem e o princípio de noções de trabalho remunerado, compra, venda e troca. A cidade passou a ter uma sofrível e artificial adaptação no Novo Continente, pois acabou por ser um projeto de fundo racionalizante, que obedecia a exigências e imposições colonialistas. O ideal urbano teria um fundo progressista no século XIX, e a ele competiam o domínio e a civilização dos homens que buscava evangelizar e educar. Sousândrade, ao explicitar a situação em que se encontrava a grande cidade, faz uso do trivial, do rotineiro em seus *limerick*s. Ridicularizava a alta burguesia e a nobreza.

O sistema financeiro não fica de fora das críticas de Sousândrade. Confundidos com os Xeques, os perseguidores do Guesa apresentam-se como agentes de ferrovias, falsários da bolsa de valores, intermediários de corretores, cafetões, que evocam, além de localidades próximas a Nova York, nomes de políticos da época, como os dos ex-presidentes dos Estados Unidos Ulysses Grant e Andrew Jackson e o do ex-governador de Utah, Brighan Young. As enumerações são seguidas por insultos aos então especuladores e empresários do ramo de ferrovias Cornelius Vanderbilts e Jay Goulds.

Em Sousândrade, a perplexidade do futuro ecoou em seu tema, na velocidade com que é apresentado em seu *limerick*, nas vozes dialógicas, na linguagem multi-idiomática. O presente e o futuro, no texto, parecem mais estarrecer do que serem enaltecidos propriamente. Assim, atribuir a Sousândrade uma filiação ao futurismo pura e simplesmente pode incorrer na observação de apenas um lado da moeda. No *Guesa*, de modo geral, o passado pré-colombiano e de princípios da colonização é tido como próspero, e é revivido a todo instante, principalmente nos demais cantos do poema. O uso extensivo de versos decassílabos e das aparições pontuais dos *limericks* correspondem a uma certa intenção de manutenção da forma. No entanto, de fato, o autor vai além, ao incluir termos em línguas estrangeiras, aliterações e onomatopeias, pois dá conta de expressar os sons da cidade e a influência da grande imprensa na composição. É inegável que Sousândrade adentrou em um universo ignorado tematicamente pelos demais poetas românticos: a verificação de uma sociedade capitalista fundada no valor do dinheiro, tema que não foi abordado nem pelos românticos que mais viajaram para fora do Brasil e conheceram outras realidades, como Gonçalves Dias, por exemplo.

Romântico ou o quê?

A crítica brasileira, até a segunda metade do século XX, se mostrou desinteressada acerca de Sousândrade; para ela, tratava-se de um escritor desconhecido e estranho, que em certos momentos parecia se aproximar do cânone romântico e, em outros, se afastar. Antes disso, os estudos mais consubstanciados sobre a obra do poeta maranhense tiveram início com a pequena referência que Silvio Romero faz a ele em *História da Literatura Brasileira*. Há também uma pequena análise feita por Antonio Candido em "Poetas menores", em *Formação da Literatura Brasileira*. Atenção mais detalhada ao trabalho do poeta é dada por Fausto Cunha em *O Romantismo no Brasil, de Castro Alves a Sousândrade*. Antonio Candido e Silvo Romero caracterizaram Sousândrade como um poeta romântico, entre os menores do período.

Se em sua época Sousândrade não foi compreendido pela crítica e estranhado pelo público, a história preparou uma virada para o "escritor menor": relido na segunda metade do século XX, de início por Fausto Cunha em *O Romantismo no Brasil* (1954), seguido pelo trabalho de descoberta de edições por Luís Costa Lima, a comparação com Oswald de Andrade feita por Edgard Cavalheiro no artigo "O Antropófago do Romantismo" (1957) e, por fim, o ensaio mais célebre sobre o poeta, o "Montagem: Sousândrade", presente em *ReVisão de Sousândrade* (1964) dos irmãos Augusto e Haroldo de Campos. Se Sousândrade não foi plenamente moderno enquanto poeta, certamente deu indícios de sê-lo em sua biografia, apresentando, como percebido por Alfredo Bosi, uma grande intuição do que seriam os tempos modernos, fossem nos infernos de *O Guesa*, nas imagens bastante atuais do Rio de Janeiro na republicana *Harpa de ouro* ou em ecos futuristas de seu *Novo Éden*.

Os irmãos Campos não chegam a dar um veredito acerca da posição de Sousândrade no conjunto da literatura brasileira, apenas examinam as pistas encontradas na obra, que, para esses críticos, indicam o caráter inovador da poética de Sousândrade. Seus estudos limitam-se à análise dos Cantos II e X de *O Guesa*, que correspondem, como vimos, aos dois infernos do poema.

Luiza Lobo, em *Sousândrade: tradição e ruptura*, apresenta uma versão hermenêutica da obra. Já em *Épica e modernidade em Sousândrade*, há um minucioso estudo acerca de dados biográficos do escritor. A autora questiona, em alguns momentos, os dados e a crítica feita por toda a bibliografia crítica referente ao autor, inclusive a *ReVisão de Sousândrade* de Augusto e Haroldo de Campos. Luiza Lobo sugere a filiação antecipada do poeta ao Simbolismo, vendo-o como antecessor de movimentos literários como o Pré-Modernismo.

Houve interesse da crítica internacional pela obra de Sousândrade. O estudioso norte-americano Frederick G. Williams dedicou parte de sua produção acadêmica à realização de análises voltadas exclusivamente ao poeta maranhense, além de fazer publicação de textos reunidos e inéditos do escritor, insistindo sempre na necessidade de compreendê-lo como poeta romântico. Na Itália, Claudio Cuccagna analisa o papel do indígena em *O Guesa*, entre outras obras, associando-o ao indigenista Frei Bartolomé de Las Casas, considerando o meio social, e Luciana Picchio observa a linguagem e indícios de vanguarda no poeta. É curioso também o fato de já existirem traduções da obra poética para o inglês, como a do Canto X de *O Guesa*, traduzido por Robert E. Brown como *The Wall Street Inferno*, e a tradução de um trecho de *Harpas Selvagens* feita por G. G. Byron, intitulada "To Inez". Sousândrade, devido a seus vários elementos que o aproximariam da cultura universal, é, portanto, bastante estudado fora do Brasil, o que findou por torná-lo uma figura peculiar da Literatura Brasileira, graças a análises críticas que o colocaram como um escritor de vanguarda, pré-modernista ou simbolista.

Os pontos discrepantes sobre o período em que estaria inserida a produção de Sousândrade demonstram que ainda não há um consenso sobre como posicionar o poeta na história da Literatura Brasileira. Talvez, mais interessante que simplesmente averiguar se a estética do poeta estava ou não além da compreensão do seu tempo, ou em qual estilo de época melhor se encaixa, seja averiguar em que medida há no conjunto de sua obra relação com a tradição da literatura no Brasil, e em que medida isso traz questões relevantes acerca da historicidade do Brasil e da própria literatura. Sousândrade, tendo em vista suas particularidades em suas obras de arte e seu enquadramento no sistema literário nacional – apontado por Antonio Candido, como visto, apenas como um poeta menor, apesar de ressaltar que Sousândrade figura "o mais original do que os outros [...] pela inquietação e o esforço de traduzir algo original", muito provavelmente devido à sua inserção e leitura à época –, apresenta características de tanto continuidade quando de descontinuidade se comparado aos demais escritores de sua época.

Tecendo ligações com o próprio sistema literário nacional, Sousândrade se aproxima de vários textos de seus contemporâneos ou de poetas dos cânones clássicos e românticos europeus. Em alguns momentos, por fazer referência a esses textos, engrandece-os. No entanto, em outros momentos, os critica. Os românticos Gonçalves Dias e Gonçalves de Magalhães e os árcades Santa Rita Durão e Tomás Antônio Gonzaga são alvos da crítica do poeta, não sendo bem-vistos pelo indianismo idealista traçado em suas obras, que continham dedicatórias feitas a nomes de homens da Corte. Tais referências a outros textos literários feitas por Sousândrade foram interpretadas pela crítica como prática desvinculada dos padrões românticos e antecipadora de um "tema do modernismo" (CAMPOS; CAMPOS, 2002, p. 83).

> (*Alviçaneiras no areial:*)
> – Aos céus sobem as estrellas,
> Tupan-Caramuru!
> É Lindoya, Moema,
> Coema,
> É a Paraguassú;
> Sobem céus as estrellas
> Do festim rosicler!
> Idalinas, Verbenas
> De Athenas,,
> Corações de mulher;
> – Moreninhas, Consuelos,
> Olho-azul Marabás,
> Pallidez Juvenilias,
> Marílias
> Sem Gonzaga Thomaz!
> (SOUSÂNDRADE, 2003, p. 42).

No trecho, as "alviçaneiras"[2] trazem notícia sobre a Literatura Brasileira: grandes nomes de célebres personagens vão aos céus, ou seja, são muito conhecidos; o mesmo não ocorre com o nome de seus escritores, como Tomás Antônio Gonzaga, que não chega aos céus. Sousândrade parece criticar o grande reconhecimento dado a alguns poemas naquela época, sem, no entanto, valorizar os artistas que os compunham. O trecho também chama atenção por sua ironia ao fazer uso recorrente de termos que fazem menção a mulheres brancas, "alv", "rosicler", "olho-azul", "palidez", a idealização embranquecedora de personagens realizada pelos árcades. A sátira, ainda que demonstre uma compreensão que certamente foi além dos demais autores de seu tempo em relação a um *continuum*, acaba por revelar uma certa ingenuidade de Sousândrade, que ao fazer isso dá a ver a intenção de assegurar no cânone e no gosto do povo, ou "aos céus", os nomes de escritores da tradição literária brasileira, incluído aí o dele próprio, como resta claro em outros trechos do poema.

O Guesa traz ainda à tona a disparidade entre o escritor dos países centrais, reconhecido como grande, que exerce influência em toda a literatura ocidental, e o escritor periférico, que deve se ligar à cultura universal canônica imposta a seu mundo local. A referência a diversos textos

---

2   Vocábulo possivelmente derivado de alvisarrar, que indica aquele que leva ou dá uma notícia, uma boa nova.

literários presente no poema amplifica o conflito entre matéria e tradição local e cânone universal. Sousândrade percebe a diferença de alcance das "vozes" de um autor inserido na força cultural hegemônica e de um escritor à margem do sistema capitalista instaurado, como se percebe neste trecho, em que se compara a Byron:

> Pois ha entre o Harold e o Guesa
> Differença grande, e qual é:
> Que um tem alta voz
> E o pé *bot*,
> 'Voz baixa' o outro e o firme pé.
> (SOUSÂNDRADE, 2003, p. 148).

E o Guesa vira estrela...

Pensar Sousândrade na perspectiva do sistema literário brasileiro pode reposicioná-lo em sua tendência universalizante ou pan-americana, confrontando-a a suas raízes históricas e pondo em questão a possibilidade de sua existência desvinculada da totalidade que compõe a realidade brasileira e a sua filiação à tradição literária constituída. Considerando-se a formação da literatura nacional como sistema, percebe-se que, se por um lado as influências externas na obra de Sousândrade se fizeram visíveis a partir de vias relativamente pouco usadas pelos seus contemporâneos (a América Latina e a do Norte), mais vinculados à produção literária europeia, por outro o poeta de O Guesa não escapou do dilema constitutivo da literatura brasileira: a dialética local *versus* universal. Assim, em O Guesa, se há a presença de um universal temático, e mesmo formal, quando se limita a análise a determinados cantos e aspectos estéticos do poema há também uma forte presença dos elementos comuns ao mais tradicional legado da literatura ocidental: os traços épicos, heroicos, o uso de versos decassílabos, a defesa de ideais burgueses, ilustrados e liberais – como o empenho nas formas civilizatórias, na educação formal, na modernização, na insistência da instauração de um sistema republicano.

O Guesa também se soma à formação de uma tradição nacional, local. O poeta trabalha esteticamente a figura do indígena que, em luta contra D. Pedro II, é erigida como símbolo do desejo de um Brasil republicano, avançado, capaz de estar à altura das nações civilizadas e independentes, desejo esse que Sousândrade viu sucumbir, desiludindo-o, como mostra este trecho de *Harpa de ouro*: "República é menina bonita / diamante incorruptível" (SOUSÂNDRADE, 2003, p. 429). Talvez ingênuo, Sousândrade não tinha a mesma percepção da continuidade das relações de poder no Brasil, como se pode observar na ficcionalização da proclamação da República feita por Machado de Assis pouquíssimo tempo depois em *Esaú e Jacó* (1904).

Sousândrade, com sua produção artística empenhada, está enraizado nos dilemas que constituíram seus predecessores e contemporâneos brasileiros. Portanto, como parte do sistema literário brasileiro, é um dos poetas que, buscando expressar esteticamente uma visão de seu país e do mundo e um projeto de nação seguindo modelos liberais burgueses, deu continuidade, inclusive por meio de seus "modernos" processos de ruptura, à constituição dessa narrativa maior sobre a lógica histórica e contraditória do Brasil e da situação de seu povo.

> Meu sangue, então, pelos que o derramaram,
> Ha de em sagrados vasos ser guardado;
> Meu coração, na mão dos que os arrancaram,
> Aberto ao Sol, vereis iluminado.
> (SOUSÂNDRADE, 2003, p. 113).

A junção entre sangue e poesia, entre vida e obra, Sousândrade e Guesa, sugere que o sacrifício do herói é equiparado ao sacrifício do autor. Esse sacrifício se originaria pela percepção de ausência de saídas. O sangue e a lira do poeta aparecem como vozes reveladoras da verdade. Os versos acima sugerem que a fala do Guesa não parece ser esclarecedora enquanto ele estiver vivo, mas apenas após sua morte, na posterioridade, é que essa fala será reveladora, iluminada. O mesmo ocorre com a literatura romântica, que, em terras brasileiras, parece ser o único espaço onde os problemas da realidade podiam encontrar solução. Portanto, a morte do herói como solução final da *diegese* de O Guesa dá a ver uma problemática: o ameríndio precisa novamente ser morto para figurar no sistema literário. O herói, diferenciado, apenas vive na posteridade, como uma estrela (a mesma, ironicamente, de *Macunaíma*), assim como o próprio trabalho literário, o esforço na constituição do texto, o dialogismo para com mundos diversos e o sonho da inserção nacional da modernidade, o qual findou por irromper um espaço que lhe fora dado como menor.

Referências

BOSI, Alfredo. *História concisa da Literatura Brasileira*. São Paulo: Cultrix, 1970.

CAMPOS, Augusto de; CAMPOS, Haroldo de. *ReVisão de Sousândrade*. São Paulo: Perspectiva, 2002.

CANDIDO, Antonio. *Formação da Literatura Brasileira*. Belo Horizonte: Itatiaia, 2000.

CUCCAGNA, Claudio. *La visionne dell'amerindianno nell'opera di Sousândrade*. Roma: La Sapienza, 1996.

CURY, Vânia Maria. *História da industrialização no século XIX*. Rio de Janeiro: EDUFRJ, 2006.

LOBO, Luiza. *O Guesa de Sousândrade*. São Luís: Sioge, 1979.

LOBO, Luiza. *Épica e modernidade em Sousândrade*. Rio de Janeiro: 7 Letras, 2005.

ROMERO, Sílvio. *História da Literatura Brasileira*. Rio de Janeiro: José Olympio, 1954.

SOUSÂNDRADE, Joaquim M. de. *Prosa: edição cítica*. São Luís: SIOGE, 1978.

SOUSÂNDRADE, Joaquim M. de. *O Guesa*. London: Printed & Halsted, 1979.

SOUSÂNDRADE, Joaquim M. de. *Poesia e prosa reunidas*. Org. Frederick Williams e Jomar Moraes. São Luís: Edições AML, 2003.

WILLIAMS, Frederick. *Sousândrade: a Study of His Life and Work*. Wisconsin: University of Wisconsin, 1971.

Benjamim Costallat, um *recordman*[1]

Armando Gens

Há certos escritores que se transformam em verdadeiras celebridades. Benjamim Costallat faz parte desse grupo e não são poucos os motivos que justificam o seu brilho. Foi um recordista de vendas, faturou alto e conheceu a fama. Reconhecidamente dinâmico, distinguiu-se pela versatilidade que demostrou ter ao longo da sua trajetória no campo cultural e pela vitalidade com que desempenhou a profissão de "escritor jornalista" (COSTA, 2005, p. 70). Escreveu crônicas, contos, romances e livros infantis direcionados ao grande público. Dono de um estilo marcadamente híbrido, nem sempre passível de enquadramento, investiu em temas considerados polêmicos.

Com grande sensibilidade para intuir o que poderia seduzir os leitores, administrou com perspicácia temas, questões e estratégias em razão de um público a que se dedicou de forma plena. Mostrou-se conectado tanto com as novas formas de agenciar a carreira literária quanto com o contexto social pelo qual transitou. Suas ações no campo literário carioca comprovam que, ao se afinar com o mundo do consumo e da publicidade, desviou-se das convicções elitistas e das formas de extrema sofisticação.

Embora Benjamim Costallat tivesse desfrutado de grande popularidade entre as décadas de 20 e 30 do século passado, suas obras caíram no esquecimento do público e dos pesquisadores. De fato, elas só foram ressurgir na cena cultural, quando, ao final da década de 80 do século XX, voltaram a ser iluminadas não só pelos estudos realizados por Flora Süssekind (1987) e Raúl Antelo (1989), conforme destacou Rosa Maria de Carvalho Gens (1997, p. 176), mas também pela grande contribuição prestada pela *Biblioteca Carioca*, ao republicar, em 1995, o livro de crônicas *Mistérios do Rio*. Tais ações, mobilizadas por interesses distintos entre si, não só potencializaram o desenvolvimento de pesquisas em diferentes

---

1 Cf. Benjamim Costallat, "Recordman" de sucessos literários no Brasil. In: *A.B.C.*: Política, Atualidades, Questões Sociais, Letras e Artes, ano X, n. 498, p. 13, 20 set. 1924.

áreas do conhecimento, bem como impulsionaram a difusão do arquivo de Benjamim Costallat.

Entre os traços de maior relevância advindos da difusão do arquivo de Benjamim Costallat, a cidade do Rio de Janeiro detém um lugar de destaque. Afinal, ele escreveu a cidade em diversos ângulos, sem tratá-la como mero pano de fundo. Na apreensão de um desses ângulos, expôs uma face da cidade do Rio de Janeiro que interrogava a perífrase "Cidade Maravilhosa", dando visibilidade a paisagens que não eram as de cartão-postal.

Por essas e tantas outras razões, foi considerado moderno pela crítica que lhe era contemporânea. Nas resenhas de recepção de seus livros, fazem sobressair, ao lado do traço urbano, os temas polêmicos e o ritmo de escrita apelidado de "picadinho" (GENS, 1997, p. 75), vistos como novidade. No entanto, Benjamim Costallat foi mais além. Dinamizou as marcas de vivacidade psicológica em suas narrativas, propôs a renovação do quadro de personagens-tipo e fez uso de técnicas publicitárias e cinematográficas (SÜSSEKIND,1987, p. 138-39). Substituiu o situacional pela cena, costurou diálogos com as artes visuais, imprimindo em suas narrativas certas inflexões expressionistas. Com um senso de observação de quem vai afastando-se do Naturalismo, tirou partido da frivolidade dos mundos masculino e feminino e entrelaçou sexo, moda, dança, corpo e vícios às tramas de sua produção literária.

Diante de tantas realizações, cresce o interesse pela trajetória de vida de um autor que teve perfeito domínio das fórmulas do sucesso. Segundo registros biográficos,[2] foi no palacete que pertencera ao Barão de Andaraí – atual sede do Colégio Militar do Rio de Janeiro – que nasceu Benjamim Delgado de Carvalho Costallat, em 26 de maio de 1897. Parte de seus estudos se deu no Liceu Janson, em Paris. Ainda em território francês, estudou música durante dez anos e manteve convívio com artistas em busca de novos caminhos. De volta ao Brasil, seguindo a orientação paterna, bacharelou-se em Direito pela Universidade do Brasil e logo deu início à sua carreira literária. Publicou, entre 1918 e 1936, cerca de trinta livros e produziu umas 10 mil crônicas, a maioria delas para o *Jornal do Brasil*. Na qualidade de jornalista, escreveu para *O Imparcial*, *Gazeta de Notícias*, *Jornal das Moças*, *O Entreato*, *O Malho*, entre outros periódicos. Fundou a

---

2 As informações biográficas de Benjamim Costallat foram colhidas nas seguintes fontes: *Enciclopédia de Literatura Brasileira* (2001), dir. de Afrânio Coutinho e Galante de Sousa; Tese de Doutorado (1997) de Rosa Maria de Carvalho Gens.

editora Costallat & Miccolis, que se notabilizou tanto pelas capas ilustradas segundo padrões do *art déco* com estilizações do *art nouveau*, quanto por uma linha editorial que abrigou, sobretudo, a literatura de sensação. Por duas vezes, disputou cadeira na Academia Brasileira de Letras, contando com o apoio dos colegas da imprensa, porque acreditavam que ele teria como "voronoffisar"[3] a referida instituição cultural. Após as décadas de 1940 e 1950, com o sucesso em declínio, desacelerou o ritmo do trabalho jornalístico e rumou em direção ao comércio de obras de arte. Por volta de 1959, deu por encerrada a carreira literária. Morreu em 27 de fevereiro de 1961 e foi sepultado na Ilha de Paquetá, um lugar emblemático e de grande significação que une infância, literatura e morte na trajetória do autor de *Modernos* (1920).

Adotando dinâmicas do mercado, Benjamim Costallat praticou o que hoje se denomina *marketing*. Em uma de suas obras, por exemplo, colocou em cena uma personagem olhando para um anúncio luminoso do Café Paraventi com intenção de divulgar o produto. Vê-se que soube aproveitar a lógica do mercado em benefício da publicidade de suas obras, abrindo condutos entre literatura, *merchandising* e consumo, como bem se vê na nota social publicada na seção "Elegâncias" do *Jornal do Brasil*, de 16 de fevereiro de 1924. Ali, o cronista registrou ter visto Benjamim Costallat exibindo uma genuína gravata da Casa Moutinho e que fora batizada de *Melle. Cinema*, nome da personagem que dá título a um de seus romances de maior sucesso de público.

Escritor circunscrito à lógica capitalista e reconhecido pela poderosa atração exercida sobre o público, assinou um contrato com a Perfumaria Lopes para fazer o texto publicitário dos seguintes produtos: do perfume Orygan de Gally; dos sabonetes Dorly, Beija-flor, Vale Quanto Pesa e, ainda, de tintura para cabelo. Essa mesma dinâmica de assinar contrato, visando a implementar o consumo de artigos de perfumaria e beleza, desliza para o campo da produção de crônicas. Foi em uma conversa com jornalistas de *A Gazeta*, de 14 março de 1924, que mencionou a assinatura de um contrato com o *Jornal do Brasil*, para publicar uma série de crônicas que traria à tona

---

3   Cf. In: *A.B.C.*: Política, Atualidades, Questões Sociais, Letras e Artes, ano XI, n. 561, p. 5, 5 dez. 1925. O jornalista, recorrendo à derivação imprópria, cria o verbo "voronoffisar" a partir do sobrenome de um médico russo, Serge Voronoff (1866-1951), que, nos anos 1920, prometia rejuvenescimento e vitalidade aos idosos. Trata-se de uma excelente tirada que reúne humor e posicionamento crítico diante de uma observada cristalização da Academia Brasileira de Letras.

os mistérios da cidade do Rio de Janeiro. Na ocasião, anunciou ainda que, em seguida, reuniria as crônicas em livro.

O contrato foi assinado. Em 1º de maio de 1924, deu início, no *Jornal do Brasil*, a uma enfiada de crônicas – *Mistérios do Rio* – que, além de poder contar com uma expressiva e contínua campanha publicitária, fora ilustrada por Tarquino. Os anúncios começaram a ser veiculados no final do mês de março, atravessaram o mês de abril e prosseguiram durante o período de publicação das crônicas. As mensagens eram diretas e estimulavam as expectativas do público: "Brevemente: o *Jornal do Brasil* começará a publicação de 'Mistérios do Rio' escritos, expressamente para esta folha, pelo sensacional escritor brasileiro: Benjamim Costallat" (*Jornal do Brasil*, sábado, 29 de março de 1924, ano XXXIV, p. 1). Alguns dos primeiros anúncios traziam um ponto de interrogação que se convertia em um intensificador gráfico-emocional para incrementar o que estava por vir. Os anúncios tinham, enfim, como propósito ativar uma área simbólica que mirava na apropriação de um real – os mistérios do Rio –, por meio da aquisição de um produto – a crônica – que, por sua vez, era legitimada pela respeitabilidade da empresa – *Jornal do Brasil* – e pela marca de excelência: o autor.

Tendo em conta práticas e estratégias acionadas por Benjamim Costallat, entende-se que ele administrou sua produção como se fosse mercadoria, com o custo de produzir de forma intensa e acelerada, por bem reter o fluxo da obsolescência, já que as leis do mercado se deixam guiar pela novidade, pela exposição contínua e por uma concepção de celeridade a que Guy Debord, em *A sociedade do espetáculo*, denominou de "perpétuo presente" (Debord, 1997, p. 47).

Portanto, Benjamim Costallat vem alinhar-se a um Modernismo que, além de esbater as fronteiras entre produção literária, consumo e publicidade, assume uma relação estreita com o mercado, nem sempre bem-vista por certos escritores de sua época. Trata-se de um escritor que se dirige às massas, vende histórias e dedica-se à literatura de entretenimento, sem, evidentemente, como convém ao gênero, descuidar-se da formação moral de seus leitores. Buscando o emparelhamento do escritor com o moderno, depreende-se ainda que, ao fundar a editora Costallat & Miccolis, em 1923, agiliza as dinâmicas que regulam literatura, mercado e indústria. Ao tornar-se editor, não só das próprias obras, ingressa numa ordem capitalista que "se baseia na interconexão do cálculo e do intuitivo, do racional e do emocional, do financeiro e do artístico" (Lipovetsky; Serroy, 2015, p. 43).

Tal ordem se manifesta com muita clareza, quando seu primeiro romance – *Melle. Cinema*[4] – chega às mãos do público, sob o selo da editora que acabara de fundar. Reciclando o molde dos folhetins sentimentais, o escritor faz esvoaçar sobre a narrativa a manutenção da virgindade e a proibição de contato sexual antes do casamento, em um tempo chamado "anos loucos", época em que as mulheres lutavam pela igualdade de gênero. A defesa de tais padrões soa inadequada ao momento, porém logo se dissipa, quando o autor, em resposta às acusações de imoral, revela que sua intenção fora desenvolver uma teoria moralista que demonstrasse como uma jovem de classe alta, educada por valores inconsistentes, frutos dos modismos, pode degenerar-se.

O romance começa com a viagem de Rosalina à Europa, a bordo do transatlântico *Arlanza*, na companhia dos pais. A protagonista, em seus 17 anos, embarca "viciada, gasta, tendo apenas de puro e de intacto esta cousa secundária em que os homens colocam a honra das meninas – virgindade." (COSTALLAT, 1999, p. 55)

Investindo na chamada literatura de escândalo, combina sexo, drogas e prostituição, entre outros temas, muito provavelmente para atender a uma demanda do mercado da *Belle Époque*, que apostava no corpo feminino, no desejo e numa sensualidade expandida que transformava os cuidados com a pele em uma sequência de autoerotismo, como se observa na cena de encerramento do primeiro capítulo de *Melle. Cinema*:

> Rosalina, sentada agora numa *coiffeuse*, improvisada na cama com caixas de chapéu e um espelho portátil de três faces, as pequeninas ancas amarradas pelo pijama de seda que mal lhe cobria o ventre de criança, tirava de um potezinho claro, às pequenas porções lentamente, um creme pastoso com o qual se ia acariciando os braços, as espáduas, o busto, os seios, as costas, a pele toda, com um ritmo de gata se lambendo. (COSTALLAT, 1999, p. 36).

Na cena transcrita, as referências ao universo do fetiche proliferam. "Espelho", "seda", "ancas", "ventre" e "creme", entre outras, evidenciam um modo de lidar com o próprio corpo e com a própria pele, sem as amarras dos tabus. Por sua vez, o narrador revela em detalhes a intimidade da

---

[4] Para o destaque de exemplos, privilegiou-se a edição da Casa da Palavra (1999). Para indicar o título da obra no corpo do texto, optou-se pela forma abreviada como consta na edição de 1932.

personagem concentrada em seus cuidados de beleza. Sem o apelo a camuflagens discursivas, a sensualidade é mostrada realisticamente no sintagma "ritmo de gata se lambendo" (COSTALLAT, 1999, p. 36).

A franca analogia entre gata e mulher – já um lugar-comum em textos eróticos e/ou pornográficos – não só retrata a personagem em um enquadramento que une a feminilidade à felinidade, mas também conjuga o sentido táctil – aplicação do creme – à transposição da oralidade animal – "se lambendo" – para erotizar a cena, presenciada pelo olhar libertino do narrador. Rosalina prefigura uma imagem da mulher "liberta de preconceitos" (PAES, 1985, p. 72-73) e sexualmente potencializada. Sendo um modelo muito em voga na literatura de sensação e escândalo típica dos anos 20 do século passado, se constitui no "estereótipo da mulher moderna" (PAES, 1985, p. 72) que marca presença em várias obras de Benjamim Costallat, a saber: *Guria* (1928), *Katucha* (1931), *A virgem da macumba* (1934).

Rosalina/ Mlle. Cinema, filha de um "ex-ministro da República e atual deputado" (COSTALLAT, 1999, p. 36), encarna esse estereótipo. Congrega em sua gênese o arquétipo do feminino imortalizado na figura da *femme fatale* ou da *vamp*. Isso significa que ela reflete e ofusca uma galeria de modelos do feminino que procede de diversas fontes. Apenas com intenção de ilustrar, destaca-se que: do cinema, espelha personagens interpretadas por grandes divas: Pola Negri, Nita Naldi, Clara Bow, Bebe Daniels; das artes decorativas – *art nouveau* e *art déco* – , decalca a Melindrosa desenhada por J. Carlos (RESENDE, 1999, p. 17) e as figuras femininas com acento burlesco concebidas por Chéri Hérouard e Maurice Millière para ilustrar a revista *La vie Parisienne*; da literatura, afasta-se do destino das mocinhas ingênuas e sonhadoras, de grande rendimento nos romances sentimentais do século XIX, que caem facilmente na lábia dos sedutores. Com a intenção de frisar a inflexão nada ingênua e tampouco inexperiente de sua personagem em versão moderna, recorre a uma síntese histórica: "Mlle. Cinema 1923 guardou, com o coração cheio de piedade, a lembrança da amorosa1830, que, depois, de ser atirada pelo desprezo dos seus, morre do fruto de seu pecado numa cama fria da Maternidade..." (COSTALLAT, 1999, p. 59).

Rosalina neutraliza, no decorrer da narrativa, a polaridade que tanto enervava as personagens de romances folhetinescos, a saber: virtude/pecado, ingenuidade/esperteza, anjo/demônio, juventude/velhice, amor/sexo, luxo/simplicidade, entrega/ resistência. Por servir de ilustração de uma tese, deve romper com um modelo que é apenas uma "lembrança amorosa", para fazê-lo ressurgir posteriormente, ao renunciar ao amor verdadeiro.

Configurando-se como uma marionete, Rosalina atende às intenções daquele que a criou. Escolhe o escritor Roberto Fleta – ele mesmo escritor de um folhetim, intitulado *A moça que pecou* –, para tirar-lhe a virgindade. A cena transcrita pelo narrador-*stalker* investe em sombras, riscos e sobressaltos, sem qualquer outro traço que não seja o sexo, uma vez que, desde muito jovem, a protagonista "já procurava pecar, pela metade, com toda a prudência, deixando essa inocência no amor, para gente do povo." (COSTALLAT, 1999, p. 58).

Representante da elite dos anos 1920, Rosalina deixa-se atrair pela Cidade-Luz e segue em sua vida de Mlle. Cinema. Consome e é consumida. Seus atos reforçam a imagem de uma Paris potencialmente erótica, liberada e promotora de extravasamentos. Ali, ela e seus pais vivem de modo exuberante e os gastos que realizam são proporcionais ao prazer desfrutado. Distantes do mundo do trabalho, entregam-se a um tempo de ócio que será preenchido por atos de consumo realizados em uma circulação nervosa sem grandes variações: visitas aos magazines, jantares, espetáculos teatrais e sexo pontuam a sucessão dos dias.

Após a morte do pai em uma casa de prostituição parisiense, retorna ao Brasil. Refugiando-se na Ilha de Paquetá para se recompor da perda, Rosalina logo encontra um artista que ela julga ser o "amor de sua vida": o pintor Mário. Depois de experimentar um rápido idílio pontuado por promessas e juras, Rosalina, para afirmar a tese de seu criador, desiste do artista. Já instalada em sua residência na Avenida Atlântica, envia-lhe uma carta cadenciada por muitos pontos de exclamações, explicando os motivos que a levaram a se manter no curso de seu destino: "Viverei, eternamente, entre gente diferente; servirei de instrumento do gozo passageiro dos homens; dançarei, dançarei…" (COSTALLAT, 1999, 153). A fala de Rosalina é conclusiva a respeito de sua decisão e, simultaneamente, antecipa o seu futuro lacrado por uma autoimagem coisificada. Enclausurada entre o eterno e o passageiro, toma a dança como imagem de uma vida volátil e permutável, reduplicando dinâmicas do consumo de mercadorias.

Em relação aos espaços da narrativa, Paris, Ilha de Paquetá e Avenida Atlântica refletem as duas faces da personagem – Rosalina/Mlle. Cinema e simultaneamente atuam como marcos simbólicos no roteiro pelo qual transita a personagem no desenrolar da narrativa. Diferente de Paris e Avenida

Atlântica, a Ilha de Paquetá faz ressurgir uma Rosalina "amorosa 1830", inclinada a atender os chamados do amor. Trata-se de um curto-circuito que a faz abandonar a cosmética em favor de uma ética: "Mademoiselle se tinha transformado" (COSTALLAT, 1999, p. 147). Diante da obviedade dos contrastes, fica patente que, com a tradição de sediar idílios, a Ilha de Paquetá isola Rosalina "amorosa" em uma espécie de câmara natural, enquanto Paris e Avenida Atlântica expõem Mlle. Cinema a uma ordem capitalista que mercantiliza vidas, corpos e sexo.

Nesse romance, Benjamim Costallat aposta alto na força do imaginário parisiense no âmbito de seus leitores, já sabendo que se trata de uma fórmula que dará certo, pois, segundo Brito Broca, "de 1900 a 1920 desenvolveu-se [...] um ciclo de literatura exótica no Brasil, tendo por centro de atração Paris" (1993, p. 24). Demonstrando não querer arriscar-se em demasia, recicla ainda uma forma muito bem aceita pelo grande público: o folhetim. À medida que vai tomando distância do padrão acadêmico vigente, aplica à narrativa um ritmo mais acelerado decorrente do emprego de períodos curtos, por vezes até esquálidos. Há que se mencionar também que o excesso de vírgulas acarreta pequenas pausas que freiam o fluxo contínuo da frase, criando um efeito saltitante.

Quanto ao léxico, observou Rachel Valença, na edição de *Mademoiselle Cinema* pela Casa da Palavra, que os estrangeirismos são "muito abundantes no texto do autor" (1999, p. 3). Refletindo sobre esse excesso no funcionamento da narrativa, depreende-se que, como atributos da modernidade dos anos 1920, estreitam laços com a indústria da moda, a coluna social, os ritos de classe, a dança, os ritmos e os modos de viver a sexualidade. *Fêtes de charité, Jeune fille, Flirt, dancing, afternoon teas, michet, shimmy, fox-trot, smoking, cock-tail, garçonnières, coiffeuse, breakfast, béguin,* entre tantos outros exemplos, espraiam-se pela superfície da narrativa como chaves de acesso a um mundo concebido como moderno. Sem esquecer o desafio que propõem a posições puristas canalizadas para o fechamento das fronteiras das línguas em nome de uma questionável soberania, os estrangeirismos ainda servem como distintivo político, econômico e social de um segmento mais cosmopolita e menos localista: "sociedade que vive mais em hotéis, em cabines, em compartimentos de trem do que em sua própria casa" (COSTALLAT, 1999, p. 54).

Diante do exposto, o romance *Melle. Cinema* (1932) integra moda, luxo, consumo, circuitos privilegiados para problematizar a liberação sexual e a independência da mulher, sob uma ótica moralista. Contudo, a ampliação das fronteiras da experiência erótica e a renúncia de Rosalina aos papéis de mãe e esposa atiçaram grupos conservadores que vão exigir que a obra seja retirada do mercado,[5] do mesmo mercado que apoia, incentiva e desenha a mulher emancipada. Essa não é a única contradição. Embora Benjamim Costallat quisesse defender a virtude, seu romance foi considerado uma imoralidade (COSTALLAT, 1999, p. 30) por um mesmo segmento social que, possivelmente, pertencia à comunidade de seus leitores. A discussão provocada pelo romance *Melle. Cinema,* ao desnudar uma rejeição dirigida aos novos parâmetros que previam a renúncia aos papéis de mãe e esposa para o feminino, faz colocar sob suspeita uma parte da sociedade que parecia não consumir o moderno em sua integralidade.

Deixando para trás o itinerário grã-fino e glamuroso percorrido pela protagonista do romance *Melle. Cinema,* segue-se na direção de outro trajeto, o de *Mistérios do Rio*[6] (1924), sob a chancela de sua própria editora e com ilustrações de Tarquino. Nesse livro de crônicas, Benjamim Costallat oferece um tipo de mural constituído pelos pontos da cidade do Rio de Janeiro que não faziam parte da lista dos endereços considerados elegantes nos anos 20 do século passado. Ao retratar uma parte da cidade que também é a cidade, Benjamim Costallat dá visibilidade a operárias, manicure, dependentes químicos, apostadores, prostitutas, pai de santo, dançarinas de cabaré, chefe da favela, travesti, entre outros. Com conflitos, dramas e transgressões referentes a essa vasta galeria, modula o mistério e o sensacional que lhe permitem, em algumas ocorrências narrativas, mostrar-se permeável ao que observa, como já se pode comprovar na primeira crônica da série – "A pequena operária" –, publicada inicialmente no *Jornal do Brasil,* no Dia do Trabalho: "[…] *Mistérios do Rio* não são histórias de 'bagunça', navalha e revólveres… Não!/*Mistérios do Rio* são essas meninas costureiras que ganham trinta mil reis por mês e que ainda servem de criadas de suas patroas" (COSTALLAT, 1994, p. 67).

O certo é que do conjunto de crônicas emerge uma preocupação de base detersiva que não escapou aos autores do prefácio na edição da

---

5   Sobre a apreensão do romance *Mademoiselle Cinema*, a edição de 1999, da Casa da Palavra, reúne significativo material coletado em importantes periódicos da época.

6   Os exemplos foram retirados da edição da Biblioteca Carioca (199s). O arquivo digital da obra pode ser acessado em: http://www.rio.rj.gov.br/web/arquivogeral/biblioteca-carioca. Acesso em: jan. 2022.

Biblioteca Carioca (1995), intitulado "A visita do inspetor ou O dublê de sanitarista". O título dinamizado pela alternância procura dar conta de um fio condutor que regula as crônicas – a inspeção ou vistoria –, bem como assinalar um compromisso com a informação/catalogação de contextos tidos por não salutares no plano social e existencial, recorrendo à metáfora do especialista da área da saúde, um parâmetro na tradição brasileira das reformas urbanas.

O que era apenas um projeto na reportagem de *A Gazeta* materializou-se. Ao transladar as dez crônicas estampadas no *Jornal do Brasil* para o livro, Benjamim Costallat modifica a ordem da publicação inicial e agrega ao conjunto mais quatro produções – "A criatura do ventre nu", "O Circo", "Quando os *cabarets* se abrem", "Uma história de manicure". Cada uma das 14 crônicas revela um ponto específico da cidade do Rio de Janeiro. O cronista circula por becos, *cabarets*, casa de prostituição, favela, local de venda de cocaína, sanatório, subúrbio, túnel, pontos que ficam à sombra daquela que "começou a ser a grande cidade internacional, com Copacabana, e com Leblon, construídos à americana, feitos de *bungalows* e jardinetes simétricos e asfaltados" (COSTALLAT, 1995, p. 82).

Ao passá-los em revista, quase sempre se faz acompanhar de testemunhas que atuam de diferentes modos na estrutura da crônica. Em "O jogo do *Bull-Dog*", quem desempenha essa função é o responsável pela representação gráfica: "Olhei para o meu companheiro, o meu magnífico ilustrador Tarquino. O artista italiano examina o ambiente para reproduzi-lo depois em traço." (COSTALLAT, 1994, p. 46). Observa-se que contar e desenhar se conjugam com a finalidade de atribuir maior credibilidade aos relatos, uma espécie de ver para crer. Já em outra ocorrência, a testemunha pode simultaneamente enfatizar o nível de periculosidade dos pontos que inspeciona e o clima temerário, como faz crer, em "Túnel do pavor", o fato de estar acompanhado de Vulpiano, o chefe de polícia.

Além de reunir artifícios para reforçar a veracidade das crônicas, o cronista se empenha em alimentar a curiosidade do leitor e perdurar o clima de mistério. Um significativo exemplo encontra-se na abertura da crônica intitulada "No bairro da cocaína". "Onde?" é a pergunta-embreagem que alavanca a narrativa e cria uma expectativa em torno da resposta que desvendará o endereço tido como misterioso. Posteriormente, em meio a sussurros, o cronista obtém as chaves de acesso aos postos de venda da cocaína: o endereço, os valores, a senha, o sinal para conseguir a droga.

Porém, não será de forma reta que chegará ao local, expediente que alimenta a curiosidade do leitor e protela o desvendamento do mistério.

Se para o início das crônicas Benjamim Costallat recorre a embreagens, cabe examinar o tipo de freio com que ele as finaliza. Na maioria das vezes, mostrando-se surpreso com os pontos que visita, reserva para o encerramento cenas e/ou considerações que, por vezes, podem sugerir um pacto entre comiseração e sensação, como se observa, por exemplo, em "A pequena operária": "Na ambulância tétrica e negra como uma prisão, a pequena operária sorria, meigamente, para o céu!…" (COSTALLAT, 1995, p. 69). Ao escapar habilmente da obviedade da analogia entre "ambulância preta" e caixão, contrasta a dimensão trágica com uma boa uma dose de lirismo, de forma a sensibilizar pelo viés do impacto.

O exame da estrutura e do funcionamento da narrativa indica que tanto os dramas e conflitos vividos pelas personagens como as formas de desfecho das crônicas de *Mistérios do Rio* não se cerram completamente. Em várias delas, uma vez que o mistério foi revelado, ele passa a ficar em suspenso pelo efeito proveniente do uso de reticências, de modo que a curiosidade do leitor sempre será dilatada em igual proporção aos problemas sociais focalizados nas crônicas.

Tirante as sinuosas linhas da sensação que movimentam as crônicas, o compromisso com uma verdade, a força do flagrante, o tom investigativo, a coluna social em seu avesso, a destreza em suscitar curiosidades e a captura "do momento que passa" (COSTALLAT, 1999, p. 3) acenam para o moderno em *Mistérios do Rio*. O padrão de linguagem com o qual enuncia os pontos urbanos tratados de forma anômala (GENS; GENS, 1995, p. 14) estabelece pontos de contato com aquele que dá forma à trajetória da personagem de *Melle. Cinema*, confirmando a renitência de um padrão híbrido de escrita veloz. A "predominância de períodos curtos" (GENS; GENS, 1995, p. 13) confrontando os mais longos, estrangeirismos e fartura de reticências, vírgulas e exclamações respondem estilisticamente a uma demanda de escrever que também precisa dar conta de uma "intimidade com paisagem técnica" (SÜSSEKIND, 1987, p. 138), como se pode observar nos *flashes* (fotografia) e nas pequenas cenas (cinema) presentes em *Mutt, Jeff &Cia* (1922), *Cocktail* (1923) e *Mulheres…* (1932).

É indiscutível que, realizando a interação entre literatura e comércio, Benjamim Costallat ingressou em uma ordem capitalista e tornou-se "uma espécie de grife" (COSTA, 2005, p. 71). Ao concentrar-se em uma "arte de consumo de massa" (Lipovetsky; Serroy, 2015, p. 70-71), dedicou-se a produções em série e reciclou formatos de reconhecido sucesso. Não hesitou em recorrer à publicidade maciça para divulgar suas obras e as dos autores que constavam do catálogo da editora Costallat & Miccolis. Soube quais temas e questões poderiam cair nas graças do grande público, assim como percebeu a importância do *marketing* no processo de implementação do consumo de um tipo de produção literária que tomava distância da cultura denominada de erudita.

São também muito significativas as interferências – velocidade, perplexidade, agudização do senso emocional, apropriação de técnicas cinematográficas, inserção de diferentes gêneros textuais no corpo das narrativas – cardápio, rótulo, fragmentos de letras de marchinha de carnaval, cartaz, estrofes de cânticos sagrados do candomblé – que confrontam os vestígios da tradição no âmbito de suas obras.

Das conquistas que levam Benjamim a figurar como escritor moderno, destacam-se as oposições à tradição e o alargamento de limites impostos à produção literária por concepções elitistas. Mesmo que no tratamento de temas que lhe eram contemporâneos – especialmente o do feminino e o da cidade – deixe transparecer um componente disciplinador, essa contradição reforça ainda mais o seu *status* de moderno.

Referências

ANTELO, Raúl. *João do Rio*; o dândi e a especulação. Rio de Janeiro: Taurus/Timbre, 1989.

BROCA, Brito. *Teatro das letras*. Coordenação de Alexandre Eulálio. Campinas, SP: Editora da Unicamp, 1993.

COSTA, Cristiane. *Pena de aluguel*: escritores jornalistas no Brasil 1904-2004. São Paulo: Companhia das Letras, 2005.

COSTALLAT, Benjamim. *Mademoiselle Cinema*. Rio de Janeiro: Casa da Palavra, 1999.

COSTALLAT, Benjamim. *Melle. Cinema*. São Paulo: Sociedade Impressora Paulista, 1932. (Coleção SIP; Série Econômica)

COSTALLAT, Benjamim. *Mistérios do Rio*. Rio de Janeiro: Secretaria Municipal de Cultura, Dep. Geral de Doc. e Inf. Cultural, Divisão de Editoração, 1995.

DEBORD, Guy. *A sociedade do espetáculo*. Tradução de Estela dos Santos Abreu. Rio de Janeiro: Contraponto, 1997.

GENS, Armando; GENS, Rosa Maria de Carvalho. A visita do inspetor ou O dublê de sanitarista. In: COSTALLAT, Benjamim. *Mistérios do Rio*. Rio de Janeiro: Secretaria Municipal de Cultura, Dep. Geral de Doc. e Inf. Cultural, Divisão de Editoração, 1995.

GENS, Rosa Maria de Carvalho. *Acadêmicos e esquecidos*: ficção nas primeiras décadas do século XX. 1997. Tese (Doutorado em Literatura Brasileira) – Faculdade de Letras, Universidade Federal do Rio de Janeiro, Rio de Janeiro.

LIPOVETSKI, Gilles; SERROY, Jean. *A estetização do mundo*: viver na era do capitalismo. Tradução de Eduardo Brandão. São Paulo: Companhia das Letras, 2015.

PAES, José Paulo. O art nouveau na literatura brasileira. In: PAES, José Paulo. *Gregos & baianos*. São Paulo: Brasiliense, 1985.

RESENDE, Beatriz. A volta de Mademoiselle Cinema. In: COSTALLAT, Benjamim. *Mademoiselle Cinema*. Rio de Janeiro: Casa da Palavra, 1999.

SÜSSEKIND, Flora. *Cinematógrafo das letras*. São Paulo: Companhia das Letras, 1987.

VALENÇA, Rachel. Sobre esta edição. In: COSTALLAT, Benjamim. *Mademoiselle Cinema*. Rio de Janeiro: Casa da Palavra, 1999.

Machado de Assis: revolucionário e conservador

André Boucinhas

Em meio a tantas definições possíveis sobre a condição de *moderno*, Marshall Berman, em seu clássico livro *Tudo que é sólido desmancha no ar*, apresentou uma que servirá como fio condutor da nossa análise sobre a modernidade de Machado de Assis:

> Ser moderno é viver uma vida de paradoxo e contradição. [...] É ser ao mesmo tempo revolucionário e conservador: aberto a novas possibilidades de experiência e aventura, aterrorizado pelo abismo niilista ao qual tantas aventuras modernas conduzem, na expectativa de criar e conservar algo real, ainda quando tudo em volta se desfaz. Dir-se-ia que para ser inteiramente moderno é preciso ser antimoderno. (BERMAN, 1986, p. 14-15).

A trajetória pessoal do autor é o próprio "paradoxo e contradição" de que fala Berman. Bisneto e neto de escravos pelo lado paterno e filho de uma imigrante pobre dos Açores, Joaquim Maria Machado de Assis, nascido em 21 de junho de 1839 no Rio de Janeiro, era mestiço com traços físicos típicos de afrodescendentes: cabelos crespos, lábio inferior carnudo e nariz achatado (MASSA, 2009, p. 55). Importante frisar esse ponto, já que por muitos anos – desde que era vivo e, em parte, até hoje – houve um esforço para apagar esse aspecto da memória coletiva. Os pais do pequeno Joaquim exerciam as profissões de pintor de casas e lavadeira e viviam como agregados em uma chácara no Morro do Livramento, situação que deixava a família longe tanto do mundo dos escravos quanto do topo da hierarquia social. Mesmo sem educação formal, o escritor conseguiu, devido ao seu empenho e talento, penetrar no mais alto e restrito círculo literário e intelectual do Império, composto majoritariamente por brancos oriundos de famílias ricas.

Aos 57 anos, foi aclamado primeiro presidente da Academia Brasileira de Letras, prova de que era tido como igual pelos seus pares, que o viam como branco. (E não só eles, visto que o responsável pela sua certidão de óbito atestou que essa era a sua cor.) É bem conhecida a história de Joaquim Nabuco, grande abolicionista e próximo de Machado de Assis, que enviou uma carta ao crítico José Veríssimo por este ter, após a morte do autor, se referido a ele como mulato: "Eu não o teria chamado mulato e penso que nada lhe doeria mais do que essa síntese. [...] O Machado para mim era branco, e creio que por tal se tomava" (MASSA, 2009, p. 55). Talvez a conclusão seja por conta do próprio Nabuco, mas é uma evidência de que Machado não reclamava sua ascendência africana nem entre amigos. Em sua obra, porém, mostrou estar sempre atento e preocupado com a escravidão, a discriminação racial e o futuro dos negros e mulatos na sociedade brasileira. Assim, sua aceitação como "branco" devia trazer-lhe um misto de orgulho e angústia. Orgulho porque, no Brasil imperial, refletia um processo bem-sucedido de ascensão social, que se dera graças ao seu mérito como escritor, algo extraordinário naquele contexto; por outro lado, ele devia ter clareza de como esse tipo de assimilação estava intimamente vinculado ao racismo praticado pelas elites nacionais. No entanto, esse dilema não o paralisou e, pelo contrário, o fez avançar.

Em seus contos, romances e crônicas denunciou de forma precisa a desfaçatez dos proprietários e a violência da escravidão sobre o negro, mostrando este como vítima do sistema. Se isto parece óbvio hoje, estava distante de sê-lo durante a vida do autor, já que a grande maioria dos romances até o final da década de 1860 colocava os escravizados somente como pano de fundo da narrativa, sem falas, pensamentos ou vontade própria. Somente a partir daquele momento começaram a aparecer textos de ficção dando destaque a cativos, embora raramente assinalando seu sofrimento. Em *Vítimas algozes* (1869), de Joaquim Manuel de Macedo, um dos primeiros romances brasileiros com protagonistas escravos, o autor sublinhava os riscos da escravidão para a elite, por conta do comportamento selvagem dos cativos. Em *A Escrava Isaura* (1875), de Bernardo Guimarães, a violência contra a personagem-título ganha destaque justamente por ela ter pele clara e educação refinada.

Tendo em vista esse contexto, ganha ainda mais força o trecho de *Memórias Póstumas de Brás Cubas* (1880) em que o protagonista-narrador encontra Prudêncio, antigo escravo da família, em quem montava e batia com uma varinha quando era criança. Brás está caminhando pelo Valongo quando vê

> um preto que vergalhava outro na praça. O outro não se atrevia a fugir; gemia somente estas únicas palavras: – Não, perdão, meu

senhor! [...] Mas o primeiro não fazia caso, e, a cada súplica, respondia com uma vergalhada nova. – Toma, diabo! Dizia ele; toma mais perdão, bêbado! (MACHADO DE ASSIS, 2004, v. 1, p. 581-582).

Brás usa sua autoridade de ex-senhor e pede que Prudêncio perdoe o erro daquele cativo, no que é prontamente atendido. Terminada a cena, ele reflete:

> Externamente, era torvo o episódio do Valongo; mas só exteriormente. Logo que meti mais dentro a faca do raciocínio achei-lhe um miolo gaiato, fino, e até profundo. Era um modo que o Prudêncio tinha de se desfazer das pancadas recebidas, – transmitindo-as a outro. Eu, em criança, montava-o, punha-lhe um freio na boca, e desancava-o sem compaixão; ele gemia e sofria. Agora, porém, que era livre, dispunha de si mesmo, dos braços, das pernas, podia trabalhar, folgar, dormir, desagrilhoado da antiga condição, agora é que ele se desbancava: comprou um escravo, e ia-lhe pagando, com alto juro, as quantias que de mim recebera. Vejam as sutilezas do maroto! (MACHADO DE ASSIS, 2004, v. 1, p. 582).

Somente um irônico e autocentrado narrador (da elite, como veremos) pode afirmar que a conclusão do episódio era "gaiata" e "fina". Trata-se de um golpe certeiro, por um lado denunciando a violência e a hipocrisia dos senhores, por outro as terríveis implicações da disseminação do escravismo pela sociedade. Sutil, neste caso, apenas o autor, que conseguiu escrever umas das críticas mais duras à escravidão e às elites proprietárias e, ainda assim, receber acusações de não se pronunciar em sua obra sobre o assunto. Ele o fez em inúmeros textos, como comprovam diversos estudos das últimas décadas cujas linhas estão sintetizadas por Eduardo de Assis Duarte em *Machado de Assis afrodescendente* (2009); mas sempre do seu jeito, e não como esperavam.

O posicionamento antiescravista de Machado de Assis transcendeu a literatura, pois apenas escrever não bastava. Como apontou Berman, "*homens e mulheres modernos precisam aprender a aspirar à mudança: não apenas estar aptos a mudanças em sua vida pessoal e social, mas ir efetivamente em busca das mudanças, procurá-las de maneira ativa, levando-as adiante*" (BERMAN, 1986, p. 94). A descoberta de uma recente fotografia com o escritor próximo à princesa Isabel em Missa Campal no dia 17/5/1888, celebrando a Lei Áurea, é prova de que, se não foi um líder abolicionista, não escondia de que lado estava. Fato ainda mais relevante veio à tona com a pesquisa do historiador Sidney Chalhoub (2003, capítulo 4) sobre sua atuação como chefe interino de uma seção do Ministério da Agricultura no final dos anos 1870. O momento era delicado, pois a Lei do Ventre Livre (1871) havia obrigado os senhores a registrar seus cativos, sob pena de ter que conceder-lhes a liberdade. Houve muita reclamação, postergação e má--fé por partes dos proprietários, e quando o funcionário Machado de Assis era instado a dar seu parecer, inequivocamente o fazia em prol da liberdade. Não que burlasse a lei ou abusasse de seu poder; apenas aconselhava o governo, aqui e ali, a não dar segunda chance àqueles que ignoraram as determinações. O resultado de sua ação certamente não foi extraordinário, mas mostra que fez o que esteve ao seu alcance para contribuir para acelerar a abolição. *Revolucionário e conservador*.

A visão crítica de Machado de Assis sobre a sociedade brasileira e seu desejo de mudança não significavam aceitação automática das ideias progressistas que, supostamente, modernizariam o país. Muito pelo contrário. A própria ideia de progresso, no século XIX estreitamente ligada ao desenvolvimento científico, foi posta em xeque pelo autor diversas vezes em seus textos, com mais destaque no conto *O Alienista*. Ali, "o Dr. Simão Bacamarte, filho da nobreza da terra e o maior dos médicos do Brasil, de Portugal e das Espanhas", que estudou em Coimbra e em Pádua, aparece como a representação do cientista da época: "a ciência, disse ele a Sua Majestade, é o meu emprego único" (MACHADO DE ASSIS, 2004, v. 2, p. 253). Ao voltar para Itaguaí, sua cidade natal, resolve estudar a loucura, um tema atualíssimo tanto para o médico como para o leitor, já que mesmo na Europa ele só tinha se tornado objeto de interesse científico no início daquele século. Simão Bacamarte considera loucos todos os que se afastam do comportamento racional e chega a encarcerar quatro quintos da cidade na famigerada Casa Verde.

Neste ponto, porém,

> esta deslocação de população levara-o a examinar os fundamentos da sua teoria das moléstias cerebrais, teoria que excluía do domínio da razão todos os casos em que o equilíbrio das faculdades não fosse perfeito e absoluto; [...] que desse exame e do fato estatístico resultara para ele a convicção de que a verdadeira doutrina não era aquela, mas a oposta, e portanto que se devia admitir como normal e exemplar o desequilíbrio das faculdades, e como hipótese patológicas todos os casos em que aquele equilíbrio fosse ininterrupto. (p. 280-281).

O passo seguinte foi o ilustre médico perceber que, segundo o novo critério, o louco era ele mesmo, justamente por ser o único plenamente racional. A narrativa, claro, possui muito mais nuances do que essa síntese revela, mas já demonstra o quão profunda era a crítica de Machado de Assis. Não se trata de um cientista maluco, pois o alienista não perdera a razão; na verdade, a crença na racionalidade pura era a sua loucura. Como notou Augusto Meyer, "Simão Bacamarte recolhido por sua própria vontade à Casa Verde parece o suicídio da razão que partiu de teoria em teoria à caça da verdade, e por fim acabou reconhecendo em si mesma a fatalidade do erro". (MEYER, 2008, p. 47). Se parece estranho ao leitor de hoje que o escritor critique tão abertamente a razão e a ciência, pilares da modernidade, vale lembrar o alerta de Marshall Berman de que *para ser inteiramente moderno é preciso ser antimoderno*.

As inovações e ousadias na produção literária de Machado de Assis são muitas e em diferentes sentidos.[1] Para começar, arriscou-se em todos os gêneros à disposição, escrevendo romances, peças de teatro, poemas, contos e crônicas. Nestas, subverteu a tendência corrente de se dedicar a pequenas notícias locais e, embora sem descartar essa opção, tratou de assuntos políticos e econômicos cruciais e complexos, como a abolição, o Encilhamento, Revolta Federalista, sempre de forma irônica e muitas vezes sutil. Além disso, utilizou as crônicas para experimentações com o narrador e com a relação com o leitor que aproveitou em seus romances, como veremos a seguir (GLEDSON, 2006, cap. 5). No entanto, para muitos críticos, foi nos contos – um gênero novo no século XIX – que o escritor atingiu seu auge. Segundo Meyer, Machado de Assis "achou seu limite ideal de expressão no conto, em que só Tchekov pôde emparelhar com ele" (*apud* FISCHER, 2008, p. 130). Mário de Andrade foi ainda mais longe: "De Maupassant, de Machado de Assis, já literariamente adultos, não há o que preferir, porque não são descobridores de assuntos pra contos, mas da forma conto" (*apud* BAPTISTA, 2006, p. 209).

Luís Augusto Fischer e Abel Barros Baptista, em textos diferentes, buscaram encontrar os traços originais dos contos machadianos, e ambos destacaram o narrador. Mais do que desenvolver um caso, uma anedota, uma teoria, uma paródia – o escritor explorou todas essas possibilidades e muitas outras –, os narradores se intrometem, propondo interpretações

---

1   A análise do trabalho do autor como crítico literário será desenvolvida no capítulo de Luís Augusto Fischer.

para as histórias que estão contando, às vezes de acordo com "os fatos", às vezes não, cabendo ao leitor julgar. Em *Um homem célebre*, por exemplo, somos informados de que o protagonista, um famoso compositor de polcas, fora criado por um padre "doudo por música, sacra ou profana, cujo gosto incutiu no moço, ou também lhe transmitiu no sangue, se é que tinham razão as bocas vadias, cousa de que não se ocupa a minha história, como ides ver" (MACHADO DE ASSIS, 2004, v. 2, p. 498). De fato o assunto não volta, mas será que tem relação com a lente negativa através da qual o músico enxerga sua vida?

Há intervenções mais e menos sutis do que esta e, embora não aconteçam sempre, sua recorrência chama a atenção. Apesar de normalmente operar em terceira pessoa, o narrador do conto machadiano não é onisciente nem imparcial – em vez disso, tenta conduzir o leitor, mas nem sempre tem razão e deixa pistas disso. Esse movimento coloca a própria autoridade do narrador em xeque, pois, segundo Fischer, Machado de Assis "intuía haver acabado o tempo em que a posição serena, inquestionada, a partir da qual todo um mundo era criado", e, para o escritor,

> se configurava, com força, a mesma crise de representação que animou as teorias de Sigmund Freud (por exemplo nos comentários em que avança sobre o que chamou de "crise da função paterna"), assim como insuflou os rumos da pintura não figurativa, ou os caminhos inventivos da literatura dos grandes renovadores das gerações seguintes (FISCHER, 2008, p. 156).

Não cabe aqui desenvolver em detalhes esses paralelos, mas os pontos de comparação deixam bem claro que a modernidade da obra de Machado aparece em muitos e distintos níveis.

No romance, o debate sobre a originalidade machadiana teve início décadas antes e gerou uma forte tradição interpretativa. O primeiro marco foi *O Otelo brasileiro de Machado de Assis*, da norte-americana Helen Caldwell (1960). Caldwell demonstrou que, em *Dom Casmurro*, o leitor deve desconfiar do narrador em primeira pessoa, inaugurando o que Abel Baptista chamou de paradigma do pé atrás (2003, p. 367). Até aquele momento, como notou Hélio Guimarães, os críticos brasileiros, "associando os narradores ao escritor, transferiam a autoridade deste para aqueles. Isso tornava mesmo muito difícil produzir uma leitura que contrariasse as versões que Brás Cubas, Dom Casmurro ou o conselheiro Aires apresentam de suas histórias, já que, dentro daquela moldura mental, isso implicaria questionar, ou desautorizar, o grande escritor Machado de Assis, àquela altura transformado em mito nacional" (GUIMARÃES, 2019, p. 118).

Caldwell, ao contrário, argumentou que Bento Santiago escreve sua história para convencer os leitores de que foi traído e por isso precisa ser lido com cautela. Ao mesmo tempo, diz, Machado de Assis consegue, por debaixo do nariz do seu narrador, deixar pistas da história "real", permitindo ao público desvendar o mistério. Um de seus muitos recursos para isso são os nomes dos personagens.

> É Santiago quem escreve sua estória, mas os nomes dos personagens – com exceção de Ezequiel (filho de Bento) – foram conferidos pelo autor real. Eles representam o elemento do romance que pode, com absoluta certeza, ser posto na conta de Machado, e Machado de Assis não nomeia seus personagens ao acaso (CALDWELL, 2002, p. 95).

Capitu, para ficar em apenas um caso, vem de capitólio romano e

> era utilizado principalmente em um sentido figurado como substantivo comum cujo significado é "triunfo, glória, eminência, esplendor, magnificência". Machado utilizou esta palavra com os sentidos acima e [...], com o nome Capitu, é provável que pretendesse abarcar todas essas conotações, como testemunha de sua nobre beleza e dignidade (CADWELL, 2002, p. 76-77).

Aliás, como depois argumentou Roberto Schwarz (1997), a personagem se destaca na literatura nacional da época por ser provavelmente a primeira protagonista que vive na situação de agregada, algo frequente na sociedade brasileira – o próprio autor vivera assim na infância –, mas em larga escala ignorado pelos romancistas. Machado de Assis não só deu um destaque inédito a esse grupo de homens livres pobres, como fez de Capitu quase um modelo de virtudes, como a análise da etimologia do nome apontou, além de racional e pragmática, um avanço em relação ao universo de mocinhas ingênuas do Romantismo. (Não que todo agregado seja um poço de qualidades em sua obra, como mostra o futriqueiro José Dias, outro personagem de *Dom Casmurro*, porque o escritor não cairia, claro, nesse tipo de reducionismo.) Para Gledson, Capitu representa uma nova mulher na literatura, que entrara em cena na peça *Casa de bonecas*, de Ibsen, de 1879, mais ousada e limitada apenas pelas restrições impostas pela sociedade (2006, p. 346). Ao recusar o realismo tal como praticado por Émile Zola e Eça de Queiroz, que representava as classes populares dominadas pelos instintos, Machado de Assis conseguiu retratar a sociedade de forma muito mais precisa, tanto em termos sociais como psicológicos.

Retomando, podemos afirmar que *Dom Casmurro* passou a ter, depois da análise de Caldwell, pelo menos dois níveis de leitura, conectados mas intencionalmente diferentes: a história que o narrador conta e outra que o autor permite vislumbrar através de pequenos detalhes, que acabam por revelar a intenção "real" do narrador. Essas várias camadas interpretativas e a falta de credibilidade do narrador, que, como vimos, também aparecem nos contos, estavam entre as novidades consideradas modernas na obra de Henry James, um contemporâneo do escritor brasileiro. Ambos, segundo Schwarz, criavam

> fábulas cujo drama só se completa quando levamos em conta a falta de isenção, a parcialidade ativa do próprio fabulista. Este vê comprometida a sua autoridade, o seu estatuto superior, de exceção, para ser trazido ao universo dos demais personagens, como uma delas, com fisionomia individualizada, problemática e sobretudo inconfessável. (SCHWARZ, 1997, p. 12).

A criação de uma nova forma narrativa em um momento de crise do modelo existente encaixa-se à ideia de uma *expectativa de criar e conservar algo real, ainda quando tudo em volta se desfaz* de que falou Berman.

Em se tratando de nova abordagem sobre o narrador, salta aos olhos o caso de *Memórias póstumas de Brás Cubas*. Como levar a sério o tal Brás Cubas, primogênito dos narradores em primeira pessoa de Machado de Assis, que afirma ter escrito sua autobiografia após a morte? No entanto, fora esse "detalhe", o romance mantém o grau de verossimilhança dos outros de sua época, com exceção de uma ou outra frase solta sobre o seu estado de espírito no outro mundo. O comportamento do narrador Brás Cubas, aliás, não tem nada de etéreo e parece bastante humano. Já no prólogo diz ao leitor que, se a obra não agradar, "pago-te com um piparote, e adeus" (MACHADO DE ASSIS, 2004, v. 1, p. 513), e esta é só a primeira de uma série enorme de abusos e insultos diretos. No capítulo IV, conta que tinha uma ideia tão fixa como "a finada dieta germânica", uma zombaria, pois não é possível ser fixa e finada ao mesmo tempo. Em seguida, emenda: "Veja o leitor a comparação que melhor lhe quadrar, veja-a e não esteja daí a torcer-me o nariz, só porque ainda não chegamos à parte narrativa destas memórias. Lá iremos. Creio que prefere a anedota à reflexão, como os outros leitores, seus confrades, e acho que faz muito bem" (MACHADO DE ASSIS, 2004, v. 1, p. 516). Os leitores, para Brás Cubas, somos todos iguais e, pior ainda, superficiais. As provocações às vezes tomam forma indireta, como uma revelação interrompida no meio, digressões (aparentemente) despropositadas e autoelogios que "mostram" ao leitor que ele não está à sua altura.

Roberto Schwarz, aproveitando a reflexão de Caldwell sobre o narrador, decidiu debruçar-se sobre *Memórias Póstumas de Brás Cubas*. Concluiu que o estilo do seu narrador, marcado pela volubilidade, era a atitude da camada dominante brasileira transposta para uma forma literária. Como sintetizou John Gledson,

> o que Machado fez, segundo Schwarz, foi pegar a arbitrariedade, a leviandade [da elite brasileira] e usá-las como princípio de composição, noutras palavras, o estilo digressivo, zombeteiro, inconsequente das *Memórias*, de assunto vira forma (e assunto). Notem que o argumento explica *não só* o conteúdo social das *Memórias póstumas, como também* a sua forma artística (GLEDSON, 2011, p. 16).

Esse imbricamento entre forma literária e dinâmica social só havia sido encontrado de maneira tão complexa e reveladora em *Memórias de um sargento de milícias*, de Manuel Antônio de Almeida; em Machado de Assis, por outro lado, cada vez mais nota-se que se trata de um traço estrutural da sua obra. Assim, após *Um mestre na periferia do capitalismo* (1990), caía definitivamente por terra o mito de que Machado de Assis nada dissera sobre a realidade social brasileira.

Não que Schwarz fosse o primeiro a apontar como diversos elementos da obra de Machado de Assis expressavam características peculiares da nossa sociedade, ideia já presente em textos de Silviano Santiago e Raimundo Faoro. No entanto, a partir dele as análises se multiplicaram e ganharam em sofisticação, pois a percepção de que não só os narradores em primeira pessoa eram pistas da visão do autor sobre determinados segmentos, mas todo elemento – um personagem, um episódio, a estrutura da narrativa ou mesmo a data de um acidente – passou a ser analisado como possível elo com a estrutura social pensada pelo escritor. Esse movimento fincou definitivamente a literatura de Machado de Assis em solo brasileiro, sem com isso tirar-lhe a universalidade cada vez mais celebrada no mundo inteiro.

A abordagem inovadora do narrador comprova que Machado de Assis, como afirmara Abel Baptista, refletia a literatura como uma questão em si (embora isso não o impedisse de tratar da sociedade em sua obra). Em seus últimos romances, avançou nesse sentido colocando em xeque a própria autoria do texto, em um processo complexo e cheio de nuances. *Memórias póstumas de Brás Cubas* se pretende uma autobiografia "escrita" por Brás Cubas, mas no romance seguinte, *Quincas Borba*, o narrador em terceira pessoa pergunta se o leitor leu "seu" livro anterior. Em *Esaú e Jacó* ficamos sabendo na abertura que se trata de um livro encontrado entre os diários do Conselheiro Aires, embora o autor dessa informação permaneça desconhecido. Já em *Memorial de Aires*, Machado de Assis, assinando com suas iniciais, afirma que foi ele quem escreveu *Esaú e Jacó* ("Quem me leu *Esaú e Jacó*...") e que o novo livro saiu de um dos diários do Conselheiro Aires,

> decotada de algumas circunstâncias, anedotas, descrições e reflexões, – pode dar uma narração seguida, que talvez interesse, apesar da forma de diário que tem. Não houve a pachorra de a redigir à maneira daquela outra – nem pachorra, nem habilidade. Vai como estava, mas desbastada e estreita, conservando só o que liga o mesmo assunto. (MACHADO DE ASSIS, 2004, v. 1, p. 1096)

Novamente ele desmente a suposta autoria de Aires do romance anterior, apenas para confirmar que este sim seria obra dele, embora "decotada". O quanto ele editou? O que deixou de fora? Não se trata de um mistério para o qual haja solução. O propósito é construir e desconstruir (uma atitude essencialmente moderna) as certezas sobre autoria e narração do romance.

Também procurou pensar e discutir o papel do leitor. Segundo Hélio Seixas Guimarães, nos cinco primeiros romances o escritor procurou conduzir o seu público a uma nova sensibilidade antirromântica, frustrando sua expectativa por reviravoltas e sentimentalismo e provocando-o de forma sutil. No entanto, em 1876 saiu o recenseamento que apontou 84% de analfabetismo na população brasileira e 83% das crianças livres em idade escolar fora da escola. O escritor refletiu sobre esses dados, tendo publicado uma crônica afirmando que, diante deles, "a opinião pública é uma metáfora sem base" (*apud* GUIMARÃES, 2004, p. 103). Além disso, ele se pôs a questão de para quem estava escrevendo naquele mar de iletrados. O seu romance logo após o recenseamento, *Iaiá Garcia* (1878), ainda manteve a linha dos anteriores, mas em *Memórias póstumas de Brás Cubas* (1881) tudo mudou. Vimos que o narrador Brás Cubas ofendia, enganava e subestimava o leitor, como se a falta de leitores reais tivesse libertado o autor para, segundo Guimarães, "abandonar qualquer função didática ou pedagógica [da narração] para assumir uma função eminentemente estética" (GUIMARÃES, 2004, p. 175). A partir daquele ponto, Machado de Assis incorporou as questões de interlocução e recepção ao texto, e em cada romance procurou abordá-las de forma diferente.

Nesse processo, o escritor quase sempre se valeu de um personagem-narrador, sendo *Quincas Borba* a única exceção, com narração em terceira pessoa. Não se tratava de um recuo, porém, porque a narração apresenta muitas inovações em relação aos anteriores, entre elas o uso frequente do discurso indireto livre – utilização de tempos verbais e pronomes do discurso indireto, mas com o tom e a ordem da frase do discurso direto. Já na abertura do romance, temos um exemplo: "Rubião fitava a enseada, – eram oito horas da manhã. [...] Cotejava o passado com o presente. Que era, há um ano? Professor. Que é agora? Capitalista" (MACHADO DE ASSIS, 2004, v. 1, p. 643). As perguntas parecem saídas da boca de Rubião, aproximando o leitor do pensamento do personagem, sem perda da fluidez do texto. Machado de Assis usa o recurso não só para revelar a consciência do protagonista como também a de outros personagens. Palha, quando soube que Rubião se declarara para sua esposa, fica reflexivo:

> Achava natural que as gentilezas da esposa chegassem a cativar um homem, – e Rubião podia ser esse homem [...]. Nunca, entretanto, lhe passou pela cabeça que o amigo chegasse a declarar amor a alguém, menos ainda Sofia, se é que era amor deveras; podia ser gracejo de intimidade. Rubião olhava para ela muita vez, é certo; parece também que Sofia, em algumas ocasiões, pagava os olhares com outros... Concessões de moça bonita! Mas, enfim, contanto que lhe ficassem os olhos, podia ir alguns raios deles (MACHADO DE ASSIS, 2004, v. 1, p. 683).

Toda frieza e cálculo de Palha, que quer continuar a explorar Rubião e sequer considera a chance de perder Sofia, ficam evidentes nesse trecho. Como diagnosticou James Wood,

> a narrativa parece se afastar do romancista e assumir as qualidades do personagem, que agora parece "possuir" as palavras. O escritor está livre para direcionar o pensamento informado, para dobrá-lo

às palavras do personagem. Estamos perto do fluxo de consciência, e é essa direção que toma o estilo indireto livre no século XIX e no começo do século XX (WOOD, 2011, p. 23).

A análise acima bastaria para marcar mais um dos traços modernos de Machado de Assis, porém a questão merece mais atenção. O discurso indireto livre possibilita ao autor explorar melhor a subjetividade de seus personagens – característica marcante (e mais um elemento moderno, não custa lembrar) de sua obra –, mas, por outro lado, a voz do narrador tende a se dissipar e, com isso, sua capacidade de instruir o leitor. Franco Moretti mostra como, no início do século XIX na Europa, os autores costumam ter "uma ideia justamente didática da literatura" e abraçam "a missão ética do narrador – e devem, para tanto, renunciar ao indireto livre. Não que não saibam usá-lo; é que não *querem* usá-lo, porque esse estilo contradiz a sua vocação essencial" (MORETTI, 2009, p. 856, grifo do autor).

Vimos que Machado de Assis, após a publicação do recenseamento em 1876, alterou a forma de se "relacionar" com os leitores em seus textos. Em *Memórias póstumas de Brás Cubas* criou um narrador que ofendia e manipulava, sem qualquer preocupação pedagógica. Em seguida, o escritor recorreu ao discurso indireto livre, que em tese tira a força do narrador. Em tese. Este foi o caso de *Madame Bovary*, mas não o de *Quincas Borba*, onde ele continua bem presente, embora de forma diferente do que ocorre em *Brás Cubas*. Como demonstrou Hélio Guimarães, em *Quincas Borba* o narrador

> procura aproximar-se e conquistar a confiança do leitor com palavras lisonjeiras, afirmações sobre sua inteligência, referências a sua capacidade de dedutiva e pressuposições de bom entendimento; mas ao mesmo tempo em que profere elogios, sistemática e insidiosamente semeia dúvidas sobre tudo o que afirma. Embora pressuponha a independência do interlocutor, sugerindo que ele seja capaz de deduzir ou de ver alguma coisa por si mesmo, o narrador nega-lhe autonomia ao dirigir cuidadosa e milimetricamente sua opinião, conformando-a ao seu ponto de vista (GUIMARÃES, 2004 p. 198).

Por que a emergência do indireto livre no romance brasileiro não coincidiu com um recuo do papel do narrador? A explicação pode estar no contexto histórico.

Para Moretti, na Europa houve uma confluência de fatores que permitiu o avanço do indireto livre até o apagamento quase total da voz do narrador em *Madame Bovary*.

> Por um lado, de fato, o capitalismo moderno necessita de energias subjetivas um pouco além da média [...]. Por outro, porém, a racionalização das relações sociais também exige nivelamento, a impessoalidade, a abstração tão bem representada pela voz narrativa de Austen. Bem, o estilo indireto livre é a técnica ideal para dar forma a esse compromisso: deixa um espaço livre à voz individual [...]; mas ao mesmo tempo mistura e subordina a expressão individual ao tom abstrato e suprapessoal do narrador. E parece quase vir à luz uma terceira voz, uma voz intermediária [nem a do personagem nem a do narrador], mas a voz do contrato social que se obtete, a voz do indivíduo socializado (MORETTI, 2009, p. 858).

Luís Augusto Fischer, comentando o artigo de Moretti, sintetizou a questão apontando que se trata de um nexo entre o indireto livre e a existência de uma opinião pública ou, dito de outra forma, de uma visão de mundo dominante e consolidada. Fischer avança na questão refletindo sobre a realidade brasileira oitocentista e afirma que a

> ausência de opinião pública estável, de leitores abundantes, de instituições políticas e culturais confiáveis e de fato entranhadas na vida social, da força pública da lei impessoal, ancoraram o ponto de vista narrativo na única instância capaz de garantir veracidade ao depoimento e força à voz narrativa: a instância do indivíduo e seu testemunho, na frágil força do indivíduo capaz de assumir o ônus de dizer como é o mundo, ao menos o mundo que ele conheceu (FISCHER, 2021, cap. 3.1.2).

Daí, conclui o crítico, a enorme quantidade de romances brasileiros narrados em primeira pessoa ou cujo narrador se apresenta como uma testemunha dos fatos descritos – exatamente como fora o caso na Inglaterra e na França um século antes.

Essa hipótese ajuda a entender por que Machado de Assis não conseguiu abrir mão de um narrador, mesmo obrigando-o a ceder espaço para a consciência dos personagens em vários momentos. Aliás, se voltarmos à abertura do romance, vemos que, em alguns momentos, mesmo quando usa o indireto livre, o narrador se intromete.

Cotejava o passado com o presente. Que era, há um ano? Professor. Que é agora? Capitalista. Olha para si, para as chinelas (umas chinelas de Túnis, que lhe deu recente amigo, Cristiano Palha), para a casa, para o jardim, para a enseada, para os morros e para o céu; e tudo, desde as chinelas até o céu, tudo entra na mesma sensação de propriedade (MACHADO DE ASSIS, 2004, v. 1, p. 643).

A sensação de propriedade do céu foi conclusão do narrador ou se tratava de prenúncio da megalomania do protagonista? Não sabemos e, mais uma vez, essa incerteza devia ser a intenção do autor. O que sabemos é que, também no uso do discurso indireto livre, Machado de Assis não adotou de forma irrestrita soluções estrangeiras para as questões que se colocava, mas manteve-se aberto a elas e, na medida em que pareciam satisfatórias, adaptou-as de um modo particular. Uma atitude que, na Semana de Arte Moderna de 1922, será vendida como uma inovação radical e revolucionária.

Referências

BAPTISTA, Abel Barros. *A formação do nome: duas interrogações sobre Machado de Assis*. São Paulo: Unicamp, 2003.

BAPTISTA, Abel Barros. *Autobibliografias*. São Paulo: Unicamp, 2003.

BAPTISTA, Abel Barros. A emenda de Séneca – Machado de Assis e a forma do conto. *Teresa*, 6-7, p. 207-231, 2005. Disponível em: https://www.revistas.usp.br/teresa/article/view/116621. Acesso em: 10 jul. 2021.

BERMAN, Marshall. *Tudo que é sólido desmancha no ar*. São Paulo: Companhia das Letras, 1986.

CALDWELL, Helen. *O Otelo brasileiro de Machado de Assis*. São Paulo: Ateliê Editorial, 2002.

CHALHOUB, Sidney. *Machado de Assis historiador*. São Paulo: Companhia das Letras, 2003.

DUARTE, Eduardo de Assis (org.). *Machado de Assis afrodescendente*. Rio de Janeiro/Belo Horizonte: Pallas/Crisálida, 2009.

FISCHER, Luís Augusto. *Machado e Borges – e outros ensaios sobre Machado de Assis*. Porto Alegre: Arquipélago Editorial, 2008.

FISCHER, Luís Augusto. *Duas formações, uma história – Das ideias fora do lugar ao perspectivismo ameríndio*. Porto Alegre: Arquipélago Editorial, 2021.

GLEDSON, John. *Por um novo Machado de Assis*. São Paulo: Companhia das Letras, 2006.

GLEDSON, John. Machado de Assis e a crise dos quarenta anos. *Machado de Assis em linha* [online], ano 4, n. 8, p. 09-28, 2011. Acesso em: 9 jul. 2021.

GUIMARÃES, Hélio de Seixas. *Os leitores de Machado de Assis: o romance machadiano e o público de literatura no século 19*. São Paulo: Edusp, 2004.

GUIMARÃES, Hélio Seixas. Helen Caldwell, Cecil Hemley e os julgamentos de Dom Casmurro. *Machado de Assis em linha* [online], v. 12, n. 27, p. 113-141, 2019. Disponível em: https://doi.org/10.1590/1983-6821201912277; https://doi.org/10.1590/1983-6821201912278. Acesso em: 11 jul. 2021.

MACHADO DE ASSIS, Joaquim Maria. *Obras completas*. Rio de Janeiro: Nova Aguilar, 2004.

MASSA, Jean Michel. *A juventude de Machado de Assis: ensaio de biografia intelectual*. 2ª edição. São Paulo: Unesp, 2009.

MEYER, Augusto. *Machado de Assis, ensaios* (1935-1958). 4a edição. Rio de Janeiro, Editora José Olympio/ABL, 2008.

MORETTI, Franco (org.). *A cultura do romance*. São Paulo: Cosac Naify, 2009.

SCHWARZ, Roberto. *Duas meninas*. São Paulo: Companhia das Letras, 1997.

SCHWARZ, Roberto. *Um mestre na periferia do capitalismo*. São Paulo: Livraria Duas Cidades, 1990.

Josephina Álvares de Azevedo: uma mulher moderna do século XIX

Laila Thaís Correa e Silva

Perfil biográfico

Josephina Álvares de Azevedo nasceu em Recife em 5 de maio de 1851 e morreu em 2 de setembro de 1913, no Rio de Janeiro (SILVA, 2021). Sua maior atuação enquanto jornalista, escritora e uma das principais precursoras do feminismo no Brasil se deu no jornal feminista *A Família* (São Paulo\ Rio de Janeiro 1888- 1894 [1897]), fundado em São Paulo, no ano de 1888, pela própria Josephina Azevedo, também redatora-chefe. Por isso, a sua biografia está muito ligada à sua obra e sua trajetória intelectual e política e, para conhecer essa personagem histórica e sua obra, faz-se necessário lançarmos mão dos jornais de fins do século XIX.[1]

No editorial de estreia d'*A Família*, encontra-se a concepção de Josephina Azevedo sobre o valor dos jornais como instrumento para a ação política, depositando uma confiança considerável no poder da imprensa enquanto instrumento de conscientização da população no que dizia respeito à "grande iniquidade secular – a escravidão da mulher". E foi contra toda a cultura patriarcal, tão característica do século XIX brasileiro, que Josephina escreveu e militou. Essa escritora e feminista atuou via imprensa em demandas específicas para a conquista de direitos femininos na nascente República, tais como: a educação de qualidade e igualitária, acesso ao ensino superior e ao trabalho em qualquer área do conhecimento, o direito assegurado ao voto, o exercício de cargos públicos e o direito ao divórcio, manifestando-se inclusive em questões até hoje polêmicas como a educação sexual e o aborto. Suas principais obras derivam de sua atuação como

---

1 Na Hemeroteca Digital da Biblioteca Nacional é possível acessar aos números publicados entre 1888 e 1894 d'*A Família*, totalizando 177 números acessíveis, o que nos oferta subsídios suficientes para o estudo da trajetória profissional de Josephina Álvares de Azevedo e outras colaboradoras assíduas em seu periódico feminista.

feminista e jornalista; são elas: *O voto feminino* (1890b), *Retalhos* (1890a),[2] *A mulher moderna:* trabalhos de propaganda (1891) e *Galeria Ilustre:* mulheres célebres (1897), última obra de que temos notícia até o momento.

A autora foi uma das principais feministas do século XIX brasileiro devido à rede de comunicação e sociabilidade formada em torno de sua figura, congregando escritoras de várias partes do Brasil no periódico feminista *A Família*, o qual, devido ao seu perfil, nos apresenta uma amostra importante da produção escrita de autoria feminina com contribuições de mulheres do Brasil inteiro, da França e da África. Contudo, seu protagonismo não ofusca em nada a participação ativa de outras escritoras que se apoiaram em *A Família* e auxiliaram no engrandecimento desse empreendimento tipográfico feminista, tais como a baiana Maria Ignez Sabino Pinho Maia (1853-1911). Ignez Sabino, como assinava suas publicações, mantinha relações de amizade com Josephina Azevedo. Por isso, *A Família* registrou uma verdadeira exaltação da personalidade de sua fundadora, em comemoração ao seu aniversário natalício.

Na edição n. 103 de *A Família*, publicada em 9 de maio de 1891, o primeiro texto, ocupando a primeira página e acompanhado de um retrato da redatora-chefe, foi escrito pela amiga Ignez Sabino:

> [...] o nome da ilustrada senhora serve de pedestal ao simpático vulto da propagandista em sua pátria. Quem a não conhece? Quem ousa obscurecer-lhe o nome? Quem a julgará pequenina nesta estatueta viva, modesta e débil, mas impulsionada pelo calor da convicção e pelo apostolado santo da emancipação feminina? [...]
> O sexo forte crê-o o único apto para possuir o dom de criar trabalhos intelectuais de maior fôlego.
> A mulher, dizem, é sempre feminil. Que puro engano! A inteligência feminina ou masculina é em tudo igual: a vantagem do homem sobre ela é desde pequenino viver n'outro meio, ter outros estudos, e uma instrução mais sólida [...]
> No meio, pois, do desânimo literário que observamos, *A Família*, como é sabido, é o periódico feminino que mais tem prosperado [...]
> A nossa redação hoje veste galas; e eu, a mais obscura das suas combatentes, com uma coroa de rosas vivas e imurchessíveis [sic], deponho na banca de trabalho da nossa companheira o tributo que rendo ao seu aniversário natalício, e muita instrução da autora dos

---

2   A obra *Retalhos* (1890) ainda não foi localizada por nenhuma pesquisa, embora seja citada na imprensa do período como uma obra efetivamente lançada ao público.

Retalhos e da *Mulher Moderna*, último livro por ela publicado (A Família, 1891).

Ao contrário da maioria de suas contemporâneas, Josephina distanciou-se da carreira literária e jornalística ao encerrar suas atividades como editora-chefe e proprietária de *A Família*. Sua grande obra foi a tarefa hercúlea de sustentar sob sua responsabilidade um dos mais importantes jornais feministas do século XIX, que parece ter encerrado suas atividades em algum momento, logo após o ano de 1897, devido à última menção sobre o jornal, que foi citado por Ignez Sabino na revista paulistana *A mensageira* (Sabino, 1897).

No entanto, antes do seu ocaso, *A Família* originou uma companhia que cresceu no cenário tipográfico do início da República, refletindo a modernização da imprensa nacional e do jornal de Josephina, competindo em igualdade com outros impressos que acompanhavam as mudanças políticas, culturais e sociais do período republicano. O trecho que será citado em seguida, de um artigo de A.A. publicado originalmente no impresso *Do Mercantil*, embora longo, resume o ardor arrojado e independente da "Mulher Moderna" que pulsava em Josephina Álvares de Azevedo:

> Faz muito bem a Ilma. e Exma. Sra. D. Josephina Álvares de Azevedo em fundar uma companhia para manter o seu jornal. Nesta época agitada em que qualquer farroupilha de três centímetros de alto se enriquece de um para outro momento, sem dar satisfações aos credores [...] bem explicável é que uma senhora abandone com a maior frescura a sua corbelha de vime [...] e venha muito séria a fazer conciliábulos nos salões particulares para a organização de companhias. A Exa. escritora olhou e examinou os berlinques desencontrados da política onde não se sabe ao certo quem é que é mais cara-dura [...] a Exa. escritora contemplou do alto de sua feminina ingenuidade o mare Magnum das descomposturas que se entrechocam [...] neste largo ambiente mefítico das coisas mundanas e... Zás! Cortou o nó górdio das suas conjecturas: resolveu fundar uma empresa.
> Eu imagino a santa e embasbacativa surpresa de que se não haviam de apossar os financeiros e zangões do Rio em frente dessa extravagante resolução da prodigiosa redatora cujo cérebro fogoso e incendiário me traz à retentiva a também incendiária e fogosa energia da condessa de Montfort na sustentação da Bretanha.
> D. Josephina tem músculos de aço. Natural do estado do Recife, ela é como se fosse de Sagunto: – heroísmo até ali, até ali vigor, talento, resolução! [...] (A Família, 1891).

A obra: insurgências feministas no século XIX

A obra *A mulher moderna*: trabalhos de propaganda (1891) reúne todos os artigos sobre o voto feminino, anteriormente publicados por Josephina Azevedo em *A Família*, além de sua peça *O voto feminino* (1890b), publicada em folhetins no mesmo impresso feminista. O volume compõe-se de quatro partes: a primeira parte foi dedicada ao "Voto Feminino", reunindo artigos de Zefa sobre o tema e a peça teatral *O voto feminino*; a segunda parte é sobre "Emancipação da Mulher"; a terceira, "Assuntos Diversos", com a reprodução dos artigos "Decreto iníquo e absurdo", "O Divórcio", "Constituição e Constituinte", "O casamento civil", "Club de senhoras", "Conflito entre Portugal e Inglaterra" e "As senhoras portuguesas"; finalmente, na quarta parte, "Respostas", a escritora publica os debates travados na imprensa com Paulino de Brito e Silva Nunes. Dessa forma, em 152 páginas, Josephina Álvares de Azevedo transmite para o público sua obra quase completa que, ainda em 1896, circulava pelas livrarias cariocas ao preço módico de $ 500, em promoção na liquidação da Livraria Colegial (O Paiz, 1896).[3]

Portanto, não se trata de uma obra nova, como a própria autora afirmou na introdução ao volume; mas não deixa de ser a sua principal obra, pois sintetiza e pereniza argumentos expostos em seus artigos mais polêmicos que envolvem a questão do voto feminino, a emancipação feminina, a educação para as mulheres e o divórcio, bem como as polêmicas travadas em torno de suas ideias e da peça teatral *O voto feminino*.

De modo insurgente e direto, a autora abordou a "Nova Mulher" ou a "Mulher Moderna". Esse "ente" que nos parece abstrato na teoria teria começado a definir de forma incisiva o que não era aceitável, e, ao conferirmos forma e experiência histórica à "Nova Mulher", iremos ler nos textos de Josephina como esse conceito se construiu no discurso feminista de fins do século XIX. Além da oposição política manifesta, a forma como ela introduz seus escritos publicados em volume revela que suas obras não tinham qualquer compromisso estético ou filiação à "escola literária":

> Penas mais vigorosas, mais adestradas, tê-lo-iam explanado com maior vantagem para a causa em si. Não o fariam com mais dedicação [...]

---

3   *O Paiz*, Rio de Janeiro, 8 de fevereiro de 1896.

> [...] quero reconhecer em todos em todos mais talento, mais aptidão, mais ilustração e clareza, nunca maior entusiasmo, mais acrisolado amor.
> Um livro que nasce da alma e do coração, posso dizê-lo, quando mesmo fosse um livro repetido, mereceria sempre a complacência dos leitores. (Azevedo, 1891, p. 5-6).

A primeira preocupação da autora foi política, imediata e condizente com os acontecimentos em curso, fruto das mudanças políticas e sociais da República:

> Posso dizer com orgulho que ninguém com mais entusiasmo e amor tem tratado do assunto no Brasil [...]
> E ninguém estará mais convicta do que eu de quanto é justa a causa que defendo, do quanto é forte a razão que está do meu lado, de quanto é sagrado o direito que eu peço aos homens que reconheçam em nós – as mulheres. (Azevedo, 1891, p. 6).

Nota-se que a historiografia dedicada aos estudos dos primeiros movimentos feministas, defensores da obtenção do direito ao voto feminino no Brasil, em geral, debruçou-se sobre a trajetória de mulheres nas primeiras décadas do século XX que atuaram no período mais próximo à obtenção desse direito político, esquecendo-se de mencionar as predecessoras de Bertha Lutz (1894- 1976), considerada a pioneira na luta pelo direito ao voto (Blay; Avelar, 2017, p. 15). Evidentemente, não pretendemos diminuir a importância da atuação das feministas do século XX, apenas chamamos a atenção para a importância das décadas de 1880 e 1890, indicando movimentos de mulheres na imprensa carioca que auxiliaram a moldar as demandas do século seguinte, dentre as quais se destaca Josephina Álvares de Azevedo, pouco citada quando se aborda a história do processo de conquista do voto feminino no Brasil, porém de suma importância para moldar o início do processo de formação do movimento feminista brasileiro.[4]

---

4   Mesmo antes das reivindicações de Zefa e suas aliadas, encontramos na publicação da escritora e professora Anna Rosa Termacsics dos Santos com seu *Tratado sobre a emancipação política da mulher e o direito de votar* (1868) o registro textual da defesa da obtenção desse direito circulando pelos principais jornais da Corte imperial. Já à época, Termacsics dos Santos defendia a igualdade legal entre homens e mulheres, como um modo de obter autonomia, e pautava a base dessa emancipação feminina *a partir da obtenção do direito ao voto*, pois "não queremos menosprezar outros métodos de defender a mulher, mas o direito de votar é na minha opinião a pedra angular da empresa desde que não só procuramos

Na peça *O voto feminino*, que compõe a obra *A mulher moderna*, constata-se a ideia que movia a luta de Josephina e suas contemporâneas, em nome da cidadania plena feminina, produto de uma consciência das mulheres que se expandia rumo à conquista de outros lugares sociais. *O voto feminino* foi inspirado diretamente pelo parecer negativo expedido oficialmente pelo governo, com relação à inclusão da lei do voto feminino no Projeto de Constituição, então em discussão e elaboração. A arguta feminista não hesitou em usar a linguagem cênica para criticá-lo com a mesma dureza que já o fizera em seu jornal e, apropriando-se dele como uma espécie de mote, inseriu-o em sua comédia.

O enredo composto por um ato, com três pequenos números de canto, dois duetos e um *ensemble* final, foi encenado na festa artística do ator português radicado no Brasil Antonio Pereira Fontana e Castro, em maio de 1890, no Recreio Dramático do Rio de Janeiro. Os atores são o festejado Castro, Germano, Bragança e Pinto e as atrizes Elisa de Castro, Isolina Monclar e Luiza, com o intermédio a cargo das cantoras Lydia, Lilly Massom e "menino" Romeu Bastos. (GAZETA DE NOTÍCIAS, 1890). O conflito se desenvolve na sala da casa do Conselheiro Anastácio, horas antes do jantar e envolve sete personagens, três mulheres e quatro homens que aguardam ansiosos pelo despacho do ministro decidindo por decreto se haveria ou não o direito ao voto feminino. A decisão foi negativa, e as mulheres, apesar da derrota, depositavam todas as suas esperanças na Constituinte republicana que ainda viria.

Josephina de Azevedo fez do palco uma tribuna, de onde se pronunciou, naturalmente, pela voz de um *raisonneur*, o Dr. Florêncio, para discutir e defender a tese de que, sem o direito do voto, as mulheres jamais seriam atendidas em suas reivindicações de igualdade social. Desse modo, lemos como emblemática a escolha de uma personagem masculina como mediadora do conflito que constitui a principal ação dramática da peça. Apesar de homens e mulheres estarem em lados totalmente antagônicos, as mulheres defendendo o sufrágio feminino e denunciando as arbitrariedades da subordinação feminina e os homens temerosos por perderem o lugar social que ocupavam, Josephina, por meio de Florêncio, estabelece a possibilidade do equilíbrio, atitude a ser tomada pelos legisladores republicanos. Portanto, a pretensão principal da peça era sensibilizar a opinião

---

proteger a mulher mas antes pô-la em uma posição de se proteger ela mesma" (A.R.T.S., 1868, p. 3).

pública em geral e, é claro, as próprias mulheres, na tentativa de mobilizá-las para a ação em busca de seus direitos políticos. Assim, com o teatro musicado, que, apesar de estigmatizado pela crítica como gênero de segunda categoria, ocupava o primeiríssimo lugar na preferência do público, Josephina de Azevedo disponibilizou ao entretenimento do público carioca uma comédia direta e exagerada, dentro do escopo da estratégia agressiva de sua atuação na imprensa.

O enredo simples e a linguagem direta e coloquial podem indicar que Josephina Azevedo tinha um objetivo certeiro com sua peça de estreia, que pretendia encenar o cotidiano doméstico, priorizando a questão feminina em pauta (ANDRADE, 2001). A caracterização das personagens femininas e masculinas promoveu um antagonismo entre mulheres inteligentes, decididas, fortes e homens egoístas, inescrupulosos e tolos, com exceção do Dr. Florêncio, homem razoável, que defendia o direito ao voto para as mulheres e representaria o tipo de homem sensato que atuava em prol dos anseios femininos no Congresso. Por isso, é razoável supor que sua peça tinha a emergência de transmitir um chamado aos parlamentares, para que ouçam os apelos das mulheres em busca do voto, ou seja, pelo direito de exercer a cidadania numa república democrática.

Na peça podemos identificar claramente o desejo de associação entre homens e mulheres em vista da obtenção do sufrágio feminino, todavia, nem todos os homens aceitaram tal convite à luta emancipatória da mulher. Em todo o caso, a peça nos propôs uma estratégia política muito em voga no feminismo francês, a solidariedade entre mulheres e homens para o sucesso da pauta política e social de emancipação das mulheres via obtenção de direitos políticos e outras garantias legais. Para expor nossa proposta interpretativa de *O voto feminino*, pensemos em dois processos: a construção do drama teatral e as estratégias e concepções feministas francesas, e poderemos concluir que *O voto feminino*, apesar de parecer uma composição simples e sem grandes pretensões, revela um propósito político mais complexo que, realmente, fazia um chamado às mulheres e aos homens brasileiros no início do governo republicano. Contudo, para demonstrar como eram descabidas as ressalvas masculinas em relação à capacidade das mulheres para o exercício da política e outras funções associadas à vida pública, Josephina Azevedo utilizou-se de cenas "exageradas" e cômicas, como as seguintes:

Anastácio – Pois que fosse; mas não para ser votante... Ora figas! Figas!
Rafael (baixo a Inês) – D. Inês, olhe que isso é muito pesado!
Esmeralda – Mas isso não é justo, meu pai.
Anastácio – Ah! Também pensas como tua mãe! Aqui está o que são as mulheres de hoje! O que todas vocês querem é ficar livres... para não prestarem mais obediência a ninguém. Mas tal não há de acontecer. Figas!
Esmeralda – Mas meu pai...
Anastácio (colérico) – Qual teu pai, qual nada!
Esmeralda – Acalme-se!
Anastácio – Isto não tem cabimento.
Inês – Ah! Querem a eterna humilhação!
Anastácio (passeando, agitado) – Figas! Figas!
Inês – Havemos de ser iguais; se a mulher está habilitada para ser mãe, essa missão sublime e grandiosa, por que o não há de estar para exercer o direito de voto?
Anastácio – Que querem que façam os homens? Que cedam o lugar às mulheres? Que vão para a cozinha? Que vão dar ponto nas meias?... Que vão... amamentar crianças?
Esmeralda – Ninguém diz isso. Ninguém quer tirar o lugar aos homens, sem por isso continuarmos nós na humilhante condição em que temos jazido até hoje.
Anastácio – É o mesmo estribilho. Esta gente está idiota.
Inês – O Senhor é que parece que perdeu a razão.
Anastácio (dirigindo-se a Rafael) – Meu genro, estamos perdidos, a revolução das saias entrou-nos porta dentro: é preciso reagir. A mulher votante! Com direito aos cargos públicos! Que desgraça! Que calamidade!
Inês – Calamidade é a de termos homens como o senhor que procuram aniquilar os nossos direitos em proveito da sua vaidade.[5]

Para mitigar a irracionalidade dos homens na peça, Josephina introduz uma personagem que equilibra a verve violenta masculina. Dr. Florêncio, o homem mediador do conflito entre os dois polos antagônicos da peça, escrevia artigos feministas no *Correio do Povo*, lido e discutido por Esmeralda e Inês. As duas mulheres, mãe e filha, alimentavam o desejo de participação política, estudando, lendo e adquirindo informações sobre

---

5   O texto completo foi publicado com introdução de Valéria Andrade no *site* da Assembleia Legislativa do Estado de São Paulo em: https://www.al.sp.gov.br/repositorio/bibliotecaDigital/525_arquivo.pdf. Acesso em: jan. 20212.

a política nacional; notemos que Inês é a esposa de um ex-conselheiro e Esmeralda casou-se com Rafael, deputado. Joaquina, a empregada, escutava as conversas das duas patroas, alimentando a esperança de ter algum tipo de cargo relevante e promissor, caso as mulheres conseguissem almejar cargos públicos de destaque e chefia. Desse modo, a peça mostrava como a rede de informações iria se formando, desde as mulheres letradas das classes mais abastadas, até as trabalhadoras, como Joaquina, atentas aos debates teóricos de feministas como Inês e Esmeralda.

Josephina Álvares de Azevedo brinca com os brios de homens, verdadeiros representantes do poder patriarcal e escravocrata, como o ex-conselheiro Anastácio, que não só representava o atraso de um governo monárquico caduco, bem como a insegurança patriarcal ameaçada com a formalização da participação política das mulheres. O enredo lança luz sobre um ponto crucial, as mulheres sempre participaram da política, mas apenas nos bastidores e, portanto, capacidade intelectual não faltava a nenhuma delas e, sim, apenas a conquista de um direito que teria de vir pelas mãos de legisladores do sexo masculino, relutantes como Anastácio e Rafael:

> ANASTÁCIO – Se tal acontecer pode-se dizer que o Brasil é uma terra de malucos.
> INÊS – Senhor Anastácio, não me faça falar...
> ANASTÁCIO – Senhora D. Inês, lembre-se de que eu sou um ex-conselheiro de Estado do ex-Império e já fui ministro!
> INÊS – Lembro-me, sim; e por sinal que não era o senhor quem escrevia os despachos; mas sim eu e minha filha, que nem sequer tínhamos o direito de assiná-los.
> ANASTÁCIO – Figas! Figas! A senhora não sabe que é mulher?
> INÊS – E o senhor não sabe que uma mulher não é inferior ao homem?
> ANASTÁCIO – É, é, e será sempre. Para mim nem há dúvida.
> ESMERALDA – Isto é conforme, papá.
> RAFAEL – Sim, é conforme.
> ANASTÁCIO – Qual conforme! É e é!
> Inês – Não é, não é e não é. Que desaforo! A mulher inferior ao homem! Então foi para ser inferior a um carroceiro que o senhor mandou educar sua filha?
> ANASTÁCIO – Foi para ser uma belíssima mãe de família. Ora figas!
> RAFAEL (entusiasmando-se) – Apoiado.

A questão posta pela peça era a igualdade entre homens e mulheres, a garantia pura e simples de direitos. As falas do Dr. Florêncio sintetizam de modo simples as ideias expostas na imprensa feminista nacional e internacional, dando um sentido mais amplo do que poderia ser, para o público entretido com a comédia, uma discussão entre casais:

> Doutor – Mas senhores, sejamos todos cordatos. O direito de voto às mulheres é de toda a justiça.
> Anastácio – Não é só o direito de voto que elas querem, é o direito de votar e ser votadas. É o reinado das saias!
> Doutor – Não há tal. Será antes o reinado das competências. De ora em diante não veremos mais na sociedade a impostura de serem as mulheres que façam as coisas e os homens que recebam as honras... como por aí se dá...

A partir do diálogo travado entre Florêncio e Anastácio constatamos o objetivo "pedagógico" da comédia. A brincadeira torna-se séria nas palavras do equilibrado Florêncio, que argumenta em prol das capacidades intelectuais e do merecimento das mulheres aptas a trilhar as mesmas carreiras e cargos ocupados pelos homens – e, talvez, a consciência dessa capacidade tantas vezes atestada ameaçasse homens não tão aptos como Anastácio e Rafael, ambos dependentes (intelectualmente) de suas esposas para o desenvolvimento das funções de seus cargos públicos.

Na obra *Galeria Ilustre: mulheres célebres* (1897), embora a princípio não demonstre um evidente delineamento de propósitos "modernistas", aproximando-se de um fazer historiográfico, por assim dizer, ou, mais precisamente, uma proposta de registro da história ou trajetória de mulheres de destaque no Ocidente, encontra-se, na introdução ao volume, a finalidade política e literária de Josephina Álvares de Azevedo em sua escrita, mais uma vez destacada. Ela destaca que há um projeto de composição que, mais uma vez, não se interessa em agradar a um público erudito e masculino, prenhe de preconceitos e fórmulas prontas, como exposto na "Explicação Necessária" que introduz a obra:

> Pequeno contingente é para a história das Mulheres Célebres, que é muito grande, quase tanto a dos homens que mereceram este epíteto. Em todo o caso, é um subsídio à propaganda de emancipação que se universaliza. Poucas são as heroínas que encerra; mas qualquer delas bem clara. O que aí está é o melhor que pude fazer; medindo-se o meu desejo, terá um valor maior do que o intrínseco; mas esse é

o que poderá justamente compensar-me do esforço feito. (AZEVEDO, 1897).

Com o breve registro das trajetórias de de Joanna D'Arc, Maria Tereza d'Áustria, Miss Nightingale, Catarina II, Cleópatra, Isabel a Católica, Pocahontas, Heloisa, George Sand e Margarida de Anjou, Josephina Azevedo pôde constatar aquilo que as personagens da peça O *voto feminino* argumentavam: as mulheres tinham capacidades intelectual, profissional e política iguais às dos homens e poderiam atuar em diversas áreas do conhecimento e da vida pública. Nesse contexto, a trajetória de uma jornalista e intelectual como Josephina Álvares de Azevedo atesta a importância da atuação de mulheres na escrita e na literatura nacional, apropriando-se do discurso e da vida pública, fazendo parte do grupo social que passava a tomar a palavra e o seu lugar na construção política, social e cultural da República brasileira.

Referências

ANDRADE, Valéria [Souto-Maior]. *O florete e a máscara*: Josefina Álvares de Azevedo, dramaturga do século XIX. Florianópolis: Mulheres, 2001.

AZEVEDO, Josephina Álvares de [Zefa]. Retalhos. Rio de Janeiro: Typ. de *A Família*, 1890a.

9AZEVEDO, Josephina Álvares de [Zefa]. O voto feminino. *A Família*: jornal literário dedicado à mãe de família, Rio de Janeiro, 1890b.

AZEVEDO, Josephina Álvares de. *A mulher moderna*: trabalhos de propaganda. Rio de Janeiro: Typ. Montenegro, 1891.

AZEVEDO, Josephina Álvares de [Zefa]. *Galeria Illustre* (mulheres célebres). Rio de Janeiro: Typografia a Vapor, 1897.

BLAY, Eva Alternan; AVELAR, Lúcia (orgs). *50 anos de feminismo*: Argentina, Brasil e Chile: a construção das mulheres como atores políticos e democráticos. São Paulo: Editora da Universidade de São Paulo/Fapesp, 2017.

A.R. T. S. *Tratado sobre a emancipação política da mulher e o direito de votar*. Rio de Janeiro: Typografia Paula Brito, 1868.

SABINO, Ignez. Na Thebaida. *A mensageira*, São Paulo, 30 nov. 1897.

SILVA, Laila Thaís Correa e. *Dos projetos literários dos "homens de letras" à literatura combativa das "mulheres de letras"*: imprensa, literatura e gênero no Brasil de fins do século XIX. Tese de Doutorado em História Social – Universidade Estadual de Campinas, Instituto de Filosofia e Ciências Humanas, Departamento de História, Campinas, SP, 2021.

Jornais:

A Família, São Paulo/Rio de Janeiro, 1888-1894.

O Paiz, Rio de Janeiro, 08 de fevereiro de 1896.

Gazeta de Notícias, Rio de Janeiro, 26 de maio de 1890.

Sites:

Assembleia Legislativa do Estado de São Paulo. Disponível em: https://www.al.sp.gov.br/repositorio/bibliotecaDigital/525_arquivo.pdf. Acesso em: jan. 2022.

Hemeroteca Digital, Biblioteca Nacional. Disponível em: https://bndigital.bn.gov.br/hemeroteca-digital/. Acesso em: jan. 2022.

A obra múltipla de Arthur Azevedo

Maria Clara Gonçalves

Na noite de 12 de novembro de 1959 estreava no Teatro Municipal do Rio de Janeiro, como parte das comemorações de seu 50º ano, a burleta[1] de Arthur Azevedo (1855-1908) e José Piza *O Mambembe* (1904),[2] escolhida pelo recém-criado Teatro dos Sete para o início de suas atividades teatrais. Liderado por Gianni Ratto, italiano que participou ativamente do processo de renovação da cena teatral brasileira, o grupo contava com atores que futuramente teriam uma imensa relevância para as artes cênicas de nosso país, como Fernanda Montenegro, Fernando Torres, Ítalo Rossi e Sérgio Britto. Simbolicamente, o cinquentenário do Teatro Municipal do Rio de Janeiro recebia a produção dramática de uma das personalidades que mais lutou para sua existência.[3]

Arthur Azevedo foi dramaturgo, tradutor, jornalista,[4] contista e poeta – "produzira mais de 170 peças, mais de 200 contos, mais de mil crônicas" (SICILLIANO, 2014, p. 68). Transitou por todos os meios culturais da cidade, nos quais teve contato com diversas pessoas, desde escritores conceituados a empresários teatrais, obtendo como poucos o reconhecimento do público

---

1 "Assim é chamada a peça cômica entremeada de canções e números de dança" (GUINSBURG; FARIA; LIMA, 2009, p. 74), também há em sua forma elementos de outros gêneros cômicos, como a farsa e a comédia de costumes.

2 O enredo de *O Mambembe* foi inspirado nas histórias do ator Brandão, "o Popularíssimo". A primeira encenação da peça ocorreu em 1904 no Teatro Apolo do Rio de janeiro, e Brandão interpretou o personagem Frazão. Apesar de ter sido bem apreciada pela crítica, a peça não agradou ao público e teve poucas apresentações. Um dos fatores que ajudaram no fracasso da peça junto ao público está relacionado à "exiguidade de trocadilhos picantes e conotações sexuais" em seu enredo (CELESTINO; MARTINS, 2018, p. 7).

3 A comédia de costumes *O dote* (1907) foi a primeira peça de Arthur Azevedo encenada no Teatro Municipal do Rio de Janeiro pela Companhia Arthur Azevedo no ano de sua inauguração. Essa foi uma das peças mais bem conceituadas do escritor e foi encenada em países como Itália e Argentina.

4 "Arthur Azevedo pode ser considerado um dos primeiros a transformar a atividade de jornalista, até então pouco valorizada ou mesmo secundária se comparada ao serviço público e ao comércio, em uma profissão de prestígio" (NEVES, LEVIN, 2009, p. 16). Atuou em diversos periódicos, como *Diário de Notícias, O País, A Notícia* etc.

de sua época. Foi um dos membros fundadores da Academia Brasileira de Letras (1897) e realizou uma árdua campanha durante anos para a construção do Teatro Municipal do Rio de Janeiro (1909). Contudo, apreciações críticas negativas sobre sua obra o colocaram preso ao seu tempo. Fato que começou a mudar após a encenação do Teatro dos Sete.

> A encenação de *Mambembe* foi um divisor de águas, fez com que o autor que se desejava conter no século XIX explodisse a prisão do tempo. É lícito datar deste momento – ironicamente um sucesso de público histórico, retumbante – o árduo caminho de recuperação do autor, sua incorporação ao panteão nobre da literatura brasileira. (BRANDÃO, 2008, p. 12).

Poucos dias após a estreia, a "Revista de Domingo" do *Jornal do Brasil* apresentava uma reportagem de Léo Victor com Gianni Ratto, intitulada "O Teatro dos Sete (em grande estilo) apresenta O *Mambembe*".[5] O ponto central da entrevista pautava-se na escolha da peça de Arthur Azevedo. Ao pedir que Ratto justificasse tal decisão, o líder do grupo, irritado, reagiu ao repórter dizendo: "Mas toda gente pergunta isso. Não temos o que justificar. Gostamos e pronto, acabou-se" (VICTOR, 1959, p. 9). Compreendendo o desconforto, o repórter então reformula a indagação, pedindo que o diretor apresentasse as razões que o levaram a montar a comédia: "*O Mambembe* foi escolhido por muitas razões. A mais importante talvez para ser fiel à intenção que o Teatro dos Sete tem de dedicar-se futuramente aos legítimos autores brasileiros modernos e, para isso, lançou sua raiz num autêntico autor do passado" (VICTOR, 1959, p. 9).

O incômodo de Gianni Ratto demonstra que havia uma certa hesitação dos críticos, jornalistas e artistas quanto à escolha de *O Mambembe* para inaugurar as atividades do Teatro dos Sete. Na agenda do grupo, figurava a preocupação em se dedicar às produções dramáticas brasileiras amparadas em expedientes estéticos modernos;[6] porém, o grupo decidiu iniciar sua trajetória retomando a tradição, homenageando um dos dramaturgos mais importantes do século XIX. Ao escolher um texto de autor

---

5   *Jornal do Brasil*, Rio de Janeiro, Revista de Domingo, p. 9, 15 nov. 1959.

6   As características modernas das produções dramáticas do século XX no Brasil estavam ligadas a enredos com temas de ordem psicológica ou social, pensamento mais elaborado sobre disposição cênica (a *mise en scène*), encenador como parte fundamental na criação do espetáculo, reformulação das técnicas de representação e consciência de elenco.

rechaçado pela crítica especializada que não se alinhava, à primeira vista, aos pressupostos estéticos dominantes da década de 1950, o Teatro dos Sete fugiu dos lugares-comuns dos grupos de teatro da época (remontar textos modernos estrangeiros ou de jovens dramaturgos brasileiros) ao trazer de volta à cena uma produção teatral estigmatizada.[7]

O fato é que essa ousadia marcou a trajetória do grupo e mudou os rumos da visão crítica que o dramaturgo maranhense carregou não somente em vida, como também até àquele momento. Para exemplificar, Décio de Almeida Prado, um dos maiores críticos de teatro brasileiro, no capítulo "Evolução da literatura dramática", parte de *A literatura no Brasil*, organizado por Afrânio Coutinho, teceu juízos desfavoráveis à escrita de Arthur Azevedo, colocando-o como um escritor que não obtinha uma maturação da palavra, motivo pelo qual o improviso é salientado como um dos aspectos da falta de qualidade literária em seus textos: "Era desses que só sabem improvisar, cujo primeiro impulso é excelente, mas insuscetível de melhoria. Quer lhe dessem vinte dias ou seis meses para desenvolver uma ideia, o resultado seria provavelmente o mesmo" (PRADO, 1968, p. 21). É injusto não assinalar que, anos mais tarde, Décio reviu (ainda que parcialmente) seu olhar sobre a obra de Arthur Azevedo compreendendo o seu valor: "É que nem sempre o gênero, maior ou menor, delimita e define o valor de uma obra" (PRADO, 1999, p. 165).

> O ranço civilizatório formulado pelo século XIX, pespegado ao teatro como se fosse a sua segunda pele, atravessou o seu tempo e chegou à primeira geração moderna, que olhava com desprezo os gêneros ligeiros bastardos – não só a baixa comédia, mas a opereta, a mágica, a revista. [...] Portanto, Artur Azevedo foi associado, em um primeiro momento moderno, ao que se poderia definir, na visão

---

[7] O pesquisador Gustavo Guenzburger assinala que a escolha de *O Mambembe* se coadunava com a ideia de busca das raízes da identidade nacional: "[...] diante daquela recente onda de dramaturgia moderna brasileira que buscava raízes de identidade nacional em nosso passado e presente agrário e suburbano, e na falta de um dramaturgo da época que se aventurasse em algum tipo de reconstituição histórica de nosso teatro, podemos pensar que uma das grandes atrações de *O Mambembe*, em 1959, possa ter sido a da construção de um passado teatral que se adequava (e complementava) ao quadro ideológico da década de 1950. Sob o pretexto de uma antiga *road story* pelo interior do país, a peça, naquele momento, realizava uma *paideuma* que dotava nossas 'modestas tradições teatrais' (Heliodora, 'De Como Se Deve Amar O Teatro', *Jornal do Brasil*, Rio de Janeiro, 21/11/1959, p. 6.) de um passado refinado para os palcos onde reinariam Artur Azevedo e 'suas modestas, animadas e divertidas burletas' (PRADO, 1999, p. 165)" (GUENZBURGER, 2011, p. 153).

dos inimigos, como um teatro raso, de sensações superficiais, de tipos e característicos. Algo imediato, que não teria qualquer chance (ou sentido) de ultrapassar o seu tempo. (BRANDÃO, 2008, p. 11).

Por isso, ao encenar *O Mambembe* no momento em que a cena teatral brasileira buscava dramaturgias que se coadunassem com os anseios da modernidade, destacou-se algo evidente aos coetâneos do escritor dos Oitocentos: sua grande habilidade de comunicação com o público e sua maestria em manejar os elementos dramáticos dos gêneros de grande adesão popular. Mesclando comédia de costumes, farsa e opereta, *O Mambembe* apresenta a história da Grande Companhia Dramática Frazão, liderada pelo ator que dá nome ao grupo, que parte da capital para o interior do país em uma tentativa de garantir trabalho em outras terras e conquistar novos públicos.[8] A viagem da Companhia mostra um Brasil arcaico, preso a determinados costumes e repertórios dramáticos que diferem do Rio de Janeiro, cidade que respirava os ventos da modernidade naquele início do século XX. Destaca-se a dificuldade enfrentada pelos artistas em conseguir trabalhar em apenas um local, necessitando buscar outros teatros (ou barracões). Salienta-se, ainda, o gosto do público interiorano, interessado por dramalhões que não se adequavam mais à capital – a não ser no Grêmio Recreativo Dramático de Catumbi, onde Frazão encontrou a personagem Laudelina, primeira-dama de sua companhia itinerante. Sem dúvida, a escolha do Teatro dos Sete e sua ampla aceitação entre a crítica e o público demonstraram que Arthur Azevedo soube como poucos manejar o arranjo dramático de modo a se comunicar efetivamente com pessoas de diferentes épocas.

Artur Nabantino Gonçalves de Azevedo nasceu em 7 de julho de 1855 em São Luís, no Maranhão, e faleceu em 22 de outubro de 1908, na cidade do Rio de Janeiro. Primogênito dos portugueses David Gonçalves de Azevedo e Emília Amália de Magalhães, era irmão do reconhecido escritor naturalista Aluísio Azevedo. Segundo o próprio em sua "Autobiografia de Arthur Azevedo", publicada em 1907 no *Almanaque do Teatro* (SICILLIANO, 2014, p. 78), o primeiro contato com os livros ocorreu na casa dos pais, na biblioteca do seu pai, quando se fascinou pelo gênero dramático: "Na

---

8   Nas temporadas das companhias estrangeiras no Rio de Janeiro, era muito comum que os artistas locais saíssem em turnê pelo interior do Brasil, pois o público da capital se interessava mais pelas produções teatrais dos atores de fora e esvaziavam as sessões das companhias nacionais.

biblioteca do meu pai, que possuía bons livros, preferia as peças teatrais e, como havia muitas em francês, aprendi com facilidade a traduzir esse idioma para poder lê-las" (SICILLIANO, 2014, p. 79). Sua paixão pelo teatro o fez aprender o idioma de importantes produções teatrais de sucesso no século XIX. Desse entusiasmo pelas artes cênicas, Arthur Azevedo escreveu com apenas quinze anos de idade *Amor por anexins*, farsa que conta a história de Isaias, solteirão mais velho e apaixonado pela viúva Inês, que se comunica apenas por anexins (ditos populares). Pontapé inicial de sua carreira dramática, mostrava sua verve cômica singular desde a juventude, tanto que esse primeiro texto dramático foi encenado em São Luís, Portugal e, mais tarde, no Rio de Janeiro, sempre com uma boa aceitação da plateia.

Três anos mais tarde, em 1873, desembarcou na corte, com o desejo de estar mais próximo à efervescência cultural da bela cidade. Joaquim Serra[9] garantiu a Arthur Azevedo o primeiro emprego na redação de *A Reforma*, jornal do qual era proprietário. Já no ano de 1875, por meio de um concurso federal que prestou enquanto ainda vivia no Maranhão, efetivou-se no cargo de amanuense no Ministério da Viação, o que lhe colocaria em contato direto com o também funcionário Machado de Assis.

Ao chegar ao Rio de Janeiro, Arthur Azevedo se deparou com uma cena teatral intensa e dominada por espetáculos ligados aos gêneros cômico e musicado. O teatro que se coadunava ao gosto do público ganhava mais espaço nos palcos da cidade, criando uma indústria da cena que se expandia vertiginosamente. Os profissionais do teatro se multiplicavam (atores, cenógrafos, maquinistas, figurinistas, músicos etc.) e os empresários teatrais[10] privilegiavam peças que se comunicavam com um público cada vez mais variado. Tal situação causava um grande incômodo em uma parcela de escritores que privilegiavam produções cujo enredo transmitisse ensinamentos civilizatórios, primando por um determinado modo de apresentar a ação, em que prevalecesse a concepção do realismo cênico e as noções de bienséance.[11] A comédia de costumes era o gênero que reunia es-

---

9   Joaquim Serra (1838-1888) foi um jornalista, político, abolicionista, amigo de Machado de Assis e escritor de peças, dentre elas o drama-fantástico *O remorso vivo* (1869), composto com o ator português Furtado Coelho, que perdurou por quase setenta anos nos palcos do Rio de Janeiro.

10 Destacam-se alguns empresários importantes do período: Luiz Braga Júnior (1850-1918), Sousa Bastos (1844-1911), Jacinto Heller (1834-1909) e Guilherme da Silveira (1846-1900).

11 Baseado nas ideias do aristotelismo à francesa do século XVII, que pretendiam

sas características, já que se preocupava "em primeiro lugar com a pintura dos costumes, evitando na medida do possível as situações violentas, as tensões agudas, o sentimentalismo e o colorido forte que se encontram no drama" (FARIA, 1993, p. 25). Contudo, mesmo defendidas por letrados influentes, como Machado de Assis, José de Alencar e Quintino Bocaiuva, as comédias realistas perdiam cada vez mais espaço. O realismo cênico foi sendo substituído pela fantasia, mesmo nos textos em que se defendia um comportamento moral alinhado aos valores da época. Os efeitos de cena passaram a ser mais requisitados pelo público, e até os dramas tiveram que se adequar a essa condição.

O Alcazar Lírico, inaugurado em 1859, foi o espaço que consagrou o repertório de peças ligadas ao teatro musicado francês, como as operetas e cançonetas, além das atrizes-dançarinas que com seu requebro instigavam os homens da plateia. Foi descrito por Joaquim Manuel de Macedo, em suas *Memórias da Rua do Ouvidor*, como o lugar "dos trocadilhos obscenos, dos cancãs, das mulheres seminuas, corrompeu os costumes e atiçou a moralidade" (MACEDO, 1870, p. 243). O Alcazar, segundo muitas personalidades da época, foi o marco do teatro ligeiro, que corrompeu o gosto do público, ocasionando a decadência do teatro brasileiro. Porém, era uma tendência que se alastrava nos teatros de todo o mundo ocidental: "este é o século do teatro histórico e do espetáculo feérico, da peça com efeitos especiais e da revista musical, em que a atualidade se converte num carnaval das vaidades e dos chistes" (CHARLE, 2012, p. 20). Essa transformação da cena teatral não ocorria somente no Rio de Janeiro, mas também em várias capitais importantes da Europa, principalmente Paris, que exerce uma forte influência no teatro oitocentista. Havia uma atmosfera cosmopolita na cidade brasileira que a colocava como um ponto importante da circulação cultural e econômica do século XIX – "contavam-se na cidade 8.943 casas de negócio, sendo 1.680 nacionais e 7.263 estrangeiras" (MENCARELLI,

---

promover o efeito da verossimilhança, para caracterizar o espetáculo de maneira a criar uma ilusão de realidade para o público. Tal intento estava ligado ao uso obrigatório que os dramaturgos deveriam fazer das regras relacionadas ao conceito de *bienséance* (conveniência). O manejo desses preceitos da "conveniência" dentro dos espetáculos teatrais viabilizaria um ajuste harmônico entre o tema da peça e os meios de expressão; por exemplo, as personagens deveriam ser caracterizadas de acordo com sua classe social, gênero etc. Além de um equilíbrio entre a obra e os espectadores, fundamentado na exclusão de cenas que mostrassem assassinatos, sangue, suicídios, agressões etc., qualquer ação que chocasse o público (ROUBINE, 2003.)

2012, p. 253). Companhias teatrais de diversos lugares do mundo, principalmente da França, Portugal, Itália e Espanha, viajavam ao Rio de Janeiro no verão europeu, época de recesso dos teatros. Por aqui encontravam uma cidade com um número expressivo de prédios teatrais[12] e com um público ávido para consumir suas produções.

Os letrados descontentes com o rumo do teatro nacional verbalizavam nos jornais sua insatisfação e procuravam novos caminhos para salvar a arte nacional. Machado de Assis, em seu célebre artigo *Instinto de nacionalidade,* publicado em 1873, afirma:

> Não há atualmente teatro brasileiro, nenhuma peça nacional se escreve, raríssima peça nacional se representa. As cenas teatrais deste país viveram sempre de traduções, o que não quer dizer que não admitissem alguma obra nacional quando aparece. Hoje, que o gosto público tocou o último grau da decadência e perversão, nenhuma esperança teria quem se sentisse com vocação para compor obrar severas de arte. Quem lhes receberia, se o que domina é a cantiga burlesca ou obscena, o cancã, a mágica aparatosa, tudo o que fala aos sentimentos e aos instintos inferiores? (MACHADO DE ASSIS apud FARIA, 2008, p. 569).

O afamado escritor do XIX, como já dito, via com maus olhos os rumos do teatro nacional no contexto. Para Machado de Assis nesse momento não havia uma produção teatral legitimamente nacional, já que os maiores sucessos nos teatros do país estavam vinculados a textos estrangeiros. As adaptações à cena brasileira de peças francesas eram cada vez mais recorrentes, enchendo os teatros por um público que se preocupava mais em assistir a espetáculos que os entretinha, do que em prestigiar peças que não se relacionassem diretamente com uma produção estrangeira. Tais adaptações eram paródias de peças bem conhecidas, como as operetas encenadas no Alcazar Lírico, que conquistaram o público por terem um enredo simples, de comicidade mais satírica, recheada de números com muita música e dança. O texto paródico é uma "transcontextualização e inversão, repetição com diferença", em que o distanciamento entre o escrito de referência e o novo se dá por meio da ironia; tal categoria por sua vez pode ser

---

12 No ano de 1873 a cidade tinha dez teatros, sendo "3 de grandes dimensões (Lírico Fluminense, D. Pedro II e S. Pedro de Alcântara), 2 menores (Ginásio e S. Luís), 3 campestres ou populares (Alcazar, Fênix Dramática e Cassino Franco-Brésilien) e 2 salas de espetáculos (S. Cristóvão e Botafogo)" (MENCARELLI, 2012, p. 254).

manuseada para rebaixar ou exaltar o objeto imitado" (Hutcheon, 1985, p. 50). Os escritores que produziram boas adaptações à brasileira transformaram as referências estrangeiras do enredo original em histórias que se comunicavam diretamente com a realidade do público; além disso, os efeitos cômicos eram engendrados de acordo com o gosto brasileiro. Assim, para a construção desses textos, mantinham-se pontos comuns com a peça de referência, música de orquestra e personagens centrais, mas a ação era transferida para o Brasil, enaltecendo os costumes locais e os tipos brasileiros.

O filão das paródias começou a ser explorado no teatro brasileiro pelo ator e escritor Francisco Vasques, que no ano de 1868 encenou *Orfeu na Roça*, adaptação brasileira do grande sucesso *Orphée aux Enfers*, de Crémieux e Halévy. Já Arthur Azevedo iniciou sua carreira no teatro carioca parodiando a opereta *La fille de Madame Angot*, de Siraudin, Clairville e Koning e música de Lecocq, que na versão brasileira se transformou em *A Filha de Maria Angu*. A peça foi montada no ano de 1876 pela companhia do empresário Jacinto Heller, no Teatro Fênix, e obteve grande reconhecimento do público, tendo mais de cem encenações – a companhia de Jacinto Heller também encenou outras adaptações do escritor, *A Casadinha de Fresco* (*La petite mariée*, de Leterrier e Vanloo, música de Lecocq) e *Abel, Helena* (*La belle Hélène*, de Meilhac e Halévy, música de Offenbach). Nas mãos de Arthur Azevedo o sobrenome Angot tornou-se Angu, prato típico da culinária, e as andanças da Madame, que no texto original ocorreram na Turquia e Índia, foram transpostas para Sorocaba, Pindamonhangaba, Guaratinguetá e Jacarepaguá, nomes provenientes do Tupi-Guarani. Em 1880 escreveu operetas originais *Os Noivos* e *A Princesa dos Cajueiros*, musicadas pelo maestro português Francisco Sá Noronha.

Além das operetas, Arthur Azevedo se arriscou em outros gêneros teatrais, como comédia de costumes e ópera cômica. Porém, sua trajetória profissional ficou marcada por um gênero que não havia obtido tanto êxito nos palcos brasileiros:[13] a revista de ano. Oriundo da França, esse tipo de espetáculo tinha como marca principal pôr em cena acontecimentos recentes e de conhecimento geral. Ao evocar e misturar fatos que ainda estavam presentes no imaginário do público, o autor os "anima pela técnica da alusão

---

13   A primeira revista de ano produzida no Brasil foi *As Surpresas do Sr. José Piedade*, em 1859, censurada após três apresentações. Joaquim Serra em 1875 retoma o gênero nos palcos do Rio de Janeiro com *Revista de ano de 1874*, encenada poucas vezes.

(DREYFUS, 1909, p. XXIV)".[14] Essa técnica era alimentada pelo domínio dos recursos cômicos, que ajudava o autor a retornar aos fatos do ano findo e retrabalhá-los em cenas alegres e divertidas" (FARIA, 2014, p. 232). Os acontecimentos eram transpostos em quadros distintos, que ocasionavam uma certa fragmentação no enredo; por conta disso, era necessário à revista um fio condutor: "Ele possibilitava o desenrolar dos fatos, suscitando o surgimento das várias situações episódicas. A receita aparentemente era simples: uma busca ou perseguição a alguém ou alguma coisa" (VENEZIANO, 1991, p. 88).

A peça *O Rio de Janeiro em 1877*, em parceria com Lino de Assunção, foi a primeira tentativa de Arthur Azevedo no gênero, mas não agradou ao público. Em 1880, escreveu a revista *Tal Qual Como Lá*, juntamente com o comediógrafo França Júnior, mas como o gênero ainda não fazia sucesso o próprio empresário os ludibriou para que a peça não obtivesse a necessária licença. No ano de 1882, Arthur Azevedo viaja até a Europa, entrando em contato com espetáculos de revista produzidos em Lisboa, Madri e Paris (MENCARELLI, 1999). Ao observar o gênero diretamente da fonte, pôde compreendê-lo em suas minúcias e readaptá-lo à cena nacional. E assim o fez: em 1884 escreveu em parceria com Moreira Sampaio *O Mandarim*, peça que consolidou a revista no teatro brasileiro.

Embora a revista de ano fosse uma adaptação do modelo francês, Arthur Azevedo, por conhecer a fundo a estrutura social brasileira, soube incorporar os acontecimentos do país, criando alegorias que se comunicavam diretamente com o momento da encenação. Abrasileirando o gênero, consagrou os tipos populares e, por meio de um linguajar mais próximo das ruas, radiografou a miscelânea cultural da cidade, com suas tensões e aspirações. Além de introduzir em algumas revistas as caricaturas vivas: "personalidades públicas como forma de rir e comentar episódios amplamente conhecidos pela população da cidade" (MENCARELLI, 1999, p. 133). Em *O Mandarim* o personagem Barão de Caiapó foi inspirado em João José Fagundes de Rezende e Silva, um barão do café. Tal fato ocasionou uma querela entre os dramaturgos e o homem que ajudou ainda mais na divulgação da peça. *O Bilontra*, revista do ano de 1886, ratificou o êxito do gênero, com inúmeras encenações e músicas que foram cantaroladas pelas ruas do Rio de Janeiro. Destaca-se, ainda, *O Homem*, revista de 1888, em que o

---

14 DREYFUS, Robert. *Petite histoire de la revue de fin d'année*. Paris: Charpentier, 1909 – informação retirada do artigo de Faria, 2017.

dramaturgo faz uma paródia do polêmico romance homônimo de Aluísio Azevedo – o próprio Aluísio assinou o figurino dessa produção e escreveu peças com o irmão.[15] Já *O Tribofe* revisita os acontecimentos de 1891, tendo no enredo a família do seu Eusébio, que depois aparecerá novamente na famosa burleta *A Capital Federal*, de 1897.

Arthur Azevedo inseriu em suas peças valores morais defendidos pelos letrados da época. As ações edificantes perpassavam as personagens de seu teatro, ratificando que seguir pelo caminho da ética sempre levava a finais felizes: apesar da forma, o conteúdo era similar às peças ditas sérias. Obviamente, o tom sarcástico, a ironia e artifícios cômicos de natureza popular não deixavam tão evidente essa função moralizadora de seu teatro. O riso provoca, causa reflexão e aproxima o espectador da situação. Ao evocar um imaginário comum, o riso evoca uma noção de compartilhamento, algo importante em um momento histórico em que ainda se buscava firmar as bases de uma nação para o Brasil.

> [...] conduzidas pelas próprias características intrínsecas de concisão, condensação e simultaneidade, as representações humorísticas participaram ativamente desse processo de invenção do imaginário nacional, construindo tipos, visuais ou verbais, e fomentando estereótipos. Mas, neste caso, o inverso também foi verdadeiro, pois a vocação sintética do desmistificar tipos e estereótipos. (SALIBA, 2002, p. 32).

Por fim, vale descrever brevemente alguns assuntos presentes nas crônicas de Arthur Azevedo publicadas na coluna "O Theatro" no periódico *A Notícia* do Rio de Janeiro,[16] visto que nesse espaço pôde elucubrar sobre suas ideais teatrais. Durante quinze anos, entre 1894 e 1908, discorreu semanalmente sobre fatos ligados ao universo das artes cênicas no Brasil. Seus escritos ajudam a compreender a situação teatral do período, com suas ambiguidades, dificuldades e interesses. Um retrato real sobre uma arte que precisava se equilibrar entre as aspirações estéticas de uns e os anseios financeiros de outros. Em seus escritos era sempre assinalada a má estrutura dos prédios teatrais, com condições precárias, espaço aberto

---

15 A ópera cômica *A Flor de lis* (1882) e as revistas de ano *Fritzmac* (1889) e *República* (1890). Interessante pontuar que Aluísio Azevedo escreve *O Caboclo*, peça naturalista encenada em 1886, mas que não foi benquista tanto pela crítica quanto pelo público.

16 As crônicas foram retiradas da compilação realizada pelas pesquisadoras Orna Messer Levin e Larissa Neves (2009) e estão sem paginação.

ou com jardins em que o público se reunia para beber e conversar, atrapalhando com o barulho o andamento dos espetáculos. A difícil realidade dos artistas, principalmente em sua velhice, foi um tema recorrente na coluna. Sem um apoio estatal, os atores dependiam de ajuda de amigos ou de benefícios[17] para sanar as dificuldades financeiras. Um dos casos retratados por Arthur Azevedo foi do ator português Furtado Coelho,[18] que durante muitos anos brilhou nos teatros do Rio de Janeiro, sendo um dos responsáveis pela modernização da cena teatral com o advento do realismo e admirado por grandes letrados, como Machado de Assis. Na velhice, doente e sem meios de ganhar dinheiro, o ator parte para Portugal, "tão despercebido e solitário".

> À arte dramática no Brasil prestou Furtado Coelho serviços inestimáveis. Pode-se dizer que neste país foi ele o paladino mais esforçado e sincero que tem tido o teatro, e se a semente por ele plantada não brotou, o defeito era do terreno e não da semente. Por isso me doe profundamente vê-lo partir para essa viagem, que se me afigura um enterro, "tão despercebido e solitário", tão desacompanhado da simpatia pública. Que é dos amigos, que é dos admiradores de Furtado Coelho? Dir-se-ia que ele trouxe do berço a sina de ser abandonado por quantos o amaram!

Mesmo um ator famoso como Furtado Coelho, que simbolizou a arte edificante, não obteve nenhuma ajuda nos anos finais de sua vida. Um país que não tinha ações efetivas para a sobrevivência dos artistas não poderia ter uma arte teatral que acompanhasse as renovações estéticas que se viam na Europa, por exemplo. Por isso, Arthur Azevedo tornou-se uma figura atuante à construção do Teatro Municipal do Rio de Janeiro, projeto que seria financiado pelo Estado, abrigando uma companhia teatral composta por atores brasileiros e que tivesse um repertório dramático voltado às produções dramáticas nacionais. Proposta importante para as artes cênicas do Brasil, que ajudaria no desenvolvimento da literatura dramática e encenação, mas que não se realizou da maneira almejada pelo escritor.[19]

---

17   Festa para prestigiar determinado artista ou espetáculo cuja renda era revertida ao artista beneficiado.
18   Furtado Coelho (1831-1900) foi um ator, escritor e empresário português que fez uma vasta carreira no teatro brasileiro.
19   O Teatro Municipal do Rio de Janeiro foi inaugurado em 1909, um ano após a morte de Arthur Azevedo. O prédio de grandes proporções não seria adequado para encenar dramas

A relação de Arthur Azevedo com o teatro moderno também é um ponto interessante, já que algumas produções dramáticas tributárias dessa nova concepção cênica foram encenadas no Brasil, mas não agradaram o escritor. Por ter apreciações sobre o teatro sério consoantes às ideias do crítico francês Francisque Sarcey,[20] teve dificuldade em adequar seu olhar às novas produções dramáticas que se distanciavam do modelo da *pièce bien faite*: "em suas próprias palavras, 'toda peça deve ser clara e bem-feita; deve ter exposição, catástrofe (aquilo que o grande crítico chamava *la scène à faire*) e desenlace'" (FARIA, 2003, p. 241). No ano de 1899, a companhia portuguesa da atriz Lucinda Simões encenou, no Rio de Janeiro, a peça *Casa de Bonecas*, do dramaturgo norueguês Henrik Ibsen. Após assistir a uma das encenações, Arthur Azevedo tece uma consideração no mínimo curiosa:

> Luiz de Castro enche a boca com estas palavras: "o teatro de Ibsen faz pensar"; mas é preciso não confundir "fazer pensar" com "dar que pensar". Necessariamente qualquer pessoa, depois de assistir à representação de um drama sem desenlace, vai para casa pensando... Quando saí da representação da Casa de bonecas, conversavam dois espectadores – marido e mulher – no mesmo bonde que me conduzia aos penates. O marido estava sério e taciturno. – Em que pensas tu?, perguntou-lhe a mulher. – Penso na pobre Nora, que saiu de casa àquela hora da noite, e no idiota do marido que a deixou sair. – Ora! Não penses n'isso! Aquilo passa! Amanhã ela sente saudades dos filhos, que não tiveram culpa de nada, e volta para casa.

As críticas de Arthur Azevedo demonstram o olhar conservador para as transformações que estavam ocorrendo no teatro. A suposta conversa de um casal no bonde, que ingenuamente não consegue captar as motivações de Nora – presa a uma estrutura social que a condicionava a exercer um papel rígido dentro da família, sufocada por não ter voz dentro daquele casamento, ela resolve abandonar o lar – e fica perdido com o desfecho da peça, serve para ratificar sua visão crítica fechada às produções dramáticas que não seguiam as convenções mais tradicionais. Ao pontuar que essas peças

---

e comédia de costumes; as dimensões do palco estavam mais próximas aos espetáculos aparatosos. Além disso, não houve uma companhia teatral estável.

20 Francisque Sarcey (1827-1899) foi um importante crítico de teatro francês. Escrevia suas críticas no jornal *Le Temps*, um periódico formador de opinião pública, principalmente da burguesia liberal e republicana francesa. Tornou-se um corifeu do fazer teatral, apresentando suas opiniões para o público em geral, colaborando para o fracasso ou para o sucesso de uma peça.

são se comunicavam tão facilmente com o público em geral, demonstra que sua preocupação excessiva com a comunicabilidade o impediu de adentrar com mais profundidade as novas propostas dramáticas que repensavam a estrutura do texto e os temas que se alinhavam a um debate social mais refinado. Já seu contato com o teatro de Antoine, no ano de 1903, quando o encenador francês veio ao Brasil com sua trupe, foi permeado por conflitos, tendo se tornado célebre uma querela entre os dois homens de teatro que teve por palco os periódicos brasileiros e franceses da época. O escritor demonstrou reservas em relação às inovações propostas por Antoine. Este último, por seu turno, acusou o crítico brasileiro de conservadorismo e a estrutura teatral do Rio de Janeiro de acanhada.[21]

Arthur Azevedo defendia modelos teatrais tradicionais ao mesmo tempo que acreditava na renovação estética dos palcos; afirmava que os gêneros sérios deveriam inundar os teatros, mesmo escrevendo quase sempre peças do teatro ligeiro. Visões um tanto antagônicas, mas que demonstram a ambiguidade do fazer teatral no Brasil no final do século XIX e início do XX. O espaço da arte, principalmente aquela que precisa de uma resposta rápida do público, passa por caminhos que ora se confundem com o puro deleite estético, ora com o puro interesse comercial. Em *A conquista*, romance de Coelho Neto do ano 1897, há uma situação em que o personagem Luís Morais[22] discorre sobre um tal de Artur: "Um poeta não deve descer a multidão, a multidão é que deve subir ao Parnaso para ouvi-lo [...] A arte é hierárquica". Mais à frente, ainda no mesmo trecho do livro, esse Artur fala que "O ideal do artista deve ser a simplicidade. Há a simplicidade pobreza, que facilmente se reconhece, e há simplicidade distinção; e é mais difícil ser sóbrio que ser abundante" (NETO, 2019, p. 199). Ser simples não significa ser comum, assim como não foi a obra de Arthur Azevedo. Com sua multiplicidade e riso, sua obra se comunicou e retratou como poucas os costumes, defeitos e anseios de uma sociedade que buscava encontrar sua condição de brasilidade em meio a diversos acontecimentos políticos e culturais, invadida pela incipiente urbanização e tão condicionada a modelos de fora.

---

21   Esse episódio é mais bem desenvolvido no artigo: FARIA, João Roberto. André Antoine no Brasil: a polêmica com Arthur Azevedo. *Sala Preta*, v. 1, n. 1, p. 223-233, 2001.

22   Personagem em referência ao escritor Luís Murat (1861-1929).

Referências

BRANDÃO, Tania. Pum! Ou as surpresas do Sr. Artur Azevedo para o palco do século. *Remate de Males* – Revista do Departamento de Teoria Literária, Instituto de Estudos da Linguagem da Unicamp, Campinas, v. 28 n. 1 p. 9-19, jan-jun. 2008.

CELESTINO, Phelippe; MARTINS, Ferdinando. Uma quimera quase real: A burleta O Mambembe de Arthur Azevedo e José Piza. *PÓS:* Revista do Programa de Pós-graduação em Artes da EBA/UFMG, v. 8, n. 15, p. 8-32, maio 2018.

CHARLE, Christophe. *A Gênese da Sociedade do Espetáculo*. São Paulo: Companhia das Letras, 2012.

FARIA, João Roberto. *O teatro realista no Brasil: 1855-1865*. São Paulo: Perspectiva/Edusp, 1993.

FARIA, João Roberto. (Org.). *Machado de Assis do teatro*. São Paulo: Perspectiva, 2008.

FARIA, João Roberto. Artur Azevedo e a revista de ano: O homem. *O eixo e a roda*, Belo Horizonte, v. 26, n. 2, p. 229-251, 2017.

GUENZBURGER, G. O caso Mambembe: a redenção da antirrevista no Teatro Municipal. *Revista Interfaces*, ano 17, n. 15, 2011.

GUINSBURG, Jacó; FARIA, João Roberto; LIMA, Mariangela Alves de. *Dicionário do teatro brasileiro: temas, formas e conceitos*. São Paulo: Perspectiva, 2009.

HUTCHEON, Linda. *Uma teoria da paródia:* ensinamento das formas de arte do século XX. Lisboa: Edições 70, 1985.

MACEDO, Joaquim Manuel de. *Memórias da Rua do Ouvidor*. Rio de Janeiro: Typografia Perseverança, 1870.

MENCARELLI, Fernando Antônio. *Cena Aberta: a absolvição de um bilontra e o teatro de revista de Arthur Azevedo*. Campinas: Editora da Unicamp, 1999.

MENCARELLI, Fernando Antônio. Artistas, ensaiadores e empresários: o ecletismo e as companhias musicais. In: FARIA, João Roberto (org.). *História do teatro brasileiro: das origens ao teatro profissional da primeira metade do século XX*. São Paulo: Perspectiva, 2012. v. 1.

NEVES, Larissa de Oliveira; LEVIN, Orna Messer (org.). *O Theatro: crônicas de Arthur Azevedo* (1894-1908). Campinas, SP: Unicamp, 2009. (Acompanha CD-ROM com a íntegra das crônicas, sem paginação)

NETO, Coelho. *A conquista*. São Paulo: Projeto Leitura Livre – Livro Digital n. 216, 2019.

PRADO, Décio de Almeida. A evolução da literatura dramática. In: COUTINHO, Afrânio. *A literatura no Brasil*. Rio de Janeiro: Sul Americana, 1968.

PRADO, Décio de Almeida. *História concisa do teatro brasileiro*. São Paulo: Edusp, 1999.

ROUBINE, Jean-Jacques. *Introdução às grandes teorias do teatro*. Rio de Janeiro: Zahar, 2003.

SALIBA, Elias Thomé. *Raízes do riso*. São Paulo: Companhia das Letras, 2012.

SICILLIANO, Tatiane Oliveira. *O Rio de Janeiro de Artur Azevedo: cenas de um teatro urbano*. Rio de Janeiro: Mauad X, 2014.

VENEZIANO, Neyde. *O Teatro de Revista no Brasil: dramaturgia e convenções*. Campinas: Editora da Unicamp, 1991.

VICTOR, Léo. O Teatro dos Sete (em grande estilo) apresenta *O Mambembe*. *Jornal do Brasil*, Rio de Janeiro, Revista de Domingo, p. 9, 15 nov. 1959.

Aluísio Azevedo e o cânone moderno e enfurecido da jovem república

Homero Vizeu Araújo

Aluísio Azevedo e *O cortiço*

O maranhense Aluísio Tancredo Bento Gonçalves de Azevedo (1857-1913), em boa medida, estabeleceu o prestígio do "romance experimental" no Brasil, o que equivale a dizer que ajudou, de forma crucial, a estabelecer a fórmula moderna que se confunde com o romance naturalista. Dentre folhetins com fortes traços sub-românticos de dramalhão, destacam-se três romances de sua autoria: *O mulato* (1881), *Casa de pensão* (1884) e *O cortiço* (1890), sendo este último considerado excepcional.

De família apenas remediada, Aluísio conseguiu completar os estudos secundários e partiu para o Rio de Janeiro, então Corte do Brasil monárquico, onde ganhou alguma fama como caricaturista. Retornando a São Luís, torna-se jornalista e provoca escândalo e polêmica ao investir contra os consensos moralistas e católicos. Ainda no Maranhão publica *O mulato*, que angaria sucesso e polêmica, sendo fortemente atacado pela imprensa católica. Com esse trunfo escandaloso, retorna ao Rio de Janeiro e tenta profissionalizar-se homem de letras, escrevendo folhetins, teatro (tendo algumas parcerias com seu também célebre irmão Arthur Azevedo), entre outros textos para imprensa.

> Recorreu, como tantos outros, ao jornalismo, e frequentemente escreveu romances para publicações iniciais em folhetins de periódicos da época, sujeitando-se às inevitáveis concessões ao público heterogêneo que o lia, e até às consequências da pressa ou da improvisação. É o que justifica a desigualdade de sua obra, além do desequilíbrio de posições que ela reflete, em muitos casos indeciso entre romantismo e naturalismo, alternando situações de intensa morbidez romântica com outras predominantemente realistas. (CANDIDO; CASTELLO, 1996, p. 325).

Já sob o regime republicano, em 1895, ingressa no serviço diplomático, servindo em vários postos: Vigo, Iocoama, Cardiff, La Plata, Assunção e Buenos Aires, onde falece em 1913.

Mas vale notar que sua obra é muito interessante mas de qualidade mediana, à exceção do notável romance *O cortiço*, que até hoje provoca alguma polêmica. O livro ganhou fama por alcançar uma síntese do que mais moderno surgira em termos de romance: o Naturalismo.

O arsenal teórico moderno de Aluísio Azevedo, isto é, determinista e cientificista, leva o autor a registrar o surgimento, amadurecimento e extinção do cortiço, habitação coletiva situada no bairro de Botafogo, no Rio de Janeiro ainda escravista e monárquico. Com efeito, o cortiço é apresentado como um gigantesco ser vivo que ganha forma e se expande a partir da busca de ganho e ascensão social de seu proprietário, o português João Romão, o que altera muito a receita literária mais óbvia de referência biológica e "animal" supostamente científica e revela a dinâmica econômica de usura, roubo e espoliação. Não deixa de ser um achado notável de Aluísio, que pesquisa uma espécie de acumulação primitiva de capital que rende muito na periferia do capitalismo. O processo brutal, de que roubo e violência psíquica e física fazem parte, garante a trajetória ascendente de João Romão na sociedade carioca sob campanha abolicionista.

De empregado, João Romão torna-se vendeiro e proprietário, acrescenta à venda uma estalagem precária e na sequência vem a expansão para o âmbito coletivo e um tanto insalubre do cortiço. A partir desse esquema relativamente simples, o livro ganha força extraordinária ao explorar e expor, com grande acerto verbal, o cotidiano da população pobre e a riqueza e ambivalência das reações e conflitos dessa mesma população, em vivo contraste com os comentários banais, racistas e elitistas do narrador, o que aumenta a complexidade do livro, que se torna involuntariamente cômico.

Em um ensaio extraordinário que alterou de forma irremediável a visão que se tinha do romance e redefiniu o debate sobre naturalismo brasileiro, Antonio Candido abusa da criatividade e explora um dito popular e de intenção humorística, corrente no Rio de Janeiro no fim do século XIX: "Para português, negro e burro, três pês: pão para comer, pano para vestir e pau para trabalhar". O ditado atroz é usado pelo crítico como uma chave interpretativa para estudar a obra, embora atenção, obviamente, não compareça no livro.

No trecho abaixo, Candido explora o dito para alertar, num dos romances mais populosos da literatura brasileira, para o necessário exame de mais uma criatura: o "emissor latente" do dito, que se confunde com o narrador.

> Por isso este dito nos serve de introdução ao universo das relações humanas d'*O cortiço*, não apenas por causa do sentido que acaba de ser indicado, mas porque encerra também uma ilusão do brasileiro livre daquele tempo, que é o seu emissor latente e que no enfoque narrativo do romance se manifesta com uma curiosa mistura de lucidez e obnubilação.
> Penso no brasileiro livre daquele tempo com tendência mais ou menos acentuada para o ócio, favorecido pelo regime de escravidão, encarando o trabalho como derrogação e forma de nivelar por baixo, quase até a esfera da animalidade, como está no dito. O português se nivelaria ao escravo porque, de tamanco e camisa de meia, parecia depositar-se (para usar a imagem usual do tempo) na borra da sociedade, pois "trabalhava como um burro". Mas enquanto o negro escravo e depois liberto era de fato confinado sem remédio às camadas inferiores, o português, falsamente assimilado a ele pela prosápia leviana dos "filhos da terra", podia eventualmente acumular dinheiro, subir e mandar no país meio colonial. (CANDIDO, 2004, p. 110).

Esse brasileiro livre configuraria talvez mais um personagem a ser estudado, em um elenco já muito numeroso, ainda que seja personagem abstrato que se confunde com o narrador/enfoque narrativo. Vale notar que tal proposta de análise literalmente reinventa o campo de debate sobre a narração e o enfoque narrativo no romance realista brasileiro, abrindo uma discordância notável em um consenso sobre o que supostamente seria romance de tese ou narrador onisciente.

Mas nos seja permitido agora avançar para uma tentativa de avaliação geral ao incluir *O cortiço*, enquanto obra crucial, em um quadro comparativo entre contemporâneos brasileiros realistas, o que pode elucidar impasses e soluções.

Modernos e enfurecidos: o cânone realista republicano na virada do século

Não me parece excessivo afirmar que *O cortiço* (1890), *O ateneu* (1888), *Os sertões* (1902) e *Triste fim de Policarpo Quaresma* (1915) formam o cânone realista e polêmico da Literatura Brasileira na virada entre o século XIX e o XX. Os autores são todos republicanos mais ou menos radicais que mantêm uma posição no mínimo crítica em relação ao andamento das coisas depois da Proclamação da República, em 1889.

Pode ser definida, em chave de humor macabro, com a liga suicida dos homens livres na ordem oligárquica, a amarga visão da elite ilustrada em demanda por cidadania decente. Suicídio físico e literal: Raul Pompeia enfia uma bala no peito depois de se considerar desonrado; Euclides da Cunha, também desonrado, parte para o duelo com um dos melhores atiradores do exército brasileiro, que para azar dele era o amante de sua mulher; e Lima Barreto mata-se na bebedeira. A exceção fica por conta de Aluísio Azevedo, embora seja argumentável que ele se suicidou literariamente, ao abandonar a ficção por sua carreira de diplomata. É um sinal do desencanto coletivo de toda uma geração? São paladinos malogrados, na definição de Nicolau Sevcenko, em *Literatura como missão*? O fato é que constituem o cânone realista da Literatura Brasileira, em oposição à fórmula, considerada conformista e elegante, de Machado de Assis. Ao que tudo indica, são esses realistas que irão desaguar em Jorge Amado, Erico Verissimo, José Lins do Rego, Graciliano Ramos etc., isto é, a influência forte será deles, não de Machado de Assis (com seus narradores elitistas, irônicos e cínicos). Deles e provavelmente do lusitano Eça de Queiroz, *nota bene*.

Tese um: os suicidas botam fogo no circo, nossos narradores realistas tropeçam em incêndios e conflagrações. Em *O cortiço* há um incêndio que consome tudo, provocado por uma espécie de feiticeira insana e macabra; em *O Ateneu* (que, assim como *O cortiço*, é uma coletividade quase prisional) o famoso encerramento do romance é um incêndio provocado por ressentimento e ódio de um garoto chamado Américo (um eco alegórico republicano evidente); em *Os sertões* a conflagração é contínua em "A luta" e trata-se de um incêndio que consome o arraial de Canudos sob pesado bombardeio. Por fim, em *Triste fim de Policarpo Quaresma* (o nome é de fruto múltiplo e melancólico) o personagem principal abandona seu retiro rural em sanha guerreira para alistar-se junto às forças de Floriano Peixoto, no Rio de Janeiro sob bombardeio naval durante a Revolta da Armada, bombardeio que não deixa de provocar incêndio. Para completar, uma das maiores desilusões do herói é a violência absurda que testemunha entre pessoas de uma mesma "gente", como diz na carta à sua irmã: "Houve momentos em que se abandonaram as armas de fogo: batíamo-nos à baioneta, a coronhadas, a machado, a facão" (BARRETO, 1983, p. 273). Uma conflagração que consumirá o herói em seu triste fim.

Tese dois, complementar e combinada: os autores inconformistas escrevem textos acusatórios que adquirem a forma de romances e ensaio. Quase panfletos em que personagens danosos, gananciosos e venais são combatidos e ocupam posições análogas em cada narrativa. João Romão está para Aristarco, que está para o Coronel Moreira César, que está para o Marechal Floriano. As acusações contra o militarismo autoritário são significativas e são de obras mais recentes, de acusação histórica, forçando um pouco a nota: a atitude arbitrária e violenta de Moreira Cesar em Canudos e o autoritarismo de Floriano durante a Revolta da Armada. Aristarco, o homem anúncio denunciado por Pompeia, é tão venal quanto o português João Romão, dois vilões que se beneficiam da ordem oligárquica escravocrata para gerir seus negócios, de resto, duas coletividades quase prisionais. Essa última dupla assume o perfil do burguês autoritário e ganancioso, moralmente condenável.

Apelando um tanto para a abstração, mas sem exagero, o quadro fica mais nítido: Canudos sitiada e o Rio de Janeiro bombardeado pelos inimigos da República também são coletividades sob vigilância; as paredes e a disciplina do Ateneu compõem com as restrições e a regra de conduta sob a qual João Romão mantinha os moradores do cortiço.

Tese três, curta e óbvia: *O cortiço, O Ateneu, Os sertões* e *Triste fim de Policarpo Quaresma* versam sobre coletividades. Coletividades que tendem ao âmbito alegórico de representarem a coletividade-mor, a nacionalidade, o país. Euclides faz uma longa viagem entre a Rua do Ouvidor e a imprensa, que denunciam a ameaça monárquica representada pelo Conselheiro e seus perigosos e fanáticos e primitivos asseclas, que se encontram nos cafundós da Bahia. O *tour* busca abrangência e peso alegórico, dando conta do famoso choque civilizacional denunciado no livro. Sendo assim, emergem dos enredos coletividades que representam a pátria brasileira a ser redimida, acusada, avaliada, não necessariamente nessa ordem.

Tese quatro: associado à crítica há um forte ressentimento desses homens livres/narradores. O caso de *O cortiço* já foi analisado no ensaio definitivo de Antonio Candido, "De cortiço a cortiço", que é a inspiração destas teses aqui alinhavadas, que buscam esclarecer qual o teor da prosa realista (ficcional também em Euclides?) no cânone republicano. Mas o narrador ressentido naturalista avalia negativamente a herança racial brasileira, seguindo a pauta estabelecida pela mitologia científica da época. O ressentimento do jovem Sérgio diante de Aristarco é ressentimento de adulto (Pompeia?) avaliando os sofrimentos da juventude, é o olhar maduro que monta a ratoeira de epifania e desilusão em cujo centro encontra-se o diretor da Escola. Que dizer do ressentimento cientificista e inflamado, ressentimento consigo mesmo na condição de quase escrivão oficial do exército durante o massacre de Canudos? Ressentimento contra a civilização técnica que vira máquina de extermínio dos sertanejos?

Por fim, o ressentimento amargo e satírico de Lima Barreto, que denuncia a trama de favores e interesses que cerca a ingenuidade patriótica do tolo Policarpo. Estaria no ressentimento um vetor que leva à caracterização ora heroica ora estúpida do protagonista, num vai e vem que faria o personagem girar em falso, arrostando os supostos inimigos do Brasil em meio ao conchavo generalizado. Daí a adoção de trejeitos amalucados pelo personagem idealista, talvez em esdrúxula confluência com a insanidade de um Quincas Borba ou de Rubião, este também um ingênuo na ordem oligárquica. Certo, Rubião é homem livre na ordem escravista, interesseiro, mas generoso e tolo; enquanto Policarpo é idealista patriótico, mas as obsessões de um e de outro confluem em mania, segundo o consenso entre os demais personagens.

O que não quer dizer que não haja violência – a guerra é evidência da violência –, o que não há é conflito, tanto que os inimigos da Armada nem são nomeados, são fantasmas a serem combatidos e executados. O conflito fica restrito à fúria honesta e burra de Policarpo, tratado como idealista pelo narrador, que envia os demais personagens ao palco da sátira, embora tais personagens tenham uma consciência medianamente informada do processo social em que estão inseridos, ao contrário do bom Policarpo.

Problema e tese: os protagonistas não são homogêneos socialmente. João Romão é homem livre e estrangeiro que luta, trabalha e explora para subir na ordem oligárquica e receber inclusive homenagens abolicionistas, mas Sérgio, aluno do Ateneu, é filho de família da elite que resiste aos processos de socialização, o personagem é um rebelde que investe contra a ordem que lhe é imposta por Aristarco e pela instituição. Aqui o ressentimento, à primeira vista, é do jovem sensível que denuncia Aristarco e com auxílio de Américo investe contra o Brasil (Império e imperador/Aristarco). Em Euclides, as Forças Armadas combatem sertanejos, e a voz irada do ensaísta/narrador/panfletário faz o elogio da bravura tanto dos jagunços quanto dos soldados, o que acaba confundindo massacrados e massacrantes, além de apelar para a ciência para explicar, comentar e referir o ocorrido. É um ressentimento informado cientificamente que investe contra a instituição República e seu braço armado, assim como também denuncia a insânia de Conselheiro, embora reconheça que o personagem poderia ir para o hospício, mas vai para a história. Já Policarpo é mesmo funcionário remediado e idealista que também bate de frente contra o autoritarismo do exército, mas que antes de tudo combate o senso comum mesquinho e o compadrio generalizado, daí resultando em uma disposição polêmica que leva à internação em hospício.

Tese cinco: trata-se de continuação do ímpeto romântico e formativo de contribuir para a construção do país, mas o que havia de edificante e conciliatório em Alencar ou Manuel Antônio de Almeida, por exemplo, agora é edificante no sentido crítico e acusatório. A geração republicana, a nova geração, parte para a crítica do *status quo* sem distância, não podendo assimilar a lição crítica e refinada de Machado de Assis, que foge ao debate imediato sobre os destinos da pátria com humor e verve irônica. Distância irônica de Machado e proximidade crítica e ressentida na liga suicida. Sem esquecer que Machado dá a fórmula negativa e irônica pela voz de seus narradores perversos e sedutores, todos de elite: o Brasil são eles. Ou o Brasil, do ponto de vista burguês e ilustrado, é uma mixórdia algo constrangedora de registros verbais, procedimentos e estilos, mas é unificado pela classe dominante. Logo, se é para definir o jeito de ser brasileiro, o negócio é assumir o ponto de vista da elite, que é razoavelmente homogênea e tem uma experiência histórica consolidada, ainda que predatória e moralmente intragável.

Segundo Roberto Schwarz, Machado de Assis encontrara a maneira moderna, complexa, nacional e negativa para botar em pé sua ficção. Já nossos narradores aqui são modernos, eventualmente complexos e nacionais, mas são positivos e ressentidos, há uma afirmação de possibilidades que vira problema estético associado ao ressentimento que apela para sátira e ataque direto. As certezas que levam à polêmica rendem escassez de autocrítica, com baixo teor de ironia, na medida em que o narrador naturalista de Aluísio envereda pelas acusações racistas e xenófobas; na medida em que o narrador maduro que acompanha o jovem Sérgio não relativiza as desilusões de infância; nos termos da caracterização cômica, mas caricatural, simplificada, tanto de Policarpo como de seus detratores. Assim, a disposição de desvendar o Brasil acende o ímpeto crítico, mas cobra seu preço em abstração e desacerto estético, que parecem constituir o problema formal sedimentado pelas aporias de um país que se improvisa, em que o debate público é inorgânico e arbitrário.

E, crucial, em que a reprodução da mão de obra não acontece dentro do país, mas é importada. Por quatrocentos anos importada da África ou preada no mato, por quarenta anos depois de proclamada a república importada da Europa, dentre os pobres e remediados dispostos a tentar a sorte no Novo Mundo. Em outros termos, quem rende unidade à pátria é quem recruta o povo a ser explorado, numa experiência acumulada desde o século XVI, tal elite proprietária e dirigente estabeleceu um ponto de vista consistente a ser desvendado e enunciado, no que residiria o acerto mimético e formal de Machado de Assis. A desesperada tarefa da nova geração, analisada, de resto, pelo próprio Machado em ensaio famoso, é tentar um ponto de vista de resistência, mas um ponto de vista consistente, em uma periferia em que a consistência rebelde não comparece, seja porque o debate público é inorgânico e rebaixado, seja, fator estrutural associado e combinado, porque o povo trabalhador, é, em larga escala, importado, o que não exclui outros fatores a intervir no quadro que ainda está sendo discutido.

Não se trata, é claro, de desqualificar o conjunto das obras, mas antes reconhecer os grandes acertos e o forte impacto junto ao público, o qual pode indicar, por sua vez, a sintonia com impasses e equívocos de público e da época. Para contrastar com os procedimentos de Helena Morley em *Minha vida de menina*, Roberto Schwarz alcança uma síntese notável.

> Seja como for, a inteireza surpreendente das anotações, *em que o tempo não descobriu debilidades*, desafia a crítica. Mais ainda se considerarmos os contemporâneos famosos, que quase sem exceção envelheceram mal. Basta lembrar por exemplo a escrita ou as certezas de Euclides, Pompeia, Bilac e Aluísio, cuja componente mistificada os anos foram sublinhando. Sem prejuízo dos acertos importantes, são figuras que em comparação com a moça parecem saídas de um museu de equívocos. No caso, o gênero caseiro e colegial do diário, à margem das pseudossuperioridades em que se alienava a produção culta dos país, pode explicar alguma coisa. Com efeito, *Minha vida de menina* não paga tributo à missão patriótica das artes, ao liberalismo retórico, ao casticismo, à linguagem ornamental, à invenção de antigas grandezas, ao ranço católico e tampouco à meia-ciência triunfante – com a sua terminologia "difícil" e os chavões doutos sobre o trópico e a raça – que separadamente ou em conjunto investiam de autoridade os intelectuais e as letras do período. (SCHWARZ, 1997, p. 104-5).

Tese última: os narradores, aí incluído Euclides da Cunha, oscilam pateticamente, o que desequilibra a prosa e emperra enredo e caracterizações. Nossos radicais, com seu ressentimento historicamente induzido na periferia do processo, padeceriam de um zigue-zague narrativo que vai do encômio raciocinado e argumentado à crítica impensada, da sátira devastadora ao lirismo piegas etc., do que decorreram impasses formalizados nas obras, os quais remetem a certa inconsistência social e intelectual vigente no país.

A literatura como missão, devidamente empenhada, faz o inventário das desgraças nacionais, da miséria degradante do cortiço à corrida desvairada e amoral atrás do lucro, sem falar no abuso militarista do poder, mas pode incorrer em uma adesão que se agrava na medida mesmo em que denuncia o procedimento a ser combatido.

Referências

AZEVEDO, Aluísio. *O cortiço*. São Paulo: Penguin Classics/Companhia das Letras, 2016.

BARRETO, Afonso Henriques de Lima. *Triste fim de Policarpo Quaresma*. São Paulo: Ática, 1983. (Série Bom Livro).

CANDIDO, Antonio. De cortiço a cortiço. In: CANDIDO, Antonio. *O discurso e a cidade*. Rio de Janeiro: Ouro Sobre Azul; São Paulo: Duas Cidades, 2004.

CANDIDO, Antonio; CASTELLO, José Aderaldo. *Presença da Literatura Brasileira/ História e antologia*: Das origens ao realismo. 7. ed. Rio de Janeiro: Bertrand Brasil, 1996.

CUNHA, Euclides da. *Os sertões*. Edição, prefácio, cronologia, notas e índices Leopoldo Bernucci. 2. ed. São Paulo: Ateliê, 2001.

GLEDSON, John. *Machado de Assis: ficção e história*. Rio de Janeiro: Paz e terra, 1986.

POMPEIA, Raul. *O Ateneu*. Apresentação e notas de Emilia Amaral. São Paulo: Ateliê, 1999.

SCHWARZ, Roberto. *Duas meninas*. São Paulo: Companhia das Letras, 1997.

SCHWARZ, Roberto. *Que horas são?* São Paulo: Companhia das Letras, 2012.

SEVCENKO, Nicolau. *Literatura como missão: tensões sociais e criação cultural na Primeira República*. 2. ed. São Paulo: Companhia das Letras, 2003.

Carmen Dolores e Chrysanthème: lutas e nervos ao início do século XX

Rosa Gens

De mãe para filha, o ofício de escrever

As décadas iniciais do século XX assistem a mudanças na forma de produção e divulgação do livro, o que exige dos escritores adaptação ao modo de circulação da obra literária. O campo cultural sofre transformações, advindas da industrialização, do nascimento do cinema, da tentativa de tornar o Rio de Janeiro uma metrópole civilizada, ao menos na superfície. A época é de mudanças, de movimento intenso, e a literatura produzida então apresenta faces várias, articulando elementos que já configuram aspectos do moderno, entre eles, a profunda ligação entre jornalismo e literatura. Nessa faixa, em que escrever torna-se uma profissão fora da esfera doméstica da mulher, comparecem duas autoras: Carmen Dolores e Chrysantème.

Carmen Dolores, pseudônimo de Emília Moncorvo Bandeira de Melo, nasceu em 1852, no Rio de Janeiro, e morreu em 1911. Segundo Brito Broca, começou a publicar por diletantismo, "através de enquete literária promovida pelos redatores do *Almanaque* de *O país*" (BROCA, 1975, p. 252). Após, por necessidades econômicas, o que é lazer se torna luta, já que escreve para sobreviver, colaborando em jornais e revistas. A própria escritora nos fornece uma outra versão, veiculada em crônica de 25 de julho de 1909:

> Escondia as minhas penas e o meu tinteiro como elementos de confusão, quando, na verdade, eles só me representavam o supremo objetivo, picante como a tentação, estonteante como um vinho forte, capitoso como o odor funesto da mancenilha, que embriaga e sugere sonhos e ilusões, antes de matar. (DOLORES, 1909, p. 1).

Alcindo Guanabara, então diretor do *Jornal do Comércio*, é o responsável pela sua estreia no mundo do jornal. O texto publicado recebe críticas favoráveis e, segundo a autora, "Insuflou coragem à minha pena de mulher, ainda presa nas malhas estúpidas do preconceito" (DOLORES, 1909, p. 1). Carmen Dolores substituiu Machado de Assis, no Jornal *O Paiz*, e nele escreve a coluna "A Semana", de 1905 a 1910. Tem prestígio, é reconhecida por seus leitores e por grande parte da crítica ao longo de sua atuação.

Não é por acaso que a situação da mulher-escritora constantemente revela-se em sua produção. Em "Terrível segredo", por exemplo, constante da coleção de crônicas *Ao esvoaçar da ideia* (1910), traça o perfil da "mulher de letras", situando a que faz da literatura um trabalho:

> Há uma ou outra senhora que escreve por obediência às instigações de seu talento, mais forte do eu todos os preconceitos da terra, ou mesmo que alia a esse impulso de um temperamento literário a vontade de ganhar a sua vida com honesta independência, pelo único meio ao alcance de suas aptidões naturais. Sabe ela, porém, e muito bem, que esse meio só lhe confere restritamente o pão de cada dia, mais nada! e ainda por cima uma atmosfera de hostil ou irônica suspeição a envolve sempre como que a pena de que usa se transformasse em centro de confessa e pouco louvável excentricidade. (DOLORES, 1910, p. 276).

E que escreve procurando somente aplauso ou glória, concluindo que para ambas não existe a carreira de letras, já que "atravessados diante dessa carreira, erguem-se formidáveis o indiferentismo, o preconceito, o sarcasmo, a troça, a estreiteza das ideias burguesas, que nos ficaram do passado colonial" (DOLORES, 1910, p. 276).

Talvez para fugir desses preconceitos a autora tenha utilizado vários pseudônimos: Júlia de Castro, Leonel Sampaio e Carmen Dolores. Este último foi o que lhe aderiu como nome; assinatura que escamoteia e revela ao mesmo tempo, pois é anagramática – todas as letras, exceto o **s** final, foram tiradas de Emília Moncorvo Bandeira de Melo, nome pomposo, vestígio da família burguesa.

Sua única filha, Cecília Bandeira de Melo Rebelo de Vasconcelos, nascida no Rio de Janeiro, em 1870, e falecida em 1948, segue a carreira da mãe, que a guia ao jornalismo. Representa, portanto, a segunda geração de uma escrita que atua em jornais e em livros, ganhando a cena e revelando a própria cena íntima. Também ela escolhe um pseudônimo, Chrysanthème, inspirada pelo romance de Pierre Loti, que apresenta uma trama bastante simples: um oficial de marinha, muito sedutor, ganha os favores de uma bela japonesa. O forte da escrita do autor centra-se na camada descritiva, que dá liga aos incidentes esgarçados que vão construindo a história. Pseudônimo escolhido com uma certa ironia, a Chrysanthème tropical publicou textos no Jornal *O Paiz* por cerca de vinte anos, em *A gazeta de notícias*, entre outros periódicos. E cerca de quinze obras, entre romances, livros de contos e outros destinados a crianças.

A figura de Alcino Guanabara também encontra-se presente em sua vida. Vale a pena citar que causou furor na época seu relacionamento amoroso com o jornalista e político, a ponto de historiadores se darem ao trabalho de perpetuá-lo, o que não aconteceu no que tange às críticas recebidas por sua produção literária. Ao que parece, Alcindo apaixonou-se perdidamente por ela. Gilberto Amado comenta a paixão: "Alcindo Guanabara, em período de descrença política e de grande paixão por Mme. Chrysanthème, pseudônimo de uma filha de Carmen Dolores, a cronista d' *O País*, raramente vinha à redação à noite..." (AMADO, 1956, p. 27). Esse é o traço de seu retrato trabalhado com insistência, o que demonstra, sintomaticamente, quais pontos eram os alvos escolhidos, quando se trata de escritoras, pela crítica e pelos comentários da imprensa. Parte da construção do campo literário ligado à autora bem revela artifícios de composição ao focalizar mulheres.

Entre lutas

A produção de Carmen Dolores nos jornais, particularmente *O Correio da Manhã* e *O Paiz*, não foi publicada em livro, na época. Além dos muitos textos na imprensa, a autora divulgou suas ideias através de conferências, verdadeira moda no Rio de Janeiro nas primeiras décadas do século XX. Dirigidas a um público heterogêneo, a quem a conferencista deveria sobretudo agradar, ao fazer parte do movimento de uma cidade que tentava se mostrar moderna. A escritora frequenta os salões e enfatiza sua palavra. Fala de seus temas preferidos: o divórcio, a situação da mulher na sociedade, a hipocrisia dos costumes. Dessa forma, ao usar a pena como instrumento de trabalho, a voz como divulgadora das ideias, Carmen Dolores ocupa a cena literária. Na principal coluna de domingo do jornal *O Paiz*, em folhetins do *Jornal do Comércio*, em conferências, ela deixa suas ideias e passa uma determinada imagem de mulher e da sociedade.

As únicas obras publicadas em vida pela autora foram *Gradações* (páginas soltas), de 1897, e *Um drama na roça*, de 1907. Nesta última apresentam-se vinte e seis contos. Póstumo, o volume *Ao esvoaçar da ideia*, de 1910, reuniu quarenta crônicas de Carmen Dolores. Nelas, circulam os mais variados temas: casos da época, reflexões filosóficas, comentários sobre a arte. Há, no entanto, em sete das crônicas, um núcleo comum– o pensar sobre o divórcio. Denuncia-se, portanto, a escolha de temas que circulam em torno da mulher. E assim acontece no único romance composto por Carmen Dolores: *A luta*. Primeiramente publicado em folhetins, no *Jornal do Comércio*, em 1909, sai em volume dois anos após, pela Garnier, e a autora não chega a vê-lo. Nele, encontra-se o tema do casamento como núcleo, e, perifericamente, o da educação da mulher, da hipocrisia da sociedade, entre outros. O foco mantém-se nas personagens femininas, apresentando-se as masculinas apenas como derivativas, em importância no texto, da esfera da mulher. De moderno, a obra exibe a representação de perfis e a tentativa de redimensionar comportamentos femininos, em linguagem perfeita.

A trama é folhetinesca: a luta situa-se entre a moral flutuante de D. Adozinda e o rigor de D. Margarida, baluartes do enredo. Como pivô, Celina. Jovem, é cobiçada pelo coronel Juvenato, namora o jovem Gilberto e termina por casar-se com Alfredo Galvão. Aceita o casamento passivamente, permanece casada por cinco anos, tem dois filhos, até que volta para a casa da mãe, por ocasião de doença do filho, e sente profunda insatisfação, como é comum em muitas protagonistas entediadas da literatura da época. Celina recorda-se da vida de solteira, "risonha" (p. 38). A partir do meio da narrativa, o leitor tem a impressão de que Celina debate-se entre quatro paredes, não conseguindo respirar, e que precisa sair. Move-se em direção ao espaço aberto, através de pretextos (como a usual ida ao dentista), procurando exibição, conforme sinaliza o amigo de Alfredo: "no lugar onde se avistam todas as mulheres bonitas da cidade: na rua..." (p. 68). Na dinâmica do relacionamento, não era permitido o livre ir e vir das mulheres: "ela nunca saía sozinha, sem ele, e ainda menos sem ciência sua" (p. 69).

Dentro dessa linha de pensamento, Celina deve manter-se fiel ao marido, não só por uma questão de honra – já que a honra do homem, e por extensão da família, está apoiada, no sistema brasileiro de valores, no comportamento da mulher –, mas também pela conservação de uma família saudável. A ênfase no aspecto de disciplina da família também pode ser observada através de múltiplas referências, na caracterização de Celina, a traços vistos como doentios. A personagem é identificada como "clorótica", "de um humor feroz", como tendo "Gênio", e "geniozinho de histérica". As evidências são encontráveis no perfil da mulher em vigor no século XIX e início do XX, e a crise de nervos e a histeria funcionaram, muitas vezes, como elementos de dominação do homem em relação à mulher, que a vê como frágil e incapaz.

E a luta, mola-mestra da narrativa, reside na negociação dos interesses escusos, inconfessáveis, que habitam os seres humanos. No plano manifesto, o confronto se dá entre a moral rígida e a flexível; no latente, na apropriação do corpo e da sexualidade em busca da situação financeira estável.

Carmen Dolores verifica, dessa maneira, determinados comportamentos da época em questão, particularmente os que dizem respeito a elementos de mudança na esfera do casamento. Lúcia Miguel-Pereira sintetiza: "*A luta* focaliza a instabilidade social e moral das mulheres que nem se resignam à sujeição da existência familiar, nem lhe querem perder os benefícios" (MIGUEL-PEREIRA, 1973. p. 139). Completaríamos: e dos homens que as desejam manter submetidas a um universo conjugal por eles agenciado, ou fecham-lhes a possibilidade de ingressar em tal espaço, mas acenam-lhes com conforto e aventura. O texto bem demonstra as regras legitimadas pela sociedade brasileira ao início do século XX. Se não existe um desvendamento crítico aprofundado das práticas sociais, há uma amostragem de determinados comportamentos, junto a ideias que nos permitem antever uma falência do sistema de dominação, sob a perspectiva da mulher. O que, para a época, já era muito, e torna-se ainda desafio a ser estudado pela geração de críticos posteriores. Lembro que *A luta* foi republicado em 2001, pela Editora Mulheres.

João do Rio, em *O momento literário*, no capítulo final, em que dialoga com um interlocutor não nomeado, toca em ponto visceral do desenvolvimento da imprensa e da literatura: a concorrência. Afirma que

> Se hoje o escritor não trabalha em vinte e quatro horas mais do que seu colega trabalhava em dois meses há vinte anos, vê os seus assuntos aproveitados, as suas ideias escritas, o seu pão comido pelos outros e talvez com maior originalidade. E concorrência não é só de homens, é também das mulheres, algumas das quais, como a cintilante e espiritual Carmen Dolores, ultrapassam a maioria dos homens em encanto, modernismo e elegância, conquistando de súbito o favor público. (RIO, 1994. p. 295).

Na escolha dos adjetivos, o autor mostra o perfil em que as escritoras-mulheres cabiam e que não foi aceito por Carmen Dolores, e sim ultrapassado por ela, na fronteira do moderno.

E nervos

Madame Chrysanthème escreveu inicialmente narrativas para crianças, publicadas no volume *Contos azuis*, de 1906. Depois, lançou novelas, romances, contos, textos teatrais e crônicas. A relação de suas obras é vasta, cerca de quinze volumes, além de ampla contribuição para jornais e revistas.

Se observarmos títulos de seus livros, aliados aos subtítulos, visualizaremos a especificidade da literatura projetada por Chrysanthème – do choque, do escândalo. Como exemplo, *Gritos femininos*, *Vícios modernos*, *O que os outros não veem* (romance moderno de psicoanálise feminina), *Flores modernas*, *Matar!* (romance sensacional e moderníssimo). Os títulos apelativos denunciam um conteúdo que se queria ousado e a palavra *moderno* é uma constante. Assim, lança-se em uma nova linhagem na literatura de autoria feminina. Pela leitura dos títulos dos seus volumes e dos anúncios que os veicularam nos jornais, fica patente o objetivo da autora de atingir um grande número de leitores, através de uma estratégia de sedução pelo apelo ao erótico, ao moderno, ao violento. Muitas vezes, até ao escabroso. As capas de suas edições também cativam o leitor, com a presença de mulheres nuas, cadáveres, expressões faciais enigmáticas. Objetivo atingido, já que foi um sucesso na época. Também ela dedicou-se a conferências, em que se tornou um grande êxito, seguida principalmente por um público jovem.

A palavra "moderno" é encontrada em títulos e subtítulos. O que significava, ou o que postulava, na época? Uma aderência ao tempo presente, principalmente através da amostragem de costumes que até então não cabiam na literatura. Ou, se apareciam, era por uma ótica do homem, centrada principalmente nos preceitos naturalistas.

Ao pensarmos a cidade do Rio de Janeiro, nos anos 1920, veremos que a imagem que se faz das mulheres, sedimentada pela imprensa e pela propaganda, encontra-se ainda ligada a um conceito de fragilidade mental e física. No entanto, a época é de crises e de mudanças aceleradas. O desenvolvimento urbano, a agitação da imprensa e o advento do cinema fornecem novas formas de agir e de pensar. O Rio civilizou-se, a mulher moderniza-se. Madame Chrysantème busca a nova mulher, moderna, em suas obras. As protagonistas fogem das convenções: desfilam pelas ruas da cidade surpreendendo os transeuntes, usam o sexo como elemento de poder, aplicam-se morfina, namoram a morte e dançam o *fox-trot*. Em suma, mulheres modernas que se exibem, e ousam, como se pode observar através da protagonista Maria José, no romance *Flores modernas*: "Como a tinham olhado! Como a tinham admirado! Graças a Deus! O Rio civilizava-se e os costumes permitiam às moças solteiras a nudez de colos e ombros, que nada podiam invejar aos das senhoras casadas" (CHRYSANTHÈME, 1921, p. 5). Há sempre a sombra de uma outra caracterização possível. O trecho citado, por exemplo, continua da seguinte maneira: "Bem fizera ela em não atender aos ditos da avó– a boa d. Aninha – que, inquieta e triste, aconselhava-lhe que não desnudasse tanto o seio virgem e colocasse um pedacinho de renda sobre os ombros demasiadamente descobertos." (p. 5).

As palavras utilizadas por Cecília Vasconcelos para esboçar seus perfis de mulher são potentes: no entanto, as personagens continuam cindidas, esquemáticas, sombras de mulheres, sem complexidade psicológica. Rasas emocionalmente, embora aparentemente conflituosas, pairam no universo ficcional como fantasmas de representação. Ao assumirem atitudes *modernas*, e aqui a palavra tende a assumir um significado moral, parecem lançar-se ao universo da tragédia. Dessa maneira, na obra citada, *Flores modernas*, a protagonista Maria José, moça solteira da média burguesia da cidade do Rio de Janeiro, envereda por um caminho que persegue o luxo, o prazer e o dinheiro, amparada por sua mãe – moderna –, que assim ganha corpo nas palavras do narrador: "aquela que cuida do corpo da filha, cobre-o de sedas e de enfeites, deixando-lhe a alma em abandono e impelindo-a às exibições contínuas e às procuras ininterruptas das sensações de luxo." (p. 146).

A narrativa mostra uma busca incessante por belos vestidos e uma fascinação pelo espaço da moda, ficando os sentimentos encobertos pela ânsia de reconhecimento na sociedade. Maria José casa-se com o Sr. Vilarinho, rico negociante, e vai trilhar o percurso da traição, como já era esperado, visto ser uma flor moderna, adubada pela "sociedade especial que, como um mau terreno, as produz já envenenadas e infeccionadas." (p. 224). Alimenta-se dessa forma o enredo da inconveniência da educação dedicada às mulheres nas primeiras décadas do século.

A imagem da mulher transparece em toda a obra ficcional da autora, por vezes sensualizada, circulando à deriva em um universo normalmente povoado de virgens e fiéis guardiães da castidade, em outras dividida, pois apresentando ideias libertárias em relação ao papel da mulher no universo social, e ainda representada como moderna, fruto de uma educação imperfeita. No entanto, fora do circuito da família não parece haver espaço para essa nova mulher. Em *Matar!*, só o da prostituição é apresentado como alternativa. Em *Mãe*, após abandonar o marido, que a desprezava, a protagonista Regina vê como única saída tornar-se agregada na casa de parentes. Depois, encontra um amante que a sustenta. Qualquer que seja a chave que se utilize para a leitura dos romances, recairemos no fechamento social em que se encontravam as mulheres. A saída só existe a partir de um elemento masculino, ou de vários, que serão os responsáveis pelo sustento do feminino.

Em *Enervadas*, encontra-se vasto material para um estudo das configurações da imagem da família e dos artifícios que mantinham o interesse pelas obras da autora, como a criação de atmosferas de suspense e uma certa agitação da narrativa. E quanto à linguagem, há tendência ao cumulativo e à descrição do ornamento em várias passagens, lembrando marcas do estilo *art-nouveau*. A utilização de termos estrangeiros também é frequente, denunciando o discurso que se queria cosmopolita e universal.

Ressalte-se que o romance foi republicado em 2020, em edição caprichada, pela editora Carambaia, e já se encontra esgotado. Em primeiro lugar, *Enervadas* é uma narrativa em primeira pessoa, as "memórias modernas" de Lúcia, protagonista da obra. O relato do *eu* permite uma perspectiva feminina dos fatos. Mas o que se pode chamar de perspectiva feminina? No caso da narrativa em questão, a abertura parte do diagnóstico do médico a respeito da protagonista/narradora: "– é uma enervada» (CHRYSANTHÈME, 1922, p. 5). Uma outra denominação para histérica. Mais uma vez, é através do prisma da fragilidade emocional que a mulher está na berlinda.

Através da narrativa confessional, Chrysantème evoca mulheres que já não mantêm uma sintonia afinada com o sistema patriarcal de valores. Vidas que vêm à tona, vivências que transbordam das quatro paredes do chamado lar começam a ser apresentadas na literatura por uma perspectiva feminina. No caso particular de *Enervadas*, ser moderna, ganhar essa nova imagem, significa percorrer caminhos imprevisíveis, sair às ruas, conhecer o mundo e ter, ainda, um aparato emocional antigo, insuficiente (segundo a ótica da autora) para fazer frente a determinadas situações. Em outras de suas obras aparece o sentimental como responsável pelo fracasso no projeto de vida das personagens; mas, paradoxalmente, estaria na possibilidade de emoção mais plena a marca do feminino. A autora, em crônica publicada nos anos 1920, "Mulher moderna", comenta, ao citar as mudanças femininas: "Se, com seu trabalho, ela procura existir digna e superiormente, com o seu sentimentalismo e a sua hereditária necessidade de amor ela estraga a vida e inutiliza o esforço." (CHRYSANTHÈME, 1929, p. 23). Na esfera da mulher moderna, seguindo a linha de pensamento apresentada por Chrysanthème, não haveria lugar para o sentimento, numa atitude clara de querer equiparar-se ao homem na célebre máscara do domínio de emoções.

No conto "A melindrosa", publicado em *Almas em desordem*, as contradições ficam patentes, enfaticamente marcadas na trama. A protagonista é apresentada ao leitor em meio à vertigem da época: "Joaninha é uma "melindrosa", fruto da época, criação surgida dessa convulsão de pesares, desse desequilíbrio de gestos, desse tumultuar de passos dominante em nossos dias." (CHRYSANTHÈME, 1924, p. 232)

A partir de Joaninha, a melindrosa do título, vemos esboçados alguns traços de um determinado tipo de mulher da época. Joana tem o rótulo de feminista, que usa como lhe convém:

> Joaninha, embora indolente e fútil, diz-se feminista, adoradora da mulher moderna, reivindicadora dos direitos que lhe darão, quando conquistados, a independência e a liberdade promissoras de muitos gozos e de muitas larguezas. (CHRYSANTHÈME, 1924, p. 223).
>
> A mãe convida-a à cozinha e ela:
> – A mulher moderna deixa a cozinha aos criados e corre às urnas. (CHRYSANTHÈME, 1924, p. 235).

Joaninha resolve trabalhar como agente de anúncios, o que não passa de um pretexto para sair às ruas. De tanto andar pela avenida, é atropelada. Segundo o narrador, parece que o atropelamento lhe devolve a razão, pois aquieta-se e casa-se com um velho farmacêutico.

A vida liberta pode conduzir a castigos: esta parece ser a moral da história. No entanto, conforme já se notou, nem só de melindrosas se tece a obra de Cecília Vasconcelos. Em *O que os outros não veem*, após a dedicatória a "todas as mulheres da minha terra", a autora declara que nenhum dos seus livros contém prefácio, seja escrito por ela ou pelos outros, visto que não procurava padrinho ou apresentador para a sua produção. Explica, a seguir, o livro presente, por afastar-se dos demais:

> Este meu novo livro, porém; O QUE OS OUTROS NÃO VEEM, necessita de ser precedido de algumas palavras explicando o motivo por que o traço, assim amargo, numa época de folia gozosa, e por que me aparto, como o faço, das linhas gerais, usadas nos romances da atualidade. A minha heroína não é, *hélas!* a melindrosa de vinte anos, de carne fresca e coração gasto, tão no apetite dos leitores, e o herói, pertencendo ao clan [sic] dos modernos, não faz parte todavia do exército dos mais inconscientes ou dos mais criminosos [...] (CHRYSANTHÈME, 1929, p. 8).

As mulheres na obra da autora andam, assim, num equilíbrio precário. Exibem-se modernas em seus atos, revolvem-se num turbilhão de sentimentos que não conseguem decifrar. Perdem-se em nuances nervosas, vacilam, hesitam, mas ao menos apresentam a coragem de mover-se pelo desejo. Assim acontece, por exemplo, com a protagonista de *Uma paixão*, Maria Luiza, que vive uma paixão pelo cunhado – proibida. Nada melhor do que o sexo para desorganizar referenciais esclerosados de comportamento. E a escritora era um sucesso de vendas, motivada pelos temas perigosos, por uma escrita ágil, embora tenha sido rotulada pelos críticos da época como apressada, de modo pejorativo. Os enredos e seu desenvolvimento caíram no gosto popular e sua produção chegou ao grande público, como era um sonho dos modernistas.

A representação das mulheres na obra da autora parece fundamentar-se na potência. As circunstâncias da época ressoam nos textos, assim como laivos de um discurso confeitado que dá conta, no torvelinho de emoções, do desmesurado artificial. Mas não seria artificial o comportamento em sociedade? Os efeitos são imediatos, encaminhando os olhos do leitor para o conhecimento de modernas mulheres, personagens que se batem numa sexualidade que se deseja liberta, em nível de individualidade, embora ainda esteja confinada pela moral da época. A galeria de exceção, em que personagens pertencentes ao circuito do proibido circulam, está presente também em outros escritores, como Benjamim Costallat, João do Rio e José do Patrocínio Filho. Tal expansão do circuito de abordagem da literatura configura-se como uma face do moderno.

Para crianças, e para todos

Dedicada a uma outra espécie de público, a obra *Lendas brasileiras*, coleção de vinte e sete contos de Carmen Dolores, destaca-se em uma época de poucos escritos nacionais dedicados às crianças. Nela, lendas, como "O macaco e o moleque de alcatrão" ganham cores e vida. A inflexão é brasileira e a agilidade da narrativa traça os contornos de figuras que brotam do folclore e da literatura popular. É interessante notar que, em meio a lendas do folclore brasileiro, aparecem narrativas do cotidiano, espécie de histórias de moralidades.

Quanto a Chrysanthème, a literatura que procura o grande público, que lança o choque para chegar aos leitores, impelindo-se sob o rótulo de *moderna*, convive serenamente com o volume *Contos azuis*, lançado em 1906. São doze longos textos que recuperam narrativas de linhagem europeia e oriental, para as circunscreverem ao território brasileiro. A linguagem trabalha com o suspense e com artifícios para manter a atenção do leitor, como a paulatina inserção de novos fatos e o recorrente aparecimento de imprevistos. O lirismo é constante, presente na criação de atmosferas vigorosas, que possuem linguagem ágil e trabalham com a busca de elementos do Brasil. São passos em direção ao moderno, na formação de leitores.

A figura da escritora Chrysanthème pode parecer dupla, entre o arrojamento e a contenção, entre uma literatura que trabalha com índices eróticos e a ligada a crianças. As duas produções se unem, já que, em sua literatura para adultos, Chrysanthème apresenta forte rigor moral. As heroínas não sobrevivem ao escolherem um comportamento diferente do exigido em sociedade, apesar de movidas pelo desejo e pela coragem de evidenciá-lo. No entanto, na produção da autora como cronista, encontram-se índices mais nítidos de desapego ao estatuto de comportamento burguês.

Ambas à beira de tempos modernos, buscando na linguagem uma forma de expressá-los, Carmen Dolores e Chrysanthème ficam em uma corda-bamba, entre ideias feministas e retrógradas, entre o moderno e a tradição. Carmen atinge seu público principalmente por meio da imprensa e de conferências, em que retrata a vida mental da época. Chrysanthème chega a seus leitores, além da produção na imprensa, por seus livros, com estratégias certeiras para a vendagem, amparadas por temas chamativos e por uma leitura que poderia, na época, ser vista como fácil. Fogem ao paradigma do modernismo brasileiro de base paulista, são cosmopolitas e afinadas com a atmosfera dos tempos. Sua produção exibe-se como um convite a estudiosos para que conheçam outros modernismos, ao propiciarem reflexões sobre a política cultural, o papel da mulher escritora e a circulação do livro no período em questão.

Referências

AMADO, Gilberto. *Mocidade no Rio e primeira viagem à Europa*. Rio de Janeiro: J. Olympio, 1956.

ARAÚJO, Gilberto. A feminista cambaleante de Carmem Dolores. *Revista Brasileira*, fase IX, ano III, n. 108, out.-nov. 2020.

BROCA, Brito. *A vida literária no Brasil – 1900*. Rio de Janeiro: J. Olympio; Departamento de Cultura da Guanabara, 1975.

CHRYSANTHÈME. Prefácio. In: DOLORES, Carmen. *Almas complexas*. Rio de Janeiro: Calvino Filho, 1934.

CHRYSANTHÈME. *Almas em desordem*. Rio de Janeiro: Costallat & Micollis, 1924.

CHRYSANTHÈME. *Enervadas*. Rio de Janeiro: Leite Ribeiro, 1922.

CHRYSANTHÈME. *Flores modernas*. Rio de Janeiro: Leite Ribeiro & Maurilo, 1921.

CHRYSANTHÈME. *O que os outros não veem*. Rio de Janeiro: Francisco Alves, 1929.

CHRYSANTHÈME. *Contos azuis*. Rio de Janeiro: Pongetti, 1936.

DOLORES, Carmen. *A luta*. Rio de Janeiro: Garnier, 1911.

DOLORES, Carmen. *Almas complexas*. Rio de Janeiro: Calvino Filho, 1934.

DOLORES, Carmen. *Ao esvoaçar da ideia*. Porto: Chardron, 1910.

DOLORES, Carmen. Crônica. *O País*, Rio de Janeiro, 4 jul. 1909. 1º Caderno, p. 1.

DOLORES, Carmen. *Crônicas. 1905-1910*. Organização de Eliane Vasconcellos. Rio de Janeiro: Arquivo Público do Estado do Rio de Janeiro, 1998.

DOLORES, Carmen. *Gradações*: páginas soltas. Rio de Janeiro: Presença, 1989.

DOLORES, Carmen. *Lendas brasileiras*: coleção de 27 contos para crianças. Rio de Janeiro: Gomes Pereira, 1914.

GENS, Rosa. Sexo, drogas e literatura; algumas notas sobre a narrativa de Cecília Vasconcelos. *Terceira Margem*: revista da Pós-graduação em Letras. Rio de Janeiro: Universidade Federal do Rio de Janeiro / Centro de Letras e Artes / Faculdade de Letras, n. 2, p. 118-123, 1994.

MIGUEL-PEREIRA, Lucia. *História da literatura brasileira*; prosa de ficção – de 1870 a 1920. Rio de Janeiro: J. Olympio; Brasília, INL, 1973.

RIO, João do. *O momento literário*. Introdução e estabelecimento de texto por Rosa Gens. Rio de Janeiro: Fundação Biblioteca Nacional/Departamento Nacional do Livro, 1994.

Cruz e Sousa e o mito do SuperNegro

Luiz Mauricio Azevedo

Diz-se que Cruz e Sousa nasceu em novembro de 1861, no território onde hoje se encontra a cidade de Florianópolis. Fruto do miolo da classe trabalhadora negra – o pai trabalhava na construção civil, a mãe prestava serviços de limpeza de roupas –, Sousa se tornou rapidamente um exemplar dos poderes do talento individual. Alguns biógrafos garantem que já aos oito anos ele demonstrava habilidade linguística incomum. É o que dizem. O que sei é que ele era, sob todos os aspectos, uma personalidade ativista, com presença cultural nos cenários mais importantes da vida brasileira da época. Atuou como articulista de importantes jornais, lutou ombro a ombro com abolicionistas da época, embora a crítica literária nacional adore pintá-lo como alguém que odiava e desejava ter a cor daqueles que o destruíram. Tendo suportado imensas atribulações materiais durante a vida (sua mulher, por exemplo, sofria de esquizofrenia, e seus ganhos eram insuficientes para o sustento de sua própria prole), Sousa morreu precocemente aos trinta e seis anos, vítima de tuberculose, doença dos que viviam mal. Seu enterro foi custeado por um constrangedor *crowdfunding*. O traslado de seu corpo foi realizado em um compartimento destinado ao transporte de animais.

Missal e *Broquéis*, suas principais obras, saíram no mesmo ano de 1893. Com uma produção marcada por um sofisticado uso do conteúdo autobiográfico como matéria-prima (não como finalidade) da literatura negra, embora tenha se aventurado no teatro e no ensaio, é na poesia que seu nome justifica a presença no longo caderno da literatura universal. A recepção de sua obra é marcada, ainda hoje, pelo mesmo tipo de desentendimento e miopia conceitual que dominou grande parte daqueles que se aventuraram a compreender a forma irônica de sua poética.

Roger Bastide, em *A poesia afro-brasileira*, de 1943, arrisca o esboço de uma avaliação comum – e perturbadora – sobre os indivíduos negros:

> Tem-se igualmente o hábito de considerar a raça africana como violentamente sexual, lúbrica mesmo, e tem-se distinguido o seu

> animismo ou seu nanismo selvagem do espiritualismo requintado dos cristãos. Aqui também o simbolismo, que foi uma poesia da castidade, da pureza, da esterilidade feminina (o branco sob sua forma simbólica) e que, como já disse, subentende o espiritualismo platônico, dava ao nosso escritor a vantagem de fazer com que esquecessem suas origens, e de que o considerassem quem melhor exprimia as formas mais altas e mais requintadas do idealismo europeu. Eis por que leva o culto da castidade até as formas patológicas que lhe dá Mallarmé, a apologia da esterilidade, da mulher inviolada e da morte. E como em Mallarmé nele esse culto se liga ao da luz lunar, da neve imaculada e da água presa no gelo." (BASTIDE, 1943, p. 84).

A comparação com Mallarmé, simbolista-mor da República, esconde uma certa naturalização dos sentimentos negativos correntes sobre as figuras negras. Adicione-se o fato de Bastide tomar como louvação aquilo que em Sousa é um espetáculo triste de delírio e desespero. Seu fascínio pela pureza, pelo ideal de castidade, de esterilidade feminina só se manifesta em sua poesia como obsessão literária, não como filia. O que Sousa parece admirar é justamente aquilo que conhecemos dele pelo discurso, pela repetição patológica de uma voz que seu eu-lírico julga como aprovável por seu público-leitor. Assim, basicamente, quando se acusa o poeta de desejar ter outra origem étnica além da sua, usando como indício seus poemas, outra coisa não está se fazendo senão biografismo mal-intencionado. Isso equivaleria a hoje levar Stephen King aos tribunais porque a admissão de uma fantasia estética equivale à apologia homicida.

> Nosso método teria menos sucesso, sem dúvida, na América do Norte. Lá a Linha da cor tomou forma jurídica, o que fez com que se castigue, desde o nascimento, o negro e o mulato. Como consequência, suas reações são geralmente conscientes. Mas no Brasil não existe barreira entre os homens, seja qual for a sua origem étnica. Contudo, certos preconceitos, ao menos quanto ao trabalho manual e servil, nem por isso deixam de existir, mas não são mais pensados, salvo talvez pelos imigrantes nórdicos; desenvolvem-se antes no limite entre consciente e inconsciente, aí tomam formas indecisas e móveis. Por isso julgamos que nosso método pode dar bons resultados. (BASTIDE, 1943, p. 9).

O método não dá bom resultado também por aqui, exceto como princípio de pioneirismo, segundo o qual qualquer coisa que se faça, sendo-se o primeiro a fazê-la, é considerada boa *a priori*. Isso, aliás, vale para a maioria esmagadora dos estudos literários negros no Brasil, embora não valha para nada além disso. A validade instrumental desses textos considerados seminais é garantir que indivíduos brancos possam ter definido ontem o que hoje porventura apresentemos como valor. Não estou aqui a falar mal da memória de Bastide. Nem de figuras bem menores que ele que andam por aí, a despeito do que recomendam a vergonha e o constrangimento, celebrando ter ocupado durante décadas lugares que meu povo foi impedido por elas mesmas de ocupar. Estou a falar mal dos erros de uma crítica literária que permitiu que sociólogos e antropólogos colocassem a literatura em segundo plano teórico. E se criticar aspectos específicos de trabalhos específicos de grandes vultos da tradição intelectual é proibido, então talvez seja o caso de substituir a universidade por algum tipo de ONG, na qual os negros possam figurar meramente como assistidos, e não mais como escritores, e seus textos sejam lidos como "pedidos de ajuda" e não mais como peças literárias.

De resto, não me surpreende que Bastide tenha lido em Sousa um evento de repelência de sua raça, porque a comunidade negra foi realmente inoculada com esse vírus simbólico que faz com que o valor negro dependa da validação do olhar branco. Também hoje não temos como nos levantar em nossas senzalas imaginárias sem que pessoas brancas nos apontem primeiro como os líderes de uma revolta possível. É somente depois disso, da valia à sombra do vigia, que somos reconhecidos dentro de nossa própria cercania. Em uma versão transparente da dialética hegeliana senhor-escravo, vivemos na dependência de salvar as coisas por comparação com aquilo que os brancos sugerem que salvemos.

Não há como falar em Cruz e Sousa sem falar em racismo. E o racismo é o cerne não apenas da recepção de sua obra, mas de sua elaboração. Um caminho possível para a superação tem sido pensar o racismo como camada, como um véu ideológico que pode ser retirado para que se veja o que há de fato, uma espécie de platonismo tardio. Infelizmente, subtrai-se a raça de um escritor negro e é bastante possível que não haja mais autoria. A questão não revela uma limitação da autoria negra em si, mas do reconhecimento da raça como elemento fundador da concepção de autor. Assim, é para mim bastante razoável afirmar o que afirmei porque, a despeito do efeito devastador que isso possa ter para alguns de meus pares, subtrai-se a raça de um escritor branco e é bastante possível que não haja mais autoria. É a raça o epicentro da literatura, não o espírito. É da carne que se faz o verbo. E uma vez feito carne, o verbo sagrado pode retornar à essência, porque é, afinal, sagrado. Sua forma passageira jamais corrompeu sua integridade íntima. Não é esse o caso da literatura. Não por acaso poucas coisas irritam mais um indivíduo convicto de sua fé nas escrituras do que a suposição alheia de que elas não passam de literatura.

Ao construir sua literatura sob aspectos estéticos, Cruz e Sousa se afasta da vida material. Ganha contornos de poeta mágico. O simbolista aí não é o sujeito que lida com arquétipos poderosos e os manipula com finalidade estética, mas aquele que teima em não se adequar aos modelos, aos sistemas, às viradas de um mundo cada vez mais mercantil. Essas ilusões vão dar à figura de Cruz e Sousa o aspecto de um poeta em deslocamento. Uma das pontas dessa construção ideológica vai redundar no imaginário de poeta livre de rotulações e limitações teóricas que supostamente castrariam os poderes do autor. A outra ponta, contudo, funciona com um chicote às costas do catarinense. Tudo aquilo que é conjuração das forças materiais concretas – ter nascido com a fenotipia preta, que o impede que ande por aí livremente sem que o interpelem presumindo que é, a todo o tempo, alguém que possivelmente não seja, o racismo, a escravidão arrastada, o preconceito social que fecha as portas e esmaga cotidianamente os egos negros, se transforma, pela ação dessa ideia de deslocamento, em culpa do próprio Cruz e Sousa. É ele quem não se adequou. É ele quem nasceu com a cor inadequada, em um tempo inadequado, de um modo inadequado. Essa tragédia desliza rapidamente para o campo semântico da normatização das agonias dos poetas em geral, nascidos sempre fora de lugar, sempre de modo inadequado e sempre em sofrimento. Ao ponto que, na prática, mesmo as denúncias das dificuldades e dos horrores que ele sofreu – que deveriam operar como argumentos contra o racismo – acabam funcionando como motores da meritocracia e do reforço de que aí está, mesmo, um poeta. Falar de Cruz e Sousa passa a ser um modo de sofisticar o gozo sádico da escravidão, do racismo estrutural. É dizer que nada, nem mesmo a alta qualidade literária, pode se sobrepor à força do racismo brasileiro. Tal qual um general que aumenta as qualidades do exército que derrotou, o espaço de suposto prestígio estético de Sousa existe para aumentar o escárnio de suas humilhações.

Em 2020, a Figura de Linguagem, empresa na qual atuo como editor-executivo, decidiu realizar uma edição de *Broquéis*. A totalidade dos comentários recebidos dava conta de um acerto de contas com uma valiosa produção de autores como ele. A repercussão entre escritores negros girou em busca de uma esperançosa recuperação do valor estético daqueles poemas, para além dos eventuais ativismos. Entendo a força de suas necessidades, mas conheço suficientemente o mercado editorial e a vida política para dizer que essa possibilidade não existe. Nenhum autor é considerado bom ou ruim pela literatura que fez. Nossa escala de valores estéticos obedece à nossa escala de valores históricos. Quando me coloco frontalmente contra as tentativas – muito comuns em nossos dias – de se fazer caridade social com o reconhecimento literário, estou criticando não os objetos dessas caridades, mas as instituições que pretendem oferecer a literatura como moeda de troca no processo de rendição cultural.

Cito aqui uma situação verídica: recentemente uma amiga foi jurada de um prêmio literário nacional. Na mesa de discussões, a necessidade opulenta de casar legitimidade antropológica e julgamento estético na lista dos finalistas. Receosa de suas decisões, ela comentou comigo sobre os riscos de que os prêmios literários passassem agora a representar outras grandezas além das literárias. Gargalhei. Disse a ela que os prêmios literários nunca foram outra coisa senão o julgamento daquilo que os jurados gostariam que fosse literatura. Por isso premiamos o pobre Vasco e não o Pessoa. A tal injustiça estética dos prêmios existe porque acreditamos no que eles anunciam ser, premiações, mas esquecemos o que eles realmente significam: alinhamentos. Evidentemente, para ela – como para a maioria das pessoas –, a literatura tem que ser algo desvinculado do mundo prático. Os prêmios procuram habitar a ordem da fortuna. Procuram nos convencer de que há deuses do talento, moiras da estética. Tudo isso, é claro, não passa de um engodo. Não há literatura sem sociedade. E não há reconhecimento sem uma gama de irreconhecidos. Faltou a Cruz e Sousa um prêmio, justamente o único prêmio que jamais poderia ser concedido a um poeta negro: o do mérito.

Nosso mundo literário, tão orgulhoso de seus feitos modernos, devia aceitar que é também o pai das três décadas de silêncio em relação a Carolina Maria de Jesus, e do vergonhoso processo de subvalorização de poetas que, colocados do lado de fora dos milagres modernistas, não puderam fingir que se pode alimentar o novo com o sangue do arcaico, do antimoderno e do filorruralista.

Penso em Cruz e Sousa como quem pensa em um aliado de outro tempo, que lutou a mesma guerra. Seus versos me dizem "nós vamos revidar, e nossa revolução vai durar bem mais que uma semana."

Acredito nele.

Referências

BASTIDE, Roger. *A poesia afrobrasileira*. São Paulo: Martins, 1943.

BROOKSHAW, David. *Raça e cor na literatura brasileira*. Porto Alegre: Figura de Linguagem. No prelo.

MOURA, Clovis. *A sociologia posta em questão*. Porto Alegre: Figura de Linguagem, 2021.

RIBEIRO, Djamila. *Pequeno manual antirracista*. São Paulo: Companhia das Letras, 2019.

SOUSA, Cruz. *Broquéis*. Porto Alegre: Figura de Linguagem, 2020.

Julia Lopes de Almeida, escritora do Rio moderno dos anos 1920

Anna Faedrich

Pouco se fala da presença de mulheres no Modernismo brasileiro. Anita Malfatti e Tarsila do Amaral – duas grandes artistas, cujos talentos são inegáveis – são, frequentemente, os únicos nomes lembrados. Apesar de sabermos, hoje, da existência de inúmeras pintoras e escultoras que atuaram entre o Segundo Reinado e a Primeira República (SIMIONI, 2019; CARVALHO, 2021), pouco se fala delas. Na literatura, não foi diferente. Escritoras que poderiam ser consideradas "pré-modernistas"[1] ou modernistas não constam nos manuais de Literatura Brasileira. O que se sabe da atuação das mulheres na nossa *Belle Époque*? O que elas produziram, qual a contribuição e repercussão de suas obras? Quem são as escritoras modernistas?

No ano de 2022, comemoramos o centenário do Modernismo, cujo marco convencionado é a Semana de Arte Moderna de 1922, realizada no Teatro Municipal de São Paulo. Na verdade, celebra-se o movimento liderado por Mário de Andrade e Oswald de Andrade, em detrimento de outras vertentes do Modernismo no Brasil. É a estética do grupo paulista que predomina nas histórias e nos manuais de literatura. A reflexão coletiva sobre a multiplicidade das produções artísticas e literárias modernistas, que a ênfase nos paulistas acabou por ofuscar, tem sido um passo importante na revisão crítica desse período. Do mesmo modo, é importante reconhecer a contribuição e importância da obra de escritoras e artistas mulheres que ficaram à sombra da profusão de nomes masculinos. Este capítulo tem por objetivo dar uma contribuição nesse sentido. Para tanto, recupero as críticas à hegemonia da corrente paulista e ao machismo excludente do movimento e da crítica literária como preâmbulo para apresentar a escritora

---

1   Termo criado pelo crítico Alceu de Amoroso Lima (Tristão de Athayde) para designar a literatura produzida nas décadas que antecederam a Semana de Arte Moderna. Contudo, há forte crítica ao conceito, por não dar conta da complexidade e da diversidade de autores e obras no período.

carioca Julia Lopes de Almeida (1862-1934), intérprete da modernidade e cronista do Rio de Janeiro.

Em *Metrópole à beira-mar*, Ruy Castro (2019) apresenta a modernidade do Rio de Janeiro nos anos 1920. Se a história é feita de lacunas, o Modernismo carioca parece ter recebido menor atenção da crítica literária, sobretudo a paulista, o que também ocorreu em relação à presença feminina. Ao contrário do que os registros oficiais da literatura fazem parecer, as mulheres não passaram despercebidas na *Belle Époque* tropical. Naquele período houve uma expansão de escritoras e jornalistas mulheres em espaços privilegiados no campo literário, que escreveram e publicaram nas principais editoras, com obras várias vezes reeditadas e com êxito nas conferências que ministravam. Se hoje se conhece pouco sobre as escritoras das primeiras décadas do século XX, talvez o movimento paulistano e a crítica a ele associada tenham dado sua contribuição.

Carlos Drummond de Andrade dá-nos uma ideia da atmosfera intelectual dos anos 1920, em São Paulo. Na ocasião da morte de Gilka Machado (1898-1980), Drummond criticou o silêncio injusto que rodeava a poeta, fruto da incompreensão de sua importância. A autora de *Cristais partidos* (1915) fora audaciosa demais para a "mentalidade social de 1922, ano teoricamente da erupção do Modernismo, porém tão preconceituoso como os anteriores, que eram vitorianos e hipócritas" (ANDRADE, 1980, p. 7). No Rio de Janeiro, a mentalidade era diferente, e a modernidade despontava de forma distinta, anterior à paulistana e mais natural (CASTRO, 2019). Em 1920, a cidade carioca contava com mais de 1 milhão de habitantes, sendo a mais populosa do Brasil e aquela "que todos os brasileiros sonhavam conhecer" (CASTRO, 2019, p. 31). Se, na Semana de Arte Moderna de 1922, os berros exigiam a destruição da Academia – "obsessão dos modernistas" –, do parnasianismo – "com seus sonetos folheados a ouro" – e "de figuras como Coelho Netto, cuja abundância verbal, colocação de pronomes e exorbitâncias retóricas simbolizavam a ditadura do século XIX sobre a literatura brasileira" (CASTRO, 2019, p. 257), no Rio de Janeiro, anos antes, essas reivindicações já tinham sido realizadas: "os rapazes não precisavam ter se dado a tanto trabalho. No Rio, tudo aquilo já era passado, e não era de então" (CASTRO, 2019, p. 257).

É nesse contexto carioca, moderno e cosmopolita que emerge Julia Lopes de Almeida, expoente da literatura de autoria feminina, entre tantas escritoras que tiveram sucesso no período, mas cujas obras desvaneceram nos registros literários posteriores. Para a crítica literária Lúcia Miguel Pereira (1901-1959), a autora de Ânsia eterna é

> [...] a maior figura entre as mulheres escritoras de sua época, não só pela extensão da obra, pela continuidade do esforço, pela longa vida literária de mais de quarenta anos, como pelo êxito que conseguiu com os críticos e com o público; todos os seus livros foram elogiados e reeditados, vários traduzidos, sendo que se consumiu em três meses a primeira tiragem de *Família Medeiros* (PEREIRA, 1988, p. 260).

Felizmente, a obra de Julia voltou recentemente a ser reeditada,[2] estudada e recobrar gradualmente espaço no rol dos escritores canônicos. Romancista de mão cheia, teve seus romances[3] publicados em folhetim, com grande repercussão. Escreveu peças teatrais, algumas encenadas no Teatro Municipal do Rio de Janeiro e no Teatro da Exposição Nacional de 1908, contos literários, crônicas variadas e textos voltados para o público infantil. Nesse gênero literário, desempenhou papel importante com sua irmã, a poeta Adelina Lopes Vieira (1850-1923). Julia Lopes de Almeida marcou a cena literária da *Belle Époque*. Em seu casarão no bairro Santa Teresa oferecia celebrados saraus nos jardins, então conhecido como "Salão Verde". Castro reconhece que:

> O poder econômico em Santa Teresa se concentrava em Laurinda Santos Lôbo. Mas a literatura, como todos os seus triunfos e louvores, era feudo da escritora Julia Lopes de Almeida – não apenas por receber grandes nomes em sua casa, mas pelo que saía desta

---

2   Parte significativa da obra de Julia Lopes de Almeida foi reeditada pela Editora Mulheres, da saudosa Zahidé Muzart, com incentivo do neto Claudio Lopes de Almeida. Recentemente, o romance *A falência* e o livro de contos *Ânsia eterna* têm recebido atenção especial das editoras e dos leitores, sobretudo pela inclusão na lista de leitoras obrigatórias para os vestibulares de instituições como a Unicamp, UFRGS e UFSC.

3   Sua estreia como romancista foi em 1888, com a publicação de *Memórias de Marta*, em folhetim, na *Tribuna Liberal* (RJ), de 1888 a 1889 (em livro, 1899). Depois, publicou *A família Medeiros* (1892; em folhetim de outubro a dezembro de 1891), *A viúva Simões* (1897; em folhetim, 1895), *A falência* (1901), *A intrusa* (1908; em folhetim, 1905), *Cruel amor* (1911; em folhetim, 1908), *Correio da roça* (1913; em folhetim, 1909 a 1911), *A Silveirinha* (1914; em folhetim, 1913), *Pássaro tonto* (edição póstuma, 1934) e *O funil do Diabo* (s.d.). Em parceria com Filinto de Almeida, escreveu o romance *A casa verde*, publicado em folhetim, no *Jornal do Commercio* (RJ), de 1898 a 1899, sob o pseudônimo de A. Julinto (em livro em 1932 pela Companhia Editora Nacional). Com a irmã Adelina Lopes Vieira, escreveu em 1886 *Contos infantis*, livro destinado ao uso nas escolas primárias.

em matéria de produção literária. Ela era um fenômeno de sucesso editorial (CASTRO, 2019, p. 63).

É digna de nota sua faceta de cronista da "metrópole à beira-mar", cujo olhar é testemunha da modernidade. Colaboradora no jornal republicano e abolicionista *O Paiz* (RJ) por muitos anos, Julia Lopes manteve a coluna semanal "Dois dedos de prosa". Suas crônicas eram publicadas na primeira página, à esquerda, espaço privilegiado e signo da posição de prestígio e de respeito da autora em ambiente intelectual e literário. As crônicas retratavam uma pauta de interesse amplo e diverso. Julia desenhou o dia a dia carioca, tratou de assuntos urbanos, políticos e culturais; exerceu o papel de crítica de arte (música, dança, teatro, literatura); foi arguta ao comparar o cotidiano carioca com o de outras cidades do mundo; e tratou de temas fora do escopo esperado de uma escritora, como a importância do desarmamento da população, assuntos políticos, como o bombardeio de Salvador em 1912, e as duras críticas aos governantes, em especial ao prefeito da cidade.

Como João do Rio e Olavo Bilac, Julia registrou as mudanças físicas, culturais e sociais da *Belle Époque*. Familiar com a cultura francesa, suas reflexões estavam vinculadas à ideia de civilização e de progresso, cujo modelo era Paris. O processo de modernização urbana foi inspirado na remodelagem da capital francesa por Georges-Eugène Haussmann (1809-1891). A Cidade Maravilhosa almejava ser "uma Paris no Brasil", desejo comum a outras capitais, como São Paulo e Porto Alegre. Entre 1902 e 1906, praças e edifícios suntuosos foram construídos, ruas ampliadas, cortiços e prédios velhos demolidos. Uma nova metrópole nascia, com iluminação pública, novas redes de esgoto e novas linhas de bonde; as inaugurações do Teatro Municipal, do Museu de Belas Artes e da Biblioteca Nacional compunham a fisionomia de um Rio de Janeiro moderno e civilizado. Julia vibrou com boa parte das mudanças, e suas crônicas são ainda hoje fonte histórica de compreensão da reforma planejada pelo engenheiro Francisco Pereira Passos, então prefeito do Rio, com auxílio do sanitarista Oswaldo Cruz.

O cotidiano carioca rouba a cena na obra literária e jornalística de Julia Lopes de Almeida. Antes das reformas, a cidade sofria com o trânsito caótico, o abastecimento de água e iluminação precários, a falta de higiene e de saneamento, sendo foco de muitas doenças. No romance *Memórias de Marta*, há o registro das condições desumanas vivenciadas pelos moradores de cortiços. Publicado em folhetim, entre os anos de 1888 e 1889, antes do célebre *O cortiço*, de Aluísio Azevedo (1890), o romance de Julia Lopes merece maior reconhecimento na história literária brasileira. *Memórias de Marta* tem como cenário o cortiço. É inevitável o diálogo entre Almeida e Azevedo, porque ambos retratam com traços naturalistas o mundo próprio daqueles ambientes, na capital brasileira. Os dois autores esposavam argumentos do evolucionismo aplicado ao mundo social e Julia lia os livros de seu principal representante, o filósofo inglês Herbert Spencer.

Por meio de um olhar observador e crítico para os eventos cotidianos e citadinos, a cronista serviu de porta-voz dos interesses de munícipe, da agenda cultural e do progresso das mudanças urbanas. A inauguração do Teatro Municipal deixou-a entusiasmada: "A cidade está radiante; tem mais um título de glórias para a admiração do estrangeiro e de orgulho para a satisfação própria". Nesse mesmo teatro, teve a peça "Quem não perdoa" encenada, em 1912.

Protagonista das crônicas de Julia Lopes de Almeida, o Rio moderno nem sempre é visto com encantamento. Por vezes, a escritora demonstra certa perplexidade face à modernidade, lamentando, por exemplo, o fim da "*flânerie*" tão adorada pelos cronistas e poetas cariocas:

> O prazer de passear acabou. Quem anda pelas ruas tem a preocupação aborrecida de observar constantemente em redor de si, visto que nenhum gesto de policial imperativo faria sustar qualquer automóvel que o ameaçasse.
> Madame Catulle Mendès, acostumada como está ao bulício de Paris, disse-me ter mais medo de atravessar aqui uma rua do que naquela capital, pela razão simplicíssima de que os veículos aqui têm um movimento desigual e demasiadamente acelerado (ALMEIDA, 2016, p. 268).

No início do século XX, o Rio teve sua fisionomia e cheiro alterados pela presença dos automóveis, quando "o odor de estrume das ruas foi substituído pelo de gasolina" (CASTRO, 2019, p. 35). A cidade ficou mais barulhenta com o som das buzinas, o "fom-fom" que inspirou Jorge Schmidt na criação da revista *Fon-Fon!* (CASTRO, 2019, p. 35-36). Essa cidade progressista despertou sentimentos antitéticos na cronista, que registrou a sua insatisfação com o trânsito tumultuado, a falta de fiscalização (para domar o tráfego selvagem!), o cheiro de gasolina e a poluição liberados pelos carros:

> [...] não sei por que motivo a inspetoria de veículos não toma medidas rigorosas para obstar a que os automóveis na cidade desprendam tão repetidamente o vapor da gasolina, de tão fétido cheiro. [...] Não bastarão para nosso tormento as nuvens de pó que os automóveis revolucionam e espalham nas suas correias assassinas? (ALMEIDA, 2016, p. 163-164).

Ademais, Julia reclamou da negligência policial em relação aos vendedores de jornais, "os garotos espertos que saltam nas entrelinhas dos bondes; que se atiram dos estribos de um carro para os de outro carro com uma agilidade que os pode trair e fazer pagar muitíssimo caro" (ALMEIDA, 2016, p. 268). Uma das consequências da modernidade parecia ser a falta de sossego: "é de fazer tremer. O passageiro está sempre assim na iminência dolorosa de assistir à cena terrível da morte de uma criança esmagada pelas rodas de um pesado elétrico" (p. 268). As ambiguidades da modernização são registradas na pena da autora:

> Diante de todos estes desconchavos, de todas estas balbúrdias e feios aspectos, nenhuma pena votada às glórias da sua cidade pode permanecer inerte ou indiferente. Confessar erros e apontar com toda sinceridade defeitos que parecem corrigíveis, se não é tarefa doce, é bem-intencionada (ALMEIDA, 2016, p. 268-269).

Surpreende o leitor de hoje perceber que o teor das crônicas, que servem de registro histórico do auge da *Belle Époque*, ainda conste na pauta do debate público contemporâneo. Os problemas advindos da militarização das polícias, em particular do Rio de Janeiro, que mata e morre como poucas no mundo, é tema permanente na pauta dos debates acadêmicos de hoje sobre segurança pública. Há um século, Julia Lopes criticava o despreparo dos nossos policiais, a violência brutal e os abusos exercidos: "O organismo da polícia não pode ser só constituído pela força física, mas também pela força moral, que dá prestígio, que mantém a calma na cólera, e a serenidade diante das provocações" (ALMEIDA, 2016, p. 29). A cronista enxergava o perigo da polícia, que, infelizmente, não acolhe e protege; pelo contrário, atua como "possibilidade de morte":

> É indispensável que a nossa polícia se transforme, que a tenhamos como uma garantia e não como uma ameaça, que ela seja para nós uma defesa e não um perigo, um elemento de vida e não uma possibilidade de morte. É preciso que não sejamos obrigados a fugir

da polícia, mas *para* a polícia, quando nos julgarmos em perigo (ALMEIDA, 2016, p. 31, grifos da autora).

Para Julia, o parâmetro da civilização se dá pela qualidade das polícias e seu respeito ao cidadão. "Qual será o meio de civilizar o nosso policial fardado, e de lhe transformar os ímpetos nativos em ações de prudência e de respeito alheio e próprio?" (ALMEIDA, 2016, p. 27). Onze décadas depois, a imprensa noticiava que "O número de pessoas mortas pela polícia do Rio entre janeiro e julho deste ano, 1.075, é o dobro de todas as mortes causadas pela polícia nos Estados Unidos nesse mesmo período (528). Os Estados Unidos têm 19 vezes a população do estado do Rio" (MAZZA; ROSSI; BUONO, 2019).

Discussões polêmicas sobre o desarmamento da população, que continuam a animar debates políticos na esfera pública brasileira, críticas aos governantes, registros do crescimento de roubos e de violência urbana, da falta de investimento na educação e na saúde públicas, e do fechamento indevido de escolas são temas presentes nessas crônicas, que revelam tanto a atualidade de sua crítica quanto a longevidade de nossos problemas nacionais. Em 1908, a cronista do Rio observa que "quase toda a gente anda armada", registra seu desgosto e o perigo que é ter a posse de uma arma:

> [...] quantos e quantos crimes são cometidos sem premeditação, só pelo recurso que em um momento de desvario impulsivo um indivíduo encontra na faca pontuda que traz oculta na cava do colete, ou no revólver carregado que lhe pesa no bolso traseiro das calças! Além de ser esse um hábito covarde de que todo o brasileiro deve se libertar, é um hábito perigoso, e que de um momento para o outro o pode transformar a mais desgraçada das criaturas. [...] Ninguém carrega um objeto mortífero consigo sem um interesse ou uma ideia qualquer (ALMEIDA, 2016, p. 23).

Mais de um século antes do atual incentivo às armas, que ocorre por parte de uma política que facilita sua compra e seu porte – fortalecida pela conhecida "bancada da bala"[4] –, Julia Lopes posiciona-se a favor do desarmamento da população. Nesta crônica, a autora reclama do aumento de roubos em seu bairro e da incompetência da polícia – "Se souberem por aí

---

[4] Na política brasileira, a "bancada da bala" é composta por políticos que defendem o armamento civil e a flexibilização das leis relacionadas às armas, posicionando-se contra as políticas desarmamentistas.

que fui assassinada com toda a minha família a horas mortas da noite por ladrões iludidos na sua boa-fé, ninguém estranhe o caso, porque as patrulhas, coitadas, têm medo de rondar o sítio isolado e trevoso em que nós e os nossos vizinhos [...] nos lembramos de assentar acampamento" (ALMEIDA, 2016, p. 22) –; entretanto, mostra-se avessa ao espírito justiceiro que nos assombra até hoje.

Sensível à questão de classe e à desigualdade da justiça no país, Almeida critica a benevolência dos júris e a impunidade dos criminosos "de certa posição":

> [...] os criminosos de melhor posição social, deveria a justiça punir com mais desassombro, porque eles não têm a desculpá-los nem a ignorância que brutaliza os homens, nem a fome que alucina todo o animal, irracional ou não. Condenar um ladrão de botas rotas ao cárcere e deixar passear o outro de botas de verniz reluzente pelos salões; segregar do convívio da sociedade um assassino analfabeto e desamparado, para consentir que outros assassinos bem-vestidos circulem pelas ruas, se misturem à gente honesta, cortejando moças inocentes ou intervindo em negócios públicos, é fato que bradaria pela justiça, se além de cega ela não tivesse também feito surda (ALMEIDA, 2016, p. 24).

Infelizmente, a desigualdade da justiça persiste, punindo severamente ladrões de xampus[5] e ignorando os criminosos "de botas de verniz". Em outro momento, ao tratar da febre amarela e da tuberculose, mostra uma mulher que não era alheia às causas sociais e exige ação da autoridade pública: "obrigação do governo é fortalecer cada vez mais as instituições que zelem pela saúde pública" (ALMEIDA, 2016, p. 99). Além disso, reclama dos poucos gastos com a higiene: "Que se tem feito aqui para combater a tuberculose? Não sei; não se contando com a iniciativa particular, não sei nada. Portanto, não há nessa questão da saúde pública despesas a diminuir, mas despesas a acrescentar" (ALMEIDA, 2016, p. 99). É curioso pensar que, em 2022, estamos vivendo a pandemia da Covid-19, tendo no comando um governo aparentemente mais preocupado com a economia do país, contendo gastos com a saúde pública e programas sociais, enquanto mais de 600

---

5 Referência ao jovem que foi preso por roubar dois xampus no valor de dez reais cada, no interior de São Paulo, em fevereiro de 2020. O Supremo Tribunal Federal (STF) negou o pedido de liberdade do réu.

mil pessoas já morreram vítimas da doença. A lucidez e a sensibilidade de Julia Lopes de Almeida impressionam:

> Nós ainda gastamos pouco com a higiene. Aí está a tuberculose para o provar. É outra inimiga encarniçada a guerrear, a guerrear sem tréguas nem cansaço. Se para isso for preciso gastar muito dinheiro, gastemos. A economia em tais casos é um crime pavoroso, indigno das nações civilizadas e dos governos hábeis (ALMEIDA, 2016, p. 99).

Os "Dois dedos de prosa" também registravam a vida literária e cultural na capital carioca e trouxeram à luz inúmeras escritoras e artistas mulheres, nacionais e estrangeiras, de modo a valorizar a produção literária e artística feminina. Além de sua importância, o registro, que eternizou esses nomes e hoje nos possibilita conhecê-los, à época, foi significativo para a visibilidade da atuação das mulheres no meio cultural, intelectual e literário do país. As escritoras do país inteiro enviavam seus livros para Julia e garantiam – no mínimo – um comentário na primeira página do jornal *O Paiz*. Ao ocupar um espaço privilegiado na imprensa, muitas vezes desmerecido por parte da crítica, por se tratar de uma mulher branca e de elite, Almeida aproveitava para fazer circular e prestigiar talentos femininos que, talvez, não recebessem a atenção de outros cronistas homens. Mesmo que soe anacrônico, é possível pensar que a sororidade brota naquelas páginas, em que há uma luta sutil contra o machismo e a invisibilidade das mulheres.

A leitura de seus textos nos transporta ao dia a dia e ao imaginário da *Belle Époque* carioca. A linguagem das crônicas é simples; o tom, por vezes, é de conversa, abrindo espaço precioso de intimidade com o(a) leitor(a), e outras vezes é de indignação, protesto contra as atitudes dos governantes, em defesa da cidade e de sua população. Repleta de propostas para a melhoria da vida urbana, o espaço da crônica documenta, mas também reivindica e propõe intervenções. A experiência no exterior do país permite à autora uma análise comparativa entre o Rio e outras metrópoles, de modo a aguçar a sua percepção crítica e vislumbrar a possibilidade de um novo Rio de Janeiro. Ciente da importância de seu ofício, Julia enxergava o poder de influência de suas crônicas. Era possível que os governantes – a quem se dirigia com frequência – aderissem às suas ideias, mesmo que de forma involuntária: "[...] os cronistas lançam essas ideias no papel para que outros a leiam e fiquem com elas no sentido até que, perdida muitas vezes na memória a fonte da sua origem, as apresentem como suas de modo direto e positivo. É quase sempre o que acontece; e ainda bem quando acontece!" (ALMEIDA, 2016, p. 185).

O legado da literatura de autoria feminina também ficou perdido na memória. Uma das lacunas em nossa história e crítica literárias é a ausência de escritoras no século XIX e nas primeiras décadas do século XX. As razões ultrapassam os critérios estéticos ou a importância das escritoras em seu tempo. Mas as implicações são claras: a perda da origem da literatura escrita por mulheres. Autoras muitas vezes responsáveis por iniciar uma tradição literária não tiveram o devido reconhecimento. No Modernismo, bastaria ver que o nome de Cecília Meireles figura de forma isolada, como pioneira. A própria Cecília, contudo, lia e admirava Julia Lopes de Almeida.

Na comemoração do centenário do Modernismo brasileiro, desejo que mais escritoras sejam lembradas, e que a oportunidade motive reapreciações do atual cânone literário modernista. Julia Lopes de Almeida inspirou mulheres à época, encorajando-as à escrita literária. Julia é um nome de um rol de mulheres – artistas, escritoras, poetas, jornalistas – que merecem ser celebradas. Retomo a provocação inicial: quem são as nossas escritoras modernistas?

Referências

ALMEIDA, Julia Lopes de. *Dois dedos de prosa*: o cotidiano carioca por Julia Lopes de Almeida. Organização de Angela di Stasio, Anna Faedrich e Marcus Venicio Ribeiro. Rio de Janeiro: FBN, Coordenadoria de Editoração, 2016. (Cadernos da Biblioteca Nacional, v. 16).

ANDRADE, Carlos Drummond de. Gilka, a antecessora. *Jornal do Brasil*, Rio de Janeiro, p. 7, 18 dez. 1980.

CARVALHO, Isabel. Aula 2. Minicurso "Mulheres Artistas no Modernismo Brasileiro". YouTube, 14 fev. 2021. Disponível em: https://www.youtube.com/watch?v=Y02_13tRJLg. Acesso em: 23 jul. 2021.

CASTRO, Ruy. *Metrópole à beira-mar*: o Rio moderno nos anos 20. São Paulo: Companhia das Letras, 2019.

MAZZA, Luigi; ROSSI, Amanda; BUONO, Renata. A polícia que mais mata. *Piauí*, São Paulo, 26 ago. 2019. Disponível em: https://piaui.folha.uol.com.br/policia-que--mais-mata/. Acesso em: 29 jan. 2021.

PEREIRA, Lúcia Miguel. *História da Literatura Brasileira:* prosa de ficção (de 1870 a 1920). Belo Horizonte: Itatiaia; São Paulo: Editora da Universidade de São Paulo, 1988.

SIMIONI, Ana Paula Cavalcanti. *Profissão artista:* pintoras e escultoras acadêmicas brasileiras. São Paulo: Editora da Universidade de São Paulo/Fapesp, 2019.

Raul Pompeia: o leitor ideal

Magali Lippert da Silva Almeida

Qual o papel do leitor? Passei boa parte da minha vida acadêmica refletindo sobre esse assunto: ora refletindo sobre o leitor intelectualizado, crítico, capaz de ler não só a realidade, mas também a simulação da realidade, ora tentando compreender o leitor comum, muitas vezes incapaz de discernir entre o real e o simulacro. E foi em uma leitura despretensiosa de um ensaio de Alberto Manguel, "Notas para a definição do leitor ideal", do livro À *mesa com o Chapeleiro Maluco: ensaios sobre corvos e escrivaninhas* (2009) que me vi diante de um conceito capaz de revelar a leitora que eu mesma sou.

Dois grandes assuntos permeiam meus estudos há mais de dez anos: o leitor, conforme já afirmei, e um autor da Literatura Brasileira: Raul Pompeia. Do conhecimento adquirido após a leitura do livro de Alberto Manguel posso afirmar sem temer ser piegas: eu fui/sou a leitora ideal da obra de Raul Pompeia, pois compactuo com a ideia de que "O leitor ideal é o tradutor. Ele é capaz de dissecar o texto, retirar a pele, fazer um corte até a medula, seguir cada artéria e cada veia e depois dar vida a um novo ser sensível. O leitor ideal não é um taxidermista." (MANGUEL, 2009, p. 33).

Meu estudo de *O Ateneu*, que resultou em tese de doutorado, partiu de uma intuição de que havia algo inexplorado na obra pompeiana para além do próprio *O Ateneu*, uma espécie de rede que ligava diferentes textos e que revelava aspectos não elucidados da composição artística do autor. Na tese, por motivos de racionalização, dediquei-me, exclusivamente, à análise de *O Ateneu*, mas li e reli todos os textos de Pompeia (romances, contos, crônicas e poemas) e posso afirmar: há muito a ser dissecado.

Pasta Jr. (1991), contrapondo a afirmação de Bosi (2003) sobre a "opacidade em *O Ateneu*", afirmou que é "o excesso de nitidez que gera o mistério". Compartilho da percepção de Pasta Jr. e vou além: toda a obra de Pompeia possui luz excessiva, toda ela ofusca e confunde um leitor desavisado.

Temos a Obra e o Homem; temos *O Ateneu* e o resto da produção intelectual de Raul Pompeia, o que foi ignorado por muitos anos é que "o resto" diz muito sobre *O Ateneu* e que *O Ateneu* diz muito sobre a Literatura (e não só brasileira).

Lamentavelmente Pompeia sempre foi confundido com seu principal personagem: Sérgio. Essa obsessão em enxergar o autor no narrador levou críticos respeitados a afirmações que reduziam *O Ateneu* a uma espécie de autobiografia ou livro de memórias. Mário de Andrade acusou Pompeia de ter deturpado a experiência escolar (1941); Bosi o considerava vítima do sistema escolar vigente na época (2003); já Schwarz, que talvez tenha sido um "leitor ideal", assegurou que o romance *O Ateneu* é a consagração de um artista eloquente.

> O biografismo crítico, preso a ideia do todo contínuo formado por autor e obra, tende a interpretar *distribuindo: o subjetivismo*, dado no tom e nas imagens, ilumina a psicologia do criador; os fatos, por sua vez, usam-se para estabelecer o *conteúdo* da criação. Consequência é o empobrecimento do texto, pois o que nele se objetivara, passando a ser parte sua, é visto como atributo do autor, ser vivo e inesgotável no papel impresso. Mesmo um excelente ensaio como o de Mário de Andrade, não escapa a esse quadro, que rouba ao romance de Raul Pompeia, a nosso ver, uma das dimensões mais modernas, a superação do realismo pela presença emotiva de um narrador (SCHWARZ, 1960, p. 25).

Schwarz reivindica uma análise menos biográfica de *O Ateneu* para que se compreenda a dimensão moderna da obra. Tão moderna que é impossível classificá-la. E se há quem tente ajustar *O Ateneu* ao realismo, logo são citados traços naturalistas, impressionistas, expressionistas... assim como não é possível moldá-lo, contraditoriamente, podemos adequá-lo à nossa corrente literária favorita: "O leitor ideal subverte o texto. O leitor ideal não pressupõe as palavras do escritor" (MANGUEL, 2009, p. 34).

Mas estamos falando de *O Ateneu* porque, afinal, é difícil descolar Pompeia de sua obra máxima. Entretanto, diferente de autores que podemos chamar de realistas, naturalistas ou seguidores de determinados movimentos, Pompeia foge, enquanto artista, de qualquer classificação. Sobre sua primeira ficção, a novela *Uma tragédia no Amazonas* (1880), escrita aos quinze anos de idade, Nascimento afirma: "Neste texto, já se pode notar temas que serão recorrentes em toda a produção narrativa ficcional de Raul Pompeia, tais como morbidez, visão pessimista da existência, loucura e suicídio" (NASCIMENTO, 2015, p. 01).

Em *Uma tragédia no Amazonas* todos os personagens morrem. A morte é recorrente na obra de Pompeia: porque pessoas morrem. Pompeia não é "um sonhador", ele perscruta a realidade, e por isso seu flerte com o realismo e com o naturalismo é tão evidente. Mas ele vai além (e quem melhor notou isso foi Pasta Jr. e Schwarz), e isso se evidencia em um romance folhetinesco esquecido, mas importante para perceber a "veia moderna" pompeiana: *As joias da coroa* (1882).

Raul Pompeia escreveu *As joias da coroa* aos 19 anos. A obra é uma sátira à monarquia a partir de um acontecimento real (o roubo de joias ocorrido em 1882 no Palácio de São Cristóvão, residência do Imperador Dom Pedro II). Pompeia parodia o acontecimento criando uma ficção que acompanhava, no mesmo folhetim, as notícias relacionadas à investigação. O livro não é uma obra-prima da Literatura Brasileira, mas a concomitância da publicação ficcional com a realidade do período (o roubo) e a perspectiva irônica que se pretende crítica à realidade brasileira demonstram que o autor se interessava por escrever sobre o contexto político e intelectual de sua época, ou seja, ele não se voltava para um passado romântico, nem para um futuro incerto e seus personagens são comuns: estudantes, trabalhadores, políticos etc. E é a partir dessa aparente normalidade que Pompeia vai tecendo as características pessoais de seus personagens que são, inúmeras vezes, vaidosos, desonestos e perversos.

A concepção de *O Ateneu* está diretamente ligada à construção de personagens com as características citadas acima. Tanto em *Uma tragédia no Amazonas*, como em *As joias da coroa* e nos demais textos que o jovem Pompeia já escrevia para jornais está o embrião do estilo que Pompeia consagra em *O Ateneu*. O colégio é o microcosmo da sociedade e nele encontraremos todos os tipos humanos: na maioria dos casos, a representação será negativa (não é também na sociedade?).

> Em *O Ateneu* o autor lança mão de todos os recursos possíveis na tentativa de representar o irrepresentável: referências literárias, representações zoomórficas, ilustrações de próprio punho, inúmeras comparações, hipérboles, metáforas etc. Não é fácil descrever alguns momentos importantes, a memória falha ou excede, as palavras que vêm à mente nem sempre são as mais apropriadas, dizer o indizível com o repertório linguístico que se tem é pouco para um autor exigente. Pompeia, ciente disto, abusa dos superlativos, faz uso da paródia e da caricatura. Seu narrador é um mestre da representação,

> seu narrador mesmo é representação: Sérgio é Pompeia, mas não o é verdadeiramente (Silva, 2013, p. 222).

Entre os recursos estilísticos mais marcantes da obra pompeiana, o uso abusivo da hipérbole é o que mais chama a atenção. Para o autor uma característica física como, por exemplo, um nariz, nunca é "grande", mas "enorme", isso vale para o diminutivo também, algo não é "pequeno", mas "minúsculo". Estaremos certos se relacionarmos essa atração pelos superlativos ao fato de Pompeia ser um caricaturista bastante competente.

Extremado na literatura e na vida: essa é das poucas certezas que podemos ter sobre quem foi Raul Pompeia. Ainda sobre *O Ateneu*:

> Como queria Pompeia, o leitor, por seu lado, também deve ficar "maravilhado e exausto", pois, se não é que anda sobre brasas, não encontra propriamente ponto de apoio nesse livro que praticamente só conhece os cumes, e cuja leitura é uma carreira de saltos entre um píncaro e outro, a vertigem incluída. Construído como um momento extremo, e feito só de momentos extremos, ele se joga inteiro em cada passagem, em que ele todo igualmente se põe e se perde (Pasta Jr., 1991, p. 85).

O exagero servia ao escritor justamente para lançar uma luz intensa ao seu texto de forma a torná-lo excessivamente evidente, através da extrapolação, do limite da descrição e do "paroxismo" (Pasta Jr., 1991). A própria vida de Pompeia foi levada assim, entre o radicalismo militante, o perfeccionismo literário e a forma peremptória de encarar a vida: não esqueçamos que, não satisfeito com o suicídio, ele o fez em um 25 de dezembro, dia do nascimento de Cristo, nada mais extremo e revelador.

Declarei-me a leitora ideal de Raul Pompeia, pois ele também o foi de muitas obras; há um tramado de referências literárias em sua obra que evidencia o diálogo de *O Ateneu* com inúmeros textos, assim como, também, com os do próprio autor. Pompeia construiu o cenário de seu livro e os personagens com base em um planejamento que foi além do "simples perfeccionismo" descrito pelos críticos. Há questões já exaustivamente discutidas, como o fato de o internato ser uma representação do Império e Aristarco representar a figura do Imperador ou, ainda, a ideia da vivência dentro do Internato com a de viver em um microcosmo que representa o macrocosmo da sociedade. Mas Pompeia foi além, ele assegurou que sua obra fosse toda polissêmica e ambígua. E, aparentemente, ele não fez questão de elucidar isso: deixou para o leitor o trabalho de desembaralhar suas referências (embora tenha deixado pistas no texto para ajudar os mais incautos).

E se, por um lado, sabemos que Bento Alves pode ter sido inspirado em Bento Gonçalves (já que ele era do Rio Grande do Sul), que Franco (o escarnecido do Ateneu) representava a França decadente e que Américo (o incendiário) representava as jovens repúblicas americanas em ascensão, por outro, menos evidente, está a relação vertical dos períodos históricos que eles representam: Aristarco de Ramos (inspirado no astrônomo Aristarco de Samos, mas também no imperador Dom Pedro II e até no pai de Pompeia) é o antigo, o conservador ao extremo, o superado, o velho; Franco (a França) é o que está em declínio, teve seu tempo assim como Aristarco, mas está sendo superado, deve morrer. Américo é o novo, o emergente, revolucionário, aquele que representa a modernidade.

Também podemos supor que as referências do personagem Sérgio a textos lidos e impressões acerca dos livros não se davam ao acaso, mas eram metodicamente pensados por Pompeia, montados sob a perspectiva do crítico da sociedade e do leitor incansável.

> O narrador demonstra que foi um excelente leitor, que além de representar as obras lidas (rememorá-las, refletir acerca delas), também soube usá-las a seu favor, como complemento de suas frases, composição de suas ideias e as utilizando para descrever o indescritível: "Era um manto transparente, da natureza daquele tecido leve de brisas trançadas de Gautier [...] (POMPEIA, 2005, p. 108)" (SILVA, 2013, p. 220).

Podemos depreender, desse modo, que Pompeia sempre tentava dizer "algo mais", alguém que tente interpretar sua obra de forma literal perderá a riqueza dos "muitos sentidos" possíveis. Praticamente todos os contos de Pompeia (assim como a ficção longa) serviriam de exemplo do que afirmei, mas analisarei aqui, brevemente, *A batalha dos livros*.

O conto, narrado em terceira pessoa, trata da história de Aristóteles de Souza, um sábio (segundo o narrador), cujo nome representa "vaticínio de encomenda dos pais, sem grave ofensa à modéstia porque vinha logo atenuar, os compromissos a restrição chulé do sobrenome" (POMPEIA, [s.d.], p. 2). Temos aqui uma referência abrasileirada ao filósofo Aristóteles.

Aristóteles de Souza tem um difícil problema a resolver: ele pretende classificar todo o conhecimento. Para um leitor desavisado, isso seria apenas interessante, mas reparem: o verdadeiro Aristóteles (o filósofo grego) foi quem criou o primeiro sistema de classificação do conhecimento (no qual a Biblioteconomia se fundamenta). Já Aristóteles de Souza se isola na sua biblioteca e a única pessoa que tem acesso a ele é o seu sobrinho, Sancho. Nosso Aristóteles de Souza é quixotesco (tenta realizar um grande "feito" e possui um fiel escudeiro):

> Com Aristóteles, morava um sobrinho, o Sancho, rapaz amável, bem-apessoado de carnes, com um ventrezinho de jovialidade cativante, pouco inteligente, falador, encarregado de receber as visitas, entretê-las com a melhor hospitalidade e despachá-las atenciosamente, antes que lhes ocorresse a ideia de ir perturbar o sábio na sua sabedoria.
> Aristóteles falava raramente ao sobrinho. Não se dignava. Sancho, em compensação, venerava-o, acatando profundamente essa desdenhosa reserva como o nicho do seu ídolo (POMPEIA, 1889, p. 2).

Então Aristóteles de Souza é o filósofo grego, mas também Dom Quixote... por fim não consegue classificar todo o conhecimento existente: enlouquece e morre. O fim é trágico, mas é de tal modo irônico que nos arranca um sorriso: "Expirou, coitado! Quando provavelmente ia resolver o grande problema da paz das escolas" (POMPEIA, 1889, p. 8).

Não se pode ignorar a influência dos livros na vida de Pompeia, seja como leitor, seja como autor e, também, gestor. Pompeia se tornou o mais poderoso bibliotecário do país em 1894, por um ano comandou a maior e mais completa biblioteca brasileira: a Biblioteca Nacional. Teve ao alcance das mãos os livros da biblioteca pessoal do rei Dom João com o acervo trazido de Portugal praticamente completo. Consta, nos arquivos da Fundação Biblioteca Nacional, que Pompeia conhecia, inclusive, o procedimento arquivístico da biblioteca (portanto a localização por classificação de assunto). A gestão de Pompeia foi curta, foi empossado em 1894 e destituído em 1895 (ano em que se suicidou).

Em seus textos Pompeia dialoga ou se refere a inúmeras obras e autores. Só em *O Ateneu* são: quatorze menções à bíblia, dez do antigo testamento e quatro do novo testamento; duas menções a contos de fadas (Cendrillon/Charles Perrot); seis escritores greco-latinos são citados por Sérgio (adulto), Homero, Juvenal, Cícero, Platão, Plutarco e Epicuro; quatro escritores italianos são citados pelo narrador, Dante, Giulio Cesare Croce, Miguel Ângelo e Giacomo Leopardi; dezenove franceses, desses, dez autores foram lidos no internato pelo Sérgio criança (sendo que de Júlio Verne e dos escritores de dramaturgia foram vários livros citados), os demais autores foram citados pelo narrador para representar algo sobre o contexto que era descrito; exemplos: Ema (Balzaquiana), Sanches (a Minerva de Fénelon), a roupa de Aristarco (brisas trançadas de Gautier), a ofensa do senador contra Zé Lobo (*merde*! em Zola e Victor Hugo) e o professor de francês do Ateneu, professor Delille (mesmo nome do poeta Jacques Delille); três escritores de língua inglesa, Shakespare, Defoe e Swift; quatro autores e obras de literatura alemã são citados pelo narrador, Rudolf Erich Raspe (Barão de Munchausen), Goethe, Schopenhauer e Conego Schmidt; sete autores portugueses, a maioria deles escrevia sobre religiosidade e moral, com exceção de Luís de Camões; oito escritores brasileiros, José de Alencar, Gonçalves Dias, Gonçalves de Magalhães, Francisco de São Carlos (Frei), Sousa Caldas, Santa Rita Durão, Antônio José e Gregório de Matos.

O processo utilizado por Pompeia, de recorrer a referências literárias que expressassem o que não era possível com o vocabulário corrente, seria, nos dizeres de Emília Amaral (2005), uma "ação digressiva", ou seja: a narrativa que remete ao passado é atravessada por comentários e reflexões sobre o vivido. São inúmeros os exemplos em que Sérgio recorre a livros (títulos, personagens, frases e expressões) para completar raciocínios, descrever comportamentos, sensações, características etc. Isso foi feito com tanto esmero que não impacta na leitura da obra, ou seja, é necessário ser um analista perspicaz (um leitor ideal?) para perceber essas referências no texto.

Mas não fugirei ao debate de *Canções sem metro*, poemas em prosa de Raul Pompeia, embora considere uma obra difícil de ser analisada. Publicada postumamente (em 1900), consta nas biografias de Pompeia que ele a considerava sua obra "máxima" e alguns autores que a analisaram, Ledo Ivo, por exemplo, afirmaram que se tratava, realmente, de textos de qualidade acima da média. Sobre as *Canções sem metro* Ledo Ivo (2013, p. 14) afirma: "Os modernistas brasileiros jamais conseguiram colocar Pompeia no lugar certo. Ou talvez os incomodasse a modernidade antecipada do autor de *O Ateneu*".

A provocação de Ledo Ivo é interessante, pois o próprio título de *Canções sem metro* o distingue, poeticamente, de tudo que se sabe produzido na época: não há, com efeito, preocupação com a métrica e o formato dos poemas em prosa é, senão inédito, muito raro para o período em que foi produzido. De resto, há uma evidente crítica à rigidez da métrica e à formalidade excessiva que dominavam as produções poéticas do final do século XIX.

Então podemos considerar as *Canções sem metro* uma obra modernista? Se *O Ateneu* não se encaixa em movimento nenhum (ou em muitos: realismo, naturalismo, impressionismo, expressionismo...), já podemos considerá-lo uma obra de vanguarda, afinal a "representação paródica do mundo" (MOREIRA, 2016, p. 144) tem muito de modernista (em *As joias da coroa* já percebemos o talento de Pompeia ao satirizar o momento histórico em tempo real).

> A situação de Pompeia, contudo, era muito mais complicada, uma vez que o autor d'*O Ateneu* encontrava-se, de certa forma, isolado no contexto artístico brasileiro de fins do século XIX, o que fez com que agisse de forma semelhante a de Mario (de Andrade), procedendo, na escrita de seu romance, negativamente em relação às formas literárias dominantes à época. Se sobre Rimbaud já se afirmou que sua linguagem, infantil, seria uma espécie de rebelião contra a norma da linguagem, contra uma organização sintática da poesia, o caso de Pompeia é similar: o tipo de escrita que opera n'*O Ateneu*, bem como nas *Canções Sem Metro*, são indícios de uma espécie de posicionamento crítico em relação aos próprios mecanismos da linguagem. Pois a prosa de Pompeia é sinestésica, e suas páginas jorram o gozo erótico proporcionado pelo ato de escrever (MOREIRA, 2016, p. 147, grifo meu).

Mas é nas *Canções sem metro* que Pompeia adentra uma seara nova. Evidentemente, ele não se alinhava ao parnasianismo e, embora não seja inaceitável a inclusão de seus poemas em prosa no simbolismo, é necessário cautela nessa análise. De modo geral os poemas impactam pelo exagero (excesso de hipérboles, ornamentos e frequência de enumerações), mas há, nos textos, um processo de racionalização criativa e diálogo (com outros escritores e com o próprio leitor) que estão além da inovação nas formas textuais. É como se Pompeia tentasse recriar o cosmo através de uma visão órfica do universo, o que torna *Canções sem metro* uma das maiores aventuras estéticas já realizadas em literatura portuguesa (IVO, 2013).

Voltemos ao leitor ideal, para Manguel: "Desde os primórdios, a leitura é a apoteose da escrita" (1999, p. 208). E Pompeia, mais uma vez, demonstrará o leitor que foi: diferente da utilização das referências literárias em *O Ateneu* e nas suas demais ficções, em que o uso se dava para rememorar leituras ou para representar o irrepresentável com o léxico existente, nas *Canções sem metro* o autor vai dialogar diretamente com outros autores e com os leitores, vai questioná-los, confrontá-los e tentar refletir com eles sobre as questões do mundo.

> [...] as estratégias dialógicas desenvolvidas em Canções sem metro, que insinuam Pompeia, em sua biblioteca, dialogando com muitos autores sobre suas sensações, sua cosmovisão (bem caracterizado, o diálogo às vezes expõe nitidamente declaração e réplica); a segunda razão seria o fato de o dialogismo em grande medida abranger a mimese e as relações transtextuais e conviver sem problemas com uma terminologia dessas ferramentas. Assim, trabalhamos fundamentalmente com a teoria do efeito estético e com o dialogismo e empregamos eventualmente termos mais vinculados à mimese e às relações transtextuais – em particular, o termo "paratexto" é usado nesta leitura, pois designa a principal estruturação das estratégias dialógicas de Canções sem metro: com o texto interlocutor em epígrafe (SOUSA, 2014, p. 87-88).

Cada capítulo das *Canções sem metro* é introduzido por uma epígrafe (que compreende sequências de poemas em prosa – ou em alguns poemas diretamente), em que figuram citações bíblicas (Gênesis e Salmos) mas também de Baudelaire, Espronceda, Nashe, Brizeux, Leopardi, Dante, Molière, Proudhon, Victor Hugo, Shakespeare, Verdaguer, Heine, Alanus Insulanus (Alain de Lille); alguns deles são utilizados em mais de uma epígrafe. Esse dialogismo é amplamente explorado por Sousa (2014) em seu excelente livro *Uma leitura de Canções sem metro: a partir do diálogo com a obra de Baudelaire*, em que a partir de uma espécie de itinerário poético de Pompeia ele vai analisando os textos e a interlocução com a epígrafe, atendo-se, um pouco mais, nas epígrafes referentes a Baudelaire.

Além do diálogo que Pompeia trava em seus poemas com os autores que cita (intertextualidade), perceberemos também uma série de paralelismos – o que deve nos levar à reflexão sobre o processo criativo de uma "ficção linguística":

> A arte verbal parece sintetizar, assim, uma criatividade e uma consciência linguística comum, capaz de harmonizar o uso cotidiano das estruturas gramaticais tanto na fala como na escrita; forma e conteúdo, som e sentido parecem surgir em decorrência um do outro, com destaque ainda maior da autonomia da obra literária e da (supra) "ficção linguística" aí presente (SANDANELLO, 2013, p. 68).

> [...] Nesse sentido, seria preferível observar o trabalho expressivo do escritor e a sofisticação de certos sentidos e termos em detrimentos de outros, ficção não apenas literária, mas claramente linguística. Em outras palavras, cabe ver aí uma "ficção linguística", talvez inconsciente, mas valiosa por isso mesmo, uma vez que representativa da poética de Raul Pompeia (p. 77).

Entretanto, para além da forma e do fluxo da narrativa dos poemas ou da perspectiva dialógica, o que considero mais moderno nas *Canções sem metro* é o conteúdo dos textos, principalmente os que estão no capítulo "O Ventre". Nesse capítulo, em especial (não exclusivamente) os poemas demonstram a indignação do poeta com os rumos da humanidade e com a profanação do meio ambiente, chamando a atenção para o domínio da indústria (e os danos que ela representa). Vamos nos ater a alguns trechos:

Em "O Mar":

> Outrora, contra a maldade humana, indignou-se o mar. Ingênuo moralista, educado na contemplação constante das serenas esferas, sentiu que era muita a perversão dos homens. E os homens com terror viram erguer-se contra eles a cólera das águas. O mar cresceu, cresceu. [...]
> Hoje o mar é outro. As quilhas rasgaram-lhe a virgindade indômita. O divino justiceiro de outro tempo, experimentado e velho, fez-se cúmplice dos homens. Anda agora a transportar, de terra em terra, sobre as abatidas espáduas, o fardo das ambições e das tiranias (POMPEIA *apud* SOUSA, 2014, p. 51)

Em "Os Minerais":

> **Satã (curvando-se para a terra):** "Filhos do fogo! A cobiça dos mortais vai devassar o reino subterrâneo, que é partilha vossa. [...]
> **O ouro:** "Serei o trono dos tiranos para oprimir os homens.".
> **O ferro:** "Serei a espada dos conquistadores.".
> **O salitre:** "Serei o raio da guerra.".
> **O diamante:** "Coroarei de estrelas o sexo para perdê-lo [...].
> **O mármore:** "Serei o sarcófago. Serei nas estátuas ironia, crueldade nas lápides."
> **A terra:** "Serei miasmas e vermes.".
> Entretanto a indústria pujante atacou a mineração do planeta (POMPEIA *apud* SOUSA, 2014, p. 54).

Há uma espécie de introdução no capítulo através dos poemas citados acima que preparam o leitor para a apoteose que se seguirá com os poemas "Indústria", "Comércio" e "Ventre", tomo a liberdade de reproduzi-los na íntegra:

Indústria
O homem bate-se contra o mundo. Cada força viva é um inimigo. À parte a luta das paixões, trava-se na sociedade a batalha perene das indústrias.
Combate-se contra o tempo que atrasa e contra a distância que afasta.
A locomotiva atravessa as planícies como um turbilhão de ferro; a rede nervosa da telegrafia cria a simultaneidade e a solidariedade na face do globo; o steamer suprime o oceano; o milagre de Gutenberg precipita em tempestade as ideias, reduzindo o esforço cerebral; exacerbam-se os ímpetos produtores do solo, com a energia vertiginosa das máquinas. Vibram as cidades ao rumor homérico das caldeiras. Cada dia, o combate ganha uma nova feição e o ventre fecundo, o ventre inexaurível das forjas, para as novas pugnas, produz novas armas.
Bendita febre industrial!
Bendito o operário, mártir das indústrias!
Estenda-se por todo o firmamento o fumo que paira sobre as cidades, vele aos nossos olhos os abismos da amplidão e os signos impenetráveis das esferas (POMPEIA *apud* SOUSA, 2014, p. 54-55).

Comércio
TÍTULOS... COTAÇÕES... CÂMBIO...
Concorram os produtos do Oriente, marfins da África, sedas luxuosas da fauna polar; concorra o gênio industrial da Europa; concorra a uberdade virginal do Novo Mundo – toda a matéria-prima de que fazem ouro os alquimistas do dia! Esteriliza-se o solo, talam-se os campos extenuados, devastam-se as minas. Hão de acabar os futuros campos, hão de acabar as futuras minas... Criemos ouro!
É preciso que o ouro circule pela superfície do planeta como circula o sangue no corpo. Tudo se faça em ouro. Seja ouro a justiça, ouro as lágrimas dos oprimidos, ouro a honra, ouro a pureza, ouro a dignidade humana! Acabadas as caxemiras, vendamos a carne que elas cobriram. Ouro! Mais ouro!
Quando não houver mais trigo para os pães, faremos pães de ouro; quando o planeta, exausto, fragmentar-se no vácuo, um novo planeta, de ouro, dará refúgio à humanidade expatriada, mas triunfante!

Famoso alarma dos iluminados videntes do dia (POMPEIA *apud* SOUSA, 2014, p. 55-56).

O ventre
A atração sideral é uma forma do egoísmo. O equilíbrio dos egoísmos, derivado em turbilhão, faz a ordem nas coisas.
Passa-se assim em presença do homem: a fúria sedenta das raízes penetra a terra buscando alimento; na espessura, o leão persegue o antílope; nas frondes, vingam os pomos assassinando as flores. O egoísmo cobiça a destruição. A sede inabrandável do mar tenta beber o rio, o rio pretende dar vazão às nuvens, a nuvem ambiciona sorver o oceano. E vivem perpetuamente as flores, e vivem os animais nas brenhas, e vive a floresta; o rio corre sempre, a nuvem reaparece ainda. Esta luta de morte é o quadro estupendo da vida na terra; como o equilíbrio das atrações ávidas dos mundos, trégua forçada de ódios, apelida-se a paz dos céus.
A fome é a suprema doutrina. Consumir é a lei.
A chama devora e cintila; a terra devora e floresce; o tigre devora e ama.
O abismo prenhe de auroras alimenta-se de séculos.
A ordem social também é o turbilhão perene ao redor de um centro. Giram as instituições, gravitam as hipocrisias, passam os Estados, bradam as cidades... O ventre, soberano como um deus, preside e engorda (POMPEIA *apud* SOUSA, 2014, p. 56).

Pompeia conclui o capítulo com o poema "Noite", cuja última frase é: "Chamamos treva à noite – a noite que nos revela a subnatureza dos homens e o espetáculo incomparável das estrelas" (POMPEIA *apud* SOUSA, 2014, p. 57).

Os textos acima, cujo tom podemos situar entre o dramático e o irônico, foram escritos por um ativista: Pompeia lutou pela abolição e pela proclamação da República, era consciente dos problemas políticos e sociais de seu tempo, era leitor de Proudhon e, visionário, anteviu os impactos da "modernidade" na vida dos mais humildes ("Bendito o operário, mártir das indústrias!"). Não conheço nada que se assemelhe a isso na Literatura Brasileira do fim do século XIX e início do XX.

Encerro refletindo sobre a afirmação de Mário de Andrade de que *O Ateneu* "representa exatamente os princípios estético-sociológicos e os elementos e processos técnicos do Naturalismo", um equívoco ao qual Manguel responderia com a seguinte frase: "O leitor ideal é (ou parece ser) mais inteligente do que o escritor; o leitor ideal não usa isso contra ele"

(MANGUEL, 2009, p. 36). Não deixa de ser curioso o fato de que o mais importante modernista brasileiro tenha ignorado a polissemia presente no incêndio d'*O Ateneu*, pois desse ritual de destruição e negação do passado nasceram as *Canções sem metro*.

Referências

AMARAL, Emília. Apresentação: em meio a esse dilema entre repulsa instintiva e o envolvimento... In: POMPEIA, R. *O Ateneu*. Cotia, SP: Ateliê Editorial, 2005.

ANDRADE, Mário de. *Aspectos da Literatura Brasileira*. 4.ed. São Paulo: Martins, 1972.

BOSI, Alfredo. *O Ateneu*, opacidade e destruição. In: BOSI, Alfredo. *Céu, inferno*: ensaios críticos literários e ideológicos. 2.ed. Rio de Janeiro: Editora 34, 2003. p. 51-86.

IVO, Ledo. *O universo poético de Raul Pompeia*. Campinas/SP: Editora da Unicamp, 2013.

MANGUEL, Alberto. *À mesa com o Chapeleiro Maluco*: ensaios sobre corvos e escrivaninhas. São Paulo: Companhia das Letras, 2009.

MOREIRA, Diego. Raul Pompeia e a questão naturalista. *Caderno de Letras*, n. 27, jul./dez. 2016. Disponível em: https://periodicos.ufpel.edu.br/ojs2/index.php/cadernodeletras/article/view/8554/0. Acesso em: 9 jul. 2021.

NASCIMENTO, Danilo de Oliveira. *A representação do espaço trágico* e *Uma tragédia no Amazonas*, de Raul Pompeia. *Recorte*: revista eletrônica, v. 12, n. 01, jan./jun. 2015. Disponível em: A representação do espaço trágico em Uma tragédia no Amazonas, de Raul Pompéia | Nascimento (UFMT) | Revista Recorte (unincor.br). Acesso em: 9 jul. 2021.

PASTA JÚNIOR, José Antônio. *Pompeia (a metafísica ruinosa d'O Ateneu)*. Faculdade de Filosofia, Letras e Ciências Humanas da Universidade de São Paulo, 1991. 396 f.

POMPEIA, Raul. *A batalha dos livros*. Belém: NEAD/UNAMA, sem data. Disponível em: Microsoft Word - A Batalha dos Livros.doc (seed.pr.gov.br). Acesso em: 9 jul. 2021.

SANDANELLO, Franco Baptista. A gramática da poesia nas Canções sem metro: uma leitura Jakobsoniana dos poemas em prosa de Raul Pompeia. *Diadorim*, v. 13, jul./2013. Disponível em: https://revistas.ufrj.br/index.php/diadorim/article/view/3984. Acesso em: 9 jul. 2021.

SCHWARZ, Roberto. O Atheneu. In: SCHWARZ, Roberto. *A sereia e o desconfiado:* ensaios críticos. 2.ed. São Paulo: Paz e Terra, 1981. p. 25-30.

SILVA, Magali Lippert da. *A biblioteca de Sérgio:* representação do irrepresentável. Programa de Pós-graduação em Letras da Universidade Federal do Rio Grande do Sul, 2013. 221 f.

SOUSA, Francisco Edi de Oliveira. *Uma leitura de Canções sem metro:* a partir do diálogo com a obra de Baudelaire. Fortaleza: Imprensa Universitária, 2014.

O lugar de Simões Lopes Neto é entre os grandes

Heloisa Sousa Pinto Netto

O que primeiro vem a sua cabeça, caro leitor, quando você ouve falar em Simões Lopes Neto (1865-1916)? Que é um escritor regionalista, normalmente encaixado na prateleira intitulada pré-modernista? Que ele se dedicou à fixação da memória popular, desenvolvendo literariamente lendas que circulavam de forma oral? Que foi referência cultural em sua cidade, Pelotas, onde atuou ativamente como jornalista e autor de peças de teatro de costumes? Que foi notário, despachante, professor e que integrou agremiações sociais e culturais pelotenses? Que arquitetou negócios comerciais e industriais que resultaram em fracasso e que não levou a cabo muitos de seus projetos, entre estes um de cunho didático? Que deu emprego a mulheres, que batizou uma marca de cigarros com o sugestivo nome Marca Diabo e que era um anticlericalista e um republicano convicto? Ou, antes de tudo, vai lembrar que é o autor de *Contos gauchescos* (Pelotas, 1912), uma obra que fala sobre o mundo rural sul-rio-grandense, utilizando um vocabulário por vezes difícil e que causa estranheza aos leitores atuais? De fato, não é tarefa simples mergulhar no universo ficcional do plural e inventivo Simões Lopes Neto, especialmente para leitores mais jovens ou alheios ao mundo pastoril. Se vencida, entretanto, a resistência inicial, o leitor navegará decerto encantado por enredos escritos em perspectiva naturalista, carregados de acentuada sensibilidade, que revelam personagens intensos e escancaram a dureza e a violência que permeavam a vida e as relações sociais no extremo sul do Brasil ao longo do século XIX.

Agora, se você, leitor, já está devidamente familiarizado com a produção literária de Simões Lopes Neto, com toda certeza vai concordar com o fato de que a extraordinária obra *Contos gauchescos* inscreve o autor pelotense no rol dos nomes mais expressivos da Literatura Brasileira. Afinal, seus contos inauguram uma estratégia narrativa original ao tratar de matéria popular, lançando mão de um narrador em primeira pessoa, o guasca Blau Nunes, profundo conhecedor do mundo interior sul-rio-grandense, que na condição de testemunha ou protagonista dos acontecimentos ocupa o posto de narrador único dos dezoito contos.[1] Blau divide suas lembranças com um interlocutor, notadamente um moço da cidade que tem por tarefa o registro dos eventos narrados. Além da evidente identificação do narrador Blau com a matéria narrada, a linguagem a ele atribuída incorpora o vocabulário típico local e o ritmo da fala popular, tudo isso singularmente ancorado na sintaxe e ortografia culta.

Simões Lopes Neto deu um grande passo, uma vez que o recurso estético por ele adotado estava praticamente fora do horizonte dos escritores brasileiros seus contemporâneos. Isso reforça a ideia de que seu procedimento inovador revela a relevância do escritor e de sua obra maior, *Contos gauchescos*, para a história literária brasileira. É importante ressaltar que outros escritores brasileiros, alguns amplamente reconhecidos, igualmente se dedicavam a escrever sobre a realidade rural recorrendo a personagens rústicos em suas narrativas, sem admitir, entretanto, que a narração partisse do ponto de vista popular. Ao contrário de Simões, seus contemporâneos de forma maciça adotavam um narrador em terceira pessoa, marcadamente culto, detentor de linguagem rebuscada, enquanto suas personagens se expressavam em linguajar vulgar e rebaixado, criando com isso uma relação assimétrica entre as vozes presentes nos textos. O equilíbrio encontrado por Simões Lopes Neto ao dar voz ao homem iletrado oriundo do meio rural, que vai empregar um léxico rico e um ritmo que remete às reviravoltas da oralidade, sem se afastar da escrita culta, acaba por se contrapor a uma tendência forte naquela altura, que era a de dar às personagens populares um aspecto menor, por vezes caricato e estereotipado.

O maranhense Coelho Neto (1864-1934), escritor que alcançou grande sucesso em vida publicando romances e contos com temas e ambientações diversos, é um dos principais exemplos desse modelo narrativo dimensionado pelo estrato social. Em muitas de suas obras o escritor inseriu personagens populares da cidade e do campo, invariavelmente tratados pelo narrador com absoluta distância e superioridade. Enquanto a maioria elegeu o gênero conto para tratar de matéria rural, a principal obra de Coelho Neto no terreno regionalista é o romance intitulado *Sertão* (Rio de Janeiro, 1896). Já o mineiro Afonso Arinos (1868-1916), nascido na divisa entre Minas Gerais e Goiás, ambiente por ele escolhido como cenário de

---

1 Originalmente a obra *Contos gauchescos* contava com dezoito contos. A partir da edição de 1949, da Ed. Globo, o conto "O 'menininho' do presépio", anunciado pelo escritor como parte de um possível segundo volume dos *Contos gauchescos*, passou a integrar a obra.

suas obras, apresenta sertanejos e caboclos com simpatia; ainda assim o narrador se mantém relativamente distante e marcando sua posição social superior. Afonso Arinos é o autor do livro de contos *Pelo sertão* (Rio de Janeiro, 1898). Alcides Maia (1878-1944), o primeiro gaúcho a integrar a Academia Brasileira de Letras, do mesmo modo empregou linguagem rebuscada e eloquente para tratar de matéria rural, o que fez imprimindo um olhar excessivamente nostálgico e pessimista. Além de um volume com coletânea de lendas e de um ensaio sobre a figura do gaúcho, Maia publicou o romance *Ruínas vivas* (Porto, 1910) e os livros de contos *Tapera* (Rio de Janeiro, 1911) e *Alma bárbara* (Rio de Janeiro, 1922).

  Valdomiro Silveira (1873-1941), autor de *Os caboclos* (São Paulo, 1920); Monteiro Lobato (1882-1948), autor de *Urupês* (São Paulo, 1918); e Cornélio Pires (1884-1958), autor de *Quem conta um conto...* (São Paulo, 1916) e de *Conversas ao pé do fogo* (São Paulo, 1920), nasceram no interior paulista. Os três contistas ambientaram suas tramas nesse espaço, todos tomando a figura do caipira como protagonista. Os narradores de Valdomiro Silveira e Cornélio Pires buscam maior proximidade com a matéria narrada, sendo que fica evidente a tentativa do primeiro no sentido de incorporar a fala popular sem dar conotação de inferioridade. Monteiro Lobato adota um narrador que se mostra estranho ao ambiente das narrativas e que usa e abusa da ironia quando se refere às personagens caracterizando os caipiras como atrasados e inaptos, posição que reconsideraria na sequência justificando o atraso como reflexo de problemas sanitários. Fruto da geração seguinte, o goiano Hugo de Carvalho Ramos (1895-1921) deixou produção literária exígua, já que a morte prematura só lhe permitiu a publicação de um livro, *Tropas e boiadas* (São Paulo, 1917). Cabe salientar, entretanto, que o escritor diminuiu sensivelmente a distância entre narrador e matéria narrada, tendo lançado mão em alguns contos de narrador em primeira pessoa, identificado com o mundo do sertão. Antes destes, na década de 1880, o sergipano Sílvio Romero (1851-1914) já vinha fazendo reconhecido trabalho de recolha de matéria popular, o que resultou na publicação das coletâneas *Cantos populares do Brasil* (Lisboa, 1883) e *Contos populares do Brasil* (Lisboa, 1885).

  Como se vê, Simões Lopes Neto não estava só, havia uma movimentação importante no país desde a década de 1880 com o intuito de resgatar e evidenciar o mundo interiorano, atividade que envolvia nomes expressivos da cultura letrada nacional e editoras brasileiras e estrangeiras. Porém, se olharmos de forma mais ampla, notaremos que esta não era uma operação restrita ao Brasil: obras de ficção de mesmo feitio vinham sendo produzidas em vários pontos de diferentes países. Vejamos alguns exemplos, começando por nossos vizinhos do mundo platino. Na Argentina temos Manuel Ugarte (1875-1951), autor de *Cuentos de la pampa* (Madri, 1900), e Ricardo Guiraldes (1886-1927), que escreveu *Cuentos de muerte y sangre* (Buenos Aires, 1915). No Uruguai despontam Javier de Viana (1868-1926), autor de diversos livros de contos, entre estes *Leña seca: cuentos camperos* (Montevidéu, 1911) e *Yuyos* (Montevidéu, 1912), e Horacio Quiroga (1878-1937), que escreveu *Cuentos de la selva* (Buenos Aires, 1918). Seguindo na direção do Hemisfério Norte, alcançamos o mundo do velho oeste e seus caubóis, matéria primordial para o estadunidense nascido na Filadélfia Owen Wister (1860-1938) escrever uma série extensa de livros de contos e de novelas, sendo a mais famosa *The Virginian* (Nova York, 1902). Nascido em Grenfell, a grande distância do último, mas escrevendo igualmente em língua inglesa, temos Henry Lawson (1867-1922), autor profícuo da literatura do período colonial australiano. Retratando a vida do interior do país de forma realista e, por vezes, cômica, Lawson publicou diversas coletâneas de contos, entre as quais *While the Billy Boils* (Sydney, 1896).

O leitor atento já deve ter notado que até aqui identificamos autores nascidos no século XIX em países do Novo Mundo, certo? E que eles ambientaram suas narrativas em zonas de grande extensão e pouco habitadas, como o pampa platino, o oeste americano e o interior australiano, regiões nas quais as atividades pastoris e agrícolas se davam ainda de forma artesanal e rudimentar. Mas e em países europeus, como se deu esse fenômeno? O que terá levado tantos autores de pontos tão distintos a se dedicarem à literatura chamada rústica ou de tema rural mais ou menos na mesma época? E mais: quais marcos históricos, geográficos e sociais definem tal tendência? Seguramente o avanço da modernidade nas cidades contribuiu de maneira decisiva para que muitos deles, indivíduos oriundos do meio rural, filhos da oligarquia ou não, que experimentaram a rotina de grandes centros, escrevessem sobre o meio a eles tão caro e que perdia suas características mais genuínas ou ressaltassem o possível atraso ou inaptidão do indivíduo interiorano e sua presumível aversão aos novos recursos que paulatinamente alcançavam o campo.

O contraste entre a cidade desenvolvida e a simplicidade da vida rural esteve, com efeito, no horizonte de escritores de diferentes países europeus. Tomemos o caso da Itália, país cuja unificação era recente, detentor de alto índice de analfabetismo, com predominância de dialetos locais e caracterizado sobretudo pela desigualdade entre o Norte, mais rico e com centros urbanos desenvolvidos, e o Sul, mais empobrecido, rural e arcaico. É importante ressaltar que a realidade social italiana, atravessada por pobreza e fome, por privilégios e desigualdades, pela dificuldade de afirmação de uma língua comum, servia como substrato para refinada ficção literária desde Alessandro Manzoni (1785-1873), autor do famoso romance *I promessi sposi* (Milão, 1827 – edição revisada em 1840), o grande paradigma linguístico italiano moderno.

Um variado grupo de escritores italianos recorreu ao mundo rural e ao das pequenas povoações como matéria narrativa, entre estes o renomado Gabriele D'Annunzio (1863-1938), autor de *Le Novelle della Pescara* (Milão, 1902), cuja excessiva preocupação formal, aliada à tendência a uma representação exótica de personagens do povo, permite um alinhamento com o brasileiro Coelho Neto. Podemos citar ainda Luigi Capuana (1839-1915), autor da coletânea de lendas *C'era uma volta* (Florença, 1892) e das novelas *Le paesane* (Milão, 1894) e *Nuove paesane* (Turim, 1898), e Luigi Pirandello (1867-1936), prêmio Nobel de literatura em 1934 e autor de *Novelle per um anno* (Florença, 1922), ambos nascidos na Sicília.

Entretanto, quem realmente se distinguiu dentre os chamados regionalistas foi o também siciliano Giovanni Verga (1840-1922), autor do consagrado romance *I Malavoglia*, (Milão, 1881) e, entre outros, dos livros de contos *Vita dei campi* (Milão, 1880) e *Novelle rusticane* (Turim, 1883). Verga logrou dar voz à gente pobre, desassistida, iletrada e rude de forma magistral e única. Em *Vita dei campi* Verga já ensaiava os primeiros passos da técnica narrativa que aprimoraria em *I Malavoglia*, caracterizada pelo uso de discurso indireto livre, artifício que permitiu que fossem inseridos na narrativa diferentes vozes e pontos de vista. Dessa forma, o narrador praticamente se anula e o enredo acaba sendo conduzido pelas próprias personagens, no caso do romance pelos indivíduos da família Malavoglia e por seus conterrâneos da pequena Aci Trezza, diminuta comunidade pesqueira nas cercanias de Catânia. A coerência e a harmonia alcançadas por Verga na reprodução do mundo siciliano decorrem do uso de expressões populares dialetais e da gramática enxuta que estrutura a linguagem local, acrescidos de outro inovativo recurso proposto pelo escritor: o emprego abundante de provérbios organizados na forma de um coral que, ao fim de tudo, se configura como a voz e o senso comum da própria comunidade. A operação de Verga, isto é, o abandono do ponto de vista do narrador burguês, é tanto estilística quanto ideológica. Quando o escritor forja uma visão de mundo e um padrão de língua, aderindo a uma mentalidade que é coletiva e intrínseca à matéria narrada, também traduz sua própria compreensão de mundo, ou melhor, das contradições da sociedade siciliana. Sua habilidade narrativa resultou em uma fusão linguística precisa entre a língua italiana média e o dialeto siciliano. O resultado é primoroso.

E então, caro leitor, você já vislumbra o que vem por diante, não é? Isso mesmo, Simões Lopes Neto e Giovanni Verga têm muitos pontos em comum. Pode parecer ao leitor prudente que é um paralelo pretensioso, já que estamos tratando de duas realidades distintas e de dois escritores considerados de estatura diversa quando examinados a partir da ótica canônica. De fato, se pensarmos no horizonte vislumbrado por cada um não há como negar que havia uma grande distância entre as possibilidades de um e outro. Simões nasceu e viveu em Pelotas, tendo ido no máximo até a capital Rio de Janeiro. Verga nasceu em Catânia, viveu em Florença e em Milão, tendo passado temporadas em Roma, Paris e Londres. O afastamento dos grandes centros foi certamente um entrave para a formação literária de Simões, por mais que as livrarias pelotenses fossem abastecidas regularmente. Em contrapartida, Verga não deve ter enfrentado maiores problemas para acessar grandes clássicos e novidades, já que viveu longos períodos em grandes centros europeus. Em termos de educação formal, uma convergência: ambos não concluíram qualquer curso superior. Simões ao que tudo indica cursou somente os preparatórios, Verga chegou a ingressar em Direito na Universidade de Catânia, abandonando o curso em seguida para se dedicar à literatura. Temos ainda os dois contribuindo ativamente para jornais, assim como escrevendo para teatro, duas atividades que perpassavam a esfera intelectualizada dos centros urbanos ocidentais. A produção literária de Simões é acanhada perto da de Verga, sendo que o italiano testemunhou repetidas edições de seus livros e as diversas traduções destes para o inglês, o francês, o alemão e o holandês. Isso em parte é compreensível devido à longevidade do siciliano, que alcançou os oitenta e um anos, ao passo que Simões faleceu aos cinquenta e um. A obra máxima de Simões Lopes Neto foi publicada em Pelotas, cidade que no início do século XX mal atingia os 50 mil habitantes, *I Malavoglia* foi publicada em Milão, centro importante que em 1881 contava com 354 mil habitantes e era um polo editorial já afirmado. Sobre as leituras de Verga ao longo da vida se sabe muito, sua biblioteca se mantém intacta na Casa Museu Verga, localizada em Catânia. Já a do escritor pelotense se extraviou ou foi vendida após sua morte em razão das dificuldades financeiras impostas à viúva e filha. Embora os dois tenham vindo de famílias proprietárias, somente Verga preservou o patrimônio. O interesse por resgatar material da cultura popular com finalidade didática levou Simões a manter contato com alguns escritores e intelectuais que atuavam no mesmo sentido no centro do país, como o já citado Coelho Neto e o reconhecido poeta Olavo Bilac. Verga, por sua vez, desenvolveu amizade com diversos escritores e intelectuais italianos, em especial com aqueles ligados ao movimento denominado verismo, a versão italiana do Naturalismo. Manteve ainda contato estreito com escritores europeus de prestígio, entre os quais Émile Zola, a grande referência do Naturalismo francês e dele próprio como leitor e escritor.

À parte os pontos dissonantes, o que pesa de fato é que os dois realizaram saltos estéticos de grande impacto, ainda que para isso tenham recorrido a estratégias distintas: o primeiro inserindo um narrador em primeira pessoa identificado com o mundo narrado, que usa a linguagem e o vocabulário característicos do meio representado e que se dirige ocasionalmente a um interlocutor que se mantém neutro; o segundo invisibilizando o narrador em terceira pessoa ao dar corpo a um coral popular anônimo que conduz a narração em linguagem que mescla língua italiana e dialeto siciliano e recorre amplamente ao uso de provérbios. Foram estratégias significativas e arrojadas para o contexto em que os dois se movimentavam, tanto que não foram procedimentos plenamente compreendidos por seus contemporâneos, fossem eles escritores, intelectuais ou apenas leitores. Afinal, por que seus pares renunciariam ao requinte gramatical e acadêmico tão em voga em favor de uma fala que julgavam rebaixada? Como falar do mundo rústico sem comprometer a própria imagem burguesa e elitista que vinha referendada pela posição do narrador?

A ousadia técnica de Giovanni Verga e de Simões Lopes Neto possibilitou que ambos traduzissem a natureza humana em toda sua profundidade e revelassem o ordenamento da sociedade tradicional sem subterfúgios. Para fins de aproximação, vejamos inicialmente alguns aspectos dos dois livros de contos de Verga anteriormente citados, *Vita dei campi* e *Novelle rusticane*. O primeiro narra o mundo arcaico e ancestral do interior siciliano, ainda incontaminado pelo progresso urbano. É um meio em que vale a lei do mais forte. É o mundo do amor trágico e do ciúme, da violência e do abandono, da relação visceral do homem com a natureza. O segundo traz como pano de fundo a questão socioeconômica da Sicília. Aqui o mundo externo é visto como uma ameaça ao mundo primitivo, pressionando as relações e a luta pela sobrevivência. Assim como ocorre nos contos de *Vita dei campi*, é a lei do mais forte que rege a vida nos enredos de *Novelle rusticane*, mas se na primeira obra ela estava vinculada aos eventos da ordem do amor e do ciúme, aqui é a posse de terras e de capital que organiza a sociedade. A retração econômica na Itália meridional é tratada por Verga a partir de óticas distintas: em *Vita dei campi* a visão é marcadamente crua e dolorosa, enquanto em *Novelle rusticane* a ironia está presente. Não faltam referências históricas: a chegada da Expedição dos mil de Giuseppe Garibaldi, responsável por potencializar o desejo dos sicilianos desterrados de ver o problema do latifúndio solucionado a partir da tão sonhada divisão equânime das terras ainda concentradas nas mãos da aristocracia é tema central de *Libertà*, um dos contos que compõem a obra *Novelle rusticane*.

E nos *Contos gauchescos*, caro leitor, não temos tudo isso? O mundo primitivo e ancestral, sem cercas nem dono e onde os animais corriam soltos é pano de fundo para o conto "Correr eguada"; o amor trágico e o ciúme fazem parte das tramas de "Negro Bonifácio", "Jogo do osso" e "No manantial"; a violência e o abandono estão em "O anjo da Vitória"; a relação do homem com a natureza é definidora para o enredo de "Trezentas onças"; o dinheiro corrói a noção de afeto em "O boi velho"; a dimensão da dor figura em "Penar de velhos"; e o tom irônico em "Deve um queijo!..." e em "O mate do João Cardoso". Referências às guerras também não faltam na obra simoniana: a Guerra do Paraguai aparece como cenário em "Chasque do Imperador", a Guerra da Cisplatina em "O anjo da Vitória" e a Guerra dos Farrapos em "Duelo de Farrapos".

Atribuir grandeza a Simões Lopes Neto em razão de seu procedimento estético moderno o credencia para que seja alinhado com grandes escritores da literatura mundial, entre estes o italiano Giovanni Verga. Se levarmos em consideração as condições de cada um e o contexto em que estavam inseridos, não deixa de ser estimulante refletir sobre como o brasileiro conseguiu alcançar resultados literários similares aos do italiano. É possível reconhecer que em ambos os casos a ordem social foi tensionada quando a voz narrativa partiu de uma perspectiva nova, até então evitada por outros autores dos dois países. Neste sentido, trazer outra história literária onde esse confronto igualmente logrou ser resolvido, mesmo que antes e de forma um pouco diversa, só depõe a favor de Simões Lopes Neto. É nesse patamar que o escritor brasileiro deve ser colocado: no dos grandes escritores mundiais que falaram da vida simples, sabendo dar voz ao homem comum, do campo, repetidamente posto à margem por sua condição de subalterno iletrado.

A representação do povo italiano nas obras de Giovanni Verga não encontrou modelo similar entre seus contemporâneos e tampouco entre autores das cinco ou seis décadas seguintes. Poucos autores da literatura italiana produzida ao longo do século XX chegaram de fato a representar o mundo rude interiorano ou das camadas de baixo em seus aspectos mais vivos e pungentes, livrando-o do paradigma de atraso e de regressão. Se na Itália foi Giovanni Verga quem abriu o caminho para a representação literária do campo e dos pequenos povoados, da gente rústica que compreendia o mundo a partir de provérbios e que se comunicava em dialetos locais, pode-se dizer o mesmo de Simões Lopes Neto em relação ao Brasil. Ou será que você, estimado leitor, desde que aquele interlocutor do guasca Blau Nunes foi mencionado lá atrás, isso mesmo, o moço da cidade para quem o narrador de Simões contava suas andanças, não está se perguntando se por acaso não vamos falar sobre um caso similar em outra grande obra da literatura brasileira? Se você está pensando em *Grande sertão: veredas* (1956), de Guimarães Rosa (1908-1967), então nós estamos falando a mesma língua. Assim como Blau Nunes se dirige ocasionalmente ao seu interlocutor, ação que é executada das formas mais variadas, de comentários sobre o próprio evento narrado a interpelações de cunho pessoal, Riobaldo, o admirável personagem-narrador da obra maior de Guimarães Rosa, faz transparecer a presença do doutor-ouvinte por meio de perguntas ou quando tece considerações de todo tipo. É um artifício que dá muita vivacidade ao texto e, além disso, reforça a ideia de reconstrução das memórias do indivíduo que é profundo conhecedor do mundo narrado. A técnica narrativa é a mesma: nos contos de Simões quem ganha a palavra é o vaqueano, em *Grande sertão: veredas* a palavra é dada ao ex-jagunço para que ele narre suas andanças e desventuras em linguajar típico do sertão mineiro.

Simões conseguiu resolver um impasse presente na literatura brasileira de sua época, isto é, superou o modelo em voga de representação do mundo interiorano e de seu contingente humano, visto até então de maneira inferiorizada, inserindo um narrador identificado com a matéria narrada que ostenta o vocabulário próprio daquele meio. Guimarães Rosa explorou com grande êxito a mesma técnica utilizando por sua vez o vocabulário sertanejo local. A diferença é que Simões apoia sua narrativa na sintaxe culta, enquanto o escritor mineiro organiza a narrativa mais próxima da fala, tanto em termos lexicais quanto em nível sintático, o que diferencia sua obra da de seu antecessor. Além disso, Guimarães explorou o mundo do sertão por intermédio de uma narrativa longa, o que permitiu maior complexidade na interpretação da realidade.

Se não há modo de saber sobre o acesso de Simões Lopes Neto à obra de Giovanni Verga, o mesmo não se pode dizer de Guimarães Rosa em relação ao escritor gaúcho. Guimarães Rosa não apenas leu os *Contos gauchescos*, como levou a sério as inovações de Simões Lopes Neto, fato que pode ser comprovado através de consulta ao volume unificado *Contos gauchescos e Lendas do sul*[2] abrigado pelo Acervo Guimarães Rosa, do Instituto de Estudos Brasileiros da Universidade de São Paulo. O exemplar que pertencia ao escritor mineiro conta com diversas anotações suas postas às margens, assim como apresenta trechos sublinhados em cores variadas. Não é um indício e tanto? Então, caro leitor, o que me diz: a leitura da bela obra de Simões Lopes Neto foi ou não definitiva para que Guimarães Rosa escrevesse um dos romances mais notáveis da literatura brasileira e mundial?

Os textos de Luís Augusto Fischer que compõem a apresentação da edição de *Contos gauchescos e lendas do Sul,* publicada em 2012 pela L&PM (LOPES NETO, Simões. *Contos gauchescos e lendas do sul.* Edição anotada por Luís Augusto Fischer. Porto Alegre: L&PM, 2012.), serviram como referência para este capítulo.

---

2   Trata-se da já citada edição publicada em 1949 pela Editora Globo, que integra a Coleção Província e conta com aporte crítico de Aurélio Buarque de Holanda, prefácio de Augusto Meyer e posfácio de Carlos Reverbel.

Euclides da Cunha, um rebelde sonhador

Ricardo Souza de Carvalho

Em 1908, seis anos após publicar *Os Sertões* e ser aclamado por críticos e leitores, Euclides da Cunha confessava o estranhamento e o incômodo que lhe provocava seu livro de estreia, em carta ao escritor uruguaio Agustín de Vedia:

> A sua carta deu-me, também, a notícia cativante, a encomenda de *Os Sertões*. Mas preciso dizer-lhe que não o mandei espontaneamente, porque aquele livro bárbaro de minha mocidade, monstruoso poema de brutalidade e de força – é tão distante da maneira tranquila pela qual considero hoje a vida, que eu mesmo às vezes custo a entendê-lo. Em todo o caso é o primogênito do meu espírito, e há críticos atrevidos que afirmam ser o meu único livro... Será verdade? Repugna-me, entretanto, admitir que tenha chegado a um ponto culminante, restando o resto da vida para descê-lo".[1]

Nesse momento, ele vinha se dedicando àquele que seria o seu segundo "livro vingador", sobre a região amazônica, intitulado *Um paraíso perdido*, para o qual talvez ele apostasse em uma equiparação ou mesmo uma superação d'*Os Sertões*. Mas o vaticínio dos críticos confirmou-se irremediavelmente menos de um ano depois, quando da morte prematura de Euclides aos 43 anos de idade. Embora tivesse publicado *Peru versus Bolívia* (1907), um estudo diplomático, e dois livros de artigos e ensaios – *Contrastes e confrontes* (1907) e *À margem da história* (1909) –, além de deixar esparsos ou inéditos poemas e colaborações na imprensa, entre outros textos recuperados em volumes póstumos, tudo isso passou a gravitar em torno do monumento d'*Os Sertões*, tanto como prenúncios, quanto como desdobramentos. O que não poderia ser diferente para um livro único em termos das ressonâncias na produção acadêmica e artística do Brasil ao longo do tempo, cuja compreensão não se esgota e cujo impacto se renova.

Esse julgamento perturbador de Euclides na carta a Agustín de Vedia também sugere que uma escrita teria se moldado à feição de seu objeto, ou

---

1   Cf. Carta de 13 de outubro de 1908 *in* GALVÃO, 1997, p. 384.

ainda, um objeto teria sido moldado por uma escrita. De imediato, os qualificativos "bárbaro" e "monstruoso" são amplamente repetidos no livro nos sentidos pejorativos de não civilizado e horrendo respectivamente, percorrendo a relação intrínseca entre a terra, o homem e a luta, como o "revestimento bárbaro da caatinga" (CUNHA, 2001, p. 536); Antônio Conselheiro, "o anacoreta sombrio, cabelos crescidos até aos ombros, barba inculta e longa; face escaveirada; olhar fulgurante; monstruoso, dentro de um hábito azul de brim americano" (CUNHA, 2001, p. 266-267); a "*urbs* monstruosa, de barro" (CUNHA, 2001, p. 291); e o "caráter anormalmente bárbaro" (CUNHA, 2001, p. 623) da luta. Contudo, a palavra "poema", ao reivindicar uma dimensão literária, remete aos mesmos qualificativos para sentidos primordiais que podem ser entendidos como a afirmação daquilo que se contrapõe à percepção e à forma convencionais, passando a ser estrangeiro (bárbaro) e extravagante, estranho (monstruoso), significação potencializada pelas especificações de "força" e de "brutalidade", que vão além da mera caracterização de uma região ou de uma guerra. Sob esse aspecto, Euclides não estaria apenas ratificando o distanciamento dele frente a *Os Sertões* depois de algum tempo, mas sobretudo insinuando os princípios norteadores para a realização dessa obra por meio de uma profunda vinculação com a estética romântica.

A relevância do Romantismo para Euclides não se limitava a suas preferências literárias, mas alcançava o modo como ele via a si mesmo e o mundo, sobressaindo-se mesmo diante da formação científica e da atuação como engenheiro:

> [...] Sou o mesmo romântico incorrigível. A idealização submete-a aos estudos positivos, envolvo-a no cilício dos algarismos, esmago-a no peso das indagações as mais objetivas – e ela revive-me, cada vez maior, e triunfante. Ora, nessa quadra de "grandes nivelamentos", talvez tenha realmente uma função providencial o aprumo de uma inteligência rebelde e sonhadora.[2]

Tal "inteligência rebelde e sonhadora", que acompanhou toda a trajetória de Euclides, a princípio não se coaduna com o cientificismo encampado por ele e por muitos autores nas últimas décadas do século XIX, os quais se colocaram em evidente divórcio com os ideais da longa vigência do Romantismo no Brasil. Se, por um lado, n'*Os Sertões* e em outros escritos

---

[2] Cf. Carta de 10 de abril de 1908 a Escobar (GALVÃO, *op. cit.*, p. 358).

ele investia nessa renovação da arte e do conhecimento para alcançar a verdade do seu objeto, por outro, ele não abdicava de se voltar a uma ruptura sem precedentes instaurada pelo Romantismo em várias áreas. É como se Euclides experimentasse duas modernidades discordantes, ou ainda, em sintonia com uma imagem forte de sua obra, duas temporalidades discordantes, uma possível perspectiva para o paradoxo que a partir da crítica seminal de José Veríssimo foi entendido pelo "consórcio ciência e literatura" e que, desde então, vem sendo repetido pela fortuna crítica d'*Os Sertões*.

A fim de oferecer uma apresentação para essa hipótese da convivência de duas modernidades em Euclides, escolhemos três tópicos, os quais compareçem em algumas facetas do Romantismo, configurando veios temáticos, formais e de recepção decisivos para *Os Sertões*: 1 – o contraponto campo × cidade; 2 – a fusão entre o sublime e o grotesco na concepção de Victor Hugo; e 3 – a missão política e social do escritor. O ponto de partida é a poesia de Euclides, terreno privilegiado para experimentar temas e procedimentos literários, especialmente o caderno manuscrito intitulado *Ondas*, cujos poemas datam de 1883 e 1884,[3] além de alguns textos em prosa.

Em *Ondas*, repetem-se os poemas em que o eu lírico demanda e enaltece a comunhão com a natureza: em um deles, "Na selva", denigre o seu polo oposto como "O atroz delírio das cidades lúbricas" (CUNHA, 2009, p. 110); em outro, "A cruz da estrada", o primeiro verso, "Se vagares um dia nos sertões" (CUNHA, 2009, p. 141), exibe provavelmente o primeiro uso literário do termo no plural que alçaria a título do livro de estreia, assegurando já nesse momento a acepção antiga de região afastada dos núcleos urbanos, a mais justa para retomar o *topos* romântico. Por outro lado, o primeiro texto em prosa de Euclides, "Em viagem", publicado em 1884, oferece um desdobramento vigoroso para esses poemas ao se insurgir a "inteligência rebelde e sonhadora" diante da deslumbrante paisagem do Rio de Janeiro:

> [...] contudo uma ideia triste nubla-me este quadro grandioso – lançando para a frente o olhar, avisto ali, curva sinistra, entre o claro azul da floresta, a linha da locomotiva, como uma ruga fatal na fronte da natureza...

---

3   A maior reunião da poesia de Euclides, em um total de 134 poemas, incluindo os 78 poemas de *Ondas* e poemas dispersos, foi organizada por Leopoldo M. Bernucci e Francisco Foot Hardman (CUNHA, 2009).

> Uma ruga sim!... Ah! Tachem-me muito embora de antiprogressista e anticivilizador; mas clamarei sempre e sempre: – o progresso envelhece a natureza, cada linha do trem de ferro é uma ruga e longe não vem o tempo em que ela, sem seiva, minada, morrerá! [...]
> Tudo isso me revolta, me revolta vendo a cidade dominar a floresta, a sarjeta dominar a flor! (Cunha, 1995, p. 567).

A natureza não seria apenas lugar de refúgio e de contemplação, mas também lugar que devia ser preservado do avanço destrutivo daqueles que se proclamavam portadores do progresso e civilização, sediados nas cidades. E para além das palavras do poeta e do cronista, o jovem Euclides já experimentava o apelo dos sertões para que se afastasse da cidade, "uma existência soberanamente monótona, uma vida marcada a relógio, mecânica e automática, como uma máquina", assim compartilhado com o amigo Porchat em 1892: "[...] não dou para a vida sedentária, tenho alguma coisa de árabe – já vivo a idealizar uma vida mais movimentada, numa comissão qualquer arriscada, aí por estes sertões desertos e vastos de nossa terra, distraindo-me na convivência simples e feliz dos bugres" (Galvão, 1997, p. 38). A valorização dos habitantes do campo ou dos sertões inspirara alguns poemas de *Ondas*, como "Depois do trabalho", no qual se vale do termo que figuraria n'*Os Sertões*: "Era um quadro divino – o sertanejo rude/ A fronte – aonde nunca ardeu do mal a febre,/ De suores coberta-, as pér'las da virtude, –/ Erguendo caminhou ao mísero casebre..." (Cunha, 2009, p. 101). Aqui os qualificativos "rude" e "mísero" serviam de discreto contraponto ao quadro de "êxtase sublime" da natureza. Por outro lado, nesse mesmo ano de 1892, em que obtinha o título de bacharel em Matemática e Ciências Físicas e Naturais, Euclides apropriava-se de premissas que passaram a competir com as suas impressões poéticas: "sociedades, como os indivíduos da vasta série animal, obedecem a uma grandiosa seleção, para o estudo da qual já se fez preciso que apareça um Darwin ou um Haeckel";[4] e o "*strugle for life*, a fórmula majestosa da nossa elevação" do "eminente evolucionista" Herbert Spencer.[5] Dessa maneira, o "rude" e "mísero" sertanejo, sob a determinação de um meio adverso e de disposições raciais,

---

[4] Artigo da coluna Penumbra, de *O Estado de S. Paulo*, publicado em 17 de março de 1892 (Cunha, 1995, op. cit., p. 641).

[5] Artigo da coluna Penumbra, de *O Estado de S. Paulo*, publicado em 19 de março de 1892 (Idem, p. 642).

estaria fatalmente menos apto para alcançar uma civilização mais elevada e, portanto, condenado a desaparecer.

Em 1897, Euclides finalmente realizou o desejo de se embrenhar pelos sertões ao ser enviado para a Bahia como correspondente do jornal *O Estado de S. Paulo* durante a quarta e última expedição do exército contra o povoado de Canudos, este sob a liderança de Antônio Conselheiro. As projeções da poesia e da ciência defrontaram-se com a natureza vista de perto. Na reportagem datada de 1º de setembro, de Queimadas – "arraial obscuro – último elo que nos liga hoje, às terras civilizadas" (CUNHA, 2000, p. 132) –, o jornalista oferece um registro envolvente para o encontro que também implicava desencontro, ao entrar pela "primeira vez nas caatingas, satisfazendo uma curiosidade ardente, longamente alimentada":

> Um quadro absolutamente novo; uma flora inteiramente estranha e impressionadora capaz de assombrar ao mais experimentado botânico.
> De um sei eu que ante ela faria prodígios. Eu, porém, perdi-me desastradamente no meio da multiplicidade das espécies e atravessando, supliciado como Tântalo, o dédalo das veredas estreitas, ignorante e deslumbrado – nunca lamentei tanto a ausência de uma educação prática e sólida e nunca reconheci tanto a inutilidade das maravilhas teóricas com as quais nos iludimos nos tempos acadêmicos. (CUNHA, 2000, p. 134).

Cinco anos depois dessas reportagens, Euclides, n'*Os Sertões*, compartilhou com o leitor tais emoções díspares, entre atração e repulsa, fazendo as vezes de guia ao paraíso e ao inferno dos sertões, com o auxílio da ciência, a qual, contudo, desde esse encontro mostrava-se passível de limitações, a não ser por alguém não nomeado que faria "prodígios", o qual não poderia ser ele mesmo. Além disso, nessa mesma viagem Euclides abandonou a crença na vitória da República diante de um suposto plano de restauração monárquica, reconhecendo o massacre injustificável contra a população de Canudos. A velha dicotomia campo/cidade não acomodava mais essas tensões, levando-lhe ao par sertão/litoral, que adquire uma ampla carga simbólica a fim de compreender um país fraturado, cujas partes desconhecem-se e se veem como inimigas. As noções de barbárie e de civilização deslizam entre esses polos, o que, por um lado, desestabiliza valores, mas, por outro, não resolve as contradições: o sertanejo é considerado a "rocha viva da nossa raça" (CUNHA, 2001, p. 766), mas estaria condenado a desaparecer ao ser incorporado à civilização; e o homem do litoral, apesar da possibilidade de promover e adaptar a civilização ao seu país, limita-se à cópia daquela e à destruição do que seria mais autêntico e vinculado à natureza. Comum a ambos, a "mesma selvatiqueza" atávica que insistia em emergir, quando, por exemplo, das manifestações violentas em reação à fragorosa derrota da terceira expedição do exército, assim remontadas por Euclides em metonímias exemplares – a porção mais civilizada da Capital Federal e a vegetação típica dos sertões – que materializam a abstração das ideias:

> [...] A rua do Ouvidor valia por um desvio das caatingas. A correria do sertão entrava arrebatadamente pela civilização adentro. E a guerra de Canudos, era, por bem dizer, sintomática apenas. O mal era maior. Não se confinara num recanto da Bahia. Alastrara-se. Rompia nas capitais do litoral. O homem do sertão, encourado e bruto, tinha parceiros porventura mais perigosos. (CUNHA, 2001, p. 501).

Essa observação se confirma no último assalto destruidor contra Canudos, que contou até com a execução de prisioneiros pela degola, a face mais sombria daquele confronto campo × cidade que Euclides denunciara no seu primeiro texto em prosa publicado.

O arcabouço estético para encenar o drama entre sertão e litoral, que parecia escapar a um sentido evidente e unívoco, foi buscado por Euclides em uma concepção decisiva para o Romantismo proclamada por Victor Hugo no prefácio ao drama *Cromwell* (1827). Desde o início de sua trajetória, a começar pelos poemas de *Ondas*,[6] poucos escritores tiveram tão grande ascendência sob Euclides quanto Hugo, "o genial e extraordinário romântico",[7] em suas palavras. Para se referir ao brado contestador sobre a situação política e social do Brasil que Sílvio Romero faria no discurso de recepção a ele na Academia Brasileira de Letras, em 1906, Euclides afirmou que teria "rebeldias magníficas" e que seria o "'Prefácio de Cromwell do nosso período literário',[8] aludindo ao propósito revolucionário de Hugo

---

6 De acordo com Leopoldo Bernucci e Francisco Foot Hardman, nessa poesia, a "efusão e a torrencialidade que marcam tão bem a poesia hugoana, Euclides as absorveu de maneira excepcional, [...]" (CUNHA, 2009, p. 38).

7 Artigo na coluna Dia a Dia, publicado no jornal *O Estado de S. Paulo*, em 22 de maio de 1892 (Idem, 1995, p. 679).

8 Carta a Oliveira Lima de 8 de dezembro de 1906 (GALVÃO, 1997, p. 318).

na defesa da literatura romântica, ou arte moderna, em face da literatura clássica, ou arte antiga. Um dos aspectos centrais do texto é o conhecido contraste entre o sublime e o grotesco:

> [...] na poesia nova, enquanto o sublime representará a alma tal qual ela é, purificada pela moral cristã, ele representará o papel da besta humana. O primeiro tipo, livre de toda mescla impura, terá como apanágio todos os encantos, todas as graças, todas as belezas; [...] O segundo tomará todos os ridículos, todas as enfermidades, todas as feiuras. Nesta partilha da humanidade e da criação, é a ele que caberão as paixões, os vícios, os crimes; [...] O belo tem somente um tipo; o feio tem mil. É que o belo, para falar humanamente, não é senão a forma considerada na sua mais simples relação, na sua mais absoluta simetria, na sua mais íntima harmonia com nossa organização. Portanto, oferece-nos sempre um conjunto completo, mas restrito como nós. O que chamamos o feio, ao contrário, é um pormenor de um grande conjunto que nos escapa, e que se harmoniza, não com o homem, mas com toda a criação. É por isso que ele nos apresenta, sem cessar, aspectos novos, mas incompletos. (HUGO, 2012, p. 35-36).

Ainda estudante da Escola Militar, em 1888, Euclides, em uma de suas raras incursões na crítica literária que sintomaticamente se voltava contra os críticos de plantão, realizou uma versão do prefácio de Hugo, transferindo o embate entre literatura romântica e literatura clássica para o embate entre crítica realista e crítica romântica. Em "Críticos", condena aqueles que expressavam um "grande fanatismo pela *realidade*" ao procurarem o que haveria de "mais hediondo e nojento" em romancistas do porte de Émile Zola e Eça de Queiroz (CUNHA, 1995, p. 568). E se opõe ao "extremo oposto", à "classe problemática dos puros", que talvez fossem "os piores, se os precedentes, só veem a verdade no mal, esses abroqueados em um misticismo anacrônico entendem que ela só deve existir no que é belo e no que é puro" (CUNHA, 1995, p. 569). Mesmo assim, refuta os chamados *realistas*, "aterrados às grandes produções da cabeça olímpica de V. Hugo", como Jean Valjean, a personagem principal de *Os miseráveis* (1862), pois "esses deviam crer que esse monstro sublime nunca existiu, pode e deve existir..." (CUNHA, 1995, p. 570). O paradoxo remete necessariamente ao prefácio de *Cromwell*, subentendido como lição não apenas para os críticos aferrados a seus fanatismos, mas também para o futuro autor d'*Os Sertões*:

"[...] a par de muita coisa feia há muita coisa bonita e que a própria existência humana emerge da reação contínua dos contrastes [...]" (CUNHA, 1995, p. 570).

Entre os possíveis efeitos da proposta de Hugo – que vão além do contraponto entre sublime e grotesco, mas que não cabem no espaço do presente artigo –, o mais eloquente é o capítulo III da parte "O Homem", que se inicia por uma frase muito citada e que muitos conhecem antes mesmo de entrar em contato com *Os Sertões*: "O sertanejo é, antes de tudo, um forte" (CUNHA, 2001, p. 207). Mas as páginas que se seguem apresentam dois tipos díspares que convivem no mesmo homem, um "desgracioso, desengonçado, torto", que "reflete no aspecto a fealdade dos fracos" (CUNHA, 2001, p. 207), e outro que irrompe diante de certas circunstâncias, seja como vaqueiro, seja como combatente de Canudos, sob o "aspecto dominador de titã acobreado e potente" (CUNHA, 2001, p. 208). Esses extremos são sintetizados no composto incongruente "Hércules-Quasímodo" (CUNHA, 2001, p. 207), em que especialmente o nome da célebre personagem de Hugo no romance histórico *Notre-dame de Paris* (1831), o horrendo tocador de sinos que ama a bela Esmeralda, insere a concepção d'*Os Sertões* sob a perspectiva do sublime e do grotesco, tornando inteligíveis os desacordos entre a ciência que inferioriza e o percepção direta que engrandece.

Assim como Hugo não restringiu o atributo de "monstro sublime" às figuras de Quasímodo e de Jean Valjean, mas o expandiu a uma multidão de "miseráveis", Euclides, além desse duplo sertanejo, voltou-se à memória dos milhares de sertanejos em Canudos que clamavam por justiça: "[...] Seja como for, porém, alenta-me a antiga convicção de que o futuro o lerá. Nem outra coisa quero. Serei um vingador e terei desempenhado um grande papel na vida – o de advogado dos pobres sertanejos assassinados por uma sociedade pulha, covarde e sanguinária...".[9] Tal ataque veemente dirigia-se a uma sociedade que, sob uma República aparentemente pacificada, ditava um progresso autoritário e excludente. A mesma República pela qual Euclides, em artigos e em muitos dos poemas de *Ondas*, engajara-se, tendo como principal parâmetro histórico a Revolução Francesa,[10] moti-

---

9   Carta de 21 de abril de 1902 a Porchat (GALVÃO, 1997, p. 133).

10   Leopoldo Bernucci e Francisco Foot Hardman destacaram que existem "mais de quinze composições de Euclides em *Ondas* inspiradas pelas lutas revolucionárias, sendo que a principal referência histórica é sem dúvida a Revolução Francesa. Podemos, então, entender esses poemas como manifestações ideológicas da fase de conscientização do jovem estudan-

vando uma aproximação entre a luta contra o Antigo Regime em 1789 e a campanha contra a Monarquia brasileira e seus resíduos no final do século XIX. Nesse período de juventude combatente, a leitura do romance histórico *Quatrevingt-treize* (1874),[11] de Victor Hugo, provocou-lhe emoções contraditórias em torno desse acontecimento histórico:

> Tenho diante de mim uma página de V. Hugo; é através dessa lente extraordinária que vejo esse amálgama formidável de luzes e trevas – de lágrimas e sangue –; essa loucura pavorosa de um povo sobre a qual, antítese extraordinária – rebrilha a consciência eterna da História...
> [...]
> [...] em toda aquela sublimidade houve muito crime horroroso e cruel; muitos heróis, na ebriez da luta, empunhavam o ferro de Caco; muitos miseráveis empunharam o punhal de Bruto; vibravam, palpitaram naquela convulsão enorme todas as cambiantes do sentimento humano; há ali o sublime – a tomada da Bastilha; o horrível, a morte de Antonieta, o ridículo – a morte da Du Barry; tal quadra arranca-nos um grito de horror; [...] a voz do povo – rude, selvagem, vibrante e alevantada; e mtos [sic] outros, são os bons, são os heróis; erguem-se no centro pavoroso das cóleras, calmos e fortes, o verbo iluminado pela verdade e pela justiça; [...][12]

É notório que perpassa nesse trecho a concepção do sublime e do grotesco, lançando um princípio literário decisivo n'*Os Sertões*,[13] mas cuja motivação política seria totalmente subvertida. Os anseios "pela verdade e pela justiça" não estariam mais do lado republicano, cabendo restituí-las a favor das vítimas da Guerra de Canudos. Desencantado com o regime pelo qual lutara, Euclides identifica-se, ao lado de Hugo e outros românticos, com os oprimidos, os desvalidos, os sofredores: "[...] Em que pese a sua feição combatente, tracei-o com uma enorme Piedade pelos nossos infelizes patrícios sertanejos. É um livro destinado aos corações. Devem compreendê-lo admiravelmente os poetas e os bons, se não vai nesta conjunção

---

te do Colégio Aquino, [...] e mais, tarde na fase militante da Escola da Praia Vermelha [...]" (CUNHA, 2009, p. 33).
Sobre a relação da obra de Euclides com a Revolução Francesa, ver Ventura, 1990.
11   O título faz referência em francês ao ano de 1793.
12   Manuscrito intitulado "93" escrito em um caderno de cálculo infinitesimal (CUNHA, 2018, p. 57, 59-60).
13   Sobre a aproximação entre *Os Sertões* e o romance de Hugo, ver Bernucci, 1995.

dispensável redundância".¹⁴ Acima das convicções políticas e científicas, o compromisso entre literatura e ética possibilita que Euclides assuma a missão de rebelde sonhador.

Referências

BERNUCCI, Leopoldo M. A Nossa Vendeia?. In: BERNUCCI, Leopoldo M. *A imitação dos sentidos*: prógonos, contemporâneos e epígonos de Euclides da Cunha. São Paulo: Edusp, 1995.

CUNHA, Euclides da. *Obra completa*. Organização de Afrânio Coutinho. Rio de Janeiro: Nova Aguilar, 1995. v. 1.

CUNHA, Euclides da. *Diário de uma expedição*. Organização de Walnice Nogueira Galvão. São Paulo: Companhia das Letras, 2000.

CUNHA, Euclides da. *Os Sertões:* (campanha de Canudos). Edição preparada por Leopoldo Bernucci. São Paulo: Ateliê Editorial/Imprensa Oficial do Estado/Arquivo do Estado, 2001.

CUNHA, Euclides da. *Poesia reunida*. Organização de Leopoldo M. Bernucci e Francisco Foot Hardman. São Paulo: Editora Unesp, 2009.

CUNHA, Euclides da. *Ensaios e inéditos*. Organização de Leopoldo M. Bernucci e Felipe Pereira Rissato. São Paulo: Editora Unesp, 2018.

GALVÃO, Walnice Nogueira; GALOTTI, Oswaldo (orgs.). *Correspondência de Euclides da Cunha*. São Paulo: Edusp, 1997.

HUGO, Victor. *Do grotesco e do sublime*. Trad. Célia Berretini. 3. ed. São Paulo: Perspectiva, 2012.

VENTURA, Roberto. A Nossa Vendeia: Canudos, o Mito da Revolução Francesa e a Formação de Identidade Cultural no Brasil (1897-1902). *Revista do Instituto de Estudos Brasileiros,* n. 31, p. 129-145, 1990.

---

14 Carta de 28 de abril de 1903 a Egas Moniz (GALVÃO, 1997, p. 162).

Os males de origem e o nosso tempo no tempo do mundo

Marcos Lacerda

Qual o lugar do Brasil e da América Latina no concerto das nações? Talvez não seja assim de bom alvitre usar esse tipo de expressão, "concerto das nações". Quem a usa em tempos de negação do problema da nação, da identidade nacional, como fundamental para pensarmos a nós, brasileiros, em relação à América Latina e, claro, em relação ao mundo? Haverá ainda algo assim como a possibilidade da constituição de uma autoconsciência diferencial da América Latina e do Brasil em relação ao mundo – e por "mundo" nos referimos a quê, propriamente? Ao Ocidente europeu – que é, de fato, o mundo ele-mesmo: a Europa é menos um continente e mais uma encruzilhada de continentes; aos EUA, sede do Império, tão adorado por estranhas teses "pós-coloniais"; à Ásia, hoje com o predomínio da China, mas que, há pouco tempo, na virada para a chamada "Globalização", era mais bem representada pelo Japão e os tais "tigres asiáticos"; ao complexo, heterogêneo, vasto e radicalmente diferenciado continente africano; ou, por fim, ao mundo à parte do Islã, muito além do Oriente Médio, cuja área cultural e geográfica abrange também parte expressiva do norte da África.

A América Latina. O Brasil. O tema nacional. Os problemas da identidade do país. Mas temos que levar em conta também a tensão com os muitos grupos sociais colocados em segundo plano, ou mesmo tornados invisíveis. Eu me refiro aqui às classes trabalhadoras precarizadas que, em sociedades complexas como a nossa, são formadas pelos mais variados marcadores sociais. Falar assim, em algo como uma "identidade brasileira" ou mesmo "latino-americana", passa, inevitavelmente, não apenas pela nossa relação com o mundo – mas também pelas nossas relações internas, digamos assim, nossas relações com as frações de classe, étnicas e, talvez, quem sabe, culturais.

Mas não avancemos em nossa escala de análise. Nosso tema aqui é a obra de Manoel Bomfim, ou parte dela, e sua condição moderna, não necessariamente como preparação para a chegada triunfal do Modernismo de 22. Ou seja, nada a ver com o termo algo aziago e falacioso "pré-modernista".

O importante intelectual brasileiro do século XIX que escreveu um grande livro sobre a relação Europa (Mundo), América Latina e Brasil: *A América Latina: males de origem* (1903). É um livro escrito em tom de protesto, de contraponto, de reação às formas como naquela época determinados intelectuais europeus – e determinados mesmo – vaticinavam um destino trágico, monstruoso, sem futuro para todo o continente latino-americano, incluso o Brasil. Ao mesmo tempo, é um livro em que o autor sugere um caminho próprio para o Brasil e a América Latina.

O livro foi escrito pelo autor quando morava em Paris, onde foi estudar psicologia experimental. Nascido em Aracaju, em 1868, era médico formado nas faculdades da Bahia e do Rio de Janeiro. Teve cargos como médico, casou-se e teve dois filhos. A morte da menina Maria, em processo que ele não pôde interromper, o levou a uma mudança de vida radical: abandonou a medicina para dedicar-se ao ensino. Viria a ter grande importância na capital federal, como pedagogo e psicólogo (e sempre também colaborando com órgãos de imprensa), vindo a comandar o Instituto de Educação e sendo secretário de Educação no Distrito Federal. Nesse contexto é que vai a Paris, em 1902, para aperfeiçoar-se no metiê pedagógico, visitando estabelecimentos de ensino e fazendo cursos na Sorbonne. Estando na capital francesa, toma consciência da dimensão latino-americana do Brasil, ao acompanhar a imprensa de nosso país, a do México e a da Argentina, e ao mesmo tempo a imprensa francesa. Dessa comparação nasceu *A América Latina: males de origem*. Faleceu em 1932, deixando obra vasta.

Situação curiosa, que nos lembra algo do Oswald de Andrade, nos primórdios do Modernismo de 22, que dizia ver melhor o Brasil a partir da Europa. Lembra também Joaquim Nabuco, cujas memórias na fase de maturidade fazem esse jogo de espelhismos entre a Europa e o Brasil, como se fosse possível ver e entender melhor o país com o olhar de fora, com o olhar estrangeiro de um nativo, de um brasileiro, gerando assim interessantes curtos-circuitos na análise. O sociólogo André Botelho, em texto sobre Bomfim, atribui isso a uma condição própria de intelectuais num país dependente. Pode ser. Mas também pode não ser. O livro, aliás, foi celebrado por Darcy Ribeiro, na década de 80, como exemplo de intelectual altivo, autônomo, independente e, bem o poderíamos dizer, moderno. Mas moderno a partir da apresentação de uma relação orgânica do Brasil com a América Latina, não necessariamente como atualização do espírito vanguardista da Europa e, ao mesmo tempo, em confronto com as teses da dominação dos EUA sobre o nosso continente, na época sob o manto da chamada "Doutrina Monroe".

Nesse livro em especial, Bomfim se fazia algumas perguntas comuns, que outros autores faziam, e que nós continuamos a fazer, a nós mesmos. Por que nesse continente e no nosso país não funcionam as instituições democráticas de extração liberal? Valores da modernidade europeia, ou seja, do mundo, como a impessoalidade nas relações políticas e trabalhistas; o contrato assalariado; o respeito à coisa pública; as possibilidades reais de ascensão social entre as classes sociais; a racionalidade crítica como mediadora das relações; o Estado de Direito como valor maior; em suma, um conjunto de valores internalizados nas sociedades civilizadas. Por que, por aqui, em terras até então colonizadas pelo mundo ibérico, a Europa mediterrânea, a modernidade não se realizou como tal? Por que não conseguimos criar instituições republicanas, estabelecer direitos trabalhistas, termos uma classe dirigente respeitável, construirmos formas de regulação da vida social minimamente civilizadas, respeitarmos a autonomia da pessoa?

É um problema comum, que atravessa a vida brasileira e latino-americana de ponta a ponta. É um problema inevitável e que, nos melhores casos, nos atormenta. E não só a nós, brasileiros e latino-americanos. Um sociólogo e filósofo português, Hermínio Martins, a quem eu tenho em alta conta, se mostra tristíssimo quando se viu diante de duas ditaduras, ambas em língua portuguesa: o Portugal do Estado Novo e o Brasil da Ditadura de 64. Também assim um dos maiores pensadores em língua portuguesa: Eduardo Lourenço. Falando sobre Portugal, Lourenço afirmara que o país parecia viver bambeando entre a promessa de futuro grandioso, imperial, e o fatalismo mais miserável possível.

Em Manoel Bomfim a coisa não é bem assim. Nossos males têm uma origem bem delimitada: a própria Europa, no nosso caso, a Europa mediterrânea. E, eu diria, mais ainda do que a Europa mediterrânea, um processo social, histórico e político específico: a colonização e, o que é bastante relevante, não só em sua feição moderna. É que Bomfim precisa ir mais longe para defender uma das suas teses, a mais interessante a nosso ver, aquela do "parasitismo social" como um tipo de formação social presente em sociedades coloniais. Sociedades coloniais teriam como consequência a constituição de uma classe de parasitas, que vivem da rapinagem das colônias e que, por conta disso, acabam por colaborar para um processo de degradação mútua: primeiro, na metrópole, que se acostuma a viver da espoliação; segundo, da colônia, que se transforma em mera reserva de força de trabalho e de extração de riqueza, vivendo uma vida opaca, sem sentido interno.

É nesse sentido que Manoel Bomfim arrisca uma espécie de sociologia. Algo datada, se pensarmos que a sua base é de fato o organicismo funcionalista. Mas bastante interessante como contraponto às teses mais propriamente reacionárias, e podemos dizer assim mesmo, nestes termos, do período, especialmente as teses racialistas que colocavam em primeiro plano, como demarcador da estrutura e da ação social, a raça, em detrimento dos fatores históricos, políticos, culturais e mesmo geográficos.

E agora podemos retomar algo das indagações iniciais. Por que, podendo ser grandiosos, somos tão miseráveis? Por que, quando estamos diante da possibilidade da institucionalização da democracia liberal com políticas concretas que esboçavam o que poderia ser uma rede de proteção social para as classes populares, como no período recente de redemocratização, caímos de imediato no fundo do obscurantismo político mais regressivo, com a ascensão do extremismo de direita iliberal e radicalmente antidemocrático, para pensarmos no Brasil contemporâneo? Mas, claro está, Manoel Bomfim está pensando no contexto do final do século XIX, na crítica que determinados intelectuais europeus faziam aos repetidos fracassos da América Latina e do Brasil, e nas respostas ruins a esses fracassos civilizatórios, os associando a um mal de raiz, vinculado à formação do nosso povo, especialmente à miscigenação.

Como podemos ver, o fenômeno popular da miscigenação, uma espécie de astúcia da sociedade brasileira, que gerou ambiências culturais, sociais e mesmo políticas, incomodava – e ainda incomoda, embora com sinal tristemente trocado – as teses racialistas, que precisam pressupor uma pretensa superioridade moral, estética, cultural, intelectual a determinadas características biológicas. Como se a cor da pele, a disposição do cabelo, a forma dos olhos, o desenho do nariz, o tipo de textura da boca pudessem ser elementos que garantissem um destino feliz, farto, nutrido e civilizado a uma nação!

Os males, no entanto, não se situam aí, nos diz bem Manoel Bomfim. Os males são de origem, diz o nosso revoltado e tumultuoso pensador. E a origem, para nós, é o continente europeu. Ou melhor, na verdade *muito* melhor, é um processo histórico, político e social específico: a colonização moderna, e dentro dela os horrores da escravidão mercantil. Colonização que teve, como seus principais atores sociais, elites europeias, embora só tenha sido viável por uma série de arranjos complexos que envolviam também elites de outros lugares do mundo, inclusive do continente africano. É impossível desconsiderar a importância desses arranjos, em suas tratativas no comércio de gente, por exemplo, para a realização das travessias macabras dos navios negreiros.

Assim, são a colonização moderna, a escravidão mercantil, a rapinagem das colônias, os processos históricos responsáveis pela situação da América Latina e do Brasil, que acabaram por herdar um certo *ethos* parasitário, ao menos no que diz respeito às suas elites. O problema não é, assim, a formação social do país, com sua forte miscigenação, muito menos a forte presença negra e indígena. Ao contrário e, pensando aqui nos termos de Darcy Ribeiro, poderíamos ter aqui um esboço de uma nova civilização, morena, solar e capaz de incorporar o melhor das presenças negra, indígena e europeia. Não necessariamente nessa ordem, não necessariamente em qualquer ordem. Também podemos pensar em Gilberto Freyre, por exemplo, embora neste caso numa perspectiva mais conservadora. Ambos entusiastas da miscigenação, encarada corretamente como um processo de ordem popular, vindo da base, de baixo, da vida popular.

A tese do parasitismo social, quase como uma lei social, permitiu a Manoel Bomfim valorar a miscigenação, antes de essa valoração ter se tornado um dos fatores mais importantes do Modernismo, ou, se quisermos, do processo de modernização das artes, da literatura e do pensamento no Brasil do século XX. Também lhe permitiu responder a uma inquietação que se tornaria predominante no pensamento brasileiro: a tensão entre as ideias modernas, liberais, do mundo, e a estruturação social da vida brasileira e latino-americana. O pressuposto de uma inadequação congênita, ora vista por uns como um mal, buscando assim alguma forma de adequação e, com isso, integração ao tempo do mundo, ora vista por outros como um bem, na medida em que teríamos, com isso, garantido a nossa singularidade nacional, ou latino-americana, no mesmo concerto das nações, dito ali, no início do nosso texto.

Este é o ponto que nos parece mais relevante para pensarmos o papel possível de Bomfim no processo de modernização do pensamento brasileiro. Não sei se cabe aqui aquela velha conversa sobre "influência", ou a condição de "precursor". O problema dessas ideias é que elas acabam por pressupor algo como uma teleologia, uma finalidade, ou uma razão na história das ideias. Como se não houvesse o arbítrio, o campo de disputa, tanto posterior à sua criação, quanto em seu contexto. Não que o contexto defina de todo o sentido de uma teoria para todo o sempre. Longe de nós nos aproximarmos de qualquer contextualismo relativista. As ideias estão aí, podem viver, reviver, ser novamente, mas com sua autonomia, fora do lugar, ou não tendo com o lugar uma relação de simbiose necessária e para sempre.

    Não há "para sempre". A história se movimenta e, junto com ela, as ideias. Essas duas instâncias do real podem se misturar, mas nem sempre se confundir. O tom do texto de Bomfim é de libelo, panfleto, grito de urgência. É preciso negar totalmente as teses racialistas daquele tempo, especialmente as de extração europeísta. A história atravessa a constituição da própria Europa moderna, mas também existe antes dela, está no centro da vida conturbada e tumultuosa das sociedades humanas. Estávamos, naquele momento, fora do centro nervoso da civilização, e isso por conta dos nossos males de origem. Europeus também já haviam estado à margem, na periferia do mundo. Tiveram os seus carrascos. Foram, eles também, carrascos.

    E o que temos nós com isso? Ainda mais hoje, em que a sensação de inadequação com o tempo do mundo talvez não seja tão evidente? Passado o tempo do desenvolvimento, somos ainda mais retardatários aos avanços das forças produtivas do capitalismo técnico-científico-informacional. O país vem atravessando o hipercapitalismo informacional sem conseguir resolver problemas mínimos de civilidade, de regulação da vida social, de apropriação dos ganhos civilizatórios das instituições da democracia liberal moderna. Mas quem o conseguiu? Mesmo os países europeus passam apertos significativos com o enfraquecimento do estado de bem-estar social, tendo de se jogar – e a expressão correta é está mesmo, "se jogar" – no moinho satânico do capital transnacional orientado pelo império dos EUA e pelo capitalismo totalitário chinês. No Brasil, quem sabe na América Latina, nós continuamos a ser a margem, o Outro do mundo, a terceira margem do rio, e já não sabemos se agora, tendo passado tanto tempo, podemos ainda justificar nosso estado aos males de origem.

Referências

BOMFIM, Manoel. *A América Latina: males de origem*. 2. ed. Prefácio de Azevedo Amaral. Rio de Janeiro: A Noite, [s.d.].

BOTELHO, André. Manoel Bomfim: um percurso da cidadania no Brasil. In: BOTELHO, André; SCHWARCZ, Lilia M. (orgs.). *Um enigma chamado Brasil*. São Paulo: Companhia das Letras, 2009. p. 118-131.

RIBEIRO, Darcy. Manoel Bomfim, antropólogo. In: *A América Latina: males de origem*. Rio de Janeiro: Topbooks, 2005.

SÜSSEKIND, Flora; VENTURA, Roberto. *História e dependência: cultura e sociedade em Manuel Bomfim*. São Paulo: Moderna, 1984.

A Padaria Espiritual e a modernização da cidade de Fortaleza

Rodrigo de Albuquerque Marques

Antônio Sales, o poeta criador da agremiação literária Padaria Espiritual, nasceu em 1868, um ano após a morte de Baudelaire. Diferente do parisiense, Sales nasceu numa pequena vila: Parazinho, litoral oeste do estado do Ceará. A vila não existe mais, as dunas semoventes cobriram as casas, encheram a torre da capelinha e entupiram os armazéns com areia. Numa das ruas de Parazinho, aos cinco anos de idade, Antônio Sales lia Casimiro de Abreu para os fregueses da mercearia de seu pai, aproveitando os poucos livros que chegavam por lá. Em pé, num tamborete, declamava a poesia romântica de Casimiro e Gonçalves Dias para tangedores de burros, agricultores, donas de casa e pescadores que passavam ou moravam no vilarejo. Seu Miguel Ferreira Sales orgulhava-se do filho e sabia que não era comum um menino daquela idade e naqueles ermos do mundo gostar de leitura.

E foi esse menino, afinal, que se tornou um dos maiores jornalistas da República Velha. Amigo de Machado de Assis e de toda a turma da Rua do Ouvidor, cotado diversas vezes para ocupar uma cadeira na Academia Brasileira de Letras (que sempre recusava por timidez), conheceu todos os grandes do seu tempo, de Lima Barreto a Olavo Bilac, e polemizou contra ministros de governo nos hebdomadários pelos quais passou. Cumpriu, por conta de um ataque ao poderoso ministro de Justiça, José Joaquim Seabra, do governo Campos Sales, um "exílio" no Rio Grande do Sul, do qual voltou debilitado para o Rio e depois definitivamente para a capital do Ceará. Mas do tempo em que morou no Rio, dos passeios de bonde, das amizades com intelectuais, da companhia sempre fiel de sua esposa Alice Nava, período relatado nos livros de memória do sobrinho Pedro Nava, não nos ocuparemos aqui, mas sim do Sales anterior a tudo isto, o Antônio Sales da Praça do Ferreira, ou melhor, o Moacir Jurema da Padaria Espiritual.

A família Sales vivia bem em Parazinho e não foram as dunas que a removeram de lá, mas a cegueira repentina de Seu Miguel, acometido de uma doença grave. Sem a presença ativa do patriarca no balcão, a próspera bodega degringolou. Mudaram-se todos para Soure, atual Caucaia, região metropolitana de Fortaleza, onde grassavam amigos e correligionários da família. O filho mais velho, o nosso Antônio, teve que tomar a frente do sustento da casa com um pouco mais de treze anos, empregando-se como caixeirinho no comércio de Fortaleza.

A capital cearense do início da década de 1880 já funcionava como centro hegemônico do estado, escoando a produção algodoeira do interior e servindo de socorro às secas. A grande seca de 1877 subitamente transformou a pequena Fortaleza de Nossa Senhora da Assunção em uma cidade de mais de cem mil habitantes. Da noite pro dia, a capital se viu ocupada por pessoas famintas, nas ruas, nas calçadas e nos arrabaldes, alterando radicalmente a paisagem e a configuração social da urbe. Reformatórios, abarracamentos, asilos e campos de concentração para os flagelados foram erguidos, alargando desordenadamente a malha urbana. Frentes de trabalhos emergenciais foram organizadas, sem falar nos incentivos à migração para outras paragens, principalmente para a Amazônia, que necessitava urgentemente de trabalhadores nos barracões dos seringais.

Se a seca representava uma nódoa no tecido social, por outro lado a cotonicultura fazia da capital cearense uma cidade portuária de fluxo considerável. Adidos comerciais de todo o Brasil e do exterior se instalaram na capital alencarina, casas de importação inglesas e francesas dividiam espaço no Centro com armarinhos, mercados, farmácias e lojas de artigos para o lar. O comércio se aquecia com o porto e com a estação de trem da linha férrea de Baturité, que, além de levas de retirantes, transportava a produção do interior da província para o litoral e, ao dar meia-volta, voltava para o "Sertão" igualmente carregado, levando para os rincões jornais, passageiros e produtos manufaturados que só a capital podia fornecer. Navios saíam ou chegavam da enseada do Mucuripe com destino a Recife, Salvador, Rio de Janeiro, ou partiam ao Maranhão até ancorar em Belém, ou iam tocar diretamente o solo europeu. Navios do porto de Liverpool desciam âncoras por aqui e até mesmo um comércio em alto-mar de víveres e produtos locais existia, numa corrida desesperada de jangadas, botes e paquetes para o desembarque de tripulantes ou para carregar e descarregar navios em cabotagem nos verdes mares bravios.

Essas duas situações aparentemente contraditórias, um ciclo econômico virtuoso e um ciclo de estiagem perverso, estavam, no entanto, de tal modo arranjadas que serviam a um propósito comum: concentrar renda nas mãos dos grandes proprietários da província. Os chamados "coronéis" instalavam-se em confortáveis casarões do Centro de Fortaleza, longe do calor das fazendas, mandavam os filhos para se bacharelar em Recife ou Salvador e operavam a seu bel-prazer a política e o orçamento público de combate às secas.

Os casarões estavam alicerçados nas ruas planejadas em xadrez por engenheiros de inspiração militar como Silva Paulet e Adolfo Herbster. As políticas de higienização social e os planos de embelezamento e modernização à francesa de um pequeno quadrante da cidade, com abertura de praças, alamedas e bulevares, davam ao visitante de passagem um cartão-postal de uma Fortaleza moderna, com seu belo Passeio Público inspirado em Paris e no Rio de Janeiro. Entretanto, bastava afastar-se um pouquinho do Centro e a *Belle Époque* se desmanchava, já o areal e os casebres davam as caras, com esgoto a céu aberto e moradores sem terem muito o que fazer. Vadios, mendigos, biscateiros dividiam o sustento com trabalhadores de baixa remuneração ou de remuneração sazonal como lavadeiras, estivadores, vendedores de verduras, cajus e outras culturas da terra, dividindo a calçada com prostitutas, jogadores profissionais, leões de chácara, soldados, enfim, a arraia-miúda fortalezense tão bem descrita no romance *A normalista* (1893) de Adolfo Caminha.

Outra forma de ganhar a vida era se empregar no comércio, trabalhar de caixeiro e acumular múltiplas atividades, desde abrir a loja até ajudar na contabilidade, carimbar os fardos de algodão sob o sol quente e ajudar o patrão em atividades que nada tinham a ver com o comércio. Foi nisto que inicialmente Antônio Sales se ocupou. O caixeiro que quisesse mudar de vida, com muita sorte, encontrava nos estudos a porta de saída, como fizeram Rodolfo Teófilo e o próprio Antônio Sales. Aquele conseguiu formar-se em farmácia e o outro, como se sabe, empregou-se na imprensa local e depois conquistou cargo no serviço público, mudando-se de mala e cuia para o Rio de Janeiro. A saída pela educação, seja conquistando um título de bacharel ou empenhando-se como autodidata, atendia a uma demanda por um trabalho mais qualificado nascido da modernização da cidade. Profissionais liberais tais como guarda-livros, amanuenses, jornalistas, advogados, secretários, enfim, profissionais qualificados de baixa remuneração mas com um salário e um capital simbólico bastante superiores à média da população fortalezense.

No seio dessa classe de "proletários intelectuais", como diria Antônio Sales, desenvolveram-se assombrosamente as atividades literárias em Fortaleza na segunda metade do século XIX. E se traçarmos uma linha do tempo, desde as tertúlias palacianas do Governador Sampaio (1813) até à primeira fase da Padaria Espiritual (1892), observarmos uma constante especialização do campo literário na cidade, como se os intelectuais, à medida que a cidade exigia uma estratificação social mais típica de uma cidade moderna, também quisessem um lugar próprio ao sol, sem ter que pagar tributo a outras esferas e associações do debate público, como os partidos políticos, a Maçonaria, a Câmara Municipal e a imprensa não especializada em literatura. A Padaria Espiritual, nesse sentido, constituiu o ápice desse processo, conquistando finalmente a carta de alforria dos literatos do Ceará ou, melhor dizendo, dos escritores de Fortaleza. A tática utilizada pelos "Padeiros" para se afirmarem como grupo social autônomo ou de relativa autonomia na cidade foi o que chamou e até hoje chama muita atenção de quem se interessa pela Padaria Espiritual. Se antes, em Fortaleza, os poetas dividiam a bancada com o poder público, declamando poemas em homenagem ao Governador Sampaio com os Oiteiros (1813), ou depois, com a Academia Francesa (1873), ocupavam-se no debate filosófico do positivismo francês e alemão através do jornal *Fraternidade*, divididos na querela religiosa entre maçons e o baixo clero católico, com a Padaria Espiritual estariam livres e soltos. Porém, a Padaria é resultado desse espírito gregário dos intelectuais cearenses do século XIX, e a qual não teria surgido sem esse histórico de associações. Cumpre lembrar que um pouco antes, com o Clube Literário (1886) e com sua revista *A Quinzena*, os escritores do Ceará já começavam a gozar de certa autonomia, mas mesmo assim disputando espaço com questões educacionais, filosóficas, científicas e políticas.[1]

O que fez, então, a Padaria Espiritual de diferente, que conseguiu demarcar um espaço social próprio na capital cearense? Desde seu nascedouro, o propósito de se distinguir das outras agremiações norteou o cerne dos "Padeiros", como relembra Antônio Sales:

> E foi no Java que, com a colaboração material de Mané Coco, nasceu a Padaria Espiritual. Éramos um pequeno grupo de rapazes – Lopes Filho, Ulisses Bezerra, Sabino Batista, Álvaro Martins, Temístocles

---

1   Foi justamente no jornal *A Quinzena* que Antônio Sales publicou pela primeira vez um soneto, aprovado pelas mãos de Oliveira Paiva, o autor de *Dona Guidinha do Poço*, romance este cujos originais estiveram sob a posse de Sales por algum tempo.

Machado, Tibúrcio de Freitas e eu, que ali nos juntávamos a uma mesa para conversarmos de letras. Eu era o único que tinha um livro de versos publicado – *Versos Diversos*, que recebera acolhimento lisonjeiro do público e da crítica. Ulisses e Sabino insistiram para que formássemos um grêmio literário para despertar o gosto das letras, então em estado de letargia; mas eu me opunha. Uma sociedade literária, como já se haviam fundado tantas, com um caráter formal de academia-mirim, burguesa, retórica e quase burocrática, era cousa para qual eu sentia uma negação absoluta. – Só se fosse uma cousa nova, original e mesmo um tanto escandalosa, que sacudisse o nosso meio e tivesse uma repercussão lá fora. – Pois seja assim, diziam os outros. Nessa noite foi aceita em princípio a ideia de fundar-se a sociedade, e eu encarregado de lhe achar um nome (SALES, 2010, p. 17).

O relato de Antônio Sales dá inúmeras pistas para identificar e descrever a estratégia que permitiu aos Padeiros tanto destaque. O primeiro passo é saber quem foi Mané Coco e como se deu esta sua "contribuição material". Mané Coco se chamava Manoel Pereira dos Santos e era proprietário do Café Java, um dos quatro quiosques instalados na principal praça de Fortaleza.[2] Mané Coco, cuja única erudição consistia em declamar o poema "Dom João", de Guerra Junqueira, de cor, era uma daquelas figuras populares que agitavam a cidade, encarnando o "espírito moleque" dos cearenses. A Padaria Espiritual, o Bode Ioiô, a vaia ao Sol, o Cajueiro Mentiroso, os tipos como Chagas do Carneiro e Ramos Cotoco faziam parte de um plantel e de causos humorísticos da cidade de Fortaleza *fin-du-siècle* que misturavam dandismo e galhofa pura.

O humor boêmio dos cafés e das praças ampliou os espaços de socialização na cidade, e os Padeiros souberam se aproveitar disso ao eleger o Café Java de Mané Coco como ponto de encontro. Trata-se de um índice de modernização a presença de cafés, restaurantes e outros espaços públicos de convívio social abrigando grupos de escritores e artistas, como se via nos inúmeros cafés ingleses instalados desde o século XVIII e no Quartier Latin parisiense da época de Baudelaire. Pela primeira vez Fortaleza via isso, e a inspiração era mesmo a França; Sales foi um profundo conhecedor

---

2 "Quase no final do século XIX, mais precisamente no ano de 1891, existiam na Praça do Ferreira, no centro de Fortaleza, quatro quiosques que eram cafés-restaurantes. No ângulo sudoeste ficava o Café Iracema; no sudeste, o Café Elegante; no noroeste, o Café do Comércio e, no ângulo nordeste, o Café Java". (AZEVEDO, 2011, p. 17)

e admirador da língua e da cultura literária francesas. A interação dos Padeiros com esse "espírito moleque" das ruas foi essencial para que o grupo fosse encarado com simpatia pela população e ao mesmo tempo provocasse o olhar ferino dos comerciantes abastados de Fortaleza, de gosto médio. Mané Coco, por exemplo, fez subir um balão gigante na praça do Ferreira pintado com o nome "Padaria Espiritual" para que Deus também tomasse conhecimento daquele ajuntamento de rapazes. O arco do violino de Henrique Jorge, o Sarasate Mirim, não cessava nos encontros, bem como as cordas de Carlos Vítor, o Alcino Bandolim; os Padeiros declamavam com barbas postiças, na sacada de um casarão, poemas para os transeuntes. Donas de casa e simpatizantes lhes entregavam pratos e acepipes para os piqueniques e os jantares da agremiação. A procissão dos Padeiros na praça do Ferreira chamava atenção e a cena parecia um entrudo fora de época:

> O edifício da Padaria achava-se embandeirado e adornado de festões de flores naturais e retratos de celebridades artísticas. Tocava nos intervalos a banda de música do Batalhão de Segurança do Ceará. Acabou-se a fornada às 8 ½ da noite. Depois de retirarem-se os cidadãos ignaros, serviu-se cerveja aos Padeiros que fizeram espírito até 10 da noite. Todos saíram então à rua acompanhados de violinos, flauta e violão, e dirigiram-se em serenata ao Café Tristão onde tomaram café. Percorreram diversas ruas e chegaram afinal à Avenida Ferreira, onde cada qual tomou seu rumo. E foi assim que realizou-se a primeira fornada da Padaria Espiritual. Eu, Frivolino Catavento, que o digo, é porque o vi. (AZEVEDO, 2015, p. 21).

A transcrição acima é da primeira ata da Padaria Espiritual, do dia 30 de maio de 1892, e mostra que desde o princípio os Padeiros cultivavam um clima festeiro nas suas reuniões e não se importavam em continuar rua afora o estado etílico iniciado no Forno.[3] Com tal liberalidade, a Padaria Espiritual trazia para seus encontros o teatro e as troças carnavalescas de Fortaleza, atribuindo por essa via uma medida local ao *humour* boêmio tão característico da virada do século XIX ao XX em todas as metrópoles brasileiras. O teatro era também uma outra referência. Um ano antes da "Instalação" da Padaria Espiritual, em 1891, Antônio Sales pôs em cena com o grupo de atores do Grêmio Dramático Militar e Orquestra uma peça

---

3 O edifício da Padaria, como é mencionado na ata, corresponde à primeira sede da agremiação, que ficava na rua Formosa (atual Barão do Rio Branco), nº 105.

sua de três atos intitulada "A Política é a mesma", satirizando os últimos acontecimentos políticos do Governo do General Clarindo de Queirós. A peça chegou a ser encenada no Teatro São Luís de Fortaleza nas noites dos dias 14 e 18 de julho e 1º e 30 de agosto de 1891. Recepcionada como uma grande novidade por justamente retratar no teatro fatos e cenários dos cearenses, algo inédito para um público acostumado a ver ópera italiana nos palcos do São Luís. "A Política é a mesma" abria o primeiro ato tendo como cenário a praça do Ferreira e o Café Java. O personagem de destaque era o próprio Mané Coco, interpretado pelo jovem ator Pinheiro Júnior, um dos cadetes transferidos da Escola Militar da Praia Vermelha no Rio para a Escola Militar de Fortaleza:

> Numa revista de ano – do ano de 1892, creio – escrito por A. Peixoto e por mim e representada com sucesso no antigo Teatro S. Luiz, aparecia em cena o Café Java com o Mané Coco, que era maravilhosamente imitado por um rapaz da Escola Militar, de nome Pinheiro. (SALES, 2010, p. 16).

Se a Praça do Ferreira, o Café Java e o seu proprietário subiram ao palco do Teatro São Luís com a peça de Antônio Sales, a Padaria Espiritual faria o contrário: o Teatro desceria às ruas. E toda essa atitude dionisíaca contrastava com a instituição de maior prestígio da intelectualidade cearense até então, a saber, a Maçonaria. Pode-se ler, por essa chave, a Padaria Espiritual como uma grande paródia ao grupo dos maçons e não, como pensou Pedro Nava, uma homenagem à Maçonaria. Nenhum dos moços do Café Java estava inscrito nas lojas maçônicas, o que lhes deixava numa posição confortável. "Os padeiros livres" e os "pedreiros livres" nunca se encontraram nem no Forno, nem nas lojas maçônicas, tampouco bateram de frente uns com os outros na imprensa. As sessões semissecretas da Maçonaria ganharam seu contraponto nas reuniões ao relento dos amigos de Antônio Sales. A presença feminina, esposas, parentes e amigas, que não estavam impedidas de participar dos encontros da Padaria Espiritual, davam um colorido impensável para a Maçonaria, que subsiste, ainda hoje, como um espaço de socialização masculina por excelência.[4]

---

4   Em diversas atas da Padaria, encontramos a presença de mulheres. Para ficarmos num exemplo: "De gente de fora, compareceram Aníbal Teófilo, Alfredo Severo e José Francisco, do Centro Literário. Distintas senhoras, parentas e aderentes (?) dos padeiros abrilhantaram a festa" (AZEVEDO, 2015, p. 71). Também reza o artigo XXXVIII do Programa de Instalação:

Outro ponto que perfaz a sátira contra a Maçonaria é o humor dos Padeiros, que ganhou materialidade escrita e notoriedade com o "Programa de Instalação" da agremiação, programa difundido para Deus e o Mundo nos diversos jornais do país.[5] A Maçonaria, até onde se sabe, é sisuda. No programa de instalação se lia: "Fica organizada, nesta cidade de Fortaleza, capital da 'Terra da Luz', antigo Siará Grande, uma sociedade de rapazes de Letras e Artes, denominada Padaria Espiritual, cujo fim é fornecer pão de espírito aos sócios em particular, e aos povos, em geral". O caráter universal de oferecer "pão de espírito" a todos os povos estabelece uma correlação com o lema da Maçonaria, que é o mesmo da Revolução Francesa: "Igualdade, Fraternidade e Liberdade". Todavia, diferente da Maçonaria, eram apenas rapazes, proletários intelectuais sem grandes rendas (secretários, professores, empregados no serviço público, músicos, médicos, funcionários da Estrada de Ferro, um afinador de piano, um desenhista e um pintor), que podiam oferecer no máximo um pouco de poesia e livros. Os sócios da Maçonaria, por sua vez, se unem para ajudar o associado que esteja passando por apertos financeiros, sendo na maioria comerciantes bem-sucedidos, homens de boa posição na sociedade. Outro aspecto que fortifica a paródia está nos brasões da Maçonaria e da Padaria Espiritual. O brasão maçônico exibe uma régua e um compasso entrecruzados, que remetem aos ofícios de cantaria, no centro, um "G" em maiúscula referindo-se ao Arquiteto Supremo. Já "O distintivo da Padaria Espiritual será uma haste de trigo cruzada de uma pena, distintivo que será gravado na respectiva bandeira, que terá as cores nacionais". Bem menos pretensioso que o símbolo maçônico, o trigo e a pena tinteiro foram bordados num estandarte para que a Padaria pudesse hasteá-lo nas ruas, como num bloco de carnaval, como num bloco de maracatu. Hoje, o tal estandarte se encontra no acervo do Museu do Ceará.

A caneta e o pendão do trigo resumiam alegoricamente a missão da agremiação: levar o "pão de espírito" a todos os povos. O trigo, todavia, também estava presente *in natura* nos piqueniques e banquetes promovidos

---

"As mulheres, como entes frágeis que são, merecerão todo o nosso apoio, exceptuadas: as fumistas, as freiras e as professoras ignorantes".

5   Com 48 artigos, o "Programa de Instalação" da Padaria Espiritual, pela sua criatividade e bom humor, foi o principal responsável pela divulgação da agremiação fora do Ceará, reproduzido que foi em inúmeros jornais brasileiros, como o *Jornal do Comércio* do Rio de Janeiro.

pelos Padeiros. Na primeira fase da agremiação (1892-1894), a fase mais pilhérica, "faziam-se piqueniques em que os 'padeiros', ao som de violinos (certamente os de Henrique Jorge e Carlos Vítor), conduziam um pão de três metros de comprimento, e tudo era motivo de riso" (Azevedo, 2011, p. 36). Na segunda fase da agremiação (1894-1898), a comilança não ficaria atrás. Aos cuidados de Dona Raimundinha, esposa de Rodolfo Teófilo, o Marcos Serrano, os Padeiros passaram a se reunir na residência do casal: "Seguia-se a refeição que se pompeava abundante, fascinadora e arranjada com a fina elegância que imprime a tudo o bom gosto da D. Raimundinha" (Azevedo, 2015, p. 71). O capricho da anfitriã se estendia aos adornos que enfeitavam as xícaras de café: "Ao café, distribuiu a dona da casa pelos convivas bonitas ventarolas de plumas, trabalho seu. Cada ventarola tinha preso no verso por um laço de fita um confeito envolvido num papelito em que se lia uma máxima, uma sentença, etc." (Azevedo, 2015, p. 71). Os banquetes também eram uma forma de conquistar o apoio da comunidade, e não raro chegavam ao Forno pratos preparados por alguma senhora simpatizante do grupo. Mais do que simplesmente "forrar" o estômago, os jantares, cafés, lanches e almoços da Padaria constituíam uma estratégia de socialização e de abertura ao público em geral, que via nos Padeiros uma sociedade que, embora galhofeira, não ameaçava os costumes e a família. Neste sentido, a memória de Herman Lima (1897-1981) da casa materna, quando sua mãe, Dona Julieta Demarteau de Castro Lima, uma belga radicada no Ceará, recordava o espanto dos fortalezenses com os rapazes do Café Java ao mesmo tempo que adquiria para o seu lar as obras destes jovens poetas:

> Na verdade, também em nossa casa, minha mãe recordava uma vez por outra o alvoroço que percorrera os meios sociais de Fortaleza, ao surgimento daquela curiosíssima **Padaria Espiritual**, a mais original associação de homens de espírito de que há notícia na história literária do Brasil. [...] Desse tempo, ficaram mesmo entre os livros da nossa estante, ao lado dos romances de Alencar, Macedo e Machado de Assis, os volumizinhos editados pela **Padaria** – **Dolentes**, de Lívio Barreto, **Fantos**, de Lopes Filho, as **Trovas do Norte**, do próprio Antônio Sales" (Lima, 1995, p. 15 e 16).

Destaco no trecho acima a passagem que fala do "alvoroço que percorrera os meios sociais de Fortaleza". Como era de esperar, nem todos morriam de simpatia pelos Padeiros, que também amealharam opiniões contrárias às suas esquisitices juvenis. Nessas pessoas que torciam o nariz para os versos e as atitudes que saíam do Forno, tachavam o carimbo de "burgueses", sem dó nem piedade. O tom das invectivas era grave, apesar das pinceladas de humor, como neste perfil de Fortaleza traçado por Adolfo Caminha, o Félix Guanabarino, na coluna "Sabatina" do jornal *O Pão*:

> A pequena capital cearense, habituada ao aluá, à secca e à política, e celebrisada pelo irreprehensível alinhamento de suas ruas, estremeceu como alguém que acorda de um pesadelo enorme. A burguesia damnou: que éramos uns idiotas sem eira nem beira, uns pilintras sem lettras nem *: que isso de Padaria Espiritual é uma especulação como outra qualquer [...] Aquelles que, duvidando das nossas boas intenções, julgarem-nos uma sucia de estouvados, uns estroinas, sem responsabilidade e sem critério, ouçam: A capital do Ceará, encantadora como uma pérola do Oriente, bella como conheceis, é, entretanto, uma cidadesinha soffrivelmente atrasada com laivos de civilisação. Si temos duas livrarias, em compensação não lemos livros que prestem. Para matar o tédio que nos mina e consome a existência, somos obrigados a ir, às quintas-feiras e aos domingos, alli ao Passeio Público exhibir a melhor de nossas fatiotas e o mais hypócrita e imbecil de nossos sorrisos. Na falta de um divertimento bom que nos deleite o espírito e nos faça vibrarem os nervos, ocupamo-nos de política, mas de uma política torpe, reles, suja, indigna de ser tocada por mãos que calçam luvas de pellica. A literatura e as artes são, por assim dizer, os melhores tônicos para o espírito.[6] (CAMINHA, 1892).

Adolfo Caminha descreve uma Fortaleza provinciana, qualificando-a com signos do atraso, a par do traçado planejado de suas ruas centrais: assim é que surge uma Fortaleza pequena que toma aluá (bebida fermentada de frutas típica da zona rural cearense), habituada à seca, à politicagem, ao tédio, à hipocrisia, à fofoca e à falta de cultura, apesar de abrigar duas livrarias, "laivos de civilização". A presença do grupo de jovens poetas veio sacudir essa pasmaceira e botar em polvorosa os tais "burgueses" que, pelo contexto, não engoliam um bando de "estouvados" sem responsabilidades. Em que pesem os inúmeros significados da palavra "burguês", toda vida mencionada pelos Padeiros, o "burguês" parece vir mesmo naquele sentido que se desenvolveu no século XVIII entre os franceses e que expressa "o desprezo aristocrático pela mediocridade do **burguês**, que se ampliou,

---

6 Foi mantida a grafia original no trecho.

especialmente no século XVIII, para tornar-se desprezo filosófico pela vida e pelas ideias limitadas, embora estáveis, dessa classe 'média'" (WILLIAMS, 2007, p. 64). A mediocridade intelectual, filosófica e artística principalmente das famílias abastadas de Fortaleza era o alvo do ódio ao burguês da Padaria Espiritual, que está também retratado em alguns dos artigos do Programa de Instalação que proibiam o tom oratório dos discursos (artigo XI), a "referência à rosa de Malherbe e escrever nas folhas mais ou menos perfumadas dos álbuns" (artigo XIX) e a recitação ao piano, "sob pena de expulsão imediata" (artigo XXVIII); três artigos aparentemente antirromânticos, mas que na realidade preservam o espírito tormentoso e iconoclasta do Romantismo, protegendo-o de uma domesticação nos salões e em brindes sociais, tão em voga na sociedade fortalezense da época.

Ocorre que esse "ódio ao burguês", juntamente com os artigos XIV e XXI, de teor nacionalista, ao, primeiramente, proibirem o uso de palavras estranhas à língua vernácula e depois condenarem peças literárias que tragam menção à fauna e à flora estrangeira, como cotovia, olmeiro, rouxinol, carvalho etc., deram argumentos para que críticos e historiadores da segunda metade do século XX afirmassem que a Padaria antecipara o Modernismo de 1922 e suas ideias nacionalistas (ver CARDOSO, 2006, p. 24). Além do flagrante anacronismo dessas conclusões, a nosso juízo, as referências à matéria nacional, às quais se acrescentam a elaboração de um "Cancioneiro Popular genuinamente cearense" (artigo XXXIV) e a aversão ao "burguês", são releituras e rescaldo do Romantismo e não antecipação da Semana de 22, tanto que os Padeiros eram obrigados a tirar o chapéu quando os nomes de Goethe e José de Alencar fossem mencionados nas reuniões (artigo XX). Muitos dos poemas dos Padeiros tinham extração romântica (como alguns de Antônio Sales e o livro *Os Pescadores da Taíba*, 1895, de Álvaro Martins). Não havia um projeto estético sistematizado que levasse em conta uma investigação nacional tal como ocorreria em diversas tendências do Modernismo, aliás, não havia projeto estético algum na Padaria: os Padeiros estavam livres para escrever o que bem quisessem e o que vemos é exatamente isto, um retrato da literatura brasileira do momento, ali do final do século XIX, quando conviviam Romantismo, Neoclassicismo, Parnasianismo e o início do Simbolismo. Sonetos, quadras, cromos, canções, narrativas realistas e naturalistas, ou seja, o esperado para o período.

Vistos de hoje, pode-se até afirmar que os Padeiros eram inovadores na atitude e conservadores na escrita, mas isto é de certo modo injusto, pois a produção bibliográfica alentada da Padaria Espiritual demonstra o esforço de escritores afastados do centro hegemônico (São Paulo e Rio de Janeiro) em permanecerem atualizados com os debates e as tendências do restante do país e mesmo da Europa, como demonstrou Sânzio de Azevedo em *A Padaria Espiritual e o Simbolismo no Ceará* (1983) ao concluir que o Simbolismo chegou ao Ceará via Portugal, através da leitura compartilhada do único volume do livro *Só*, de Antônio Nobre, emprestado um a um entre os Padeiros, que ficaram apaixonados pelos poemas do poeta da cidade do Porto. Pelas mãos do Simbolismo português, Lopes Filho (o Anatólio Gerval) publicou *Phantos* (1893), à venda em Fortaleza antes dos *Broquéis* de Cruz e Sousa. Segundo ainda Sânzio de Azevedo, além de *Phantos*, publicou-se, postumamente, de Lívio Barreto (o Lucas Bizarro) pela Padaria Espiritual o livro *Dolentes*, de 1897, igualmente simbolista.

Aliás, o trabalho editorial dos Padeiros é de se admirar. Além dos 36 números do jornalzinho *O Pão*, o selo editorial da Padaria Espiritual publicou vários livros, entre eles *Versos*, de Antônio de Castro (1894); *Flocos*, de Sabino Batista (1894); *Contos do Ceará*, de Eduardo Saboia (1894); *Cromos*, de Xavier de Castro (1895); *Trovas do Norte*, de Antônio Sales (1895); *Marinhas*, de Antônio de Castro (1897); *Maria Rita*, de Rodolfo Teófilo (1897); *Perfis sertanejos*, de José Carvalho (1897); e *Violação*, de Rodolfo Teófilo (1898). Tal volume editorial só seria possível pela ação dos gráficos e casas tipográficas da capital cearense, que começavam a produzir brochuras e livros de forma profissional, somando-se a outras capitais do Nordeste, como São Luís, Salvador e Recife, que já possuíam uma experiência mais consolidada na arte de Gutenberg.

A Padaria Espiritual, como espero ter mostrado aqui, ganhou destaque no cenário nacional justamente por ter conseguido aproveitar bem as possibilidades de seu tempo numa cidade do Norte do país que começava a se modernizar. Esse estudo historicamente situado tem o condão de mensurar o tamanho real da agremiação, evitando excessos bairristas ou desejos revanchistas de que uma pequena província antecipe os grandes movimentos hegemônicos do país, mas é justamente a dimensão real dos meninos do Café Java que mostra a grandeza e a singularidade dessa agremiação tão simpática a todos e todas brasileiras.

Referências

AZEVEDO, Sânzio de. *Atas da Padaria Espiritual – transcrição e atualização ortográfica por Sânzio de Azevedo*. Fortaleza: Expressão Gráfica e Editora, 2015.

AZEVEDO, Sânzio de. *A Padaria Espiritual e o Simbolismo no Ceará*. Fortaleza: Secretaria de Cultura e Desporto, 1983.

AZEVEDO, Sânzio de. *Breve História da Padaria Espiritual*. Fortaleza: Edições UFC, 2011.

CAMINHA, Adolfo. Sabatina. O Pão, ano 1, n. 2, p. 1-2, 17 jul. 1892. In: *O Pão... da Padaria Espiritual*. Ed. Fac-similar. Edições UFC/ Academia Cearense de Letras/ Prefeitura Municipal de Fortaleza, 1982.

CARDOSO, Gleudson Passos. *Padaria Espiritual: biscoito fino e travoso*. 2. ed. Fortaleza: Museu do Ceará/ Secretaria de Cultura do Estado do Ceará, 2006.

LIMA, Herman. Prefácio – Antônio Sales. In: SALES, Antônio. *Novos retratos e lembranças*. Fortaleza: Casa de José de Alencar/ Programa Editorial, 1995.

MARQUES, Rodrigo. *Antônio Sales*. Edições Demócrito Rocha, 2017. (Coleção Terra Bárbara).

MARQUES, Rodrigo. *Literatura Cearense: outra história*. Fortaleza: Dummar, 2018.

SALES, Antônio. *Retratos e Lembranças – reminiscências literárias*. 2. ed. Fortaleza, 2010.

WILLIAMS, Raymond. *Palavras-chave: um vocabulário de cultura e sociedade*. Trad. de Sandra Guardini Vasconcelos. São Paulo: Boitempo, 2007.

Helena Morley e o livro *Minha vida de menina*: índices da modernidade em um diário

Ana Elisa Ribeiro
Maria do Rosário Alves Pereira
Renata Moreira

Querido diário, **uma introdução**

Dedicamo-nos neste capítulo a Helena Morley, conhecida como autora do diário *Minha vida de menina*, obra facilmente encontrável, hoje, na coleção de bolso da editora Companhia das Letras, atualmente de capital multinacional (Random House). O texto de quarta capa da edição mais recente destaca os aspectos sociais e econômicos do Novecentos brasileiro como pontos centrais do livro, colocando em segundo plano "as inquietações de uma jovem espevitada às vésperas de um novo século". Antes disso, no entanto, trata de informar que o livro foi "aclamado por escritores" (segue-se uma lista de nomes masculinos consagrados) e publicado pela primeira vez em 1942. Segundo o texto promocional, a obra teria antecipado "a voga das histórias do cotidiano e dos relatos confessionais de adolescentes ao traçar um retrato bem-humorado da vida em Diamantina entre 1893 e 1895".

O que se diz dessa obra hoje vem sendo construído, portanto, desde seu lançamento, nos anos 1940, pela editora José Olympio de então,[1] em condições que também importam aos estudos literários. Trata-se, supostamente, de um diário escrito por uma jovem, depois guardado, mais tarde mostrado à família e então publicado, sob pseudônimo. Para além da compleição literária que esse texto apresenta, há toda uma lenda sobre sua existência e materialização, de maneira que Helena Morley, ou Alice Dayrell Caldeira Brant (nome de casada), e *Minha vida de menina* torna-

---

1 A marca José Olympio existe ainda hoje e carrega sua história como editora brasileira de relevo. No entanto, atualmente é um selo dentro do grupo maior da Companhia das Letras, que, por sua vez, também não é mais de capital nacional. A José Olympio "de então" foi talvez a editora mais influente do país, naqueles idos, tendo construído um catálogo importante para nossa literatura e intelectualidade.

ram-se uma construção multifacetada. E é essa constituição, já histórica, que nos interessa aqui.

Escrever, estudar, publicar

Definitivamente, estudar e escrever não eram ainda possibilidades acessíveis a todas as mulheres no final do século XIX. A jovem Alice Dayrell Caldeira Brant (Diamantina, Minas Gerais, 1880 – Rio de Janeiro, 1970), filha de pai inglês protestante trabalhador e de mãe brasileira católica abastada, nasceu e se criou em Diamantina, cidade do norte mineiro conhecida pela mineração, pela riqueza e, a reboque, pelo escravagismo vigoroso. Teve acesso, conforme relata em seu diário, aos estudos, inclusive ao curso Normal, e, por recomendação do pai, manteve um caderno no qual escrevia amiúde. Esse documento atravessou décadas e foi publicado em 1942, por sugestão do marido da autora, o escritor Mario Brant, amigo de outros escritores, como Abgar Renault (KERN, 2009; ORSOLIN; MELO, 2018).

Todos os trabalhos consultados a respeito de *Minha vida de menina* dão conta de sua constituição como um diário, do aspecto literário, da condição de obra escrita por uma mulher na virada do século XIX-XX. Está em relevo também o fato de ser publicada quase meio século depois de escrita, além de, em alguns casos, haver comentários sobre suas condições de publicação, já que o livro teria imediatamente alcançado sucesso (para a perplexidade da autora, segundo consta), sendo editado em Portugal e traduzido para várias línguas (RECCHIA; LEONEL, 2012); angariou, ainda, leitoras como Rachel de Queiroz, Marlyse Meyer (sua tradutora ao francês) e Elizabeth Bishop (tradutora e prefaciadora, em 1957, para a língua inglesa, em Nova York e em Londres) (DAL FARRA, 2016).

O fato de o livro ser um diário atrai estudiosos e estudiosas interessados em seu aspecto confessional, autobiográfico ou testemunhal, embora isso seja quase sempre relativizado, com base principalmente em Philippe Lejeune (2007). Gabriel e Santos (2018, p. 294), por exemplo, reafirmam Helena Morley como autora importante associada à memorialística brasileira, já que "testemunha sobre as mudanças culturais e históricas" na Diamantina finissecular. No artigo desses autores, considera-se o "estilo vívido, inventivo, absorvido da tradição popular para narrar experiências e histórias de vida" (p. 296), buscando na obra aspectos como memória, história, tradição e identidade, caso também de Furtado e Tabak (2017).

Viana (1995) assevera que, se na Europa do século XIX o memorialismo já se afirmava como gênero literário, no Brasil limitava-se a umas poucas obras. É sabido que as mulheres iniciaram seu percurso como escritoras nos jornais, seja publicando poemas, contos, folhetins e, inclusive, artigos de opinião em defesa de direitos básicos, como educação e voto. De acordo com a pesquisadora, *Reminiscências*, de Maria Eugênia Ribeiro de Castro, de 1893, e *Minha vida de menina* – escrito entre 1893 e 1895, mas só publicado em 1942, como já mencionado –

> são os mais antigos livros de memórias de mulher, escritos no Brasil, de que se tem notícias. Não significa que não tenha havido outros antes deles. Supõe-se que, se existiram, não chegaram a ser publicados ou tiveram circulação apenas regional ou familiar. [...] quando escritos, esses livros não eram publicados de imediato. Permaneciam esquecidos nos baús e gavetas ou acessíveis apenas aos familiares, para servirem de exemplo e modelo de abnegação e humildade a serem seguidos (VIANA, 1995, p. 15).

A pesquisadora chama atenção ainda para o fato de que um diário, *a priori*, não se destina à publicação, pertence ao âmbito privado, o que delega a seu escritor ou escritora certa liberdade fundamental, na medida em que não há editor nem público leitor. Desse modo, o memorialismo que nele se expressa se dá de modo singular. Viana o classifica como "um jogo bastante livre de escrita", o que radicalizaria "sua configuração de texto cifrado, fendido, pontilhado de brancos e vazios, onde o paradoxo e a ambivalência podem coexistir com a linearidade e a univocidade" (VIANA, 1995, p. 53).

De outro ângulo, e não menos importante, estudiosos como Furtado e Tabak (2017), Reis (2013), Dal Farra (2016), Orsolin (2018), Orsolin e Melo (2018) destacam justamente as questões femininas e virtualmente feministas, no fim do século XIX, apontando na narradora de Helena Morley o embrião de uma mulher dita à frente de seu tempo, não apenas pela questão dos estudos, mas, principalmente, pela interpelação da vida feminina, da religiosidade mestiça naquele lugar, da relação com o trabalho, o casamento e com elementos sociais como a escravidão e a República (AGUIAR, 2004; KERN, 2009). As atitudes da voz lírica do diário em relação ao trabalho e à escravidão, por exemplo, parecem a Kern (2009, p. 213) uma "visão complexa", que mescla tanto "atitudes 'esclarecidas' quanto atitudes 'preconceituosas' decorrentes dos modos de pensar inglês e colonial brasileiro". Já segundo Furtado e Tabak (2017, p. 17), o que a autora fazia era mais próximo de "indagar o mundo, de questionar comportamentos, regras e modos impostos e praticados por sua família e pela sociedade de Diamantina", elementos que merecem posição privilegiada em relação a outros escritores do mesmo período, embora em outros gêneros literários.

Uma obra de autoria feminina, mas não feminista

Não se pode desconsiderar o fato de que *Minha vida de menina* é uma obra de autoria feminina, escrita no século XIX e publicada no XX, em condições pretensamente conhecidas. Parte da fortuna crítica do livro faz a associação entre o gênero diário e a suposta tendência confessional da escrita das mulheres, além de encontrar pares, comparando Helena Morley a outras moças que escreveram diários ou livros semelhantes, em época próxima. É o caso, por exemplo, dos trabalhos de Kern (2009), que trata também de Cecília de Assis Brasil; de Dal Farra (2016), que traça um paralelo com a poeta Zalina Rolim; e de Maria Cristina Gouvea (2019), que o faz com Bernardina Constant, todas as estudiosas à procura de revelar, nos textos e livros analisados, elementos da sociedade brasileira e da vida das mulheres em suas épocas.

Segundo Gouvea (2019), "*Minha vida de menina* tem sido objeto de análise nos campos da crítica literária, dos estudos de gênero, da história e da história da educação", sendo possível encontrar teses, dissertações, monografias, artigos e livros que se dedicam à autora e à obra. A questão feminina (e eventualmente feminista), no entanto, parece merecer destaque entre as estudiosas e os estudiosos, além do sempre apontado aspecto ligado à história editorial do diário/livro. É a mesma Gouvea (2019) que põe em relevo o fato de que *Minha vida de menina* foi publicado em primeira edição apenas 49 anos depois de ser escrito. A pesquisadora, em nota à página 10 de seu artigo, menciona o evento acadêmico ocorrido em 1995, em virtude do centenário dos diários de Alice Dayrell, com a presença de familiares da escritora. Teria havido um incômodo, expresso pelos estudiosos de sua obra, quanto ao fato de não ser possível o acesso aos originais, entre outras questões que põem, ainda hoje, em dúvida elementos da história editorial desse livro, ao mesmo tempo que lhe fazem crescer a lenda. Além de Gouvea, que faz alusão à "conclusão abrupta do diário publicado", Orsolin e Melo (2018) tratam com um pouco mais de detalhe as dúvidas quanto ao texto original, a possíveis intervenções do marido de Alice Dayrell para que o diário pudesse ser publicado nos anos 1940, assim como questionamentos ao fato de não haver outros originais e obras da mesma autora ou mesmo de *Minha vida de menina* ter sido escrito por uma mulher.

Nesse aspecto, a despeito da escrita e da publicação do diário, do gênio demonstrado pela narradora, pelos temas que ali aparecem, além da própria condição de escritora de textos, ainda que não inicialmente pensados como livro, Alice Dayrell encontra, já quando da publicação de *Minha vida de menina*, motivos para dar vida à escritora, mas sob pseudônimo, expediente comum às mulheres naquela época, mas já debatido por autoras e editoras feministas, ainda no século XIX (DUARTE, 2016). Segundo Orsolin e Melo (2018), o diário de Alice Dayrell manteve-se guardado até 1941, quando, numa tarde de sábado, depois de uma leitura íntima e despretensiosa para a família, e diante do encantamento de todos, o marido sugere sua publicação como livro. Assim Mario Brant relata esse momento:

> Por que não publicamos esse diário? Muita gente iria ter a oportunidade que estamos tendo de ouvir histórias tão interessantes de uma menina inteligente numa cidadezinha mineira, no final do século passado. Alice não achou graça na ideia. Ignez, sua filha, adorou. Depois de muita discussão, Alice concordou em transformar tudo aquilo num livro desde que fosse com pseudônimo, do contrário Diamantina inteira iria brigar com ela. Pensaram vários nomes. Alice preferiu Helena porque achava um nome muito bonito. E o sobrenome Morley, de sua avó materna. Assim nasceu Helena Morley (BRANT, 2013, p. 49 *apud* ORSOLIN; MELO, 2018).

Leituras críticas e pesquisa acadêmica: o lugar do diário

Mas, afinal, qual é a posição ocupada por *Minha vida de menina* no rol de escritores e escritoras nacionais? Os pesquisadores e as pesquisadoras de Helena Morley a consideram em lugar especial da literatura brasileira. Em alguns casos, reivindicam sua posição no cânone de nossa literatura, como fazem explicitamente Orsolin e Melo (2018). Nas palavras deles, dada a importância do livro,

> é possível, então, reivindicar o seu lugar na história da literatura brasileira, o que coloca em questionamento o cânone literário que, violentamente, persiste em marginalizar e silenciar textos interessantes, escritos por mulheres oitocentistas (ORSOLIN; MELO, 2018, p. 56).

Para Viana (1988), a obra única de Helena Morley extrapola o que a estudiosa chama de "características comuns de um diário" e termina por revelar uma escritora potente, desvelada em seu gesto aparentemente discreto e despretensioso de publicar um diário juvenil.

Para Hoff (2016), *Minha vida de menina* é um "clássico", não se esgotando em leituras rápidas, embora a pesquisadora o considere um livro atualmente "pouco lido e talvez até esquecido"; apresenta "qualidades narrativas inegáveis", inusitado tom irônico comparável à obra machadiana (para uma jovem?); é uma "obra singular",

> o diário de uma jovem e espirituosa adolescente, que se passa no cenário complexo de um Brasil rural e patriarcal do final do século XIX e é repleto de observações sobre fatos, hábitos, crendices e relações sociais que circundam a narradora-protagonista Helena. Pelas páginas de *Minha vida de menina*, podemos transitar sem impedimento dos estudos sobre a produção de autoria feminina para os fatos do nascimento do estado republicano brasileiro, das considerações sobre a escrita do diário autobiográfico para as questões da autoria e da configuração do "eu" que narra, do cotidiano de uma menina de família abastada para as novas divisões do trabalho ocasionadas pelas transformações econômicas da transição para o século XX, dentre outras pontes possíveis que liguem temas distintos (Hoff, 2016, p. 311).

Seguindo a mesma toada ambígua, Coelho (2011) discute tanto a notoriedade quanto o pouco prestígio do diário de Morley, apontando, no entanto, que ele é um dos poucos diários de menina conhecidos do público mais amplo. A despeito das dúvidas que pairam sobre a história desse livro, mas que terminam por ajudar a construir um enredo em torno dele, *Minha vida de menina* não apenas foi editado muitas vezes, em muitos países e línguas, como também inspirou adaptações cinematográficas[2] e adoções em vestibulares de universidades. Como aponta e estuda Oliveira (2021), o livro é adotado em escolas e toma lugar em projetos que visam ao despertar do gosto literário em jovens.

Se há certa sobreposição de razões construídas para que o livro de Helena Morley não esteja no cânone moderno (desvalorização do gênero diário, a própria autoria feminina, a obra única, o agenciamento do ma-

---

[2] O filme *Memória de Helena* foi lançado em 1969, com direção de David Neves, e, em 2004, foi lançado *Vida de Menina*, dirigido por Helena Solberg (Dal Farra, 2016).

rido, o pseudônimo como escamoteador de uma coragem enunciativa, o anúncio de uma publicação tardia e até despretensiosa), deve haver razões mais fortes para que essa obra esteja onde está: nos estudos acadêmicos há décadas, no cinema, é adotada em escolas e consta do catálogo de uma das maiores casas editoriais em operação no Brasil.

É pertinente refletir, no entanto, de modo diferente do que propõem outros pesquisadores já mencionados neste capítulo, sobre o fato de que não se está pleiteando um outro cânone, ao qual, supostamente, o livro de Morley deveria pertencer; o que pretendemos aqui é aventar possibilidades sobre um maior ou menor reconhecimento de determinada obra e, ao mesmo tempo, apontar elementos na obra literária que ratifiquem sua importância histórico-literária. Como destaca Reis (1992), é necessário perceber que toda leitura é condicionada por fatores como o lugar social ocupado pelo leitor em dado momento histórico ou mesmo o chamado "gosto" (variável sempre imprecisa e sócio-historicamente construída, vale lembrar). Ele questiona o valor inato supostamente embutido em algumas obras e lembra que todo processo de escolha implica igualmente exclusão: "A noção de valor e a atribuição de sentido não são empresas separáveis do contexto cultural e político em que se produzem, não podendo, por conseguinte, ser desconectadas de um quadro histórico" (REIS, 1992, p. 73).

Merece certa reflexão, por exemplo, a "modernização incompleta", para usar o termo de Bresser-Pereira (1995), ainda que forjado para outro período-problema, que sempre acomete nossas perquirições sobre o que é modernista e moderno no Brasil. Aponta o autor a "heterogeneidade radical da sociedade brasileira" (1995, p. 106) para problematizar a compreensão de modernidade entre nós. O Modernismo, face artística do período que se entende como modernidade, para além da especificidade da arte, traria em seu bojo questões correlatas ao ser moderno – questões que, entre nós, não podem ser olhadas sem certo distanciamento. Na discussão de Bresser-Pereira, avulta a consciência da relação entre modernidade e capitalismo – aquele que ocorreria nos países com grau de desenvolvimento humano suficiente para diminuir as contradições sociais inerentes à exploração pelo capital. Para o autor,

> Uma sociedade é moderna quando: 1) no campo econômico, há, através do mercado, uma alocação de recursos razoavelmente eficiente, e ela é dinâmica em termos tecnológicos; 2) no campo social, a desigualdade econômica não é excessiva e não há a tendência de

que ela aumente; e 3) no campo político, quando a democracia é sólida. Uma sociedade moderna não é apenas uma sociedade que não é tradicional, que não é particularista, que não é guiada por privilégios, que não é dominada por uma oligarquia aristocrática, barões ou burocratas saqueadores (BRESSER-PEREIRA, 1995, p. 109).

É certo que a reflexão de Bresser-Pereira merece, ela própria, ser vista com o distanciamento que o tempo nos permite, pondo em questão mesmo as ditas sociedades avançadas – mas não é esse o tema que nos ocupa agora. O ponto nevrálgico desta discussão é que uma ideia de modernidade se instaurou sub-repticiamente nos discursos em torno do que seria reputado como Modernismo, em época em que nenhum de nós poderia, sem rasuras, se considerar moderno (já podemos?). Assim, calhou chamar modernistas àqueles que produziam no *locus* privilegiadamente visto como índice do moderno, ainda que suas contradições sociais fossem flagrantes – nasce o Modernismo paulista. Por extensão, as redes de sociabilidade tecidas entre eles facultaram a escritores de fora desse centro (auto)atribuído a alcunha de modernistas – desde que comungassem de credos similares.

Para avaliar os processos particulares de modernização – que redundariam em uma arte de feição moderna – precisaríamos pensar nossos fazeres a partir de uma epistemologia do Sul, se não descolada, pelo menos não dependente da visão europeia de moderno, em que temporalidades diversas e concomitantes fossem percebidas. Nesse sentido, o que se pode entender como modernista, no Brasil, é necessariamente resultante de processos francamente contraditórios na produção e na recepção da arte, na medida em que se amalgama com o todo social.

No que diz respeito ao diário de Helena Morley, destacam-se dois fragmentos que contextualizam a obra nessa discussão sobre modernidade, flagrante entre o final do século XIX e as primeiras décadas do XX. Vejamos o primeiro:

> Que economia seria para mamãe, agora que a lavra não tem dado nem um diamantinho olho de mosquito, se pudéssemos ir à ponte todos os dias, pois Renato e Nhonhô vendem tudo que trazem, no mesmo dia. Ainda se pudéssemos ficar na lavra com meu pai, ela não precisava trabalhar tanto. Mas os nossos estudos atrapalham tanto a vida de mamãe, que eu morro de pena dela (MORLEY, 2016, p. 19).

Nesse primeiro fragmento do livro, fica patente a derrocada de um sistema econômico que altera a estrutura familiar: a extração de diamantes nas lavras da cidade de Diamantina, recorrente, conforme historiadores, desde o século XVIII, apresenta grandes oscilações ao longo do século XIX, o que, obviamente, afeta a economia da região. Martins (2004) combina três fatores para refletir sobre uma possível periodização da mineração naquela localidade: volumes de produção e níveis de preço do produto; legislação que incidia sobre o setor; e transformações técnicas e relações de trabalho predominantes. A partir disso, o autor aponta o *boom* de uma atividade garimpeira entre 1832 e 1870, e de 1870 a 1897, uma crise do diamante – destaque-se que o diário de Morley foi escrito nesse período. No fragmento acima, além da escassez de diamante já mencionada, tem-se a constatação de que a mãe também tinha de trabalhar – já que os ganhos do pai com a mineração não eram suficientes nos últimos tempos – e de que a narradora do diário sentia como se os estudos dos filhos a atrapalhassem. Vê-se que a visão de mundo da menina e a própria estrutura e divisão de tarefas familiar são afetadas pelo contexto histórico de derrocada de um ciclo – o do garimpo – ao mesmo tempo que prenuncia uma nova ordenação social – lenta e gradual.

No segundo fragmento a ser explorado, vê-se um forte índice da modernidade – essa modernidade contraditória que nos é familiar:

> Leontino veio nos convidar para irmos assistir à inauguração do telégrafo, que eles fizeram em casa, e que tia Aurélia esperava mamãe e a família toda com muito carajé, chocolate e sequilhos. Fomos todos e Dindinha também. Ficamos, a metade das pessoas, na sala de visitas e a outra metade na sala de jantar, no fim do corredor, que é muito comprido. Os da sala passavam telegrama para os de lá de dentro e a resposta era escrita com uns risquinhos, que a pena ia fazendo numa tira de papel, que Sérgio lia, e estava certinho. Dindinha, mamãe e as tias ficavam de boca aberta, de ver como eles passavam direito, como se fosse no telégrafo. [...] Mamãe é uma que daria a vida para nós sermos como os filhos de tia Aurélia, que só vivem estudando. Mas ela mesma já se convenceu de que tudo que os filhos de tia Aurélia fazem, mais do que nós, é porque o pai deles é comerciante e pode olhar os filhos. Nós, com meu pai vivendo fora, na lavra, e mamãe querendo ir sempre atrás dele, teremos mesmo de ser como somos (MORLEY, 2016, p. 27-28).

O telégrafo, inaugurado no Brasil em 1857, no Rio de Janeiro, traz mudanças substanciais nos comportamentos, as quais remetem a um estreitamento e a uma velocidade maior nas comunicações, o que acabaria por ampliar as possibilidades de contato com o mundo exterior. Aqueles que estivessem mais familiarizados com o novo teriam mais chances de angariar bons trabalhos ou ocupar posições de maior evidência na sociedade, por exemplo. É por isso que, no excerto acima, fica evidente o anseio materno de que os filhos pudessem dedicar-se integralmente aos estudos para que tivessem acesso ao mesmo tipo de conhecimento que os filhos de tia Aurélia tinham, o que é uma impossibilidade decorrente da estrutura familiar e das condições econômicas da família mencionadas anteriormente. Goodwin Jr. (2007) analisa o discurso que circulava na imprensa diamantina e de Juiz de Fora entre os anos de 1884 e 1914 e assevera que se propagava o conceito de "progresso urbano":

> A aparência dos edifícios, o conjunto calçadas/lojas/ruas pavimentadas, artefatos tecnológicos e máquinas, como o telégrafo, o telefone, a eletrificação, o automóvel, passaram a representar o processo de urbanização. Em termos diretos, foram tomados por *sinais visíveis de civilização*, cuja existência aproximava uma cidade do mundo ao qual suas elites aspiravam pertencer (GOODWIN JR., 2007, p. 38, grifo no original).

É interessante notar que tal modernização incipiente convive com costumes locais, como a passeata de Bambães, espécie de procissão a percorrer a cidade para angariar esmolas para a Igreja, dentre outras festas populares na região de Diamantina – quase todas ligadas aos aspectos folclórico e religioso. Isso aponta para um quadro multifacetado típico do final do século XIX e começo do XX, em que a modernização se processava pouco e pouco, sobretudo fora das capitais.

Percebemos, portanto, que o livro de Morley apresenta, ao longo de suas páginas, diversos índices daquilo que, posteriormente, seria conhecido como modernidade: o sistema capitalista, centrado na exploração; a tentativa de autonomia de uma mulher através da escrita; os indícios de alterações sociais por meio da tecnologia, entre outros, evidenciando sobreposição de temporalidades. Em termos literários, a escrita de si aponta para uma autorreflexividade que, *a posteriori*, seria julgada como moderna. Tal modernidade, entretanto, é fraturada, fora do *locus* facilmente assim reconhecido – ele próprio problemático e contraditório, como não podemos deixar de notar.

Referências

AGUIAR, Maria Salete Alves de. *Imagens de um processo formativo*: a educação da menina no diário "Minha vida de menina", de Helena Morley. Dissertação (Mestrado em Educação), Unicamp, 2004.

BRESSER-PEREIRA, Luiz Carlos. Modernização incompleta e pactos políticos no Brasil. In: SOLA, Lourdes; PAULANI, Leda (orgs.). *Lições da d*écada de 80. São Paulo: Edusp, 1995.

COELHO, Ana Amélia. "História do tempo antigo, para o futuro": uma leitura do diário de Helena Morley. *Revista Criação & Crítica*, 44-57, 6, 2011.

DAL FARRA, Maria Lúcia. Zalina Rolim e Helena Morley: duas escritoras-educadoras. *Revista do CESP*, Belo Horizonte, v. 36, n. 56, p. 31-42, 2016.

DUARTE, C. Lima. *Imprensa feminina e feminista no Brasil*. Século XIX. Belo Horizonte: Autêntica, 2016.

FURTADO, Douglas; TABAK, Fani. Memória e representação feminina no diário de Helena Morley. *Revista InterteXto*, v. 10, n. 2, 2017.

GABRIEL, Maria Alice; SANTOS, Luciane A. Da tradição oral às memórias: a escrita literária de Helena Morley. *Scripta Uniandrade*, v. 16, n. 2 p. 277-299, 2018.

GOODWIN, JR., James. *As cidades de papel*: imprensa, progresso e tradição. Diamantina e Juiz de Fora, MG (1884-1914). Tese (Doutorado em História) – Faculdade de Filosofia, Letras e Ciências Humanas da Universidade de São Paulo, São Paulo, 2007.

GOUVEA, Maria Cristina Soares de. Fontes para escrita da história da juventude feminina: diálogos entre diários de Helena Morley e Bernardina Constant. *Pro-Posições*, Campinas, SP, v. 30, p. 1-28, 2019.

HOFF, Patrícia Cristine. Um clássico provinciano: *Minha vida de menina*, de Helena Morley. *Revista Moara*, ed. 46, Estudos Literários, p. 305-320, ago./dez. 2016.

KERN, Daniela. *Caderno Espaço Feminino*, v. 22, n. 2, p. 205-222, ago./dez. 2009.

LEJEUNE, Philippe. *O pacto autobiográfico*: de Rousseau à Internet. Trad. Jovita Maria Gerheim Noronha e Maria Inês Coimbra Guedes. Belo Horizonte: Ed. UFMG, 2008. (Coleção Humanitas)

MARTINS, Marcos Lobato. A crise da mineração e os negócios do diamante no nordeste de Minas, 1870-1910. 2004, Cedeplar. *Anais eletrônicos...* Disponível em: https://diamantina.cedeplar.ufmg.br/portal/download/diamantina-2004/D04A054.pdf. Acesso em: jan. 2022.

MORLEY, Helena. *Minha vida de menina*. São Paulo: Companhia de Bolso, 2016.

OLIVEIRA, Clóvis Maurício de. *Literatura no ensino médio*: a recepção da obra *Minha Vida de Menina*, de Helena Morley. Dissertação (Mestrado em Letras), 167p. Universidade Estadual Paulista Júlio de Mesquita Filho – Unesp, Assis, 2021.

ORSOLIN, Silvana Capelari. *Um olhar pelo buraco da fechadura*: as personagens femininas oitocentistas no diário *Minha Vida de Menina*, de Helena Morley. Dissertação (Mestrado em Estudos Literários), Universidade Federal de Uberlândia, 2018.

ORSOLIN, Silvana Capelari; MELO, Carlos Augusto de. *Minha vida de menina*, de Helena Morley: um olhar sobre os perfis das mulheres oitocentistas. *Terra roxa e outras terras* – Revista de Estudos Literários, v. 35 p. 45-58, jun. 2018.

RECCHIA, Cristal Rodrigues; LEONEL, Maria Célia de Moraes. Diamantina: cenário do primeiro diário escrito por uma mulher no Brasil – *Minha Vida de Menina* de Helena Morley. *Recorte*, UNINCOR, ano 8, n. 2, p. 1-16, 2012.

REIS, Daiane. *Helena Morley*: personagem plural. Dissertação (Mestrado em Literatura), Universidade Federal de Santa Catarina, 2013.

REIS, Roberto. Cânon. In: JOBIM, J. L. (org.). *Palavras da crítica*. Tendências e conceitos no estudo da Literatura. Rio de Janeiro: Imago, 1992. p. 65-92.

VIANA, Maria José Motta. Apesar de você... (Uma leitura de *Minha vida de menina*, de Helena Morley). *O eixo e a roda*, v. 6, p. 137-144, 1988.

VIANA, Maria José Motta. *Do sótão à vitrine*: memórias de mulheres. Belo Horizonte: Editora UFMG, 1995.

A articulação entre rua e linguagem em João do Rio

Giovanna Dealtry

Aproximar-se do Rio de Janeiro do início do século XX implica tornar-se leitor e leitora da obra de João do Rio. A então capital do país, recém-urbanizada pelo prefeito Pereira Passos, encontra em João do Rio seu melhor tradutor, capaz de transitar pelas prisões e pelos morros com a mesma desenvoltura com que frequenta os salões de Botafogo.

João do Rio situa-se nesse interstício; valendo-se da máscara do jornalista *flâneur* conversa com trabalhadores do cais do porto, segue as pistas para encontrar as casas de ópio ou os terreiros de candomblé, mete-se em meio aos cordões do Carnaval; nos leva por passeios de automóvel pela cidade. Ao voltar seu olhar para as camadas burguesas, revela o comportamento ditado pelas aparências; o fascínio e a repulsa diante das hipocrisias cotidianas. Ambos os caminhos não deixam de explorar os segredos, a sombra dos indivíduos em meio à suposta resplandecência da *Belle Époque*.

Nascido em 5 de agosto de 1881, João Paulo Emílio Cristóvão dos Santos Coelho Barreto, conhecido como Paulo Barreto, era filho de Alfredo Coelho Barreto, branco, professor do Colégio Pedro II e um dos fundadores da Igreja Positivista no Rio de Janeiro, e Florência dos Santos Barreto, de família pobre e de ascendência negra. Aos 17 anos, iniciou sua carreira no jornalismo como crítico teatral do jornal *A Tribuna*. Em seguida, passou a escrever para *A cidade do Rio*, fundado por José do Patrocínio. Nesse momento também surgiu Claude, o primeiro dos pseudônimos adotados por Paulo Barreto, uma prática comum à época entre jornalistas e caricaturistas. Ao longo de sua carreira, foi acompanhado por outros pseudônimos, como Joe, José Antonio José, e Caran d'Ache.

Mas foi na *Gazeta de Notícias* que nasceu João do Rio, não mero pseudônimo, mas uma persona maior do que o próprio Paulo Barreto, por trazer para o jornalismo uma nova forma de escrita, mesclando a reportagem investigativa, ligada ao cotidiano nas ruas, à crônica. João do Rio consolida o modelo de crônica-reportagem na série "As religiões do Rio", publicada com destaque na *Gazeta de Notícias* entre 22 de fevereiro e 22 de abril de 1904, e reunida em volume homônimo ao final do mesmo ano. Na sequência aparecem *Momento literário* – inquérito (1905), *A alma encantadora das ruas* (1908), *Cinematógrafo* – crônicas cariocas (1909), totalizando 27 publicações em vida e duas póstumas, o volume *Celebridades* – desejo e o folhetim *Memórias de um rato de hotel*, além de volumes de cartas e reuniões de textos dispersos em periódicos. A experimentação diversificada dos gêneros, entre contos, crônicas, peças de teatro, romances, e, obviamente, o próprio jornalismo, em tão pouco tempo de vida, revela uma personalidade em acordo com a velocidade do seu tempo, obcecado pela transformação do espaço urbano, dos valores da modernidade e como essa junção afeta a própria subjetividade dos indivíduos.

A crônica investigativa e a prosa ficcional de João do Rio são, ao mesmo tempo, fruto da cidade voltada para o progresso e espelho irônico e cínico, no qual os homens e as mulheres não encontram a imagem idealizada de si mesmos e da sociedade desejada. Aqui é preciso lembrar que a modernização projetada e desenvolvida pelo presidente Rodrigues Alves e pelo prefeito Pereira Passos excluiu, à semelhança do modelo de reforma urbanística parisiense conduzida pelo Barão de Haussmann, as camadas populares. No caso brasileiro, com o agravante de as autoridades verem nos homens e mulheres negros recém-libertos da escravidão uma ameaça a mais de revolta contra o governo republicano, ao lado do militarismo.

O chamado "Bota-Abaixo" da área central da cidade extinguiu, quase de todo, cortiços e casas de cômodo, obrigando a população pobre e negra a migrar para os subúrbios ou subir os morros, na tentativa de escapar da vigilância do Estado. Nessa perspectiva, o centro da cidade torna-se um espaço de visibilidade total, transformado em vitrine para a exibição dos membros da elite econômica. Torna-se um gesto moderno transitar pela recém-inaugurada Avenida Central, sentar-se em cafés à vista de todos, frequentar espaços públicos, exibir-se em automóveis velozes, ter seu nome estampado nos jornais.

Pela voz do personagem Godofredo de Alencar,[1] João do Rio explicitou os interesses pelas camadas extremas da sociedade.

> Nas sociedades organizadas, há uma classe realmente sem interesse: a média, a que está respeitando o código e trapaceando, gritando

---

[1] Godofredo de Alencar é um personagem de João do Rio que aparece em algumas de suas obras, como *A mulher e os espelhos*. As máximas do dândi foram reunidas em *Crônicas e frases de Godofredo Alencar* (1916).

> pelos seus direitos, protestando contra os impostos, a carestia da vida, os desperdícios de dinheiros públicos e tendo medo aos ladrões. Não haveria forças que me fizessem prestar atenção a um homem que tem ordenado, almoça e janta à hora fixa, fala mal da vizinhança, lê os jornais da oposição e protesta contra tudo. *Nas sociedades organizadas interessam apenas: a gente de cima e a canalha. Porque são imprevistos e se parecem pela coragem dos recursos e a ausência de escrúpulos.* (RIO, 1916, p. 125-126, grifo nosso).

"A gente de cima e a canalha" são o cerne da obra de João do Rio. De forma mais objetiva, como esses dois polos de uma sociedade desigual transitam e valem-se da cidade moderna, das novas formas de negociação, da luta entre a tradição e os ideais progressistas para o estabelecimento de seus próprios desejos e valores.

João do Rio entra para o campo literário explorando não a cidade reformada, mas a que vive na sombra da Avenida Central e também a imagem espelhada dos próprios ideais de progresso. De forma sintética, é possível criar algumas linhas de força na vinculação entre João do Rio e a modernidade: a construção do cotidiano das ruas; o fascínio e o cinismo, em tons irônicos ou melancólicos, diante da velocidade das transformações e o consequente apagamento do passado; e a presença de uma linguagem marcada pelo dinamismo, pela síntese e elipses, além de recursos próprios do jornalismo, como a entrevista.

Interessa-me demonstrar como diferentes inovações e facetas da obra de João do Rio confluem em um processo crítico para o estabelecimento da modernidade, para a elaboração narrativa do Rio de Janeiro, marcado pelo signo da contradição entre o presente e as marcas do passado. Com esse intuito, o artigo enverada pela relação de João do Rio com o jornalismo; com as camadas proletárias e marginalizadas do Rio de Janeiro; e, em um segundo momento, com as novas dinâmicas entre a urbe e a linguagem. A unificar os caminhos, a figura solitária do cronista, sob a máscara vadia do *flâneur* ou distanciada do dândi.

O cronista vai às ruas

A crônica moderna, investigativa, criada por João do Rio marca a passagem em definitivo da redação para as ruas. Não estamos mais no âmbito da crônica oitocentista, cujos nomes de destaque, como José de Alencar e Machado de Assis, podem ser definidos como romancistas que escrevem para jornais. Na modernidade, o processo inverte-se. O jornalista torna-se o astro, a celebridade, em meio à sociedade capitalista onde reputações são elevadas e destruídas nas páginas dos periódicos.

Em "Esplendor e miséria do jornalismo" (*Vida Vertiginosa*, 2021), o cronista apresenta a centralidade dos periódicos a partir de um jovem "chegado do norte", ansioso por entrar nesse mundo. "Oh! pertencer a um jornal, fazer a chuva e o bom tempo para uma porção de gente, dominar, ganhar dinheiro, ter as mulheres a seus pés, os homens no bolso, vir talvez a ser dono de um grande diário, privando na intimidade das potências políticas..." (Rio, 2021, p. 183).

Os periódicos aparecem como um meio de ganho, uma ponte para o acúmulo de fama e riqueza. O que se aventa como esplendor, à imagem das vitrines e avenidas luminosas da cidade, realiza-se como miséria. Não existe retrato mais fiel da profissão.

> Ao cabo de um ano tinha duzentos e cinquenta mil-réis por mês e já assinara uma *enquête* sobre costureiras. Não abrira mais um livro. Sentia-se sem saber nada e, entretanto, capaz de compreender e de tratar imediatamente de qualquer assunto. Era uma espécie de ignorância enciclopédica, ao serviço de uma porção de gente, que dele se servia para trepar, para subir, para ganhar, com carinho e cinismo. (Rio, 2021, p. 184).

Saímos do universo dos romancistas e poetas, espaço, aparentemente, onde não se discutem o dinheiro nem as relações espúrias, para o da escrita a serviço do sistema. Como as salas de linotipia e tipografia, das fotografias e gravuras, o jornalista é apenas mais uma peça, mal remunerada, da máquina periodística.

A influência do jornalismo na literatura é ponto central da enquete *O momento literário* (1907). A série de trinta e seis entrevistas feitas com poetas, romancistas e críticos é antecedida por uma conversa entre João do Rio e um amigo anônimo, recurso muito utilizado pelo escritor. Ao final do volume, os dois amigos retomam o diálogo, em um balanço, por vezes irônico, sobre a situação atual da literatura.

> – Há também o lado bom, e esse é que a alma e o cérebro do Brasil *tomam as feições modernas, que as ideias do mundo são absorvidas agora com uma rapidez que pasmaria os nossos avós; que o jornalismo inconscientemente faz a grande obra de transformação, ensinando a ler, ensinando a escrever,* fazendo compreender e fazendo ver; que

> o individualismo e o arrivismo criam a seleção, o maior esforço, a atividade prodigiosa, e um homem de letras novo, absolutamente novo, capaz de sair dessa forja de lutas, de cóleras, de vontade, muito mais habilitado, muito mais útil e muito mais fecundo que os contemporâneos.
> – E esse homem, o literato do futuro...?
> – *É o homem que vê, que aprendeu a ver, que sente, que aprendeu a sentir,* que sabe por que aprendeu a saber, cuja fantasia é um desdobramento moral da verdade, misto de impassibilidade e de sensibilidade, eco da alegria, da ironia, da curiosidade, da dor do público – o repórter. E aos livros desse – sem ódios, sem corrilhos, sem extravagâncias – não faltarão nunca o imprevisto da vida e o sucesso que é o critério mais exato da aclamação pública. (Rio, p. 330-1, grifos nossos).

Estamos diante do retrato do projeto literário do próprio João do Rio. Anuncia-se sem mistérios a ruptura com os modelos usuais das belas-letras. É o jornalismo que "faz a grande obra de transformação" na assimilação vertiginosa das "feições modernas". O "literato do futuro" não pode ser outro senão o repórter. De forma mais específica, o repórter que "aprendeu a ver" sabe que sua obra, nascida para ir para o monturo no dia seguinte, deve passar aos livros, deve extrair do transitório, o eterno. À escrita somam-se, portanto, o suporte dos periódicos e a necessidade de atenção constante, da captura imediata do moderno.

A crônica surge como gênero capaz de articular os periódicos e os livros, bem como desenvolver uma linguagem capaz de articular jornalismo, literatura e modernidade. Como afirma Renato Cordeiro Gomes,

> As visões parceladas do cotidiano que afeta e mobiliza o cronista permitem recompor um possível painel que rearranja os fragmentos da história miúda recolhida no efêmero da realidade. O cronista então se liga ao tempo, ao seu tempo.
> Desse modo, ancorado no presente, partindo da observação do cotidiano, que lhe fornece os assuntos, o cronista não abre mão de testemunhar o seu tempo, de ser seu porta-voz. As crônicas, quase sempre, são respostas a certas perplexidades pessoais e sociais. (Gomes, 2005, p. 22).

A relação entre jornalismo e literatura, marca do hibridismo da crônica, confere também a singularidade da posição ocupada por João do Rio. Sua consagração como escritor inicia-se com o sucesso da série de reportagens "As religiões do Rio" junto ao público, em especial, as cinco que compunham a seção "No mundo dos feitiços", primeira obra a detalhar a variedade de candomblés no Rio de Janeiro. Ao gesto de peregrinar pelas ruas, penetrar em espaços proibidos, em geral, ao jornalismo, revela um outro lado da cidade reformada cujo espelho eram as metrópoles europeias. Cria-se um jogo de atração e repulsa por práticas religiosas e culturais ligadas ao conceito de atraso. Por isso seria incorreto analisar a posição do escritor frente aos africanos e negros brasileiros de maneira determinista: ou total adesão ou mero racismo.

É importante lembrar que, em 1902, João do Rio não consegue entrar para o Itamaraty por ser "amulatado" e homossexual. Os ataques de caráter homofóbico, racista e em relação à sua figura gorda eram comuns nos periódicos da época e nas rodas de literatos. O poeta e jornalista Leal de Souza vale-se das seguintes expressões nas páginas da *Revista Careta* (9/10/1915) para atacar Paulo Barreto: "infeliz criatura dotada de enganosa aparência de homem", "bola de carne parda a rolar dos braços mórbidos do vício", entre outras armas virulentas (*Revista Careta*, 9/10/1915, p. 10). Mesmo quando o ataque não era frontal não era difícil encontrar termos com "saltitante" ou "roliço" cronista para descrevê-lo.

Assim, estudar a obra de João do Rio também nos possibilita entender a formação do conceito de raça e a complexidade do racismo na modernidade brasileira. Nos ataques de João do Rio aos candomblés convive a ideia de exploração dos incautos e desesperados com a do racismo – o mesmo pelo qual ele passa – aos africanos de "cérebro restrito" (RIO, 2006, p. 74). Como homem da razão, o autor não poupa as camadas da sociedade que deveriam servir de exemplo.

> Um babaloxá (sic) da costa da Guiné guardou-me dois dias às suas ordens para acompanhá-lo aos lugares onde havia serviço, e eu o vi entrar misteriosamente em casas de Botafogo e da Tijuca, onde, durante o inverno, há recepções e *conversationes* às 5 da tarde como em Paris e nos palácios da Itália. (RIO, 2006, p. 55-6).

A modernidade mostra-se nas interpenetrações dos diversos Rios pelos bastidores. Se tal prática já pode ser encontrada em autores europeus, como Jean de Lorrain e Oscar Wilde, no Rio de Janeiro do início do século ela ganha formas diferentes ao trazer para o primeiro plano a presença daquilo que já deveria ter sido eliminado pelo "processo civilizatório". Ao assumir, de forma consciente ou não, o contraditório, o autor apresenta outros territórios, tradições e práticas não condizentes com a metrópole de Pereira Passos. Seus textos agem como uma infiltração na prática excludente da proposta do Estado e do capitalismo.

João do Rio compreende que a crônica não pode servir apenas ao imediatismo do jornalismo e, com isso, consegue fazer a passagem para os livros, tornando-os não apenas um registro documental, mas uma prosa que se sustenta na contemporaneidade. Ao leitor atual não cabe propor fronteiras estabelecidas entre jornalismo, história e ficção, nem como gêneros com dicções próprias, muito menos voltadas para a ideia de uma reconstrução do Rio da *Belle Époque*.

Ao inserir-se nas crônicas como narrador e testemunha, João do Rio propõe ao leitor o pacto da verossimilhança: isto é real porque eu estive lá, eu testemunhei com meus próprios olhos. Um jornalista anônimo do *Jornal do Comércio*, assombrado diante dos inúmeros lançamentos do autor no ano de 1912, reflete sobre a proporção do trabalho do escritor para a cidade. A *Gazeta de Notícias* tratou de republicar os elogios ao seu principal cronista na primeira página.

> João do Rio, pela terceira vez neste ano, que ainda não tem três meses, aparece na vitrine da Garnier. Em janeiro, a *Psicologia Urbana* em fevereiro, *Portugal d'agora*; em março, a *Vida Vertiginosa*.[2] [...] Enfim, o Rio de hoje. Quem melhor o pintaria do que João do Rio? (*Gazeta de Notícias*, 23 de março de 1912).

O pintor da moderna vida carioca segue os movimentos ondulantes da rua, capaz de desaguar tanto em prisões ou favelas, como nos abastados salões de Botafogo e confeitarias do centro. Como visto, é na articulação entre a canalha e a gente de cima que João do Rio constrói a nova metrópole. Parte expressiva de sua obra, portanto, irá dedicar-se aos hábitos, costumes, sociabilidades surgidas nas classes urbanas e economicamente dominantes ou nos indivíduos arrivistas.

A crônica "*Modern girls*" revela a cidade transformada em palco. Ver e ser visto: máxima dos aspirantes desejosos de gozar os privilégios da nova sociedade. A narrativa passa-se na "sala cheio de espelhos da confeitaria" (Rio, 2021, p. 109). A descrição oferece a visão infinita da reprodução imagética, miragem sobre miragem. É nesse cenário que duas meninas – a mais

---

2 Apesar de todos os livros terem sido editados em 1911 pela editora franco-brasileira Garnier, eles só entraram em circulação no início de 1912.

nova aparentando no máximo 12 anos – entram acompanhadas pela mãe e por dois rapazes. Acabam de chegar de um passeio de automóvel. Estão maquiadas, braços desnudos, bebem e riem exageradamente. Já não há mais infância e inocência na era em que o espaço protegido do automóvel é usado para "apertões" enquanto se corre pelo distante bairro do Jardim Botânico...

Apesar dos exageros, a ideia defendida por João do Rio é da impossibilidade de comportamento espontâneos ou inocentes em meio a uma sociedade onde o tempo e lucro são inseparáveis, e a própria imagem e o corpo transformam-se em mercadoria no espaço público. Nessa equação, o sentido acumulativo da experiência entra em decadência.

> Para Benjamin, a irrupção da modernidade surgiu nesse afastamento da experiência concebida como uma acumulação contínua em direção a uma experiência dos choques momentâneos que bombardearam e fragmentaram a experiência subjetiva como granadas de mão. Benjamin passou cada vez mais a definir a experiência moderna como essa experiência moderna a que chamou de choque. (CHARNEY, 2004, p. 323).

Nesse sentido, o choque passa a definir o instante. Em um primeiro momento, é a *sensação* que prevalece frente ao choque, só após há a possibilidade de se estabelecer alguma reflexão sobre a vivência do instante. O presente entendido como choque só pode ser capturado momentaneamente na sua superfície espelhada que não guarda marcas, só fantasmas. Como na sugestiva e sintética passagem de *"Modern Girls"*: "Mirou-se. Instintivamente olhamos para o espelho" (RIO, 2021, p. 110). Ver não a menina, mas a imagem da menina que se observa. Em João do Rio, o olhar oscila entre a tentativa de captura de entendimento da alteridade e a compreensão de um indivíduo moderno elaborado na aparência. Não há aí, em definitivo, um julgamento de valor. À semelhança de Nietzsche, de quem era um leitor contumaz, João do Rio não abraça a ideia de uma essência humana perdida. A melancolia quando aparece em seus textos liga-se à cidade de outrora, anterior à reforma Passos, à perda de certos costumes e hábitos. O autor ressente-se de uma memória em vias de desaparecimento que confere identidade ao próprio Rio de Janeiro. E não a um conceito simplório e nostálgico de que a cidade ou os indivíduos no passado eram melhores. O ponto crucial é arguir sobre a diferença, e não a similaridade, das metrópoles, como aponta João do Rio em "O velho mercado".

> O Rio, cidade nova – a única talvez no mundo – cheia de tradições, foi-se delas despojando com indiferença. De súbito, da noite para o dia, compreendeu que era preciso ser tal qual Buenos Aires, que é o esforço despedaçante de ser Paris, e ruíram casas e estalaram igrejas, e desapareceram ruas e até ao mar se pôs barreiras. Desse descombro surgiu a *urbs* conforme a civilização, como ao carioca bem carioca, *surgia da cabeça aos pés o reflexo cinematográfico do homem das outras cidades*. Foi como nas mágicas, quando há mutação para a apoteose. (Rio, 2009, p. 154, grifo nosso).

A modernização como defendida por João do Rio não deseja fazer do passado terra arrasada. Ainda que haja críticas ao que é considerado como sinal de "atraso", o conceito de civilização não passa pela mera importação e adequação de valores europeus, mas pela valorização dos espaços de memória nos quais se estabelece a diferença. Se, como afirma Michel de Certeau (2013), caminhar e enunciar são tarefas intercambiáveis, diante do desaparecimento da Praça do Mercado, estabelece-se o silêncio pedestre e enunciador. "Uma cidade moderna é como toda cidade moderna", sentencia João do Rio (2009, p. 153). Por isso, tanto faz estar na Paris, na Buenos Aires ou no Rio de Janeiro modernos. A escrita de João do Rio, nesse sentido, vai em busca das sombras, das margens, do "reflexo cinematográfico" dos indivíduos ou da extrema pobreza, para corromper o ideal homogeneizador de estadistas ou outros artistas e literatos.

Uma nova linguagem para uma nova cidade

Após duas tentativas, Paulo Barreto é eleito para a Academia Brasileira de Letras, em 1910, tendo apenas 28 anos de idade. Coube a Coelho Neto proferir o discurso de recepção:

> A pressa fá-lo transigir com a Arte, mas, no correr das páginas, períodos tais, longe de as comprometerem, dão-lhes um cunho original, e quem os lê tem a impressão exata da vida, ora lenta, grave, olímpica, como as dos tempos augustos de serenidade, ora impetuosa, ríspida, violenta, como nos dias de pressa e ânsia em que rolamos.[3]

---

3   Disponível em: https://www.academia.org.br/academicos/paulo-barreto-pseudonimo--joao-do-rio/discurso-de-recepcao. Acesso em: jan. 2022.

De maneira pretensiosamente polida, Coelho Neto tenta justificar na prosa de João do Rio o corte com a tradição estilística ornamental ou mesmo com correntes solidificadas entre nós, como o naturalismo. Por essa lógica, João do Rio *ainda* não é um escritor de fato, pois a grande, a verdadeira obra, estaria nos romances.

> [...] para os dias repousados que hão de vir com a metamorfose do jornalista apressado no escritor paciente e sereno, quando o repórter do fato passar a ser o analista das almas, um romancista robusto, que entrará na arena aparelhado para uma grande obra com a leitura dos mestres, com o conhecimento amplo da natureza e das almas e o tesouro de um vocabulário [...] há de fulgurar diamantino, encarnado em páginas de arte perfeita, opulentas de vida, e flagrantes de verdade.[4]

Escapa ao imortal que João do Rio, como outros escritores e escritoras da *Belle Époque*, escolhe a síntese, abre mão dos arabescos, em busca de uma nova escrita capaz de narrar a contemporaneidade. Essa linguagem é atravessada por três elementos: o encontro com as ruas, a modernização do jornalismo e a presença da técnica. A interligar, de maneiras diversas, os três caminhos, a velocidade da transformação, "a pressa". Não haverá "dias repousados" na vida de João do Rio; como homem de seu tempo, escritor da urbe e da modernidade, ele compreende que o autor vivencia uma luta corpórea com o desaparecimento das paisagens conhecidas e a tentativa de fixação das novas realidades. A síntese, a elipse, o uso, por vezes irônico, de termos em inglês e francês, a incorporação da gíria das ruas, a reflexão sobre as modificações subjetivas causadas pelo cinematógrafo, o automóvel e o trabalho mecanizado são apenas alguns aspectos mais visíveis da escrita de João do Rio.

Como bom *flâneur*, o escritor inverte a lógica de sua época. É da rua, da populaça que nasce a língua viva. "A rua continua matando substantivos, transformando a significação dos termos, impondo aos dicionários as palavras que inventa, criando o calão que é o patrimônio clássico dos léxicons futuros." (Rio, 1995, p. 4). A formação jornalística, sem dúvida, vincula-se à definição de modernidade e à valorização da linguagem das ruas. Não estamos aqui no campo do "mimetismo" naturalista, não se trata de retratar

---

4 Disponível em: https://www.academia.org.br/academicos/paulo-barreto-pseudonimo-joao-do-rio/discurso-de-recepcao. Acesso em: jan. 2022.

as falas de personagens encontrados no espaço urbano na busca unificadora de tipos, mas de pôr em relevo as diferenças da cidade polifônica.

Na organização d'*A alma encantadora das ruas*, o escritor opta por abrir o volume com a conferência "A rua" e finalizar com "A musa das ruas". Em ambos os textos, a reflexão sobre a linguagem – os léxicos vivos e futuros – impõe-se como forma de aproximação. Não é mero registro de cunho jornalístico ou pesquisa antropológica: é a defesa de uma linguagem poética-musical nascida da populaça.

> As artes são por excelência ciências de luxo. A modinha, a cançoneta, o verso cantado não é ciência, não é arte pela sua natureza anônima, defeituosa e manca: *é como a voz da cidade*, como a expressão de justiceira de uma entidade a que emprestamos a nossa vida – colossal agrupamento, a formidável aglomeração, a *urbs*, é uma necessidade de alma urbana e espontânea vibração da calçada. (Rio, 1995, p. 174, grifo nosso).

A alma desse Rio de Janeiro é, sobretudo, musical e anônima, ainda que João do Rio cite Catulo da Paixão Cearense, o intérprete Baiano e Eduardo das Neves. Juntam-se a estes os poetas detentos, que vagam dos lundus às modinhas. É João do Rio um dos primeiros escritores a defender como sinal de positividade a musicalidade que deveria ser banida da cidade moderna. Se, para João do Rio, a rua irmana a todos os sujeitos, a musicalidade é a linguagem anônima desse espaço.

Em paralelo, o autor de *Vida Vertiginosa* percebe que à influência da língua francesa no cotidiano das camadas burguesas soma-se agora o inglês. Além das referências aos *five-ó-clock teas*, vemos abundar os neologismos como "stopa-se", a partir do inglês *stop*, ou "kodacks", abrasileirando a sonoridade da empresa estadunidense "Kodak".

Na cidade-vitrine, João do Rio zomba igualmente do espanto dos viajantes diante da natureza "exótica" como da devoção dos brasileiros aos estrangeiros.

> – Pois sim senhor! A sra. Hips Heps gostou muito do Corcovado.
> – Ah! muito bem.
> – *It is not, miss?*
> – *All right, very beautiful...*
> – E o sr. Gorostiaga, a Beira-Mar...
> – *Es verdad. Mi quedé extactico, señor!*
> – Ah! muito obrigado.

O amigo dos estrangeiros estala uma gargalhada feliz. (Rio, 2021, p. 68).

Na crônica "O amigo dos estrangeiros", João do Rio nos oferece uma de suas "kodacks", pelas quais presenciamos a alternância entre as línguas e os diálogos de frases curtas, impondo um ritmo e um visualidade cinematográficas. O instantâneo de um encontro fortuito nas ruas trasposto para as páginas dos jornais e, posteriormente, salvaguardadas nos livros. A obra de João do Rio existe na interface entre a rua e o jornal; entre a linguagem cambiante da modernidade e o desejo de fixação; entre o caráter jornalístico e a ficcional.

Referências

CHARNEY, Leo. Num instante: o cinema e a filosofia da modernidade. In: CHARNEY, Leo; SCHWARZ, Vanessa. *O cinema e a invenção da vida moderna.* São Paulo: Cosac e Naify, 2004. p. 317-334.

GOMES, Renato Cordeiro. *João do Rio.* Rio de Janeiro: Agir, 2005. (Coleção Nossos Clássicos)

NETTO, Coelho. "Discurso de recepção". Disponível em: ttps://www.academia.org.br/academicos/paulo-barreto-pseudonimo-joao-do-rio/discurso-de-recepcao. Acesso em: jan. 2022.

RIO, João do. *A alma encantadora das ruas.* Rio de Janeiro: Secretaria municipal de cultura, Dep. Geral de Doc. e Inf. Cultural, Divisão de Editoração, 1995.

RIO, João do. *As religiões do Rio.* Organização João Carlos Rodrigues. Rio de Janeiro: José Olympio, 2006.

RIO, João do. *Crônicas e frases de Godofredo de Alencar.* Rio de Janeiro: Ed. Villas-Boas e Cia, 1916.

RIO, João do. *O momento literário.* Rio de Janeiro: Ed. Garnier, [1909].

RIO, João do. *Cinematógrafo (crônicas cariocas).* Rio de Janeiro: ABL, 2009.

RIO, João do. *Vida vertiginosa.* Introdução e notas Giovanna Dealtry. Rio de Janeiro: José Olympio, 2021.

SOUZA, Leal de. Coluna Bric a Brac. *Revista Careta*, Rio de Janeiro, n. 381, 9 out. 1915.

Cor, movimento e tensão nas páginas de Lima Barreto

Carmem Negreiros

Afonso Henriques de Lima Barreto é um dos escritores mais conhecidos da Literatura Brasileira, apesar de suas obras serem lidas, muitas vezes, apenas pelo viés biográfico, isto é, considerando a maneira como viveu, com quem e como se relacionou e qual atuação teve na vida literária. É preciso acentuar os aspectos modernos e a riqueza estética de sua variada obra, cuja amostra será apresentada aqui: o romance de estreia, *Recordações do escrivão Isaías Caminha*, e o mais reescrito de seus textos, o conhecido *Clara dos Anjos*.

O romance de estreia

Lima Barreto escreve num importante momento cultural e dele participa atuando na imprensa e em debates com seus contemporâneos. Mas sua principal atuação é inserir as novas formas de pensamento e percepção na estruturação de suas obras. As novas tecnologias de transporte, comunicação e distribuição de mercadorias, veículos e sujeitos concretizam práticas de mobilidade e circulação, eixos marcantes do crescimento do capitalismo. O cenário desse processo, no Brasil, é o Rio de Janeiro, que protagonizou os efeitos dessas mudanças na intensificação da vida sensorial, na vivência de novas experiências no corpo e na percepção do ser humano. Na cidade, tornam-se referências a Avenida Central, planejada a partir do modelo político e metodológico parisiense, e a Rua do Ouvidor. A própria rua se transforma em espaço para a exibição da modernidade nos corpos e atitudes, devidamente registrados pelos *flashes* das *Kodaks* dos jornalistas ou pelos binóculos dos transeuntes. Numa interessante sobreposição de tempos e espaços, nas ruas circulam elegantes cavalheiros vestidos à inglesa, *cocottes* e senhoras com figurino francês, iluminação artificial, inventos ópticos, vitrines e automóveis; vendedores ambulantes – como ruínas dispersas da escravidão –, carroças, charretes, carregadores, oficinas artesanais, capoeiras, quiosques em meio à água estagnada e epidemias.

Recordações do escrivão Isaías Caminha, romance de estreia de Lima Barreto, teve os primeiros capítulos publicados em 1907, na revista *Floreal*, que, dirigida pelo escritor, sobreviveu até quatro números. A primeira edição da obra em livro foi feita em Portugal em 1909, com alterações no texto à revelia do autor. A segunda edição publicada sob os cuidados de Lima Barreto aparece em 1917, com acréscimos e modificações. O romance foi lido por boa parte da crítica como uma espécie de autobiografia mal resolvida ou um romance com sérios problemas formais em sua constituição.

No entanto, o romance introduz, na literatura brasileira das primeiras décadas do século XX, a problematização da autoria, a reflexão sobre a transitividade do real e o ficcional, os impasses do narrador diante das novas tecnologias e complexos processos de subjetivação. Essas características se constituem por meio de uma espécie de "pacto ambíguo"[1] com o leitor, obrigando-o a transitar no espaço instável entre narrador e autor, literatura e vida. Apresenta rasuras graduais nas marcas da narrativa tradicional, pela justaposição de planos, os quais, desde o prefácio, questionam a apresentação da subjetividade e o lugar do autor.

O prefácio constitui um movimento de duplicação, com um texto dentro de outro a produzir, simultaneamente, um desdobramento e a naturalização do processo de rememorar. Esse movimento se projetará sobre todo o romance, de maneira especular, com o auxílio de um narrador-autor, à margem da trama. A voz intrusiva do autor está presente no prefácio, apresentando trama e personagem e discutindo os desdobramentos da ação a ser narrada. Temos, assim, uma espécie de intriga secundária – a do autor e seu processo de narrar, com os recursos escolhidos para tornar seu relato convincente, além do histórico das edições da obra, com todos os seus percalços. A fabulação do autor estende-se de maneira difusa pelo romance, enquanto Isaías Caminha torna-se o autor anunciado das memórias e Lima Barreto o seu escrivão. Já no prefácio do romance, Lima Barreto dramatiza o processo de autoria – a publicação do manuscrito do "amigo Isaías", inserindo-se como personagem.

> Quando comecei a publicar, na *Floreal*, uma pequena revista que editei, pelos fins de 1907, as *Recordações* do meu amigo, Isaías Caminha, escrivão da Coletoria Federal de Caxambi, Estado do Espírito Santo, publiquei-as com um pequeno prefácio do autor. Mais tarde, graças

---

1 Expressão adotada pelo crítico espanhol Manuel Alberca (2007) para tratar das narrativas que se situam na zona ambígua entre o pacto autobiográfico e o novelesco.

> ao encorajamento que mereceu a modesta obra do escrivão, tratei de publicá-la em volume.
> O meu amigo e camarada Antonio Noronha Santos, indo à Europa, ofereceu-se para arranjar, em Portugal, um editor.
> João Pereira Barreto recomendou-me aos Senhores A. M. Teixeira & Cia., livreiros em Lisboa, com a Livraria Clássica de lá; e elas foram impressas sob as vistas dedicadas do Senhor Albino Forjaz de Sampaio, a quem muito devem, em correção, as *Recordações*.
> A todos três, não posso, em nome do meu querido Isaías, deixar de agradecer-lhes mais uma vez o serviço que prestaram à obra.
> Eu, porém, como tinha plena autorização do autor, por ocasião de mandar o manuscrito para o prelo, suprimi o prefácio, a *donnée*, que agora epigrafa estas linhas, e algumas cousas mais. O meu intuito era lançar o livro do meu amigo, sem escora ou para-balas.
> Assim foi. Hoje, porém, que faço uma segunda edição dele, restabeleço o original tal e qual o Caminha me enviou, pois não havia motivo para supressão de tanta coisa interessante que muito concorre para a boa compreensão do livro. [...].
> Como veem José Veríssimo disse estas palavras, logo ao aparecerem os primeiros capítulos; e, pensando serem verdadeiras as razões que expus, restabeleço o manuscrito como me foi confiado, passando a transcrever o prefácio inteiramente como saiu na inditosa *Floreal* (BARRETO, 1990, p. 15).

O primeiro tempo corresponde ao presente da publicação da segunda edição, 1917, quando o autor comenta a recepção crítica aos primeiros capítulos surgidos na revista que ele dirigia. Informa, ainda, que já transcorreram dez anos, tanto da primeira publicação quanto da escrita dos manuscritos por Isaías Caminha, recurso que permite narrar os acontecimentos na vida do protagonista depois do ponto-final do romance. O prefácio guarda, ainda, outro prefácio, o do pretenso autor das *Recordações*, transcrito por Lima Barreto. Nele, aparece a justificativa para a escrita das memórias, que data de 1905 e marca um segundo tempo. O terceiro tempo, ainda no prefácio, trata do passado do escrivão Isaías, retomado, a partir de reflexões, por imagens-sínteses de sua trajetória anterior a 1905.

Observamos espelhamentos do texto e releitura de seus significados. Isto é, o editor e escritor Lima Barreto retoma tanto notas contidas nos cadernos *Retalhos* sobre a recepção crítica de seu romance de estreia quanto exemplos de sua própria atividade como editor na vida literária. Explica o prefácio e objetivos do escritor fictício Isaías Caminha e, ainda, relata a trajetória final do protagonista do romance. Um exemplo de *mise-en-abyme* que "constitui um enunciado que se refere a outro enunciado", e tem fortes raízes, portanto, "num processo de intertextualidade, da chamada intertextualidade interna, compreendida como relação dum texto consigo mesmo" (DALLENBACH apud NATIVIDADE, 2009, p. 53). Dito de outra maneira, um espelhamento da narrativa sobre si mesma. No romance, a estratégia *mise-en-abyme*[2] possui o efeito de dobra especular. Trata-se do espelhamento do mesmo tema e, nesse caso, da dramatização dos bastidores da criação aos leitores. Método que teve em André Gide (1869-1951) seu praticante mais famoso em *Os moedeiros falsos*.

As consequências (ou a escolha) desse processo aparecem na forma do romance, uma espécie de montagem e justaposição de vozes narrativas que se evidenciam desde o prefácio e também se estendem por toda a obra, tendo como ponto culminante o último capítulo. Nele, o autor intervém, novamente, no discurso do personagem Isaías, como a quebrar o pacto ficcional com a fabulação do eu autoral, exatamente na explanação sobre os preconceitos acerca da capacidade intelectual de jovens pobres e negros, cujo exemplo é o próprio protagonista.

> [...] fiquei animado, como ainda estou, a contradizer tão malignas e infames opiniões, seja em que terreno for, com obras sentidas e pensadas, que imagino ter força para realizá-las, não pelo talento, que julgo não ser muito grande em mim, mas pela sinceridade da minha revolta que vem bem do Amor e não do Ódio, como podem supor. Cinco capítulos da minha *Clara* estão na gaveta; o livro há de sair... Penso, agora, dessa maneira; mas durante o resto do tempo em que estive no *O Globo*, quase me conformei, tanto mais que o interesse que o diretor mostrou por mim não foi nada platônico (BARRETO, 1990, p. 136).

O romance contamina-se, então, de discurso autobiográfico, assim como o autobiográfico matiza-se de ficção. Esse processo relativiza os limites do ficcional e expõe os impasses da escrita, porque

---

2   O procedimento estético *mise-en-abyme*, propriamente dito, não surge na obra de André Gide, mas a expressão utilizada pelo escritor francês se tornou dominante em relação a outras como "composição" ou "construção em abismo". Essa estratégia artística também é associada a obras de Edgar Allan Poe (*A queda da casa Usher*, 1839) e Shakespeare (*Hamlet*, 1603). Na pintura, é apontada em obras de Jan Van Eyck (*O casal Arnolfini*, 1434) e Velásquez (*As meninas*, 1656).

> [...] inserir alguma coisa (o discurso autobiográfico) noutra diferente (o discurso ficcional) significa relativizar o poder e os limites de ambas, e significa também admitir outras perspectivas de trabalho para o escritor e oferecer-lhe outras facetas do objeto literário, que se tornou diferenciado e híbrido (SANTIAGO, 2011, p. 17).

Em sua obra de estreia, Lima Barreto apresenta o romance sobre a escritura de um romance, faz um diálogo às avessas com o romance de formação e ainda flerta com o estilo folhetinesco, sobretudo quando apresenta os personagens na imprensa e suas ações.

A trama do jovem escritor e a imprensa

Recordações do escrivão Isaías Caminha apresenta como mote a trajetória de formação de um jovem intelectual quando o autor projeta seu personagem para a vitrine da produção do pensamento, na época, o jornalismo. No fictício *O Globo*,[3] o protagonista mostra ao leitor os bastidores da produção de notícias, a partir da divisão de discursos (o gramático, o crítico literário, o poeta, o folhetinista, o ilustrador, o redator esportivo, o policial, o redator-chefe) que espelham lugares de poder. É da perspectiva do canto de "uma sala pequena, mais comprida que larga, com duas filas paralelas de minúsculas mesas [...] com bicos de gás que 'queimavam baixo'" (BARRETO, 1990, p. 72) que Isaías observa a "onipotente imprensa, o quarto poder fora da Constituição" (BARRETO, 1990, p. 72).

Em *O Globo*, aparece o crítico literário Floc, ou Frederico Lourenço da Costa, personagem que recebe maior desenvolvimento entre o grupo de figuras caricatas do jornal fictício. Além de Floc, há outros personagens: Lobo, o consultor gramatical; Ivan Gregoróvitch, jornalista "em dez línguas desencontradas"; Leporace, secretário-geral, "distribuidor de talentos e nomeador de gênios"; Adelermo Caxias, resignado, mas impregnado de tristeza por ter seus trabalhos sujeitos ao veredicto da esposa do diretor; Pacheco Rabelo Aires d'Ávila, redator-chefe do jornal, a "segunda cabeça da casa"; e Ricardo Loberant, de "fraca capacidade intelectual e resistente ao trabalho mental contínuo", dono do jornal, com sede de domínio e grande apetite por prazeres e mulheres.

---

3   Apesar da coincidência de nomes, o título do jornal apresentado no romance não se refere ao famoso jornal *O Globo* fundado em 1925, anos depois da publicação da obra de Lima Barreto.

É importante lembrar que o contexto cultural contemporâneo ao romance apresenta uma reorganização do campo intelectual, com deslocamento do prestígio do literato na disputa com outras formas de discurso e poder. Os traços de empresa capitalista já aparecem na relação do jornal com os leitores e na divisão interna de trabalho. Com as inovações técnicas que revolucionam os métodos de impressão, o crescimento das tiragens, a eficácia na distribuição e a organização de funções, vem, em primeiro plano, a informação, ao lado de nova categoria de jornalistas profissionais, caricaturistas e ilustradores. O incremento de novas seções, como moda e entretenimentos diversos, com ilustrações gráficas e fotografia, é estratégia comercial para a mobilização de lucros. Tais recursos, por outro lado, diminuem a importância e espaço de textos literários e críticos.

Uma situação fictícia problematiza a capacidade de o discurso da imprensa movimentar a população a serviço de interesses financeiros. O jornal configurado no romance contribui para acirrar os conflitos e a revolta da população que ficou à margem dos projetos de embelezamento e "civilização". Na temática subjacente das notícias e manchetes, os jornalistas incitam o motim contra o uso obrigatório de calçados,[4] irônica escolha para tratar do tema.

> As vociferações da minha gazeta tinham produzido o necessário resultado. [...]. Durante três dias a agitação manteve-se. Iluminação quase não havia. Na rua do Ouvidor armavam-se barricadas, cobria-se o pavimento de rolhas para impedir as cargas de cavalaria. As forças eram recebidas a bala e respondiam. [...]
> No jornal exultava-se. As vitórias do povo tinham hinos de vitórias da pátria. [...]
> [...] Houvera muitas mortes assim, mas os jornais não as noticiavam. Todos eles procuravam lisonjear a multidão, mantê-la naquelas refregas sangrentas que lhes aumentavam a venda. [...]. Entretanto eu vi morrer quase em frente ao jornal um popular. Era de tarde. O pequeno italiano, na esquina, apregoava os jornais da tarde: *Notícia! Tribuna! Despacho!*

---

4 A escolha do tema "sapatos obrigatórios" é muito interessante como estratégia satírica. De um lado, o "andar claudicante" que denuncia a falta de hábito de calçar sapatos, pela origem humilde (andar descalço fora hábito imposto aos escravos e aos mais pobres, por dificuldade econômica) ou rural, sendo "o efeito cômico muito utilizado no circo, no teatro de revista e no cinema popular brasileiro" (SEVCENKO, 1998, p. 556). Por outro lado, denuncia a violência contra e a alienação dos mais pobres dos processos de modernização.

[...] O pequeno vendedor de jornais não teve tempo de fugir e foi derrubado pelos primeiros cavalos e envolvido nas patas dos seguintes, que o atiraram de um lado para outro como se fosse um bocado de lama (BARRETO, 1990, p. 123-124).

A morte do pequeno jornaleiro é emblemática. Morre, como outras pessoas nas ruas, vítima de uma guerra que não conhece, mas sua morte complementa o espetáculo cotidiano. A mensagem jornalística provoca a violência e a brutalidade, e o texto do romance muda de tom, passando do riso fácil da sátira ao trágico. A cena pode indicar um prenúncio, o de que, por todo o século XX, as pessoas terão os sentidos embotados e atitudes passivas diante de tantos estímulos visuais e cinéticos diários, concomitantes. A indiferença, a anestesia moral ou social e a impotência serão alguns de seus efeitos.

As imagens escolhidas pelo escritor, isto é "o pequeno vendedor" "derrubado por cavalos" e atirado de um lado para outro "como se fosse um bocado de lama", poderiam ter sido extraídas dos relatos de crimes, acidentes, perseguições, raptos, prisões e variedades de mortes que ilustravam as manchetes sensacionalistas cotidianas. O interessante é também observar como a linguagem do romance absorve outra instância do discurso para esvaziá-lo da função inicial de forma especular: a apropriação das imagens do discurso sensacionalista permite reconfigurar ao leitor sua dimensão, finalidade e alcance. Lima Barreto considera importante explicar aos leitores a elaboração do espetáculo, feito de palavras, que jogará os indivíduos à deriva nas ruas ou revoltados em motins; expor como se faz a ascensão e/ou destruição de figuras públicas e reputações em troca de privilégios, vantagens e lucros; detalhar as etapas e a formatação de um texto jornalístico, com explicação quase didática sobre a folhetinização da notícia,[5] entre outros procedimentos.

O escritor carioca tensiona, na própria escrita, a coexistência de diversas práticas discursivas. A linguagem que adota para o romance incorpora o ritmo do jornal, explorando a ilusão de proximidade e de testemunho, construída pelo tom direto, períodos curtos, metonímias em

---

5 "Feita com a moral de Simão de Nântua e a leitura de folhetins policiais, a 'cabeça' é a pedra de toque da inteligência dos pequenos repórteres e dos redatores anônimos. [...] Por fim, chegou Leporace e lembrou um título rocambolesco de romance popular: Descampado da morte! Boa ideia – gritaram todos; e Adelermo pôs-se a escrever" (BARRETO, 1990, p. 101 e p. 103).

sequência, diálogos breves e com expressões de uso comum. Tudo reunido sugere movimento e proximidade, como se se tratasse da dramatização da rotina de pessoas conhecidas dos leitores, em uma analogia ao cotidiano. Ritmo de informação, com aprofundamento psicológico e imagens de folhetim. Técnicas de grande ficcionista que, simultaneamente, problematizam o romance como gênero, ampliando os limites da narrativa e, ainda, tratam da sempre atual tensão entre mídia e literatura, entre escritores e o poder na realidade cultural brasileira. Tudo isso aliado à exposição ao leitor das oscilações do processo criativo, elidindo as formas tradicionais de narrar e os limites entre real e ficção.

Clara dos Anjos: questões de raça e gênero em pontos de cor

A muito conhecida personagem Clara dos Anjos, do romance homônimo, é desenhada por um narrador onisciente que, além de julgar fortemente as atitudes da protagonista, procura explicar as causas de sua extrema passividade e ações ingênuas. A culpa é da educação que recebeu, distante de leituras e sem perspectiva crítica acerca de sua condição social. O romance é muito rico, com várias tramas em paralelo, e foi bastante trabalhado por Lima Barreto em inúmeras versões, tendo sido postumamente publicado (inacabado) em folhetins na revista *Sousa Cruz*, Rio de Janeiro, entre 1923 e 1924. Nele, há belíssimas imagens dos subúrbios cariocas e, sobretudo, da forma de sobrevivência de pessoas pobres que ganham a vida como lavadeiras, costureiras, prostitutas, balconistas, condutores de trem, carteiros etc.

De um lado, temos o personagem Marramaques, que sai do interior para a capital em busca de sonhos que *são acionados* depois de encontrar um volume de *Primaveras*, de Casimiro de Abreu, esquecido por um viajante. O livro "caíra-lhe na alma" "como uma revelação de novas terras e novos céus", e Marramaque resolve agir, isto é, instruir-se, educar-se, a fim de "fazer verso também". Para isso, precisa "sair dali, ir para a Corte" (BARRETO, 1956a, p. 64). Porém, o desejo e os sonhos "vagos e amontoados" não são garantia de êxito numa sociedade rigidamente hierárquica e excludente. Nesse contexto, vitoriosos são exceções que não frequentam as páginas dos romances de Lima Barreto.

Por outro lado, percebemos o tom incisivo de crítica do narrador à educação de Clara dos Anjos (feita de "mimos" e "vigilância"), trazendo a visão do escritor sobre a precária formação da jovem, toda voltada para o casamento como única opção de realização pessoal e êxito social. Casamento e carreira são vistos como atividades incompatíveis. Além disso, à mulher pobre, negra ou "mulata",[6] as portas para as oportunidades de desenvolver algum talento estariam antecipadamente fechadas. Muitos de seus contos e romances aprofundam essa questão.

Criada numa ambiência cujos traços gerais incentivavam a fantasia, a música dolente com versos repetitivos e todo um universo de exacerbações dos sentidos com "sons mágicos" de violões, o caráter de Clara vai sendo moldado pela idealização mesclada a sonhos vagos de amor. A realidade gradativamente passa a ser um pálido reflexo da imaginação cujo conteúdo lhe interessa mais do que o mundo ao seu redor. Tudo plantado no terreno da limitação intelectual, do distanciamento da experiência crítica. No entanto, a jovem de "débil inteligência" e com "falta de experiência", segundo o narrador, passa por relevante processo de autoconhecimento e de reconhecimento profundo das tensões de raça, classe e gênero. Processo este que será antecipado por meio da imagem "mancha de carvão", muitas vezes utilizada ao longo do romance e com diferentes possibilidades de sentido.

Aos poucos, como se fosse uma câmera, o foco do narrador vai se afunilando. Primeiro, vemos à janela a clássica moça namoradeira e, depois, gradativamente, imbricam-se o espaço exterior (o céu, as estrelas, as árvores, o luar, a escuridão da noite) e o "pensamento errante" (e angustiado) da personagem.

> Clara dos Anjos, meio debruçada na janela do seu quarto, olhava as árvores imotas, mergulhadas na sombra da noite, e contemplava o céu profundamente estrelado. Esperava.
> […]. Clara contemplava o céu negro, picado de estrelas que palpitavam. A treva não era total, por causa da poeira luminosa que peneirava das alturas. Ela, daquela janela, que dava para os fundos de sua casa, abrangia uma grande parte da abóbada celeste. Não conhecia o nome daquelas joias do céu, das quais só distinguia o Cruzeiro do Sul. Correu com o pensamento errante toda a extensão da parte do céu que avistava. Voltou ao Cruzeiro, em cujas proximidades, pela primeira, vez reparou que havia uma mancha negra, de um negro profundo e homogêneo de carvão vegetal. Perguntou de si para si:

---

6   Utilizo aqui o termo usado por Lima Barreto para se referir a pessoas pardas, comum à época em que publicou suas obras.

> – Então, no céu, também se encontram manchas? (Barreto, 1956b, p. 175).

Em seguida a essas imagens, o narrador esclarece: "Essa descoberta, ela a combinou com o transe por que passara. Não lhe tardaram a vir lágrimas; e, suspirando, pensou de si para si: – Que será de mim, meu Deus?" (Barreto, 1956b, p. 175).

Novamente, vemos o escritor utilizando o claro/escuro para revelar as dores íntimas dos personagens. A cor de "carvão vegetal", que não reflete a luz, é invadida sutilmente por "uma poeira luminosa". A escuridão da angústia de Clara coaduna-se com a "mancha negra, de um negro profundo" para representar o primeiro estágio do processo de conscientização da personagem. A "mancha" é "negra" como a represália moral que sofrerá por estar grávida e solteira. Pela primeira vez, Clara dos Anjos tomou consciência de que a culpa, o julgamento, a impotência irão acompanhá-la, como uma "mancha". A doce, ingênua e angélica Clara toma consciência da opressão de gênero da sociedade patriarcal – montanhas que, como "gigantes negros", montavam sentinela, indiferentes a sua dor.

> [...] ao longo, as montanhas tinham aspectos sinistros, de gigantes negros que montavam sentinela; tudo era silêncio e, em vão, ela apurava o ouvido e reforçava o seu poder de visão, para ver se daquele mistério todo saía qualquer resposta sobre o seu destino – ou se via o caminho para sua salvação...
> Olhou ainda o céu, recamado de estrelas, que não se cansava de brilhar. Procurou o Cruzeiro, rogou um instante a Deus que a perdoasse e a salvasse. Andou com o olhar no céu, um pouco além; lá estava a indelével mancha de carvão... (Barreto, 1956, p. 179).

Muito interessante a estratégia do escritor, que utiliza o impressionismo literário[7] para conferir humanidade e grandeza a seus personagens. Caso os leitores não tenham compreendido a linguagem de luz e som-

---

7 Há uma série de tendências interpretativas do impressionismo como recurso literário. Sandanello (2017) classifica-as entre: os que negam sua existência; os que o limitam à mera transposição do impressionismo pictórico; e os defensores da perspectiva narrativa, isto é, a ênfase na experiência com a focalização e, sobretudo, com a rasura dos limites da narrativa para expressão das nuances, contornos e tensões das subjetividades. Esta última linha de abordagem interessa-nos para a leitura crítica das obras de Lima Barreto por um motivo simples: a exploração da crise do sujeito e a fabulação do autor, aliadas à distensão dos limites entre os gêneros, marcam seus romances e contos (Negreiros, 2019).

bra que exterioriza o conteúdo das emoções da personagem, o narrador fornece a informação por meio do discurso indireto. Num monólogo, Clara fala consigo mesma, revelando ao leitor o conteúdo de sua angústia. "Que havia de ser dela, agora, desonrada, vexada diante de todos, com aquela nódoa indelével na vida?" (BARRETO, 1956, p. 187).

Perceber a "indelével mancha de carvão" transforma a personagem. O olhar de Dona Salustiana (mãe de Cassi Jones, pai da criança que Clara dos Anjos espera, sedutor irresponsável e até assassino), que só a encara "com evidente desdém", foi fulminante e decisivo para nova etapa do amadurecimento de Clara. "A moça foi notando isso e encheu-se de raiva, de rancor por aquela humilhação por que passava, além de tudo que sofria e havia ainda de sofrer" (BARRETO, 1956, p. 193).

Ao ser humilhada pela mãe de Cassi Jones quando vai procurar a família pedindo casamento e reparação, responde fora de si sobre o motivo de sua visita: "Quero que se case comigo". A reação veio em seguida. "Dona Salustiana ficou lívida; a intervenção da 'mulatinha' a exasperou. Olhou-a cheia de malvadez e indignação, demorando o olhar propositadamente. Por fim, expectorou: – Que é que você diz, sua negra?" (BARRETO, 1956, p. 194, aspas nossas).

Sutilmente, Lima Barreto nos mostra que o poder está do lado de dentro e do lado de fora das pessoas, isto é, a força do exterior molda, fixa, intimida, provoca, rebaixa, controla. Questão explorada por Franz Fanon em *Pele negra, máscaras brancas*: "[...] o outro, através de gestos, atitudes, olhares, fixou-me como se fixa uma solução com um estabilizador. Fiquei furioso, exigi explicações... Não adiantou nada. Explodi. Aqui estão os farelos reunidos por um outro eu" (FANON, 2008, p. 103).

Como "um outro eu" que surge reunindo os cacos, Clara enxerga suas características étnicas e o racismo estrutural, sua vulnerabilidade econômica e, como explica o narrador, "Agora é que tinha a noção exata de sua condição social" (BARRETO, 1956, p. 196). De fato, a personagem aprende a revidar o olhar como atitude de resistência, mesmo que ainda frágil.

Pela reunião de todas essas estratégias que se alternam entre sutilezas e explicações, torna-se compreensível por que o romance termina com a afirmação de Clara dos Anjos à mãe, pronunciada com "grande acento de desespero: – Nós não somos nada nesta vida" (BARRETO, 1956, p. 196).

O destacado uso da cor, em *Clara dos Anjos*, permite o mergulho na consciência da personagem e a percepção de como se afeta profundamente pelas pressões sociais vindas da educação que recebera, da cor da pele (marca indelével), por ser mulher e pobre. Ainda que não tenha rasurado completamente os limites da narrativa, os recursos estéticos permitem explorar o doloroso processo de amadurecimento da subjetividade para cultivar uma consciência crítica. É recorrente em Lima Barreto a estratégia de manifestação da vida interior por meio de imagens próprias do impressionismo literário. Imagens que sugerem o efeito de experiência sensorial imediata, com o aprofundamento psicológico da personagem conferindo ao narrador a percepção restrita dos temas, o que projeta o leitor na mesma posição ou visão da personagem.

Lima Barreto, moderno

O escritor nasceu em 1881, sete anos antes da Abolição da Escravatura no Brasil, e faleceu em novembro de 1922, meses depois da Semana de Arte Moderna.

É frequente em seus textos a reflexão sobre os efeitos da leitura, e da literatura, na formação de jovens, na construção de sonhos no cotidiano ou na alienação dos sujeitos. Mesmo desejoso de mostrar aos leitores o poder de sedução da literatura, os limites e a força de quem escreve e as funções que lhe são atribuídas pela sociedade, à maneira de esclarecimento e orientação, o escritor reconhece a necessidade de inovar a forma, em um diálogo tenso com a tradição: "Os gêneros que herdamos e que criamos estão a toda hora a se entrelaçar, a se enxertar, para variar e atrair" (BARRETO, 1956b, p. 116).

O resultado está numa obra multifacetada, de gêneros literários diversos na exploração de temas e personagens que guardam as imagens, ações e cenas do passado que coexistem com as nossas inquietações contemporâneas.

Referências

ALBERCA, Manuel. *El pacto ambíguo.* De la novela autobiográfica a la autoficción. Prólogo de Justo Navarro. Madrid: Editorial Biblioteca Nueva, 2007.

BARRETO, Afonso Henriques de Lima. *Recordações do escrivão Isaías Caminha.* São Paulo: Ática, 1990.

BARRETO, Afonso Henriques de Lima. *Clara dos Anjos*. Rio de Janeiro: Brasiliense, 1956a. v. 5.

BARRETO, Afonso Henriques de Lima. Impressões de Leitura. In: *Obras de Lima Barreto*. São Paulo: Brasiliense, 1956b. v. 13.

FANON, Frantz. *Pele negra, máscaras brancas*. Salvador: EDUFBA, 2008.

FIGUEIREDO, Carmem Lúcia Negreiros de; FERREIRA, Ceila Maria (Orgs.). *Lima Barreto, caminhos de criação*. Recordações do escrivão Isaías Caminha. São Paulo: Edusp, 2017.

NATIVIDADE, Everton. A *mise en abyme* como recurso eniano nos Anais. *Aletria*, Rio de Janeiro, v. 19, n. 3, p. 47-55, jul./dez. 2009.

NEGREIROS, Carmem. *Lima Barreto em quatro tempos*. Belo Horizonte: Relicário Edições, 2019.

SANTIAGO, Silviano. Meditação sobre o ofício de criar. *Gragoatá*, Niterói, n. 31, p. 15-29, 2011.

SANDANELLO, Franco Baptista. *Domício da Gama e o impressionismo literário no Brasil*. São Luís: EDUFMA, 2017.

SEVCENKO, Nicolau. A capital irradiante. Técnicas, ritmos e ritos do Rio. In: SEVCENKO, Nicolau. *História da vida privada*. São Paulo: Companhia das Letras, 1998. p. 513-620. v. 3.

Os "modernismos" de Monteiro Lobato

Raquel Afonso da Silva

Introdução

> O modernismo, no Brasil, foi uma ruptura, foi um abandono de princípio e de técnicas consequentes, foi uma revolta contra o que era a Inteligência nacional. (ANDRADE, 1942, p. 25).

O trecho acima pertence à conferência proferida por Mário de Andrade (1893-1945) em 30 de abril de 1942 a respeito do movimento modernista. Salienta-se a visão desse movimento como uma reação ao passadismo da inteligência nacional no início do século XX. Outra não era a intenção de boa parte dos escritos que, na década de 1910, Monteiro Lobato (1882-1948) propalava pelas páginas de periódicos diversos. No entanto, por mais que haja uma aproximação de intenções, é fato que Lobato ficou registrado em nossa historiografia literária como um escritor pré-modernista que, inclusive, teria se oposto a várias das diretrizes da Arte Moderna.

Diversos estudiosos da obra lobatiana têm se oposto a essa leitura estigmatizada do escritor, e este artigo vem se somar a essa perspectiva crítica, buscando, ainda que de modo ligeiro, demonstrar a presença de características do Modernismo na obra do autor. Antes, porém, um curto apanhado de sua trajetória intelectual se faz pertinente.

Breves apontamentos biográficos

Jovem bacharel egresso da Faculdade de Direito de São Paulo, Lobato foi nomeado, em 1907, promotor público em Areias, pequena cidade do interior paulista, por demais pacata para o rapaz que experimentou a Pauliceia em plena modernização. A vivência ali, no entanto, possibilitou ao jovem – com propensões precoces à escrita – tempo e assunto para a produção literária, que discutiu à larga com o amigo dos tempos da faculdade, Godofredo Rangel, através de assídua correspondência.[1]

---

1   As cartas de Lobato a Godofredo Rangel foram revisadas pelo próprio missivista e com-

Após a morte do avô, o Visconde de Tremembé, em 1911, Lobato herdou a fazenda Buquira, abraçando, por um tempo, a vida de fazendeiro. Mas a verve literária continuava a dar-lhe "comichões" frequentes e o obrigava a "aliviar-se" escrevendo e publicando seus textos em diversas revistas e jornais. Entre eles estão os artigos "Velha praga" e "Urupês", ambos publicados no *Estado de S. Paulo*, em 1914, textos polêmicos que trouxeram visibilidade a Lobato, abrindo portas para uma colaboração mais assídua – e remunerada – no jornal e, na sequência, na *Revista do Brasil*, periódico ligado ao referido jornal.

Após a venda da fazenda da Buquira, em 1917, Lobato mudou-se com a família para São Paulo, mergulhando na vida cultural paulistana. No ano em questão, realizou um inquérito nas páginas do *Estadinho*, versão vespertina do *Estado de São Paulo*, a respeito de um importante personagem do folclore brasileiro, o *Saci-Pererê*. As respostas dos leitores foram compiladas na obra *O Saci-Pererê: resultado de um inquérito*, em que Lobato também figura como autor, escrevendo alguns dos textos como o prefácio, as notas e o prólogo. A edição bem cuidada, com capa de Wasth Rodrigues, já aponta o zelo do futuro editor com a materialidade do livro.

A experiência alimentou o desejo do autor de embrenhar-se pelas vias editoriais. Em 1918, comprou a *Revista do Brasil*, e foi com a chancela desta que publicou sua segunda obra, *Urupês*, reunião de contos (a maioria já difundidos em variados órgãos da imprensa). Ainda em 1918, editou *Problema vital*, compilação de artigos redigidos para o *Estadão* sobre a questão do saneamento básico, e em 1919, *Cidades mortas*. Era o início da empreitada de Lobato como editor, que se expandiria com a Monteiro Lobato & Cia. (1920), editora em que o autor publicou a maior parte de sua literatura adulta, além de ter inaugurado sua produção para crianças, iniciada em 1920 com o título *A menina do narizinho arrebitado*.

Em maio de 1924, expandindo suas atividades editoriais, a Monteiro Lobato & Cia. transformou-se na Cia. Gráfico-Editora Monteiro Lobato. Os negócios editoriais foram, no entanto, prejudicados pela Revolta Paulista de 1924 – que paralisou a indústria, o comércio e os serviços na capital paulista – e a subsequente crise elétrica, acabando por levar a editora à falência.

---

piladas na densa obra *A Barca de Gleyre*, publicada em dois tomos pela Companhia Editora Nacional em 1944. Um estudo meticuloso dessa correspondência de Lobato foi realizado por Emerson Tin em sua tese de doutorado. Cf. TIN, 2007.

Outra companhia editorial viria na sequência, novamente em sociedade com Octalles Marcondes – A Companhia Editora Nacional.

Em 1927, o autor foi nomeado para trabalhar no consulado brasileiro em Nova York, para onde embarcou com a esposa, os quatro filhos e inúmeros projetos nascidos de sua grande admiração pela nação norte-americana. Entre tais projetos, estava o de publicar nos EUA um romance que tratava do embate racial no país: *O choque das raças*.[2] Publicada pela Companhia Editora Nacional, a obra não foi bem recebida no meio editorial norte-americano em razão da polêmica frente à questão racial, que continua mobilizando muitas críticas à obra e ao autor, ainda hoje.

O período em Nova York possibilitou a Lobato aproximar-se de questões que se tornarão caras a ele – o ferro e o petróleo. Após o retorno ao Brasil, em 1930, ele irá empreender variados esforços para a exploração dessas duas matérias-primas, tanto no âmbito das letras, em artigos publicados em jornais, quanto no estabelecimento de companhias siderúrgicas e de exploração de petróleo, em parcerias com diversos sócios. A luta pelo petróleo nacional rendeu-lhe o que, talvez, tenha sido o episódio mais inglório da vida do autor – a prisão em 1940, por três meses, por ter encaminhado cartas ao alto comando do governo (ao chefe do Estado Maior do Exército, o general Góis Monteiro, e ao próprio presidente, Getúlio Vargas) com queixas a respeito do que ele considerava uma sabotagem às empresas nacionais que queriam explorar o ouro negro.

Paralelamente a essa luta, produziu sua monumental obra infantojuvenil, só concluída na década seguinte, com *Os doze trabalhos de Hércules* (1944), além de ter adaptado e traduzido livros diversos. Em sua última entrevista, em resposta à pergunta do que faria se lhe fosse concedido "viver de novo sua vida", Lobato teria dito que escreveria mais para as crianças, pois foram elas que lhe deram os maiores "prêmios".[3] Por certo as cartas de leitores que lhe chegavam diariamente, vindas de todo o país, estão na base dessa consideração do autor.[4]

---

2 A primeira edição da obra apresenta o subtítulo *O presidente negro*. O título passa a ser *O presidente negro* quando da publicação das obras completas do autor pela Ed. Brasiliense, em 1945. Cf. MINCHILLO, Carlos. Engenharia reversa em *O choque das raças apud* LAJOLO, 2014, p. 187 a 200.

3 Entrevista publicada no jornal *Folha da Noite* (SP), em 6 de julho de 1948. Cf. CAVALHEIRO, 1962, 2º tomo, p. 326 a 332.

4 Significativa mostra dessa correspondência se encontra preservada no Dossiê Monteiro Lobato, pertencente ao fundo Raul de Andrada e Silva, conservado no Instituto de Estudos

A Editora Brasiliense, fundada em 1943 por, entre outros nomes, Caio Prado Júnior, propôs a Lobato a publicação de sua obra completa, e o escritor passou a rever seus livros para essa publicação simbólica. Não seria ainda a última empreitada. Em 1946, mudou-se para a Argentina, país com o qual já possuía relações literárias sólidas, através de um processo colaborativo mútuo.[5] Mas foi por pouco tempo. De volta ao Brasil, com a saúde comprometida, Lobato morre em 4 de julho de 1948. Deixou, além da vasta obra, o legado de um homem patriota e combativo, e também uma série de polêmicas que continuam a fomentar discussões frequentes, as quais, longe de desmerecer o autor, sinalizam que sua produção é atual e ainda tem muito a dizer.

Uma obra heterogênea e polêmica

Quando, em 1914, Lobato publica os artigos "Velha praga" e "Urupês" nas páginas do *Estadão*, gerando celeuma entre a intelectualidade de então, não era um desconhecido – seus textos já circulavam em periódicos diversos. Conforme nos sinaliza Milena Ribeiro Martins em seus estudos das edições dos contos lobatianos (Martins, 2003), boa parte destes foi publicada na *Revista do Brasil* – e, eventualmente, também em outros periódicos – antes de ser editada em livro. A maior parte dos contos do autor, aliás, veio a público entre 1918 e 1923, período em que esteve ativamente ligado à revista, bem como às atividades frente à Editora Monteiro Lobato & Cia.

A ideia que orienta os dois artigos é a mesma – representar o caboclo como parasita da terra –, e já tinha sido anunciada em 1912 em carta a Rangel: "Já te expus a minha teoria do caboclo, como o piolho da terra, o *Porrigo decalvans* das terras virgens? Ando a pensar em coisas com base nessa teoria, um livro profundamente nacional, sem laivos nem sequer remotos de qualquer influência europeia" (Lobato, 2010, p. 264). A ideia insiste, germina, e a impactante caracterização aparece nos referidos textos, tornando-se estereótipo em "Urupês" (publicado em 23 de dezembro de 1914) com a personagem Jeca Tatu.

Brasileiros (IEB)/USP. Essa correspondência foi parte do meu *corpus* de pesquisa de doutorado. Cf. Silva, 2009.

5 Thaís de Mattos Albieri investigou as relações de Lobato com a Argentina em sua tese de doutorado. Cf. Albieri, 2009.

Nesse artigo, Lobato escarnece do que ele denominou "caboclismo", que veio a substituir, na literatura nacional, o indianismo dos românticos. Contrapondo-se ao caboclo idealizado, é apresentado Jeca Tatu:

> [...] a verdade manda dizer que entre as raças de variado matiz, formadoras da nacionalidade e metidas entre o estrangeiro recente e o aborígene de tabuinha no beiço, uma existe a vegetar de cócoras, incapaz de evolução, impenetrável ao progresso. Feia e sorna, nada a põe de pé.
> [...] Jeca Tatu é um Piraquara do Paraíba, maravilhoso epítome de carne onde se resumem todas as características da espécie.
> Ei-lo que vem falar ao patrão. Entrou, saudou. Seu primeiro movimento após prender nos lábios a palha de milho, sacar o rolete de fumo e disparar a cusparada de esguicho, é sentar-se jeitosamente sobre os calcanhares. Só então destrava a língua e a inteligência. (LOBATO, 2009, p. 169).

A intransigência do autor frente à figura do caipira é atribuída a uma vingança do então fazendeiro que acumulava aborrecimentos com "agregados" da fazenda Buquira. Vale notar, no entanto, que a descrição do caboclo paulista possui traços de similaridade com o sertanejo descrito por Euclides da Cunha n'*Os Sertões*:

> [...] É desgracioso, desengonçado, torto. Hércules-Quasímodo, reflete no aspecto a fealdade típica dos fracos. O andar sem firmeza, sem aprumo, quase gigante e sinuoso, aparenta a translação de membros desarticulados. Agrava-o a postura normalmente abatida, num manifestar de displicência que lhe dá um caráter de humildade deprimente. A pé, quando parado, recosta-se invariavelmente ao primeiro umbral ou parede que encontra; a cavalo, se sofreia o animal para trocar duas palavras com um conhecido, cai logo sobre um dos estribos, descansando sobre a espenda da sela. [...] E se na marcha estaca pelo motivo mais vulgar, para enrolar um cigarro, bater o isqueiro, ou travar ligeiramente conversa com um amigo, cai logo – cai é o termo – de cócoras, atravessando largo tempo numa posição de equilíbrio instável, em que todo o seu corpo fica suspenso pelos dedos grandes dos pés, sentado sobre os calcanhares, com uma simplicidade a um tempo ridícula e adorável.
> É o homem permanentemente fatigado. (CUNHA, 2010, p. 138).

Após a descrição desfavorável, no entanto, Euclides apresenta ressalvas ao falar da transmutação que se opera no sertanejo quando este assume a valentia do vaqueiro domador de reses. Para o caipira lobatiano, tais ressalvas inexistem nesse momento inicial.

Críticos como Wilson Martins veem o artigo "Urupês" como um dos primeiros textos a se contrapor a certo "passadismo" das letras brasileiras. Para o crítico, tal texto poderia, inclusive, ter sido "o primeiro manifesto modernista":

> Criando, nesse artigo, a figura do Jeca Tatu, Monteiro Lobato lançava o primeiro tipo de "herói" literário, contraposto a Peri, na literatura moderna; ao mesmo tempo, ele desfechava a campanha contra o falso regionalismo, que os modernistas encampariam logo depois e na qual o próprio Jeca acabaria por ser envolvido. (MARTINS, 2002, p. 27).

Emblemática do propósito de encontrar a "originalidade brasileira", que Lobato sinaliza nos artigos supracitados, é também a enquete, lançada na edição vespertina do *Estado de São Paulo*, o *Estadinho*, a respeito da personagem folclórica do Saci-Pererê, que irá resultar, depois, na primeira obra de Lobato: *O Saci-Pererê, resultado de um inquérito* (1918). Nas páginas do referido livro, além de compilar as colaborações dos leitores apresentadas em reposta à enquete, Lobato adiciona as suas próprias, merecendo destaque o "Epílogo" em que lê nossa cultura como um "plágio ruim" da cultura europeia, ao passo que defende que a única coisa genuína no Brasil é – quem diria – o Jeca Tatu. O Jeca resiste à "macaqueação" da cultura estrangeira que atinge a inteligência nacional. Nessa linha, o inquérito sobre o Saci revela, segundo Lobato, que o Brasil tem alma, mas o civilizado lhe dá as costas e chama – pejorativamente – a tais coisas de "regionalismos". (LOBATO, 2008a).

Interessante observar esse epílogo como um primeiro momento em que Lobato revê sua posição diante do Jeca Tatu. Tal aspecto seria retomado adiante nos artigos que compõem a obra *Problema vital* (1918), em que o autor se utiliza de seu talento e prestígio literário para encampar a luta pelo saneamento do interior do Brasil. Nesse sentido, aliado às teorias higienistas que ganharam evidência nas primeiras décadas do século XX, Lobato reinterpreta a figura do caipira – sua compleição doentia é fruto das inúmeras endemias que assolavam o interior do país pela negligência governamental e a ignorância popular em relação às medidas higiênicas.

Não será a única releitura da personagem. Em *Jeca Tatuzinho* (1924), o caboclo aparece revitalizado pelas medidas higiênicas; em *Zé Brasil*

(1947), o autor reelabora a problemática do Jeca sob o prisma da exploração – o caboclo era improdutivo e não se prendia à terra porque era explorado pelos latifundiários; o remédio seria a reforma agrária.[6]

Retornando ao *Saci-pererê*, Marisa Lajolo observa a originalidade estrutural da obra, colocando-a como prenúncio do que se veria na literatura dos anos subsequentes:

> A duplicação do *suporte* (jornal e livro), a multiplicação dos *discursos verbais* (artigos de jornal, cartas de leitores, poemas) e a sobreposição da linguagem *verbal* à *musical* e à *visual* têm curiosos efeitos de sentido e sugerem, na polifonia que instauram, uma precoce percepção de Monteiro Lobato do caráter de *espetáculo* que as manifestações artísticas iriam assumir de forma progressiva ao longo do século XX e de forma (ao que tudo indica) irreversível no século XXI. (LAJOLO, 2014, p. 33, grifos do original).

Retomando a linha do tempo das publicações lobatianas, na esteira da bem-sucedida edição do *Saci-Pererê*, veio o primeiro livro de contos, *Urupês* (1918). Como já dito, os contos já haviam sido publicados quando de sua reunião na referida obra. No entanto, entre a versão dos contos em periódico e aquela em livro, o processo de reescrita dos textos é frequente. A visibilidade quanto ao que direciona essa reescrita é essencial para que se entenda o "burilamento" do estilo do autor. Segundo Milena Ribeiro Martins (1998), a simplificação do vocabulário, a busca de um teor menos formal e o "abrasileiramento" da língua são os processos mais regulares, o que sinaliza esforços na tentativa de "raspar a literatura"[7]– para usar uma expressão do próprio Lobato – de seus contos.

Na correspondência com Rangel, o debate sobre o estilo é frequente. O trecho a seguir fornece uma ideia do que pensava o autor sobre a questão:

> Por aperfeiçoar o "estilo" temos de entender exaltar-lhe as tendências congenitais, não conformá-lo segundo um certo padrão na moda. O

---

6 Sobre as reformulações de Lobato da personagem Jeca Tatu, ver: Lajolo, Marisa. Jeca Tatu em três tempos. In: SCHWARZ, Roberto (org.). *Os pobres na literatura brasileira*. São Paulo: Brasiliense, 1983.

7 Em carta a Rangel de 1º/2/1943, Lobato assinala que "o certo em literatura é escrever com o mínimo de literatura!", acrescentando que está submetendo seus textos a um "trabalho de raspagem", na revisão para as obras completas, e que *Fábulas* fora o último submetido a tal tratamento: "Dele raspei quase um quilo de 'literatura' e mesmo assim ficou alguma" (LOBATO, 2010, p. 549-550).

> estilo padrão mais em moda hoje desfecha no estilo de jornal, nessa "mesmice" que floresce, igualada no gênio, na cor, no tom, no cheiro [...] Quem conduz a humanidade a esse estilo é o Mestre-Escola, é o Gramático Letrudo, são os mil "Conselheiros" que no decorrer da vida nos vão podando todos os galhos rebeldes [...] Mas se somos bons jardineiros de nós mesmos, o que nos cumpre é matar as lagartas, extirpar os caramujinhos e brocas, afofar a terra e bem adubá-la. Em matéria de poda, só a dos galhos secos. E a árvore que cresça como lá lhe determina a vocação. Isso, concordo, é aperfeiçoar o estilo. O mais desnatura-o, troca o nariz natural por um nariz de carnaval." (LOBATO, 2010, p. 296).

Em relação à forma, são ainda mais visíveis as inovações, aliás, desde o livro de estreia, como sugere Marisa Lajolo em citação anterior. Nota-se, em vários livros sequentes, o hibridismo de gênero – ou até certa dificuldade de classificação quanto a esse aspecto –, o que, certamente, traduz um comportamento estético renovador, de certo modo, indissociável das práticas de Lobato como editor. Como nos sugere Cilza Bignotto,

> Seus livros não devem ser vistos como contêineres fechados, nos quais os textos permanecem imóveis ao longo do tempo. Pelo contrário: sua obra parece mais um sistema de vãos intercomunicantes, pois textos produzidos para jornais e revistas são bombeados para livros, de onde se difundem para outros periódicos, dos quais podem retornar a novos livros, num processo incessante ainda hoje. (BIGNOTTO, 2014, p. 151).

Significativo quanto ao aspecto supracitado é *A onda verde* (1921) que, segundo Bignotto, surgiu de textos publicados no jornal *Correio da Manhã*, com o propósito de subvencionar a filial carioca da *Revista do Brasil*, através da qual, posteriormente, seriam tais artigos publicados em livro, "completando um circuito que integrava a divulgação da grife Monteiro Lobato em várias frentes" (BIGNOTTO, 2014, p. 152). Edições posteriores do livro apresentam frequentes modificações com inserção ou retirada de textos, aspecto facilitado pelo fato de Lobato ser editor de seus próprios livros (BIGNOTTO, 2014, p. 156).

Bignotto ainda sugere uma escrita disruptiva em relação aos limites de gênero, dado que Lobato, na elaboração de artigos jornalísticos, vale-se de procedimentos comuns à prosa – diálogo, personificação, analogias etc. – de modo que tais textos se aproximam dos contos, "resenhas assemelham-se a crônicas, críticas parecem anedotas." Dessa feita, "[...] é quase impossível não pensar em Modernismo" (BIGNOTTO, 2014, p. 164).

Outras obras apresentam essa mesma dificuldade de classificação em relação ao gênero, como *Mundo da Lua* (1923), *Mr. Slang e o Brasil: Colóquios com o inglês da Tijuca* (1927) e *América* (1932). Este último, conforme assinala Milena Ribeiro Martins (2014), é constituído, em grande parte, de traduções, citações e paráfrases de textos alheios lidos, em boa parte, na imprensa norte-americana, apresentando também um caráter híbrido quanto ao gênero – é um "relato de viagem", que "guarda semelhanças, neste caso, com o romance de ideias, a notícia e a crônica jornalística" (MARTINS, 2014, p. 262). A frequência com que se nota esse aspecto híbrido em relação ao gênero textual, bem como o intercâmbio entre suportes – jornal, revista, livro –, parece sugerir uma estratégia de produção e uma escolha estética bastante irmanadas a princípios modernistas.

Aspecto também frequente na diversificada obra lobatiana é o tom polemista e combativo. A título de exemplo, pode-se tomar a obra *Na antevéspera* (1933), também uma coletânea de artigos em que Lobato trata de problemáticas econômicas, educacionais e culturais brasileiras, entre as quais, a questão do Futurismo paulista, no artigo "O nosso dualismo". Na leitura lobatiana, Oswald de Andrade teria implantado o futurismo no Brasil como "meio" para alcançar o propósito de remexer com a cristalizada inteligência nacional. No entanto, mal compreendido por jovens entusiastas, seu "meio" tornara-se "fim", ainda que ele, sempre combativo, provocasse constantes "cismas" no grupo modernista para evitar que o futurismo se consolidasse como escola literária. O sarcasmo, comum ao escritor, chega ao ponto de chamar o movimento de "brincadeira de crianças inteligentes", mas reconhece que terá função muito importante, enxovalhando o pensamento francês e o português de Portugal das letras brasileiras (LOBATO, 2008b).

Na sequência, Lobato faz uma defesa do abrasileiramento da língua portuguesa, lendo tal processo como algo natural na migração cultural de um país para outro. A "língua velha" fica cada vez mais restrita, e "a nova" difunde-se entre o povo. E profetiza Lobato: só quando essa língua falada for também a escrita é que a literatura "será entre nós uma coisa séria, voz da terra articulada e grafada na língua das gentes que a povoam" (LOBATO, 2008b, p. 125).

O artigo, originalmente publicado no *Diário de São Paulo* em 1926, provocou uma resposta ácida de Mário de Andrade, em 13 de maio de 1926, no jornal *A Manhã*, o "*Post-scriptum* pachola", em que o autor defende o caráter genuíno do movimento modernista brasileiro e desacredita Lobato como crítico, apresentando, ao final, em um *post-scriptum*, o necrológio do escritor, em que o pinta como um talento que muito prometia, mas que se perdeu na esteira romântica do regionalismo e na escolha de dar ao público o que este queria ler.

Essa, no entanto, não é a primeira polêmica de Lobato com os modernistas. A primeira rusga veio antes mesmo da Semana de Arte Moderna (1922). Vale repassar esse episódio, já largamente abordado pela crítica,[8] por ser expressivo das dissidências entre Lobato e o grupo modernista.

Lobato e os modernistas

> Uma ideia central unifica a maioria destes artigos, dados à estampa em *O Estado de S. Paulo*, na *Revista do Brasil* e em outros periódicos. Essa ideia é um grito de guerra em prol da nossa personalidade... (LOBATO, 2008c, p. 23).

Com tais dizeres, Lobato inicia o prefácio do livro *Ideias de Jeca Tatu* (1919), no qual, sob o título "Paranoia ou mistificação? A propósito da exposição Malfatti", insere a crítica feita à exposição de Anita Malfatti, realizada em dezembro de 1917 e, dessa feita, revalida a perspectiva analítica que teria – conforme os anais da História Literária – causado espécie entre o grupo modernista, então em formação. Publicado, inicialmente, nas páginas d'*O Estado de São Paulo* com o título "A propósito da exposição Malfatti", o artigo do já renomado autor desabona as estéticas vanguardistas, enquadradas por ele no rótulo de "arte caricatural", feita com o propósito de "desnortear, aparvalhar, atordoar a ingenuidade do espectador" (LOBATO, 2008c, p. 75).

Em relação especificamente a Anita Malfatti, o artigo faz questão de sublinhar seu "talento vigoroso, fora do comum":

> Poucas vezes, através de uma obra torcida em má direção, se notam tantas e tão preciosas qualidades latentes. Percebe-se, de qualquer

---

8 Representativos dessa crítica são os principais biógrafos de Lobato. Cf.: CAVALHEIRO, 1962; AZEVEDO; CAMARGOS; SACCHETTA, 1997; LAJOLO, 2000.

> daqueles quadrinhos, como a sua autoria é independente, como é original, como é inventiva, em que alto grau possui umas tantas qualidades inatas, das mais fecundas na construção duma sólida individualidade artística. (LOBATO, 2008c, p. 74).

A leitura do texto deixa evidente que, longe de desmerecer a artista, Lobato ressalta seu excepcional talento, manifestando seu desagrado não em relação a ela, mas sim à pintura de vanguarda. De acordo com Tadeu Chiarelli (1995), Lobato figurava, naquele momento, como um dos mais influentes críticos de arte de São Paulo, fazendo sombra aos outros pela qualidade estética de seus escritos e pela influência sobre o público leitor. Suas análises no campo artístico seriam norteadas por uma "estética naturalista matizada por uma ideologia fortemente marcada pelo nacionalismo" (CHIARELLI, 1995, p. 32-33). Essa linha de pensamento seria o motivo do duro julgamento do estilo artístico das diversas estéticas vanguardistas.

Quando em 1920 Anita Malfatti fez nova exposição, Menotti del Picchia escreveu um artigo em que julga Lobato "injusto e cruel" em sua crítica de 1917 à exposição da pintora, e confessa que se deixou enredar pela pena hábil do escritor, aceitando o posicionamento dele e julgando a artista sem ver a exposição. Ainda a respeito de Lobato, acrescenta: "[...] é um grande artista com famas de mau pintor [...]. Talvez em Malfatti o pai espiritual do "Jéca" quisesse ferir a casta arrelienta e delirante dos futuristas. Mas, positivamente, foi injusto e cruel" (PICCHIA, 1920).

A interpretação que se cristalizou sobre esse episódio é similar à linha interpretativa de Menotti: Lobato teria desancado a jovem artista em nome de um certo despeito de pintor frustrado. Ademais, teria cabido a ele a responsabilidade pelos rumos tomados pela pintora, a qual, em razão do texto de Lobato, regredira em seu estilo no que se refere à perspectiva de uma arte mais vanguardista.

O ataque lobatiano aos "ismos", no entanto, não levou a uma ruptura com o movimento modernista, ao contrário do que é frequentemente propalado por certa historiografia literária. Prova disso é que fazem parte do catálogo de 1923 da Monteiro Lobato & Cia. títulos como *Os Condenados*, de Oswald de Andrade – com capa desenhada por Anita Malfatti –; *A mulher que pecou,* de Menotti del Picchia; e *Livro de horas de Soror Dolorosa,* de Guilherme de Almeida. Não obstante, embora o catálogo anunciasse *Poesias,* de Manuel Bandeira, o livro nunca foi publicado (BIGNOTTO, 2007, p. 242).

Outra obra emperrada nas gavetas da editora foi *Pauliceia desvairada*, de Mário de Andrade. A história dessa recusa é comentada por Mário de Andrade no artigo de 26 de maio de 1940 para o *Diário de Notícias*. Lobato teria se prontificado a publicar a obra, mas "os originais modorraram meses e meses a fio na gaveta do grande editor", que decidiu, finalmente, chamar o autor para uma entrevista e confessou-lhe "não compreender neres daquilo tudo", solicitando que ele fizesse um prefácio em que explicasse sua poesia. Mário achou a ideia "esplêndida" e elaborou o "Prefácio interessantíssimo", de inegável importância para o movimento modernista brasileiro. É fato que, mesmo depois de escrito o prefácio, Lobato não se animou a publicar a iconoclasta obra de Mário, devolvendo-lhe os originais (ANDRADE, 1940).

Mário de Andrade ainda acrescenta, no artigo, que não teria rompido com Lobato, na ocasião, e rememora o episódio em que "matou" o autor de *Urupês* no artigo de 1926 para o *Diário de São Paulo* – já referido anteriormente –, arrematando a história com um tom afetivo em que Lobato configura como "a bondade em pessoa", por se propor, no período em que residiu em Nova York, mesmo depois do necrológio feito por Mário, a intermediar a edição em inglês de algumas obras do autor de *Macunaíma*: "Nada me impede que eu guarde do sr. Monteiro Lobato uma ternura imensa. Soube ser superior aos meus despeitos e me deu o 'Prefácio interessantíssimo'" (ANDRADE, 1940).

Ao que parece, a recusa de Lobato em editar Mário de Andrade[9] se deu pelo temor de desagradar ao público leitor, segundo carta enviada a este em setembro de 1921,[10] o que parece acenar para uma escolha meramente mercadológica. Em seu trabalho sobre a atividade editorial de Lobato, Cilza Bignotto (2007) demonstra o caráter heterogêneo dos catálogos da Monteiro Lobato & Cia., tanto em relação aos "gêneros" quanto às "orientações estéticas". "Ao que parece, o editor tentava conquistar diferentes públicos, de forma a garantir a manutenção e o crescimento da empresa" (BIGNOTTO, 2007, p. 254).

Posteriormente, em discurso no qual contempla o Movimento Modernista (1942), Mário de Andrade reconhece o caráter aristocrático, antipopular, do Modernismo, movimento em cujo âmago estava a revolta

---

9   Sobre os encontros e desencontros desses dois personagens na "cidade das letras", cf.: LAJOLO, 2008.

10 Carta de Monteiro Lobato a Mário de Andrade. Fundo Mário de Andrade, Instituto de Estudos Brasileiros (IEB) da Universidade de São Paulo (USP) *apud* BIGNOTTO, 2007, p. 258.

contra a inteligência nacional. Também Oswald de Andrade avalia o que foi o movimento no artigo "Carta a Monteiro Lobato", publicado por ocasião dos 25 anos do *Urupês*. Nesse texto, ele relê a postura de Lobato contra as estéticas de vanguarda como legítima "defesa da nacionalidade", e acrescenta:

> Se Anita e nós tínhamos razão, sua luta significava a repulsa ao estrangeirismo afobado de Graça Aranha, às decadências lustrais da Europa podre, ao esnobismo social que abria os seus salões à *Semana*. E não percebia você que nós também trazíamos nas nossas canções, por debaixo do *futurismo*, a dolência e a revolta da terra brasileira." (ANDRADE, 1971, p. 04).

Ao cabo, parece que tanto Lobato quanto os modernistas propugnaram, no campo cultural brasileiro, pelo mesmo fim, a independência da inteligência nacional. Apenas, ao que parece, tomaram armas distintas.

Conclusão

> Já um autor escreveu, como conclusão condenatória, que "a estética do Modernismo ficou indefinível"... Pois essa é a milhor razão-de-ser do Modernismo! Ele não era uma estética, nem na Europa nem aqui. Era um estado de espírito revoltado e revolucionário [...] (ANDRADE, 1942, p. 68-69).

Quando se olha para as várias facetas de Lobato, incoerentes por vezes, polêmicas em muitos casos, mutáveis frequentemente, nota-se esse "estado de espírito revoltado e revolucionário" a que se refere Mário de Andrade, e justamente por isso o pai do Jeca Tatu não marchou lado a lado com os modernistas.

Lida a trajetória do autor pelas lentes dessa perspectiva mais ampla assinalada nesse artigo de Mário, talvez se desenhe um perfil de um modernista ímpar nas terras brasileiras.

Referências

ALBIERI, Thaís de Mattos. *São Paulo-Buenos Aires: trajetória de Monteiro Lobato na Argentina*. Tese (Doutorado em Teoria e História Literária) – Instituto de Estudos da Linguagem, Universidade Estadual de Campinas, Campinas, 2009.

ANDRADE, Mário de. *Post-scriptum* pachola. A Manhã, 13 maio 1926. Disponível em: http://memoria.bn.br/DocReader/docreader.aspx?bib=116408&pasta=ano%20192&pesq=%22monteiro%20lobato%22&pagfis=839). Acesso em: 4 ago. 2021.

ANDRADE, Mário de. Vida literária. *Diário de Notícias,* 26 maio 1940. Disponível em: http://memoria.bn.br/DocReader/docreader.aspx?bib=093718_02&pasta=ano%20194&pesq=%22pref%C3%A1cio%20interessant%C3%ADssimo%22&pagfis=1547. Acesso em: 4 ago. 2021.

ANDRADE, Mário de. *O movimento modernista*. Rio de Janeiro: Casa do Estudante do Brasil, 1942.

ANDRADE, Oswald. *Ponta de lança*. 2.ed. Rio de Janeiro: Civilização Brasileira, 1971.

AZEVEDO, C. L.; CAMARGOS, M.; SACCHETTA, V. *Monteiro Lobato: Furacão na Botocúndia*. São Paulo: Editora Senac, 1997.

BIGNOTTO, Cilza. *Novas perspectivas sobre as práticas editoriais de Monteiro Lobato*. Tese (Doutorado em Teoria e História Literária) – Instituto de Estudos da Linguagem, Universidade Estadual de Campinas, Campinas, 2007.

BIGNOTTO, Cilza. A onda verde: motivos de beleza em constante agitação. In: LAJOLO, Marisa (org.). *Monteiro Lobato, livro a livro:* obra adulta. São Paulo: Editora Unesp, 2014.

CAVALHEIRO, Edgard. *Monteiro Lobato, vida e obra*. São Paulo: Brasiliense, 1962.

CHIARELLI, Tadeu. *Um jeca nos vernissages:* Monteiro Lobato e o desejo de uma arte nacional no Brasil. São Paulo: Editora da Universidade de São Paulo, 1995.

CUNHA, Euclides da. *Os sertões*. São Paulo: Abril, 2010. v. I.

LAJOLO, Marisa. Mário de Andrade e Monteiro Lobato: um diálogo modernista em três tempos. *Teresa*, 8-9, p. 141-160. 2008. Disponível em: https://www.revistas.usp.br/teresa/article/view/116697. Acesso em: 4 ago. 2021.

LAJOLO, Marisa. *Monteiro Lobato:* um brasileiro sob medida. São Paulo: Moderna, 2000.

LAJOLO, Marisa. *Saci or not Saci: that is the question*. In: LAJOLO, Marisa (org.). *Monteiro Lobato, livro a livro*: obra adulta. São Paulo: Editora Unesp, 2014.

LOBATO, Monteiro. *A Barca de Gleyre*. São Paulo: Globo, 2010.

LOBATO, Monteiro. *O Saci-Pererê: resultado de um inquérito*. São Paulo: Globo, 2008a.

LOBATO, Monteiro. *Na Antevéspera*. São Paulo: Globo, 2008b.

LOBATO, Monteiro. *Ideias de Jeca Tatu*. São Paulo: Globo, 2008c.

LOBATO, Monteiro. *Urupês*. 2. ed. São Paulo: Globo, 2009.

MARTINS, Milena Ribeiro. *Quem conta um conto... aumenta, diminui, modifica: o processo de escrita lobatiano*. Dissertação (Mestrado em Teoria Literária) – Instituto de Estudos da Linguagem, Universidade Estadual de Campinas, Campinas, 1998.

MARTINS, Milena Ribeiro. *Lobato edita Lobato: história das edições dos contos lobatianos*. Tese (Doutorado em Teoria e História Literária) – Instituto de Estudos da Linguagem, Universidade Estadual de Campinas, Campinas, 2003.

MARTINS, Milena Ribeiro. *América*: um país, homens e livros. In: LAJOLO, Marisa (org.). *Monteiro Lobato, livro a livro:* obra adulta. São Paulo: Editora Unesp, 2014. p. 249 a 264.

MARTINS, Wilson. *A ideia modernista*. Rio de Janeiro: Academia Brasileira de Letras/ Topbooks Editora, 2002.

PICHIA, Menotti del. Uma palestra de arte. *Correio Paulistano*, 29 nov. 1920. Disponível em: http://memoria.bn.br/DocReader/docreader.aspx?bib=090972_07&pasta=ano%20192&pesq=menotti&pagfis=3482. Acesso em: 5 ago. 2020.

SILVA, Raquel Afonso da. *Entre livros e leituras: um estudo de cartas de leitores*. Tese (Doutorado em Teoria e História Literária) – Instituto de Estudos da Linguagem, Universidade Estadual de Campinas, Campinas, 2009.

TIN, Emerson. *Em busca do "Lobato das cartas": a construção da imagem de Monteiro Lobato diante de seus destinatários*. Tese (Doutorado em Teoria e História Literária) – Instituto de Estudos da Linguagem, Universidade Estadual de Campinas, Campinas, 2007.

Augusto dos Anjos, as várias fisionomias de uma mesma face

Tiago Lopes Schiffner

Nascido no Engenho de Pau d'Arco, à margem do Rio Una, no que era a província da Paraíba, Augusto dos Anjos se tornou um dos poetas mais inclassificáveis da literatura brasileira. A sua poesia tem traços parnasianos e simbolistas, uma elocução e certo arrebatamento românticos, bem como uma forte tendência expressionista – como comentaremos adiante – e alguma costura de imagens surrealistas. Por isso, embrenhar-se nessa mata de sentidos é um desafio instigante. O poeta vem ao mundo em 20 de abril de 1884 e herda o nome do tio paterno, falecido prematuramente anos antes. O *nome maldito* ecoa a morte do familiar e ironicamente antecipa o tema da finitude, que é uma constante na criação do nordestino. Filho de um bacharel em Direito, inicia sua formação no Liceu Paraibano em 1900, dando seguimento à instrução que já recebia em casa. Com dezessete anos e alguns escritos publicados na imprensa, Dos Anjos ingressa na Faculdade de Direito de Recife, onde toma contato com as ideias cientificistas que nortearão o seu pensamento filosófico e materialista. Passa, então, a reagir ao mundo e à sua condição fisiológica a partir dos ensinamentos que recebe nas aulas. O repertório dos estudos é recheado de um farto lastro positivista – doutrina criada por Auguste Comte –, sendo complementado pelo que de mais atual existia em elucubrações evolucionistas. Além de Comte, o jovem estudante destrincha os compêndios de escritores como: Charles Darwin, Ernest Haeckel e Herbert Spencer. As ideias importadas servem para a explicação da vida de maneira geral, seja ela espiritual, seja social. Tudo passa pelo crivo das formulações racionalizantes do *boom* teórico, herdado do século XIX.

O dezenove brasileiro é marcado profundamente pela invasão de elucidações pretensamente científicas, vindas sobretudo da Inglaterra, Alemanha e França. Nessa época, o termômetro é a literatura real-naturalista, que nada de braçada nas sinapses nervosas e preconceituosas de pesquisadores da sociedade, da arte e da filosofia. No início do século XX, Augusto dos Anjos bebe na fonte da intelectualidade de conceito e constrói um conjunto vasto de poemas que dialoga diretamente com ela. Herbert Spencer o anima a refletir sobre a essência das coisas, numa guinada evolucionista, que vinha a reboque dos encaminhamentos de Darwin. Já Ernest Haeckel contribui com a descrença imaterial, sintetizada no princípio de que morte e vida são puramente fundamentos químicos, numa racionalização arrasa quarteirão. No entanto, a influência talvez mais importante não vem dessa biblioteca materialista. O filósofo alemão Arthur Schopenhauer empresta a Augusto o pessimismo com que retrata a vida. Para o poeta, o ceticismo não soa nada artificial, ainda mais quando levamos em conta o contexto nacional e a sua própria trajetória pessoal – aspectos que aprofundam a marca da descrença na sua arte. A esse respeito, não é difícil encontrar sujeitos empobrecidos, marginalizados e uma revisão profunda e desiludida da história do Brasil nos versos de *Eu* – primeira publicação de Augusto. A violência e a brutalidade saltam das páginas e escancaram as suas sequelas no nosso inconsciente. A libertação viria – na esteira da filosofia schopenhaueriana – da renúncia a todos os desejos. A ascensão ao Nirvana passa a ser almejada, numa incorporação do budismo, empreendida pelo teórico alemão e referência importante na ideação artística do autor brasileiro. Embora entre de cabeça nas ideias importadas, Dos Anjos mantém um pé atrás e não embarca, por exemplo, na sanha racista da erudição do seu tempo. O jargão de laboratório invade a lírica como um micróbio, multiplicando-se com rapidez, mas serve de "instrumento de questionamento tanto da vida social do país quanto do cientificismo mesmo" (CALIXTO, 2012, p. 14-15). Não é difícil perceber como, por vezes, a parafernália mental gira em falso dentro das composições, parecendo areia entre os dentes.

 A vida de Augusto é bastante turbulenta e empobrecida, mesmo com a formação sólida e atenta aos achados do Velho Mundo. Como a educação já não era valorizada na República Velha (1889-1930), o escritor improvisa dando aulas particulares de humanidades e conta com a boa vontade de "gente importante". Desse modo, consegue ser nomeado para lecionar interinamente Literatura no Liceu Paraibano, mas não permanece por muito tempo e é demitido após um desentendimento com o governador do Estado, João Machado. Mergulhado em dívidas e com dinheiro curto – o que será uma das tônicas de sua vida –, vende a propriedade da família, um engenho decadente em Pau d'Arco, e se muda para o Rio de Janeiro com a esposa, Ester Fialho.

Entre os bicos como educador e as colunas para jornais, o poeta maldito é admitido para ensinar Geografia no célebre Colégio Pedro II e na Escola Normal – ambos localizados na então Capital Federal. Seguindo os tortuosos caminhos do destino, perde um filho prematuramente, no mesmo ano do ingresso nas duas instituições de ensino. Em 1912, surge o livro mais conhecido de Augusto dos Anjos, intitulado somente com o pronome pessoal *Eu*. Com pouca circulação e nenhum comentário da crítica ou do círculo de notáveis leitores, a publicação passa completamente despercebida. Entre a renda minguada, muitas mudanças e dois filhos para criar, Glória e Guilherme, recorre novamente à cordialidade dos amigos e dos familiares. Por meio de uma indicação, artigo importante no Brasil, consegue a nomeação para ser diretor de um colégio no interior de Minas Gerais, onde infelizmente não permanece por muito tempo. Após uma crise grave de saúde, é hospitalizado e falece de pneumonia com apenas 30 anos, em 12 de novembro de 1914. Permanece, assim, uma obra considerável, de ampla penetração popular e, por muitos anos, de baixo reconhecimento especializado.

O sincretismo de pensamento e a liberdade criativa produzem uma literatura inventiva e convulsiva, com imagens poéticas que provocam reações corporais no público desavisado. Os conceitos e as fórmulas racionalizantes não constrangem as composições, que não se mostram completamente alinhadas a nenhuma delas. Antes de tudo, a escrita é um jato de cusparadas, empapado de palavras e mais palavras retiradas de um relatório de medicina ou de biociência. Elas enformam a angústia de quem persegue o termo certo para pensamentos latentes. Cada novo jargão traz consigo a dificuldade da inteligibilidade e a desventura de quem convive com a morte à espreita. O fim existencial se reverte em recomeço biológico, e a poesia está sempre em vias de terminar, seja devido ao fantasma da incompreensão, seja devido à fuga das palavras. Mas ela sempre recomeça até que as adversidades vençam e os dias do artista se extingam de vez. O sentimento dilacerante da convivência com o falecimento iminente adquire uma feição estética expressionista, abrindo uma brecha insuspeita num classicismo parnasiano e dando concretude aos mergulhos subjetivos por demais evanescentes e simbólicos.

Augusto não usa as cores de maneira apenas sugestiva e sinestésica; mais do que isso, cria também uma atmosfera e uma vibração aterradoras, que fazem lembrar expressões cinematográficas. O vermelho que escorre da boca ensanguentada e os olhos rubros de cansaço do eu-lírico contagiam a boca e os olhos do leitor. O colorido não é um acessório que reflete a subjetividade delirante. Pelo contrário, recebe um tratamento consciente e exagerado, que imprime uma fluidez orgânica na cena, que se derrama na folha, como acontece no poema "As cismas do destino". Dando voz às palavras do eu-lírico, "a cor do sangue é a cor que me impressiona / E a que mais neste mundo me persegue!" (ANJOS, 2012, p. 82). Se, no cinema expressionista, a ausência de cores é contornada pelo reforço das tintas na maquiagem transbordante, nos versos de Augusto dos Anjos, a ambiência soturna é contraposta pela coloração vibrante.

No cinema, o exagero dos matizes intensifica o gestual do personagem na tela, extrapola a atmosfera sem cores, distorcida pela sensação angustiada de quem se vê imerso numa trivialidade moderna, na qual o maquinário parece prestes a consumir o sujeito, cuja luta diante da lente é o próprio duelo do homem contra a tecnologia – nos termos benjaminianos.[1] Na poesia de Augusto dos Anjos, o uso dos superlativos e da elasticidade deformada das representações ajuda a construir uma incongruência entre a rigidez do soneto, quase sempre decassílabos, e a imaginação que não se contenta com a visualidade predeterminada, cujo efeito temático alegoriza uma mente atormentada pelos fantasmas internos e pelos descompassos sociais. Desponta uma estética focada no grotesco, que espelha uma civilidade decadente e um egoísmo enraizado no meio urbano, confuso, aglomerado e descrente.

Um enojamento com a multidão que despersonifica o *eu* cria um humor ácido e um olhar permeado por um ceticismo. A distorção reinterpreta o mundo, dando a ele a sua imagem mais adequada: repulsiva, ambígua e aterradora. A insatisfação, a desventura e o pessimismo são retratados num avermelhado entrecortado por muitas sombras, numa deformação do real que parece nascer dos traumas íntimos. A visão é entrecortada pela experiência conflitante do eu-lírico que tenta registrar o exterior a partir de suas convulsões internas, as quais desconfiguram a ambientação, ao serem também desconfiguradas por ela. Se a linguagem exógena da filmografia parece querer se nutrir do sujeito que resiste na sua expressividade indestrutível, a linguagem exógena de Augusto dos Anjos (a forma soneto & o palavreado

---

[1] O filósofo alemão Walter Benjamin examina a tensão entre o cinema e seu arcabouço tecnológico e a presença física do ator – que parece em vias de ser consumido pela câmera – em *A obra de arte na época de sua reprodutibilidade técnica*.

de faculdade) implode o convencionalismo introjetando nesses dois elementos estranhos que, de certa forma, desautomatizam uma leitura fácil, corrompendo o caminho previsível de uma lírica pomposa, hermética ou banal, ao mesmo tempo que contribui para uma denúncia das contradições na cidade. Não é difícil, aliás, presenciar um lirismo cotidiano, que surge de situações banais – principalmente fora do meio urbano –, mas que não abandona a intenção chocante, a exemplo de "A árvore da serra". Usando a expressão de Anatol Rosenfeld, diríamos que a mesa do escritor é uma ilha de "montagem da oficina linguística" (ROSENFELD, 1996, p. 270), onde tudo é construído com esmero de um artífice da imagem e da sonoridade.

Outro elemento importante da redação de Dos Anjos são as exclamações, que se multiplicam na pontuação dos versos. A sensação é de que há um anseio de romper com a calmaria e com as regras bem-comportadas e repressoras dos dogmas parnasianos. A exemplo do que Theodor Adorno escreve sobre o uso excessivo das exclamações pelo Expressionismo alemão, os gritos do eu-lírico de Augusto parecem fazer "um protesto contra as convenções, e ao mesmo tempo [são] um sintoma da impossibilidade de se modificar a linguagem por dentro, enquanto ela era abalada por fora" (ADORNO, 2012, p. 143). A Alemanha vive o rescaldo de uma guerra perdida e um inflacionamento cavalar – crise político-financeira que demonstra os limites cruéis do capitalismo. No Brasil, as circunstâncias não são nada promissoras. Ainda que a elite se vista com os trajes de grife, o ambiente nacional é de total precariedade. Além da pobreza em larga escala, as epidemias de febre amarela, disenteria e varíola – na virada do dezenove para o vinte – desautorizavam o quadro chique-da-elite-que-toma-café-em-salões-limpos-e-envidraçados. A cidade febril que notabiliza o Rio de Janeiro escancara a falta de saneamento básico e uma coleção de descasos com os mais pobres.

O temor das doenças em massa aumentava a voltagem do debate público na cidade tropical e uma série de reformas é feita no miolo da cidade. Seguindo as orientações arquitetônicas e urbanísticas de Paris – ruas viram avenidas, sobrados são derrubados e os pobres retirados do centro, com a destruição de casas improvisadas e de cortiços. Agora as charretes são substituídas por carros. Os teatros ganham a concorrência dos cinemas, e a atmosfera atrasada da cidade – que vendia leite tirado direto da teta da vaca, cujo pasto ficava nos bairros periféricos – recebe os símbolos da modernidade em meio ao toque do telefone (invenção que Augusto dos

Anjos menciona em "Os doentes"), em meio às projeções em telonas e aos sons de buzina. O curto-circuito histórico e social de um país desigual até o tutano recebe tratamento abrutalhado nas palavras escarradas e na fúria exclamativa de Augusto dos Anjos. O exagero azedo e as rimas pestilentas são expressivos de uma coletividade doente em vários aspectos.

A descoberta do inconsciente, suas traduções oníricas e sua lógica de funcionamento particular concedem a ferramenta de uma criatividade que se propõe consciente, sábia, informada, mas que não encobre a faceta (in)sana, *nonsense* e criativa do lado obscuro da mente e da vida em sociedade. O dissenso reedita o cotidiano, trazendo à tona as insatisfações e os traumas permeados pela vivência incontornável do luto diário. Morrer de doença ou de fome no Brasil é uma constante para a qual os olhos têm de se manter abertos.

O escritor paraibano abandona, assim, a fachada adornada de uma elite que brincava de estar na Europa, para revirar as entranhas de uma mente atormentada, numa nação periférica em que a ama de leite cede o alimento dos próprios filhos aos descendentes dos patrões, como está registrado em "Ricordanza della mia gioventú". Os tormentos de um subconsciente coletivo reprisam o assassinato dos indígenas em prol de um projeto "civilizatório", que nos concedeu uma série infindável de genocídios ("Os doentes") e no qual se assentam o poder de compra, o tédio improdutivo e o bom gosto da aristocracia, que arrota vocábulos em francês, entre uma xícara e outra.

Como refere Fabiano Calixto (2012), Augusto dos Anjos ataca a etiqueta beletrista de uma alta classe que vive de aparência e, por consequência, também destrava a tampa dos caixões que fizeram essa gente chegar aonde chegou. O obituário apresentado em seus versos é uma pequena parte da grande cova rasa que notabiliza a história brasileira. No rompante de alcançar uma linha geracional de seres que nos deram parte de suas vidas e continuam a viver em nós, o *eu* não esquece a genealogia macabra que sedimentou a nossa formação social. A transformação "civilizatória" extingue os índios e joga os negros e os pobres na miserabilidade, renegados às zonas suburbanas ("O Lázaro da Pátria"). Nesse sentido, a moléstia orgânica enfrentada no início do século XX desencadeia uma reorganização da cidade, a qual reflete a doença endêmica que habita a cabeça dos donos do poder desde sempre. E Augusto dos Anjos dá uma feição literária a tudo isso.

A morte, as pestes e a vida curta para quem sofre da falta de dinheiro (mal do qual o próprio poeta era acometido) não são temas de cartilha ou de filosofia determinista, mas resultado de uma construção nacional, desde o início excludente, grotesca e mortífera. A revisão do passado – anos depois empreendida com humor por Oswald de Andrade ou com melancolia e culpa por Carlos Drummond de Andrade – é retratada como uma autópsia, em que o escritor paraibano disseca os cadáveres esquecidos pelo mal de Alzheimer nacional. Para isso, busca as palavras mais acertadas (as mais duras, violentas e nauseantes) e enuncia diversos absurdos cada vez mais naturalizáveis, por meio de uma arte crivada de restos, mortos e neuroses.

O revisionismo crítico – no qual o massacre dos povos originários é lembrado – está posto com singularidade, e a menção à invenção do telefone (já mencionada) contrasta e cria um elo entre dois tempos definidos por avanços tecnológicos, em que representamos (enquanto país) o papel dos subjugados e dos retardatários. O autor de *Eu* reposiciona a narrativa nacional nem um pouco amistosa para denunciar o genocídio indígena, algo que pouco se tinha feito na poesia brasileira (Sousândrade é um exemplo de quem fez) e sem dúvida algo com o qual nem o Parnasianismo nem o Simbolismo pensaram em lidar.

O humor aqui só pode receber uma feição corrosiva e descrente, num riso refugado e cortante. Nesse riso, também podemos ver um tom prosaico de quem, por vezes, destrava o gatilho do verbo e faz escolher construções mais simples e triviais, que criam uma quebra, gerando uma certa comicidade, a exemplo dos versos: "no algodão quente de um tapete persa. / Por muito tempo rolo no tapete. / Súbito me ergo. A lua é morta. Um frio / Cai sobre o meu estômago vazio / Como se fosse um copo de sorvete!" (ANJOS, 2012, p. 177) ("Tristezas de um quarto minguante"). Há também uma inclinação ao narrativo, à construção de cenas mais descritivas que se deixam levar por situações que prendem a atenção confusa do eu-lírico ("Noite no Cairo").

Outra característica marcante é a presença quase permanente do verme. Descrito com um "operário das ruínas", aparece a serviço da decomposição de toda a matéria orgânica, limpando tudo na "frialdade inorgânica da terra". Não é demais lembrar que a influência exercida por Augusto dos Anjos atravessou grandes nomes da nossa literatura. E talvez não seja forçado lembrar certa familiaridade que a imagem do verme de *Psicologia de um vencido* ecoa no poema "Urubu mobilizado", de João Cabral de Melo Neto, em que a ave negra é apresentada como o funcionário público a serviço da morte, na aridez do sertão. Ele também faz a limpeza orgânica, mas aqui sobre o solo. Os movimentos dos insetos – seja o do verme, seja o da traça ou do cupim em "Gemidos de arte" – fazem recordar também o "cavar sem alarme" que perfura a terra, de "Áporo", de Carlos Drummond de Andrade. Longe de querer esgotar a infinidade de referências que podemos encontrar à inventividade de Dos Anjos, as duas menções de passagem buscam reafirmar a importância temática e estilística que o autor paraibano tem para a literatura moderna brasileira, sendo ele um exemplo bem-sucedido dela.[2] Se por um lado é influenciado por uma geração de nomes como Charles Baudelaire[3] (de quem assimilou o gosto pelo nefasto, pelo rejeito e pela putrefação), a disposição imaginativa e imagética levada ao extremo por Augusto também deixa um legado. São espólios dele também o prazer pelo embate e a apresentação das entranhas e das assombrações que habitam o corpo e a mente de uma terra atrasada e desigual.

O tom mordaz afeito à destruição, como ferramenta de construção, range à semelhança de uma máquina irritada, que rejeita os resultados prévios de uma escrita de cartilha ou de um inconsciente falsamente sadio. Em um mundo caduco, contagiado por microrganismo de toda ordem e por uma modernização sempre excludente, a Augusto não resta outro ideal senão o de bradar o fim da humanidade, o qual visa a um recomeço mais equilibrado.

Considerações finais

Quando entramos no mundo poético de Augusto dos Anjos, parece que tudo está para acontecer da pior forma possível. Salta aos olhos uma poesia cortada pela subjetividade anônima, já definida no título do seu

---

[2] Ainda cabe recordar que a obra de Augusto serve de referência para Ferreira Gullar, que escreve um artigo ressaltando a condição moderna dos escritos do paraibano, intitulado *Augusto dos Anjos ou vida e morte nordestina*.

[3] A crítica registra ainda outras influências de Augusto dos Anjos. Dentre elas, Cesário Verde é um nome de destaque. O ponto marcante e comum entre as obras dos dois autores talvez seja o apreço pelo contraste e pelo paradoxo, ainda que um aponte para a morte e o outro para a vida (DAMAZO, 2000, p. 191). Ainda há certas aproximações entre a imaginação de Augusto e a de escritores como Edgar Allan Poe e Álvares Azevedo, sobretudo pelo gosto sombrio, cravado numa desilusão cáustica. Aliás, Fabiano Calixto argumenta que a inspiração exercida por Poe no poeta nordestino emanaria mais do conto do que da poesia, uma vez que há uma predileção maior por cenas com um viés mais terrível.

principal livro, cuja singularidade confere um comportamento de quem não se dobra frente às atrocidades vivenciadas no meio massificado e caótico da cidade. O *eu* internaliza e regurgita o chorume de sepulturas, como o verme que não aceita se nutrir de uma memória coletiva grávida de lacunas ou como a larva necrológica que reage ao entorno abominável, em que se reproduzem a pobreza e as epidemias.

O Expressionismo alemão espelha uma sociedade em desenvolvimento mais adiantado, na qual ainda aparecem os efeitos de certa desregulação e ruína. Já as pontas do processo econômico mundial vivem as consequências mais profundas das transformações, empilhando os corpos de quem fica na frente ou pelo caminho. Essa é a herança que cabe aos filhos da desequilibrada condição "atrasada" daqueles que não puderam combater gatilho e chumbo com flecha. A palavra "periféria" – como está grafada em "Os doentes" – soa "fera", lembra "ferida" e chama a atenção para uma construção que ecoa o verbo "feria". No poema, periféria cria um par rítmico com "deletéria", cujo sentido cabe bem ao contexto dos países ocidentais à margem do desenvolvimento central.

A ânsia de encontrar os termos precisos parodia ainda o tema parnasiano de Olavo Bilac, mas o reinterpreta com traços desmedidos e caricatos – gestual presente no esforço de arrancar a língua para encontrar a matéria do trabalho criativo. "Inania verba" é lembrado de maneira a se contrapor a sua exuberância bem delimitada, sem ímpetos de indignação e inconformidade. Substituindo a serenidade afetada e tranquila de Bilac, Dos Anjos abre as vísceras em versos que internalizam a concentração dos olhos ardidos e a fúria do pensamento represado, sempre em vias de nascer em discurso. Por mais que traga certos trejeitos parnasianos, o eu-lírico de Augusto desfolha a bandeira da superação da estética neoclássica, em busca de uma expressividade que a supere e dê conta dos desafios de uma sociedade repudiada e a ser refeita. Cemitério, enfermidades, podridão, vermes e cadáveres tematizam alegoricamente uma decadência física e moral. A indústria humana é contraposta pela asa do corvo, e Edgar Allan Poe é revisto sem nenhuma angústia de influência. Por tudo isso, Augusto dos Anjos sem sombra de dúvidas produz uma lírica moderna, não podendo ser reduzido a totalizações e a uma periodização que restrinja seu valor, a troco de exaltações de movimentos posteriores, que podem não ter alcançado a força de sua obra.

Referências

ADORNO, Theodor W. Sinais de Pontuação. In: ADORNO, Theodor W. *Notas de literatura I*. São Paulo: Editora 34, 2012. p. 141-149.

ANJOS, Augusto dos. *Eu*. São Paulo: Hedra, 2012. 182 p.

ANJOS, Augusto dos. *Eu e outras poesias*. Rio de Janeiro: Bertrand Brasil, 2010. 293 p.

BENJAMIN, Walter. A obra de arte na época de sua reprodutibilidade técnica. In: DUARTE, Rodrigo (organização e seleção de textos). *O belo autônomo*. Belo Horizonte: Ed. da UFMG, 1997. p. 279-314.

CALIXTO, Fabiano. Augusto dos Anjos ou *apocalipsis litteris*. In: ANJOS, Augusto dos. *Eu*. São Paulo: Hedra, 2012. p. 11-58.

CHALHOUB, Sidney. *Cidade febril*: cortiços e epidemias na corte imperial. São Paulo: Companhia das Letras, 2017. 286 p.

DAMAZO, Francisco Antônio Ferreira Tito. A poesia de Cesário Verde e de Augusto dos Anjos: semelhanças e dessemelhanças. *UNICiências*, v. 4, n. 1, p. 158-193, 2000.

FIGUEIREDO, José Maria Pinto de. *A invenção do expressionismo em Augusto dos Anjos*. Manaus, 2012. Dissertação (Mestrado) – Programa de Pós-graduação em Letras - Universidade Federal do Amazonas, 134 p.

FISCHER, Luís Augusto. Augusto dos Anjos: surrealista?. *Organon*, Porto Alegre, v. 8, n, 22, p. 207-215, 1994.

GULLAR, Ferreira. Augusto dos Anjos ou vida e morte nordestina. In: ANJOS, Augusto dos. *Toda a poesia*. Rio de Janeiro: Paz e Terra, 1978. p. 14-59.

ROSENFELD, Anatol. A costela de prata de Augusto dos Anjos. In: ROSENFELD, Anatol. *Texto/Contexto I*. São Paulo: Perspectiva, 1996. p. 263-270.

O *clown*, a boneca e outros membros da família: notas sobre o percurso estético de Álvaro Moreyra e Eugênia Moreyra

Vinícius de Oliveira Prusch

> *O brinquedo mais engraçado que eu vi foi uma boneca em cima de uma caixa de música que mexia a cabeça e as mãos para ler um livro.*
> (Trecho do poema "Artes e ofícios", de Álvaro Moreyra)

Nascido Álvaro Maria da Soledade Pinto da Fonseca Velhinho Rodrigues Moreira da Silva em Porto Alegre, Rio Grande do Sul, no dia 23 de novembro de 1888, Álvaro Moreyra foi um escritor de produção vasta, tendo se aventurado tanto na prosa quanto no verso e havendo marcado, especialmente, o teatro brasileiro de veia modernista. Iniciada em território gaúcho, sua carreira literária se desenvolveria no Rio de Janeiro, cidade onde passou a viver a partir de 1910 e onde conheceu Eugênia, com quem se casaria alguns anos depois.

Figura fundamental do jornalismo brasileiro, Eugênia Brandão (posteriormente, Eugênia Álvaro Moreyra) nasceu em Juiz de Fora, Minas Gerais, em 6 de março de 1898, tendo se mudado com sua mãe para o Rio de Janeiro após a morte de seu pai, também em 1910. Ela é considerada a primeira mulher a atuar como repórter no Brasil e, apesar de não haver publicado nenhum livro autoral (sabe-se que publicou traduções), sua participação no campo artístico-literário da época também não pode ser ignorada.

Da infância de Eugênia pouco se sabe. Foi neta do barão de Pitangui, mas começou a passar dificuldades financeiras com a mãe quando seu pai faleceu. É incerto seu percurso escolar e, ao que parece, aprendeu francês sozinha. Álvaro, por sua vez, foi filho de João Moreira da Silva, dramaturgo e cronista gaúcho. Passou cinco anos com jesuítas no Colégio Nossa Senhora da Conceição, em São Leopoldo, tendo recebido, lá, o diploma de bacharel em ciências e letras. Do catolicismo manteria crenças e uma relação bastante próxima das narrativas bíblicas, mas sem qualquer dogmatismo, prezando um trato autônomo e espontâneo com os textos sagrados. Além disso, de acordo com sua crônica intitulada "O padre Rick e eu...", presente no livro *A cidade mulher*, o autor já escrevia poesias nessa época, tendo sido orador da turma e também um ator bastante elogiado nos espetáculos do colégio. Não é de se estranhar, se tomamos isso como verdade,[1] que tenha passado a fazer parte da "cena" simbolista e penumbrista de Porto Alegre logo depois de formado, em 1907.

Nesse início do século XX, as publicações literárias eram escassas na região e tendiam a ser pagas pelos próprios autores. Isso não impedia, porém, que grupos de escritores se formassem e que estes ocupassem as ruas da cidade.[2] E entre os vários grupos desse tipo, encontrava-se o "Grupo dos Sete", formado por Álvaro, Antonius e Eduardo Guimaraens, Carlos Azevedo, Felipe D'Oliveira, Francisco Barreto e Homero Prates. Com influência de autores como Baudelaire, Mallarmé e Verlaine, esses jovens encontravam-se todas as noites na então Praça da Caridade (atualmente, Praça Dom Feliciano), em frente ao edifício da Santa Casa de Misericórdia. Apesar da dificuldade de publicação mencionada, Álvaro lançou seus dois primeiros livros de poesia ainda em território gaúcho: *Degenerada* e *Casa desmoronada*, ambos em 1909.

Definido por Antonio Candido (2006, p. 121) como a "projeção final do espírito romântico", o simbolismo já havia se iniciado, no Brasil, na década anterior, destacando-se o poeta Cruz e Souza. Já o penumbrismo, tendência estética geralmente identificada como transicional no que diz respeito ao simbolismo e ao modernismo brasileiros e que tende a misturar temas cotidianos com elementos crepusculares e melancólicos, recebeu esse nome de Ronald de Carvalho a partir de sua análise do livro *O jardim das inconfidências*, publicado por Ribeiro Couto em 1921. É difícil encaixar Álvaro de todo nesses rótulos, e o próprio autor os negava, mas a relação é notável. Essa filiação ao "espírito romântico" de que fala Candido pode, inclusive, ser uma via interessante para se ler uma das linhas de força de sua obra de modo mais geral – principalmente se a tomarmos no sentido

---

1   É importante sublinhar a complexidade do gênero crônica em termos de diálogos e limites entre verdade e ficção, autor e narrador. A dificuldade de separação desses campos é estruturante na obra de Álvaro.

2   Para uma leitura mais aprofundada desse contexto, conferir o trabalho de Cássia Silveira (2011).

encontrado por Michael Löwy e Robert Sayre (2001, p. 30), qual seja, como *uma visão de mundo que buscaria o reencantamento de uma realidade cada vez mais mecanizada*. Na obra de um autor que se inseriu no movimento modernista, essa relação se faz especialmente interessante.

Atentemos a alguns momentos da produção de Álvaro da década de 1910. Em *Um sorriso para tudo...*, primeiro livro de crônicas do autor (escrito no que se poderia chamar prosa poética), publicado em 1915, temos textos curtos com reflexões sobre conceitos abstratos como a solidão e a tristeza, e textos narrativos que se passam, frequentemente, no período noturno, com personagens taciturnos, não raramente artistas, em situações de forte melancolia. Não se poderia, porém, dizer se tratarem de textos pessimistas, ao menos não em seu todo. Há neles, muitas vezes, tanto um gozo no interior da própria melancolia quanto uma espécie de riso de canto de boca, de mordacidade, deixando-se entrever uma atitude espirituosa sob a penumbra. Isso acontece já no texto que abre o livro, intitulado "Tio Môcho", onde somos apresentados a um homem que nunca fala e que nunca sorri, mas que solta a frase "boa pilhéria, a vida..." logo antes de morrer. Acontece, também, em "Um homem", em que o personagem que caminha à noite pela cidade com o narrador, quando "os espetáculos acabavam", fala sobre sua vida miserável e sua sina, somente para admitir, ao fim, que, na verdade, era feliz. Já em "Treze" somos apresentados a um grupo de sete mulheres e seis homens que se reúnem para cear e narrar suas histórias de amor. Um deles, que dizia amar a própria alma, que um dia havia de deixar seu corpo, morre na hora, com a boca espumando. Terminamos a narrativa junto do *clown*, que, feliz de ter sido poupado, afirma que nunca mais comerá com treze pessoas à mesa. Temos, desse modo, uma história que se aproxima de elementos mórbidos encontrados em obras como *Noite na taverna*, de Álvares de Azevedo, mas que acaba com alguém que escapa ao destino sombrio – identificado ao *clown*, figura que retornará posteriormente na obra de Álvaro.

Em *Lenda das rosas*, livro de poemas publicado no ano seguinte, retornam a sombra, a névoa, a morte e os vultos, sem se deixar de lado o gracejo e a subversão de expectativas. A respeito da forma, notamos o uso frequente de repetições, aliterações e assonâncias. Em "O jardim", ainda, a materialidade do poema no papel é manipulada para indicar a sombra da palavra "rosas": coloca-se a repetição logo abaixo da primeira aparição do termo no verso "quando a tarde morre, sombras de rosas, rosas". Já em

"Epitáfio", temos um poema bastante curto, constituído de três frases e três versos poéticos, simulando um epitáfio real:

> Acreditei na vida. E a vida em mim.
> Depois
> desandamos a rir de nós mesmos os dois...

Já está presente a tendência à experimentação com a linguagem que se aprofundaria com a maior aproximação do autor aos ideais modernistas pouco depois.

Também na época de saída do internato, Álvaro começou a trabalhar no meio jornalístico, tendo passado pelos porto-alegrenses *Petit Journal* e *Jornal da Manhã*. Já no Rio, participou, no decorrer de sua vida, da redação das revistas *Fon-Fon*, *Bahia Ilustrada*, *Para Todos* e *Dom Casmurro*, dentre outras. Sendo um meio importante de divulgação literária na época, o envolvimento com esse espaço era comum entre os escritores, e Álvaro tanto publicou seus escritos nele quanto deu lugar, nas páginas que dirigiu, a autores como Mário de Andrade, Oswald, Drummond, Cecília Meireles, Nelson Rodrigues e seus amigos de Porto Alegre.

Já Eugênia fez parte dos periódicos *A Rua*, *Última Hora*, *Para Todos* e *Dom Casmurro*, todos no Rio de Janeiro. Seu trabalho de maior repercussão girou em torno do chamado "caso da Rua Januzzi nº 13", em 1914: chega a internar-se no convento Asilo Bom Pastor na expectativa de ter contato com a irmã de uma mulher que havia sido estrangulada. Acreditava-se que ela tinha uma relação com o cunhado, um tenente suspeito do crime. Ao descobrir, já lá dentro, que a moça havia saído, porém, decidiu ouvir as histórias de outras mulheres que lá estavam, dando voz a elas e criticando aquele espaço. Sua presença na profissão não foi aceita facilmente, tendo sua saída do convento, inclusive, se dado por denúncia de outro repórter. Conseguiu, porém, manter-se atuando na área, marcando posição e abrindo caminho para outras mulheres.[3]

O jornal vinha se industrializando há algum tempo no Brasil quando do ingresso de Álvaro e Eugênia no campo, transformando-se, assim, em artigo de consumo mais amplo – ainda que, tomado o número de analfabetos no país da época, em torno de 65% da população com 15 anos ou mais (BRAGA; MAZZEU, 2017, p. 26), essa amplitude seja muito relativa –,

---

[3] Os trabalhos de Lara Almeida (2008) e Cristiane Furtado (2017) podem ser consultados para uma visão mais detalhada do percurso profissional de Eugênia aqui resumido.

e buscava acompanhar com rapidez os acontecimentos da sociedade. Ele participava da tentativa de construção, no nível cultural, de uma nova imagem de brasilidade, de modo que se poderia pensar em uma relação – não sem tensões, como veremos – com a literatura modernista, também preocupada com a ideia de identidade nacional.

Quando consideramos o gênero crônica, essa relação torna-se ainda mais clara, e, em Álvaro, ela será fundamental. Dentre suas obras publicadas, em média um terço constitui-se de textos desse tipo, e tanto seu único romance (*Cocaína*, de 1924) quanto seus livros de memórias (*As amargas, não...*, *O dia nos olhos* e *Havia uma oliveira no jardim*, de 1954, 1955 e 1958, respectivamente) apresentam fortes influências do gênero. Gerada como narrativa de fatos históricos e transmutada, no Brasil, em algo bastante único, afeito a comentários sobre o cotidiano e de forma bastante fluida, a linguagem da crônica foi uma daquelas nas quais a literatura do autor pôde se estabelecer de modo mais natural. Ele fez uso dela, através dos anos, para comentar a cidade, o bonde, o rádio e o cinema, para fazer observações políticas e retomar figuras e momentos históricos do país, e também para experimentar com a linguagem. Com textos narrativos curtos que se assemelham a minicontos – como "Crepúsculo" e "Desperdiçado...", presentes no livro *A cidade mulher* –, outros que revelam reflexões estéticas suas, à moda de um ensaio poético – como "Desenhos animados", em *Tempo perdido* –, e referências que vão da bíblia a Nietzsche, passando pelas marchinhas de carnaval, Álvaro testa os limites dessa forma "ao rés do chão" (CANDIDO, 2006)[4], misturando vanguarda artística, cultura popular e política de modo bastante intrincado.

"Nem fábula nem poema em prosa. Qualquer coisa entre. Com ou sem enredo. Tipo, caso, realidade, imaginação. Alegre, triste, regular." Assim o autor definiria a própria literatura em *As amargas, não...* Negando filiação cerrada a qualquer escola, preferia definir-se como um grande "gazeteiro", termo que nos remete à prática de faltar ao trabalho para divertir-se e andar à toa, como quem vê valor no próprio movimento sem rumo certo. Mas "gazeteiro" é, também, outro termo para alguém que trabalha em jornais, sendo possível que Álvaro esteja relacionando o experimento

---

4   A expressão de Antonio Candido diz respeito a uma concepção da crônica enquanto gênero menor, mas no bom sentido: despida da pompa que, por vezes, mascara a realidade, ela estaria mais próxima da sensibilidade cotidiana.

com a forma, o borrar dos limites entre os gêneros e uma atitude desprendida para com os rótulos a esse meio. E tudo isso esteve, de fato, presente em seus escritos.

É difícil marcar um momento em que o simbolismo e o penumbrismo teriam dado lugar a um projeto modernista na escrita do autor, mesmo porque não se trata exatamente disso: o que ocorre é menos uma cisão completa e mais um processo no qual algumas tendências estéticas tomam o centro, mas sem extinguir outras, que seguem presentes. No livro de crônicas *O outro lado da vida*, de 1921, porém, já percebemos uma linguagem e um trato dos temas citadinos mais próximos do que tendemos a identificar com a literatura modernista, de modo que em *A cidade mulher*, de 1923, poderia-se dizer que o tipo de relação com a escrita descrito acima já estava "pronto" – não no sentido de que não se modificaria mais, mas sim no de que o autor parece já ter encontrado, aí, o caminho estético geral dentro do qual sua literatura passaria a operar.

É assim que a cidade aparece, nas crônicas de *A cidade mulher*, como lugar de encontro de personagens diversos e, até mesmo, de tempos diversos. Do homem que fala contra o gosto pela tragédia trazido pelos jornais e defende a vida sensível junto à natureza, reunindo um grupo de ouvintes à sua volta, que se dispersam logo que descobrem que ele não está vendo nada, a Arlequim que, nascido em Atenas e havendo ajudado a dar luz à filosofia, chega à modernidade, toma café e observa os bondes e os carros; das "avozinhas" que o narrador evoca, em sua juventude, na comparação dos tempos, a Hipólito da Costa, Gonçalves Ledo e Evaristo da Veiga, retomados para criticar Adolfo Gordo e a lei com a qual almejava censurar a imprensa no período de escrita da crônica: *a história no meio da rua*, apresentada em suas contradições e de modo inextricável da ficção.

No terreno da poesia, depois de *Lenda das rosas*, Álvaro somente publicaria outro livro em 1929. Intitulado *Circo*, dedicado a Tarsila e Oswald e com epígrafe de Marcel Achard retomando a figura do *clown*,[5] ele trabalha com versos livres, linguagem próxima do cotidiano e, frequentemente, do infantil. Poderia-se argumentar que até mesmo aqui existem aproximações com a crônica, sendo comuns, também, as referências à vida pessoal do

---

5   Citado em francês com um erro possivelmente proposital na palavra "*moi*", o trecho pode ser traduzido como: "Auguste: ...Mas eu sou quase um *clown* e sempre fui um poeta... / Você quer brincar *avec moâ* [comigo]?". Agradeço a Hugo Lorenzetti pela ajuda com a tradução.

autor e o uso do "eu". Misturam-se a inovação modernista e o gosto pela cidade grande com uma valorização nostálgica da memória, da infância e também da cidade pequena e dos elementos resistentes ao processo de modernização. Por vezes, essa valorização se dá pela via da saudade e do sentimento de perda: seu Casimiro, que virava lobisomem, já morreu, Iara não chama mais na beira do rio e o "bugre velho" pede esmolas na cidade; outras vezes, como em "Noite", o universo mais simples e natural é encarado quase como uma aparição fantástica capaz de transportar-nos a um momento fora do tempo.

No segundo poema do livro, "A gente não sabe nada", temos um eu-lírico que comenta sua tristeza relacionando-a à desigualdade social: ela viria "dos pobres que trabalham e não são felizes e dos ricos que ficaram ricos com o trabalho dos pobres mas que também não são felizes". O tema já estava presente em *Um sorriso para tudo...*: quando o violoncelista de "Alegria" é visitado pela própria, diz que ela deve ter batido na porta errada, pois ele não é rico. Carrega, porém, "essa espécie de felicidade que têm todos os que não desejam". Talvez possamos pensar no *clown* como figura que, para além de aparecer nominalmente em alguns momentos da obra de Álvaro, tem um papel maior, revelando-nos algo do modo de ser de sua escrita. Com ele, temos acesso a uma forma de riso popular que nos remonta à carnavalização, que apresentava o mundo medieval em seu avesso (BAKHTIN, 1987), à *commedia dell'arte* (também com figuras que aparecem na obra do autor, como o já mencionado Arlequim[6]) e ao próprio espaço do circo. Esse riso, em Álvaro, é modulado e aparece de modo um pouco triste, ou, ao menos, tendo a tristeza como ponto de partida, ainda que não se limite a ela. *Melancolia e riso popular parecem estar, assim, imbricados em sua obra.*

Essa relação com a cultura popular se dá, também, de modo mais diretamente conectado a seu contexto empírico. É frequente encontrarmos, ao final de seus livros, pautas musicais apresentando a melodia aproximada de pregões de rua – o que nos leva a imaginar o autor a escrever ao ar livre, observando e comentando a cidade a seu redor. Eles entram, também,

---

6   A relação com o "arlequinal" de Mário de Andrade não só está presente, como é mencionada textualmente em "Tudo é novo sob o sol", de *A cidade mulher*: "– Você já leu a *Pauliceia Desvairada*, de Mário de Andrade?". É interessante lembrar que mesmo a capa do livro de Mário traz os losangos coloridos da roupa de Arlequim, marcando a criação de imagens através da colagem de elementos diversos, também fundamental para Álvaro.

enquanto matéria de poemas e crônicas em diferentes livros. Em 1958, Álvaro receberia o prêmio de melhor disco de poesia com "Pregões do Rio de Janeiro". Aos que atacavam o carnaval, fosse pela defesa do gramaticalmente correto ou dos "bons costumes", fazia críticas diretas. Já na crônica "As que são e as que não são", de *Tempo perdido*, louva Sinhô como grande representante de nossa poesia e de nossa música.

Durante a década de 1920, notamos também a crescente importância da construção artística coletiva nas vidas de Álvaro e Eugênia. Já presente, em algum nível, desde a experiência literária de Álvaro em Porto Alegre, ela se intensifica quando a casa dos dois na rua Xavier da Silveira, número 99, em Copacabana, começa a se transformar em um importante ponto cultural para os escritores e intelectuais cariocas ou que passavam pelo Rio. Lá estiveram Drummond, Oswald, Tarsila, Bandeira, Neruda e Niemeyer, somente para citar alguns. O casal promoveu, também, recitais de poesia, sendo Eugênia marcada por Álvaro e também por autores como Mário de Andrade e Manuel Bandeira como alguém que teria encontrado uma forma propriamente moderna de leitura em voz alta de poemas, aproximando-se do ritmo da fala cotidiana e distanciando-se de uma dicção muito marcada e mesmo da ideia de "declamação". Apesar de ser referida por vezes como poetisa, porém, não parece haver registros que indiquem se se tratavam apenas de textos de outros autores os lidos por ela ou se teria escrito poemas que não publicou.

Em 1925, Álvaro escrevia *Adão, Eva e outros membros da família...*, sua primeira peça de teatro (e a única que chegou a publicar). Junto a *Noé e os outros*, escrita dois anos depois, foi encenada pela primeira vez em 1927, quando ele e Eugênia fundaram o Teatro de Brinquedo no Salão Renascença do Cassino Beira-Mar. Era um teatro de "bonecos", com cenários imitando caixas de brinquedo. Álvaro se contrapunha fortemente ao teatro mais comercial da época, e, como marca Amauri Antunes (1999) em sua dissertação a respeito, o casal juntou uma estrutura similar à do teatro de revista com propostas do teatro modernista internacional e influência especial de Jacques Copeau, cujo trabalho conhecia desde sua viagem à França, que se deu entre 1912 e 1914. Havia, ainda, uma forte identificação com o projeto estético de Oswald de Andrade, tendo Álvaro, inclusive, citado seu teatro como a primeira fase de um teatro antropofágico em desenvolvimento. Buscava-se um teatro sem estrelas, com atores tanto experientes quanto inexperientes, mas que estivessem todos a par das concepções estéticas colocadas em cena, e com espetáculos que incluíssem, ainda, pantomimas, leituras de poemas e apresentações musicais, dentre outras manifestações artísticas.

Olhando de perto para *Adão, Eva e outros membros da família...*, encontramos mais um grande indício de que as rupturas no decorrer de sua obra convivem com uma também forte continuidade. Tendo início com uma cena em que, depois da meia-noite e em um "recanto de jardim público", uma mulher (chamada, no texto, simplesmente Mulher) pergunta a um homem (chamado de Outro) se ele tem cocaína, a peça retoma elementos de "Folha morta", crônica do livro *Um sorriso para tudo...* Posteriormente acompanhados de Um, contam suas histórias e constatam que todos já tiveram uma vida melhor, mas hoje não têm onde cair mortos. No decorrer da peça, eles conseguem "subir na vida" novamente, inserindo-se no meio cultural do jornalismo e do teatro e, a partir disso, constatamos uma narrativa crítica e irônica em relação à elite cultural e uma posição mais cínica diante do jornalismo, com suas figuras conservadoras e movidas pelo dinheiro. Em dado momento, por exemplo, Jovem Poeta chega ao jornal da tarde com um poema que gostaria de publicar e tem o pedido negado porque "a métrica está toda errada e há quatro pronomes fora do lugar". O que se segue é uma conversa entre Secretário, Que Acumula e Teatral na qual fazem piada com as buscas pela inovação estética dos escritores. Mas eis que, logo que terminam, Teatral pede ao Que Acumula: "Dá um cigarro?". Já ao fim da peça, nos encontramos novamente com as três figuras do início, que constatam que, ainda que tenham conseguido o que almejavam, não são felizes, e comentam com desprezo sobre os moradores de rua que espelham sua posição no início da história antes de darem-se conta de que são bonecos cujos fios acabam de ser cortados e caírem imóveis no banco.

É aqui, também, que vale a pena retornarmos a "Desenhos animados", primeira crônica de *Tempo perdido*. Começando com comentários a respeito das viagens que faríamos através do cinema, ela chega nas animações, onde o real daria lugar a um mundo novo, com regras diferentes. "Confusão de formas e de marcas. Destinos soltos. Tudo em tudo": esse mundo se apresenta como o dos sonhos. Ele daria vazão ao imprevisto, ao espaço da instabilidade e da "algazarra" de personagens e coisas. E Álvaro o relaciona ao teatro através da imagem dos figurinos, "bonecos inertes", indicando, também, a história de Adão e Eva como uma espécie de porta de entrada a tudo isso – com o comer da maçã aparecendo em chave positivada e a figura da mulher como pioneira.

É difícil não encarar o texto como, entre outras coisas, uma reflexão a respeito da proposta teatral do casal, seja pela ideia dos figurinos como bonecos, seja pela referência a Adão e Eva, que nomeiam a primeira peça do autor. Além disso, a partir dessa centralidade dos bonecos, dos indícios de sua relação com o cinema e os desenhos animados e também da presença de pantomimas nos espetáculos do Teatro de Brinquedo, podemos considerar, mais uma vez, a possibilidade do diálogo com a figura do *clown*, e talvez o modo como ela é explorada e transformada por Charlie Chaplin no cinema nos proporcione uma possibilidade de comparação. Citado seguidas vezes por Álvaro – inclusive como "herdeiro" dos sapatos do Gato de Botas em "Carlitos", do mesmo livro –, Carlitos não só é encarado como um representante do personagem popular de riso um pouco triste já comentado, mas, nele, essa ambivalência está posta de modo inseparável do mundo moderno. Como aponta Tom Gunning (2010), estudioso do cinema, ele coloca em cena o corpo em suas faculdades geralmente apagadas pela cultura burguesa e denuncia a reificação desse mesmo corpo pelo avanço do capitalismo (a cena da linha de montagem em *Tempos modernos* é, certamente, a imagem máxima disso, mas é possível tomá-la como ponto de chegada de um movimento mais amplo), mas encontra, também, um meio produtivo de diálogo com a máquina na forma da internalização de movimentos que lembram os de brinquedos mecânicos e autômatos.

Em *Noé e os outros*,[7] ambiguidades similares ficam especialmente aparentes. Falando diretamente ao público no início da peça, Noé diz: "Somos bonecos num fio. / Quem tem o fio nas mãos / é responsável por tudo…". Pouco depois, na "voz fanhosa" do homem do realejo, ouvimos: "Realejo é / como outros são / que vão e vêm. / A manivela / dá-lhe a ilusão / de ser alguém". No decorrer da peça, um "homem-de-luto" fala como um rádio a transmitir informações rapidamente quando alguém que retorna ao país pergunta como vão as coisas, e um sertanejo volta de uma guerra que "de verdade não foi" mas que durou muito tempo dizendo haver morrido. Tem-se a ideia de um mundo no qual se age mecanicamente e uma noção de progresso que não se separa do controle violento por parte daqueles que detêm o poder. O "tudo em tudo" das formas, porém, também

---

7 O texto da peça pôde ser encontrado nos arquivos do Departamento de Censura Teatral da Polícia do Distrito Federal e está disponível na já citada dissertação de Amauri Antunes (1999), a qual também serviu de referência para a recuperação de alguns dados a respeito da carreira de Álvaro.

transparece: pregões de rua se misturam com cantigas de ninar, maxixes e música nativista; bonecos viram personagens por detrás de um círculo de papel transparente que, sabemos por uma placa, "é um vidro de aumento"; com uma câmara escura e uma casa feita com recortes, apresenta-se uma pantomima que tem em seu centro um balão perdido. Percebemos, diante desse leque de relações, *o inextricável vínculo do Teatro de Brinquedo tanto com as formas mais tecnologicamente avançadas quanto com o popular, o mito e a infância, sempre combinados de modo a tentar representar criticamente a realidade nacional.*

Com fortes dificuldades financeiras, porém, o Teatro de Brinquedo acaba rápido. O projeto iniciado pelo casal Moreyra somente seria propriamente retomado em 1936, com a fundação da Companhia de Arte Dramática Álvaro Moreyra, que, com apoio do Ministério de Educação e Saúde, excursionou pelo Brasil, fazendo apresentações, além do Rio, em São Paulo, Porto Alegre e no interior do Rio Grande do Sul. Com as Tardes Culturais, Álvaro apresentava ao público informações e ideias a respeito da história do teatro de maneira didática, e, além dos textos de sua criação, montou peças de Martins Pena, Carlos Lacerda e Marcel Achard, entre outros autores modernistas e não modernistas. Tratou-se de um verdadeiro projeto de vanguarda, interessado tanto no avanço estético quanto na divulgação de suas ideias e na descoberta de novos artistas.

Também na década de 1930 percebemos uma aproximação maior de Álvaro e Eugênia da militância política. Chegam a filiar-se ao PCB e, em 1935, passam a agir ativamente na Aliança Nacional Libertadora, através da qual Eugênia organizou, junto de outras militantes, a União Feminina do Brasil, entidade feminista que reivindicava igualdade econômica para as mulheres, a criação de órgãos e eventos que promovessem formação e preparação para que pudessem agir com mais força na vida pública, bem como assistência de tipos variados. Foi ela, também, uma das militantes a organizar o movimento pela libertação da filha de Olga Benário, Anita Leocádia, do campo de concentração na Alemanha. Os encontros na casa do casal, por sua vez, passaram a servir de espaço ao Clube da Cultura Moderna, movimento que lutava pela cultura e pela liberdade intelectual. Ambos chegaram a ser presos mais de uma vez quando a repressão a esses movimentos de esquerda tornou-se mais aguda.

Eugênia viria a falecer de um acidente vascular cerebral em 16 de junho de 1948, com somente cinquenta anos. Álvaro ainda publicaria seus três livros de memórias e, em 1959, entraria para a Academia Brasileira de Letras. Com a escrita memorialística, o vemos misturar ideias novas com recortes de toda sua obra. A atitude de expressar-se por fragmentos e de retomar esses fragmentos repetidas vezes em contextos diferentes do seu original, presente desde sempre em sua escrita, encontra sua forma final, em que o próprio retorno está no centro. O escritor faleceria em 12 de setembro de 1964.

Citado tanto por Drummond quanto por Bandeira como referência, é grande o legado de Álvaro na poesia modernista. Mas o trabalho dos Moreyra também nos lembra do quanto da literatura moderna está fora das páginas dos livros. Tomado em sua importância ainda por poucos comentadores, do Teatro de Brinquedo saíram artistas como Adacto Filho, Brutus Pedreira e René de Castro, que fundariam o grupo Os Comediantes. Passaram por ele personalidades que atuaram nas mais diversas frentes do modernismo nacional, como Di Cavalcanti, Hekel Tavares, Joracy Camargo e Lúcio Costa. Na década de 1930, Oswald dedicaria "O rei da vela" a "Álvaro Moreyra e Eugênia Álvaro Moreyra / na dura criação de um enjeitado – o teatro nacional". Os encontros na casa do casal e a atuação de Eugênia na divulgação oral da poesia moderna também marcam a importância dessa dimensão coletiva do movimento, lembrada, com frequência, somente pela Semana de Arte Moderna (à qual Álvaro foi convidado, mas acabou por não comparecer).

Álvaro e Eugênia buscaram equilibrar uma visão romântica de mundo com o distanciamento das formas prontas e estabelecidas e a tentativa de pensar um Brasil em processo de modernização. Combinaram vanguarda estética e olhar direcionado ao passado no mesmo movimento. Acima de tudo, porém, enxergaram na arte um espaço de exploração de ambivalências, crítica, utopia e experimentação coletiva.

Referências

ALMEIDA, Lara M. O. Eugênia Brandão: a primeira repórter do Brasil. In: *Anais do 6º Encontro Nacional da Rede Alfredo de Carvalho*, Niterói, 2008.

ANTUNES, Amauri A. *O trapézio ficou balançando*: teatro de Álvaro Moreyra. Dissertação (Mestrado em Letras) – Instituto de Estudos da Linguagem, Unicamp, Campinas, 1999.

BAKHTIN, Mikhail. *A cultura popular na Idade Média e no Renascimento*: o contexto de François Rabelais. Tradução de Yara Vieira. São Paulo: Hucitec, 1987.

BRAGA, Ana Carolina; MAZZEU, Francisco José C. O analfabetismo no Brasil: lições da história. *RPGE* – Revista on line de Política e Gestão Educacional, v. 21, n. 1, p. 24-46, 2017.

CANDIDO, Antonio. A vida ao rés do chão. In: *Para gostar de ler*: crônicas. São Paulo: Ática, 2003. v. 5.

CANDIDO, Antonio. *Literatura e sociedade*. 9. ed. Rio de Janeiro: Ouro sobre Azul, 2006.

CLUBE da Cultura Moderna. In: *Acervo do Centro de Pesquisa e Documentação de História Contemporânea do Brasil* (CPDOC). Disponível em: http://www.fgv.br/cpdoc/acervo/dicionarios/verbete-tematico/clube-da-cultura-moderna. Acesso em: 10 jul. 2021.

FURTADO, Cristiane S. Eugênia Brandão: uma mulher como protagonista na história da profissão-repórter. In: *Seminário Internacional Fazendo Gênero 11 & 13th Women's Worlds Congress* (Anais Eletrônicos), Florianópolis, 2017.

GUNNING, Tom. Chaplin and the body of modernity. In: *Early Popular Visual Culture*, v. 8, n. 3, Aug. 2010.

LÖWY, Michael; SAYRE, Robert. *Romanticism against the tide of modernity*. Traduzido para o inglês por Catherine Porter. Durham/Londres: Duke University Press, 2001.

MOREYRA, Álvaro. *A cidade mulher*. Rio de Janeiro: Secretaria Municipal de Cultura, Turismo e Esportes, Departamento Geral de Documentação e Informação Cultural, Divisão de Editoração, 1991. (Biblioteca Carioca)

MOREYRA, Álvaro. *Adão, Eva e outros membros da família*. Rio de Janeiro: Serviço Nacional de Teatro, 1973.

MOREYRA, Álvaro. *As amargas, não...* (lembranças). Rio de Janeiro: Academia Brasileira de Letras, 2007. (Coleção Afrânio Peixoto)

MOREYRA, Álvaro. *Circo*. Porto Alegre: Instituto Estadual do Livro, 1989.

MOREYRA, Álvaro. *Lenda das Rosas*. Porto Alegre: Tipografia Apoio, 1916.

MOREYRA, Álvaro. *Tempo Perdido*. Rio de Janeiro: Livraria José Olympio Editora, 1936.

MOREYRA, Álvaro. *Um sorriso para tudo...* 3. ed. São Paulo: Monteiro Lobato & Co., 1922.

SILVEIRA, Cássia D. M. Os espaços de sociabilidade literária na Porto Alegre da primeira década do século XX. In: *Anais do XXVI Simpósio Nacional de História – ANPUH*, São Paulo, jul. 2011.

UNIÃO Feminina do Brasil. In: *Acervo do Centro de Pesquisa e Documentação de História Contemporânea do Brasil* (CPDOC). Disponível em: http://www.fgv.br/cpdoc/acervo/dicionarios/verbete-tematico/uniao-feminina-do-brasil. Acesso em: 10 jul. 2021.

Evocação de Juó Bananére

Jean Pierre Chauvin

[...] *cada um só observa aquilo que não tem, considerando supérfluo o excesso do outro* (Hipócrates)

Se num fusse o Christoforo Colombo, hogi nó tinia ni o Bó Ri tiro, né o Portogálo né també a America do o Sule!
(Scipione)

Será mais que oportuno resgatar a trajetória e os pequenos-grandes feitos de Juó Bananére,[1] o cronista e poeta criado por Alexandre Ribeiro Marcondes Machado (1892-1933)[2] que ganhou fama e força graças à palavra afiada e ao desenho de Voltolino – pseudônimo do ilustrador Lemmo Lemmi (1884-1926). Em um livro fundamental sobre a arte desse caricaturista, tão popular durante a Primeira República, Ana Maria de Moraes Belluzzo observou que: "Seu desenho, com a espontaneidade de uma piada, surpreendia a gente pacata da cidade, alarmava e suscitava o riso. Estendia-se pela cidade acanhada, mas que já alcançava seus meio milhão de habitantes, avançando na paisagem" (Belluzzo, 1992, p. 28).

Decerto, o traço de Voltolino ajudou a cristalizar a imagem de uma personagem aparentemente simplória, mas aguda; debochada, mas engajada política e culturalmente. Quando seu criador morreu, Antônio de Alcântara Machado ressaltou que "Juó Bananére ficou sendo o cronista social e político de São Paulo. A ele incumbia a vaia, a missão ridicularizadora"

---

1 "[...] o Juó Bananére 'verbal' surge nas páginas de *O Pirralho* (12/8/1911 a 15/10/1917), assinando 'As Cartas d'Abax'o Pigues', como sucessor de Annibale Scipione (pseudônimo utilizado por Oswald de Andrade), que se responsabilizaria por essa seção do primeiro ao oitavo número do jornal. No número dez surge Juó Bananére, fazendo o contraponto com Annibale; a partir do número onze, a coluna já está sob a responsabilidade de Juó Bananére" (Leite, 1996, p. 147).

2 "Tomado pelo desejo de escrever e forçado por necessidades financeiras, pois a mãe viúva e sem recursos tem que criar nove filhos, Alexandre inicia-se no jornalismo. Começa como revisor, depois escreve artigos de encomenda para alguns jornais e até mesmo para o poderoso *O Estado de São Paulo*. Nesse momento, Oswald de Andrade, que dirige *O Pirralho*, acolhe o jovem talento em sua equipe" (Carelli, 1985, p. 103-104).

(Machado, 2001, p. XVI). Juó Bananére era mais que um pseudônimo: transformou-se no heterônimo, em verso e prosa, de Marcondes Machado: fenômeno que precisa ser reconhecido, e não relegado ao anedotário inofensivo e descartável.

Sua tarefa não era pouca, nem pequeno o êxito obtido em vida. Entretanto, a despeito do intenso trânsito em jornais e livros durante a década de 1910, chama atenção que durante muito tempo a obra de Bananére tenha sido relegada a segundo ou terceiro plano por incerta crítica brasileira (Chauvin, 2019) – fato para o qual Luiz Franceschini já chamava a atenção em 1966 (Franceschini, 1966/1967) e Milton Ribeiro em 2015 (Os cem…, 2015). Quer dizer, somente meio século após a morte de Marcondes Machado é que começaram a despontar estudos de maior fôlego, que recolocaram o nome do notável heterônimo ao alcance de estudiosos empenhados em dizer quem ele foi, o que fez e o que legou para as gerações que o sucederam.[3]

Isto posto, aventemos algumas hipóteses para o ostracismo inicial a que determinados autores de manuais de história literária submeteram nosso Juó Bananére: 1. A filiação de Alexandre Ribeiro Marcondes Machado a Oswald de Andrade;[4] 2. O caráter irreverente de sua produção em verso e prosa; 3. A época em que atuou na redação de *O Pirralho*; 4. A supremacia do termo "Modernismo" (também conhecido como "Futurismo", até 1922)[5]

---

3   Refiro-me, em particular ao quadrinista Iotti, criador do ítalo-brasileiro Radicci, personagem muito popular no Rio Grande do Sul que lembra em muito os traços, trejeitos e linguagem do heterônimo paulista (Cf. Chauvin, 2016).

4   Como assinala Vera Chalmers (2013, p. 91), "Oswald de Andrade é o criador das 'Cartas D'Abax'O Pigues', sob o pseudônimo de Annibale Scipione, criando o dialeto ítalo-paulista falado nas ruas de São Paulo pelos imigrantes e seus descendentes, do nº 2, de 19 de agosto, ao nº 10, de 14 de outubro de 1911. Alexandre Marcondes Machado assume as 'Cartas D'Abax'O Piques', sob pseudônimo de Juó Bananere, que o tornou famoso, a partir do nº 11, de 21 de outubro de 1911, antes da partida de Oswald para a Europa em 1912."
Segundo Maria Augusta Fonseca (2008, p. 18), em "1911, Oswald de Andrade fundou e dirigiu o semanário *O Pirralho*, contando com a ajuda financeira e com o estímulo intelectual dos pais".

5   De acordo com Marcelo Moreschi (2010, p. 84-85), "Del Picchia afirma na conferência-manifesto recém-citada que 'futurista' é apenas o termo usado para denegrir os esforços de 'esfarelar' o velho 'Ômega' e instituir o novo 'Alfa'. Mas, segundo documentos de época, 'futurismo' e 'futurista' eram termos amplamente usados, tanto pelos próprios 'futuristas-modernistas' quanto pelos 'passadistas'. A título de exemplo, basta referir a reprodução do recibo de locação do teatro municipal para o evento no qual Del Picchia proferiu o discurso. […] Na nota do teatro, paga por René Thioler, um dos financiadores do evento, lê-se 'sema-

e o menor crédito aos eventos que precederam a agitação cultural. Agitação tocada por um punhado de jovens que redundou, entre outras coisas, na *Semana de Arte Moderna de São Paulo*; 5. A negação seletiva do passado por alguns especialistas "em Modernismo Paulista", que, ignorando outros movimentos "de 1922" realizados em vários Estados do país, coroaram os três dias de atividades joco-sérias transcorridas no Teatro Municipal de São Paulo (alugado pelos herdeiros do latifúndio); 6. A maior prioridade dada aos assuntos de temática nacional, em detrimento das caricaturas, paródias e textos de outros gêneros, que, supostamente, não contribuíam para o debate sobre a identidade brasileira; 7. O caráter supostamente efêmero da produção humorística, a contrastar com a estabilidade atribuída a obras de outro gênero, temática e estilo.

Um. É preciso reconhecer o papel sobranceiro atribuído a Mário de Andrade, considerado o principal porta-voz do Modernismo, segundo parcela considerável dos estudiosos, especialmente aqueles vinculados à Universidade de São Paulo. Diferentemente de Oswald, que se tornou seu desafeto no final dos anos 1920, Mário se empenhou em contar a "verdadeira" história do "movimento" e institucionalizá-lo, atrelando-o a seu nome. A célebre palestra de 1942, em que revisitou os primórdios e caminhos do movimento, bem o sugere: ele reivindicava ser a voz primeira e principal dos acontecimentos, tendo reagido pronta e severamente frente a versões para além da sua.[6]

A contraposição entre os Andrades levou uns a defenderem a seriedade do pesquisador etnográfico, folclorista, musicista, poeta e prosador Mário – estandarte da literatura nacional; outros relembraram a precedência de Oswald, enamorado pelo futurismo de Marinetti desde a década de 1910. O fato é que, por uma série de fatores, para além dos feitos e contradições de um e de outro, o cosmopolita cedeu lugar ao nacionalista; a irreverência sintética e corrosiva perdeu terreno para o cabotinismo e a maturidade do primeiro – chancelado pelo Instituto de Estudos Brasileiros

---

na futurista."

6   Na conferência "O Movimento Modernista", proferida em 1942 por Mário de Andrade, haveria dois fatores entrelaçados: o primeiro consistia em legitimar a "atuação auto-historiográfica" do próprio escritor, "cujos registros multiplicam-se em documentos dispersos e cujas tentativas de síntese são oferecidas em narrativas principalmente a partir do final da década de 1930; o segundo contexto fundamental para a compreensão da conferência de 1942 seria aquele constituído por outros depoimentos, relatos e balanços contemporâneos ao 'O Movimento Modernista' a que o texto reage e responde" (MORESCHI, 2010, p. 110).

da Universidade de São Paulo. Em contrapartida, a meca dos estudos sobre Oswald de Andrade passou a ser a Pontifícia Universidade Católica de São Paulo.

Dois. Parte considerável dos historiadores do "Pré-Modernismo" não atribuiu o devido crédito às obras humorísticas. Com exceção de *A sátira do parnaso*, de Alvaro Simões Júnior,[7] a produção satírica de Olavo Bilac recebeu destino similar à obra de Emílio de Menezes e Juó Bananére: foi praticamente ignorada por estudiosos que propuseram gêneses e sínteses excludentes da literatura brasileira. Isso não evitou que o verso prolixo e derramado, produzido por poetas do *entourage* paulista, fosse considerado um produto de tom grave e forma bem-acabada, superior à paródia em verso, à crônica esculhambada e à carta provocativa. A despeito de a "fala do povo" ter sido uma das pautas centrais para os modernistas de São Paulo, o procedimento não foi levado em tanta consideração, quando se tratou de referendar a habilidade dos humoristas e os efeitos produzidos pela sátira, a paródia e a estilização do dialeto ítalo-brasileiro.

Três. Devemos muito a Vera Chalmers e Benedito Antunes pelos estudos que restabeleceram o lugar do poeta, *giurnaliste* e barbeiro entre as brechas do estreito cânon paulista.[8] As pesquisas que realizaram nas páginas de *O Pirralho* reforçaram a atuação de Alexandre Ribeiro Marcondes Machado, na seção criada por Oswald de Andrade, entre 1912 e 1917. Paula Ester Janovitch sintetizou bem os primórdios da imprensa macarrônica, em São Paulo, muito antes da espetacularização dos acontecimentos transcorridos em 1922: "Em 1911, as correspondências macarrônicas que, ao longo da primeira década do século XX, haviam aparecido nas várias colunas de narrativa irreverente de seminários paulistanos, surgem reunidas num único periódico, *O Pirralho*" (JANOVITCH, 2006, p. 184).

Quatro. Apesar dos esforços de Mário da Silva Brito, na década de 1970, o fato é que os acontecimentos decisivos que precederam e prepararam a Semana de Arte Moderna receberam apenas a réstia dos holofotes que fizeram resplandecer a "Semana" (de três dias) em que se realizaram

---

[7] "Quando a *Gazeta* [*de Notícias*] atingiu a 'maioridade', isto é, em seu aniversário de 21 anos, Ferreira de Araújo resolveu dotá-la de uma seção diária exclusivamente dedicada ao humor" (SIMÕES JUNIOR, 2007, p. 164).

[8] "O termo [cânon] (do grego *kanon*, espécie de vara de medir) entrou para as línguas românicas com o sentido de 'norma' ou 'lei'. [...] o conceito de cânon implica um princípio de seleção (e exclusão) e, assim, não pode se desvincular da questão do poder" (REIS, 1992, p. 70).

as conferências, os recitais, as exposições e declamações, organizados pelos "papas" do Modernismo neobandeirante.

Cinco. Outro dado nem sempre lembrado pela crítica especializada reside no modo elitista como o Teatro Municipal de São Paulo foi concebido, projetado com diferentes entradas e pavimentos, em acordo com as camadas da sociedade paulistana. Isso fica evidente quando se examina o projeto arquitetônico de Ramos de Azevedo, inaugurado em 1911.[9] A exemplo do que acontecera na antiga capital do país dois anos antes, com a fundação do Teatro Municipal do Rio de Janeiro, as elites paulistas sentiam necessidade de um ambiente *snob* que envernizasse a fachada grã-fina e acolhesse os anseios nobilitantes dos capitães da indústria, do comércio e da baronia. O evento, divulgado inicialmente como "Futurismo" pela imprensa paulistana, consistiu no aluguel do estabelecimento durante os dias 13, 15 e 17 de fevereiro de 1922, financiado por um punhado de herdeiros da oligarquia da terra, capitaneados pelo mecenas Paulo Prado.[10]

Seis. A determinada altura, o humor passou a incomodar os autoproclamados representantes do Modernismo paulista. Elias Thomé Saliba observou agudamente que, durante a *Belle Époque*, "O estudo da representação humorística da história brasileira se articula neste cenário histórico de uma forma peculiar, pois neste período há uma nova e renitente preocupação da cultura brasileira com as questões de identidade nacional" (SALIBA, 2008, p. 34).

Sete. Caberia discutir o caráter passageiro, senão descartável, atribuído ao texto humorístico, como sugeriu Otto Maria Carpeaux: "O conceito da poesia no Brasil sempre foi romântico ou retórico ou solene" (CARPEAUX, 2001, p. IX).[11] Só podemos admiti-lo em parte, já que a *blague* se atualiza a cada (re)leitura. Afora isso, não percebemos questionamen-

---

9   Cf. "Conheça a história do centenário Theatro Municipal de São Paulo". Disponível em: https://www.prefeitura.sp.gov.br/cidade/secretarias/subprefeituras/se/noticias/?p=21873. Acesso em: jan. 2022.

10   Esses dados são bastante conhecidos pelo público, como sugerem os estudos replicados em evento realizado por um banco privado de São Paulo (Cf. https://enciclopedia.itaucultural.org.br/evento84382/semana-de-arte-moderna, acesso em: jan. 2022), em 29 de janeiro de 2021. A amizade entre Paulo Prado e Mário de Andrade seria registrada seis anos após a "Semana", na "Dedicatória" de *Macunaíma*.

11   De acordo com Berta Waldman, "Se é verdade que a existência do cômico não pôde ser banida, durante séculos foi relegada a essa zona baixa, subalterna aos supostos valores autênticos, apoiados no que se considera sério, verdadeiro, alto, nobre ou sublime" (WALDMAN, 2009, p. 7).

tos desse teor, quando os críticos se debruçam sobre obras consagradas por eles mesmos – por exemplo, a sátira atribuída a Gregório de Matos, as *Cartas chilenas*, de Tomás Antônio Gonzaga, as *Memórias póstumas de Brás Cubas*, de Machado, o "Prefácio interessantíssimo", de Mário de Andrade, o pseudodiário *Serafim Ponte Grande*, de Oswald...

Ponderadas as possíveis causas do relativo silenciamento da e sobre a obra de Juó Bananére, a boa notícia é que, felizmente, isso começou a ser corrigido na década de 1990, com a biografia intelectual de Voltolino, por Ana Maria de Moraes Belluzzo (1992); a avaliação do contexto cultural na Pauliceia, que Annateresa Fabris propôs em *O futurismo paulista* (1994); o panorama reconstituído por Sylvia Telarolli de Almeida Leite, em *Chapéus de palha, panamás, plumas, cartolas* (1996). O ano de 1998 foi profícuo, haja vista o debate sobre a representação do italiano nos textos de Juó Bananére, recuperado em *Pauliceia Scugliambada, Pauliceia Desvairada*, de Maurício Martins do Carmo, e a compilação de *As Cartas d'Abax'o Pigues*, acompanhada do ensaio vertical de Benedito Antunes. Três anos depois, saiu uma nova edição de *La Divina Increnca*, que reproduziu integralmente a primeira, de 1915. Ainda em 2001, Cristina Fonseca discutiu as facetas do humor macarrônico de Bananére. No ano seguinte, saíram as *Raízes do riso*, de Elias Thomé Saliba – estudo incontornável para os estudiosos do humor praticado durante a *Belle Époque*. Em 2006, Paula Ester Janovitch publicou *Preso por trocadilho*, um rigoroso panorama da literatura irreverente produzida entre 1900 e 1911, em São Paulo. Três anos depois, Carlos Eduardo Capela rediscutiu a contribuição da obra de Juó Bananére para a literatura brasileira, seguida de uma antologia do que foi veiculado nos jornais.

Não há como negar o sabor de descrições que caricaturizam a fala do ítalo-brasileiro, feito esta: "Primiere, quano minho avó xigó qui inzima o Brasile só tenia a ladere do Abax'o Pigues, o largue du Arrusá e u barro da Liberdá. A Villa Buarca, o Barafunda, o Bó Retiro stavo tutto coperto c'ao mattavirgia. Tamb峨 a Luiz e também a Bixiga" (20 de abril de 1912) (BANANÉRE *apud* ANTUNES, 1998, p. 138); ou esta, em que tripudia sobre Hermes da Fonseca, rebaixando-o a protagonista de tabloide: "Socorso! Accuda!! Vegna tuttos aqui p'ra vê u Hermeze che stá quireno si gazá otraveiz. Té as trippa da genti si arivorta p'ra dá o strilimo contro di uma imbecilitá cumpletta come istu indisgraziato du Hermeze" (13 de setembro de 1913) (BANANÉRE *apud* ANTUNES, 1998, p. 278).

Tampouco podemos desqualificar o diálogo zombeteiro, nem por isso menos inteligente, com poetas reconhecidos pelo público que consumia livros e jornais. É o que se lê no "Sunetto crassico", em que Bananére parodia os conhecidos versos de Camões: "Sette ano di pastore, Giacó servia Labó, / Padre da Raffaela, serena bella / Ma non servia o pai, che illo no era troxa nó! Servia a Raffaela p'ra si gazá c'oella" (BANANÉRE, 2001, p. 28); ou na paródia "Os meus otto anno", que esculhamba o poema lírico de Casimiro de Abreu: "O chi sodades che io tegno / D'aquillo gustoso tempigno, / Ch'io stava o tempo intirigno / Bringando c'oas molecada. / Che brutta insgugliambaçó, / Che troça, che bringadêra, / Imbaixo das bananêra, / Na sombra dus bambuzá" (BANANÉRE, 2001, p. 33).

A trajetória desse heterônimo sinaliza a alta popularidade e importância que adquiriu. Em poucos anos, Juó Bananére ganhou maior notoriedade e passou de colaborador a poeta, autor de livro, e de versejador a editor. Na seção "O Féxa", que circulou nO Pirralho, em 1917, tudo era colocado em questão, inclusive a denominação do veículo, a identificação do proprietário e o número da edição – elementos que costumam atribuir maior identidade visual e credibilidade aos jornais tradicionais e, em tese, legitimavam o compromisso do veículo com a reprodução fiel e isenta dos fatos. Como esperado, esse redator peculiar subvertia a notícia, pondo reparo no caráter artificial do que sai na imprensa: "ORGANO DI INCRENCA" – "Pruprietá da Societá Anonyma JUÓ BANANIÉRE" – "Num. Atrazado – Duzentó".[12]

A intensa e extensa produção de Bananére relembra que, também em seu caso, a arte de despertar o riso tinha grande fôlego e precisaria ser levada (mais) a sério. A multiplicidade de temas, o estilo macarrônico, a rinha política, a majoração de assuntos triviais, o diálogo do avesso com a alta literatura e a transposição prosódica do dialeto ítalo-brasileiro para a escrita são ingredientes que comprovam a verve e a maquinação de um articulista-versejador espirituoso, que se divertia em zombar do senso comum, craquelar a face séria dos acontecimentos e apontar a mediocridade dos atores, pondo a descoberto a ideologia embutida nos jornais.

Entre o deslumbramento com a cidade e a indignação com os homens, a sua voz histriônica levava o riso numa mão, enquanto agredia eventuais suscetibilidades com a outra. Nosso barbeiro, jornalista e poeta se ergueu, mordaz e autoirônico, sobre a mascarada paulistana, a protestar

---

12 Cf. *O Féxa [O Pirralho*, 1917]. In: CAPELA, 2009, p. 506.

contra a conversão da política nacional em politicagem provinciana. À sua maneira, ele celebrou a literatura, embananando as fronteiras entre o erudito, o mediano e o popular. Dado não menos importante, escancarou o caráter arbitrário das convenções adotadas pela sociedade de seu tempo e lugar. Felizmente, as coletâneas e os estudos de maior fôlego, publicados nas últimas décadas, têm celebrado o papel desse engenhoso heterônimo, retirando o seu nome dos recôncavos de uma historiografia literária por vezes enviesada, lacunar e parcial. Está feito o convite para o (re)visitarmos, levando sua *blague* leve e ferina adiante.

Referências

ANTUNES, Benedito. *Juó Bananére: As Cartas d'Abax'o Pigues*. São Paulo: Editora Unesp, 1998.

BANANÉRE, Juó. *La Divina Increnca*. São Paulo: Editora 34, 2001.

BELLUZZO, Ana Maria de Moraes. *Voltolino e as raízes do Modernismo*. São Paulo: Marco Zero/Secretaria de Estado da Cultura, 1992.

CAPELA, Carlos Eduardo S. *Juó Bananére: irrisor, irrisório*. São Paulo: Nankin/Edusp, 2009.

CARELLI, Mario. Juó Bananére. In: CARELLI, Mario. *Carcamamos & Comendadores: os italianos de São Paulo: da realidade à ficção (1919-1930)*. Trad. Lygia Maria Pondé Vassalo. São Paulo: Ática, 1985. p. 103-122.

CARMO, Maurício Martins do. *Pauliceia scugliambada, Pauliceia desvairada: Juó Bananére e a imagem do italiano na literatura brasileira*. Rio de Janeiro: Eduff, 1998.

CARPEAUX, Otto Maria. Uma voz na democracia paulista. In: BANANÉRE, Juó. *La Divina Increnca*. São Paulo: Editora 34, 2001. p. IX-XIII.

Os CEM ANOS de um clássico desconhecido: *La Divina Increnca*, de Juó Bananére. *Sul21*, 8 nov. 2015. Disponível em: https://sul21.com.br/em-destaque/2015/11/os-cem-anos-de-um-classico-desconhecido-la-divina-increnca-de-juo-bananere/. Acesso em: 26 jul. 2021.

CHALMERS, Vera. Oswald de Andrade n'*O Pirralho*. *Remate de Males*, Campinas, v. 33, n. 1-3, p. 91-111, 2013.

CHAUVIN, Jean Pierre. Juó Bananére e o legado da *blague* na obra de Carlos Henrique Iotti. *Anais Eletrônicos da XV Abralic*, Rio de Janeiro, p. 1.072-1.083, 2019. Disponível em: https://abralic.org.br/anais/arquivos/2016_1491260506.pdf. Acesso em: 27 jul. 2021.

CHAUVIN, Jean Pierre. Juó Bananére, poeta do entrelugar. In: NEGREIROS, Carmem; OLIVEIRA, Fátima; GENS, Rosa (orgs.). *Belle Époque: a cidade e as experiências da modernidade*. Belo Horizonte: Relicário, 2019. p. 209-227.

FABRIS, Annateresa. *O Futurismo Paulista: hipóteses para o estudo da chegada da vanguarda ao Brasil*. São Paulo: Perspectiva/Edusp, 1994.

FONSECA, Cristina. *Juó Bananére: o abuso em blague*. São Paulo: Editora 34, 2001.

FONSECA, Maria Augusta. *Por que ler Oswald de Andrade*. São Paulo: Globo, 2008.

FRANCESCHINI, Luiz. As sátiras de Juó Bananére não o pouparam do esquecimento. *Paulistania*, São Paulo, n. 72, p. 29-31, out. 1966 / jul. 1967.

HIPÓCRATES. *Sobre o riso e a loucura*. Trad. Rogério de Campos. São Paulo: Hedra, 2013.

JANOVITCH, Paula Ester. *Preso por trocadilho: a imprensa de narrativa irreverente paulistana de 1900 a 1911*. São Paulo: Alameda, 2006.

LEITE, Sylvia Helena Telarolli de Almeida. *Chapéus de palha, panamás, plumas, cartolas*, 1996: a caricatura na literatura paulista (1900-1920). São Paulo: Editora Unesp, 1996.

MACHADO, Antônio de Alcântara. Juó Bananére. In: BANANÉRE, Juó. *La Divina Increnca*. São Paulo: Editora 34, 2001. p. XV-XX.

MORESCHI, Marcelo Seravali. *A façanha auto-historiográfica do modernismo brasileiro*. Dissertação de Mestrado. Santa Barbara: University of California, 2010.

PREFEITURA MUNICIPAL DE SÃO PAULO. Conheça a história do centenário Theatro Municipal de São Paulo. Disponível em: https://www.prefeitura.sp.gov.br/cidade/secretarias/subprefeituras/se/noticias/?p=21873. Acesso em: 29 jul. 2021.

REIS, Roberto. Cânon. In: JOBIM, José Luis (org.). *Palavras da crítica: tendências e conceitos no ensino de Literatura*. Rio de Janeiro: Imago, 1992. p. 65-92.

SALIBA, Elias Thomé. *Raízes do riso: a representação humorística na história brasileira: da Belle Époque aos primeiros tempos do rádio*. 2. reimp. São Paulo: Companhia das Letras, 2008.

SCIPIONE, Annibale. Os disgraziato dos turco – Sempr'avanti Savoia – A futebóla. *O Pirralho*, n. 8, p. 7, 30 set. 1911. Disponível em: http://memoria.bn.br/pdf/213101/per213101_1911_00008.pdf. Acesso em: 27 jul. 2021.

SEMANA de Arte Moderna. Disponível em: https://enciclopedia.itaucultural.org.br/evento84382/semana-de-arte-moderna. Acesso em: 29 jul. 2021.

SIMÕES JÚNIOR, Alvaro Santos. *A sátira do parnaso: estudo da poesia satírica de Olavo Bilac publicada em periódicos de 1894 a 1904*. São Paulo: Editora Unesp, 2007.

WALDMAN, Berta. O macarrônico: uma construção dissonante. In: CAPELA, Carlos Eduardo S. *Juó Bananére: irrisor, irrisório*. São Paulo: Nankin/Edusp, 2009. p. 7-11.

Graciliano Ramos e a modernidade de contos-capítulos: singularidades e sentido coletivo

Ieda Lebensztayn

A busca de vozes sociais com arte

"– Vocês o conhecem, raso como uma calçada! Formou-se, é verdade, é doutor, doutor na asneira, como já ouvi dizer de um. Incapaz de sustentar uma discussão, incapaz de abrir a boca que não diga tolice, que irá ele fazer na Câmara, na hipótese de ser eleito?"[1]

Quem diria que essa caracterização irônica de um político nacional viria da pena do parnasiano Alberto de Oliveira (1857-1937)? Pois bem: o "príncipe dos poetas brasileiros",[2] em uma prosa concisa e sugestiva, não só descreve esse candidato da oposição, inepto e pretensioso, como também nos oferece a representação crítica de seu adversário político, o doutor Romualdo, e da sociedade baseada em mentiras, traições e interesses pessoais em que disputam o poder.

Se nos poemas de Alberto de Oliveira, medidos e afastados da realidade brasileira, o ímpeto descritivo se reduzia, citando aqui Mário de Andrade, à "vacuidade formal" (ANDRADE, 1981), diversamente, no conto "Os brincos de Sara", ele serve de abertura imagética para criar a perspectiva crítica do narrador, que acompanha o olhar do padre Jerônimo. Logo no início do conto, com base no romano Plínio e em São Francisco de Sales e seu livro *Vida devota*, o padre reflete sobre o significado material e místico dos brincos: condensam o prazer de ouvir o som de pérolas aos ouvidos e, a um tempo, o intuito de proteção da fidelidade da mulher contra rumores alheios indevidos. Porém, na sequência da narrativa, a observação do padre

---

1 Cf. OLIVEIRA, 1892; 1942. Também em: RAMOS, 1957. A apresentação segue um critério geográfico, incluindo escritores antigos e modernos de todo o país. Apresentava três volumes: Norte e Nordeste; Leste; Sul e Centro-Oeste; e RAMOS, 1966.

2 Alberto de Oliveira (1857-1937): Membro fundador da Academia Brasileira de Letras, publicou, entre outras obras: *Canções românticas* (1878); *Meridionais* (1884); *Sonetos e poemas* (1885); *Poesias*, 2 v. (1912). Em 1924, foi eleito "príncipe dos poetas brasileiros", no lugar de Olavo Bilac, em um concurso promovido pela revista *Fon-Fon*.

desvelará, sugestivamente, em meio a uma festa, um encontro amoroso de Sara com Argemiro Barbosa, que defendia, bajulador, a integridade e o tino político do doutor Romualdo – o candidato oficial e marido dela. Assim, o ambiente dos brincos de Sara é feito de falsidade, rumores de escândalo e brigas políticas movidas por interesses particulares. E conta com a presença e a exclusão dos criados, conforme a sensibilidade social de Alberto de Oliveira flagra metonímica e concisamente: "Caras de criados irrompiam do corredor, espiando".

Atual, o conto "Os brincos de Sara" saiu na *Gazeta de Notícias*, do Rio de Janeiro, há 130 anos, a 20 de junho de 1892. Nesse mesmo ano, em outubro, nasceu em Quebrangulo, Alagoas, o escritor Graciliano Ramos, que escolheu essa prosa de Alberto de Oliveira para figurar na antologia *Contos e novelas*. Nos anos 1940, por encomenda da Casa do Estudante do Brasil, ele se dedicou a organizar essa seleção de contos por regiões do país, tendo pesquisado durante dois meses na Academia Brasileira de Letras e outros dois na Biblioteca Nacional. A correspondência e entrevistas de Graciliano atestam seu empenho por encontrar narrativas de todos os estados brasileiros. Tendo escrito a academias de letras e a diretorias de instrução pública em busca de contos, uma resposta áspera que recebeu de uma delas sintetiza a realidade brasileira de ignorância e descaso pela cultura letrada: "tratamos de assuntos graves, não nos ocupamos com tolices. Não amole" (RAMOS, 1966a, p. 13. Também em: RAMOS, 1994, p. 259).

Essa mesma realidade de estupidez e iniquidades ocasionara a migração forçada de Graciliano para o Rio de Janeiro: ele foi preso em 1936 em Maceió, onde era diretor da Instrução Pública, como um secretário estadual da Educação, responsável por criar a merenda escolar e aumentar as vagas para crianças nas escolas, inclusive negras. Libertado no ano seguinte, tendo filhos pequenos a sustentar, trabalhou posteriormente como revisor do *Correio da Manhã* e como inspetor federal de ensino secundário, além de dedicar-se à escrita de contos e de artigos para a imprensa e a tarefas intelectuais como a organização da referida antologia.

Por problemas financeiros da Casa do Estudante do Brasil, a antologia *Contos e novelas* saiu por essa editora postumamente, em 1957, e depois com o título *Seleção de contos brasileiros*, pela Edições de Ouro (futura Ediouro). Compõe-se de cem contos, distribuídos em três volumes: I, Norte e Nordeste; II, Leste; e III, Sul e Centro-Oeste. Interessavam a Graciliano criações de desconhecidos, desde o fim do século XIX, feitas em cidades, aldeias, atrás de balcões, em cartórios ou em casas-grandes, por pessoas de origens e posições sociais diversas. Quanto aos escritores consagrados, como Machado de Assis, Artur Azevedo, Lima Barreto, Monteiro Lobato, o propósito era dar a público ótimos contos, não os muito conhecidos e até superiores a eles. A antologia inclui também nomes como Aníbal Machado, Augusto Meyer, Dyonélio Machado, Eneida de Morais, Fernando Sabino, Joel Silveira, Lia Correia Dutra, Orígenes Lessa, Rubem Braga, Telmo Vergara.

A pesquisa da ficção curta brasileira para a preparação dos volumes ofereceu a Graciliano maior conhecimento de tal criação artística, de forma a ter um olhar relativizador quanto à divisão estrita entre escritores "velhos", acadêmicos, e "novos", modernos. Em depoimento a Almeida Fischer e em entrevista a Homero Senna (FISCHER, 2014, p. 306; SENNA, 1948; 1996; RAMOS, 2014b), o autor de *Vidas secas* aponta a injustiça cometida pelos modernistas, que confundiram o ambiente literário do país com a Academia e, assim, condenaram arbitrariamente todos os antigos. Comentando as leituras então feitas para a antologia, Graciliano destaca haver descoberto "novos" do século anterior, "contistas notáveis": Alberto de Oliveira e seu "Os brincos de Sara" aqui evocado; Raul Pompeia e seu "Tílburi de praça"; Domício da Gama e "Só"; Mário de Alencar e "Coração de velho"; Medeiros e Albuquerque e "O ratinho Tic-Tac".

A perspectiva moderna de Graciliano se revela na pesquisa e na realização da antologia, em cujo prefácio ele expõe seu difícil desejo de apresentar as almas, por exemplo, de um criminoso e de um seringueiro, e de dentro para fora, "lançadas por gente pequenina, rebotalho social". Porém, se ele não obtere textos assim do Amazonas, nem do Mato Grosso, de todo modo os contos selecionados, como se observou no de Alberto de Oliveira, sobressaem por combinarem a representação social crítica e a expressão de conflitos subjetivos, por meio da construção de narradores originais e de entrechos baseados em personagens, imagens e questões bem elaboradas e articuladas com andamento conciso. Inferem-se tais critérios artísticos como norteadores das escolhas de Graciliano, que convida os leitores a não se contentarem com os nomes dos escritores consagrados, mas a entenderem a motivação estética de sua fama.

Novidade do Velho: os sertanejos contra chavões

Entrevistas a Osório Nunes, de 1942 ("O modernismo morreu?"), a Homero Senna, de 1948 ("Como eles são fora da literatura"), e a Castro Soromenho, de 1949 ("Graciliano Ramos fala ao *Diário Popular* acerca dos modernos romancistas brasileiros"), possibilitam conhecer melhor o olhar de Graciliano em relação ao Modernismo. Questionado quanto a ser modernista, ele negava, e com intenção polêmica: salientando que, em 1922, vendia chita na loja do pai em Palmeira dos Índios (Alagoas), declarava julgar o movimento uma "tapeação desonesta", marcado por cabotinismo. Mas, sobretudo, intentava combater generalizações mistificadoras e defender a arte feita com observação, verdade pessoal e apuro estético: distinguia do Modernismo Manuel Bandeira, seu poeta predileto, de formação parnasiana, e recusava a abertura do movimento para a mediocridade, patente nos epígonos sem cultura nem esforço criativo. Lamentava a facilitação nada artística resultante do Modernismo: "todo menino saído do liceu pôde escrever poemas em cinco minutos e romances em uma semana".[3]

Graciliano assinala que o Modernismo, exitoso na poesia, não o foi na prosa. Porém, reconhece o valor do movimento modernista para a tradição da literatura crítica brasileira: considerando 1922 como resultado de um "sentimento de destruição dos cânones que precisavam desaparecer",[4] entende que seu melhor fruto foi libertar as cadeias do espírito e preparar o terreno para as gerações seguintes. Destaca então o trabalho "de criação" brilhante de romancistas como José Lins do Rego, Rachel de Queiroz e Jorge Amado, interessados em estudar, ver e sentir a realidade e em oferecer uma arte que se aproximasse da terra e do povo com seus problemas e contradições. Mas não se tratava simplesmente de uma defesa partidária de seus pares: Graciliano ressalta também, nas entrevistas, que a força da literatura desses escritores nordestinos vingou até 1936, quando teria entrado em decadência. Lastima o surgimento de livros mal escritos, que, em vez de se deterem na representação crítica da realidade brasileira, descreviam lugares e pessoas não vistos.[5]

---

[3] Ver O modernismo morreu? – Resposta de Graciliano Ramos ao Inquérito de Osório Nunes. *Dom Casmurro*. Rio de Janeiro, p. 3, 12 dez. 1942 *apud* Ramos, 2014b, p. 133.

[4] Ibidem, p. 132.

[5] Confira-se também: Ramos, Graciliano. Decadência do romance brasileiro (1941). In: Ramos, 2012.

Retome-se, pois, a trajetória pessoal de Graciliano Ramos, considerando os sentidos de Modernismo e moderno (Cf. Bosi, 2003, p. 209-26). Se em 1922 ele trabalhava na loja, sete anos depois, ao se divulgarem seus relatórios no Rio de Janeiro, capital federal, o ex-prefeito de Palmeira dos Índios recebeu do poeta e editor Augusto Frederico Schmidt uma carta-convite com a suspeita de ter um romance na gaveta, a ser publicado. Vejam-se estes trechos dos relatórios dirigidos ao governador Álvaro Paes, cuja mordacidade irônica, tradução da raridade ética, dá a medida da modernidade de Graciliano:

> Há quem ache tudo ruim, e ria constrangidamente, e escreva cartas anônimas, e adoeça, e se morda por não ver a infalível maroteirazinha, a abençoada canalhice, preciosa para quem a pratica, mais preciosa ainda para os que dela se servem como assunto invariável; há quem não compreenda que um ato administrativo seja isento de lucro pessoal; há até quem pretenda embaraçar-me em coisas tão simples como mandar quebrar as pedras dos caminhos.
> Fechei os ouvidos, deixei gritarem, arrecadei 1:325$500 de multas.
> Não favoreci ninguém. Devo ter cometido numerosos disparates. Todos os meus erros, porém, foram erros da inteligência, que é fraca. (Ramos, 1962a, p. 172).
>
> A Prefeitura foi intrujada quando, em 1920, aqui se firmou um contrato para o fornecimento de luz. Apesar de ser o negócio referente à claridade, julgo que assinaram aquilo às escuras. É um *bluff*. Pagamos até a luz que a lua nos dá. (Ramos, 1962a, p. 178).

Como se vê, Schmidt tinha razão de adivinhar, da força estilística do prefeito alagoano, um romance na gaveta, e lançaria *Caetés* em 1933. Mas o capítulo XXIV da obra, com certa autonomia de conto, já saíra dois anos antes, quando Graciliano era diretor da Imprensa Oficial e colaborou na revista *Novidade*,[6] também com os textos "Chavões", "Milagres", "Sertanejos" e "Lampião", além de uma entrevista ficcional com o referido cangaceiro.

"*Novidade* não é essencialmente literária nem essencialmente política", eis um dos lemas desse semanário publicado em Maceió. Teve 24 números, não durou muito tempo, de abril a setembro de 1931, mas foi um encontro de jovens e não tão jovens com espírito crítico e criativo. Entre

---

6   Apresento a revista *Novidade*, estudo seus textos e analiso os romances de Graciliano, em diálogo com esse periódico e com *Infância*, em: *Graciliano Ramos e a* Novidade: *o astrônomo do inferno e os meninos impossíveis*. São Paulo: Hedra, 2010.

os mais velhos que publicaram artigos na revista, estavam Graciliano e o também alagoano Jorge de Lima, ambos com quase quarenta anos; e José Lins do Rego, com trinta anos, paraibano que viveu de 1926 até 1935 em Maceió e apresentou o regionalismo de Gilberto Freyre e a poesia moderna de Manuel Bandeira a alguns moços alagoanos.

A maioria dos colaboradores da *Novidade* eram jovens, entre dezoito e vinte anos. Foram chamados de "meninos impossíveis" devido à sua admiração pela poesia moderna de Jorge de Lima, iniciada com *O mundo do menino impossível* (1927). No poema, impresso no Rio de Janeiro e dedicado justamente a José Lins do Rego, Gilberto Freyre e Manuel Bandeira, o menino quebra os brinquedos importados, antigos (como a poesia parnasiana), e cria brinquedos próprios, simples, a partir de objetos do cotidiano e da natureza. Vejam-se pelo menos alguns versos: "O menino impossível/ que destruiu até/ os soldados de chumbo de Moscou/ e furou os olhos de um Papá Noel,/ brinca com sabugos de milho,/ caixas vazias,/ tacos de pau,/ pedrinhas brancas do rio…// 'Faz de conta que os sabugos/ são bois…/ 'Faz de conta…'/ 'Faz de conta…'/ E os sabugos de milho/ mugem como bois de verdade…// e os tacos que deveriam ser/ soldadinhos de chumbo são/ cangaceiros de chapéus de couro…'" (LIMA, 1997, p. 203-5).

A singeleza do poema definiu a admiração desses jovens por Jorge de Lima, e eles tinham também como central a figura de Graciliano, por isso chamado de "o velho Graça". Vários desses moços teriam importância no cenário cultural do país, reencontrando-se posteriormente na capital federal, em especial na Livraria José Olympio. Aurélio Buarque de Holanda, que conhecemos como sinônimo de dicionário, era alagoano e foi amigo de Graciliano a vida toda. Futuro filólogo, revisor e contista de *Dois mundos* (1942), publicou poemas na *Novidade*. Também poeta no semanário, Santa Rosa foi pintor, ilustrador e cenógrafo, premiado por *Vestido de noiva*, de 1943, de Nelson Rodrigues. Na editora José Olympio, o famoso "SR" criou uma revolução com as capas de toda a literatura brasileira: de Graciliano, José Lins do Rego, Rachel de Queiroz, Jorge Amado, Carlos Drummond de Andrade etc. Também contribuíram na revista o cientista político Diégues Júnior, o folclorista Théo Brandão, os poetas José Auto, Willy Lewin e Aloísio Branco, entre outros.

Os fundadores da *Novidade* foram Valdemar Cavalcanti, crítico literário, e Alberto Passos Guimarães, que se tornou historiador, autor de livros como *Quatro séculos de latifúndio* (1963). Eles se alternavam na autoria dos editoriais do semanário, cujo espírito crítico já se anunciava nos títulos, como: "Minha terra tem coqueiros", "Lampião", "Ouviram do Ipiranga as margens plácidas", "Os técnicos da Segunda República", "Tristezas de uma época", "Novos e velhos", "Espírito brasileiro e espírito revolucionário", "A última geração de burgueses", "... país essencialmente agrícola". Apontando os problemas sociais nordestinos e brasileiros, a revista criticava a persistência do quadro de miséria depois da chamada Revolução de 1930: a seca, a fome, o analfabetismo, a exploração do trabalho, a indústria das santas milagreiras, a política personalista, a necessidade de reforma da Constituição e a violência do cangaço.

Assim, literário e político, esse semanário moderno alagoano almejava justamente uma novidade: voltava-se contra chavões na arte e na política. *Sem novidades no front*, romance de Erich Maria Remarque, de 1929, e o filme nele baseado, ganhador de Oscar em 1930 e veiculado nos cinemas de Maceió em 1931, foram assunto e inspiração da *Novidade*: representando a perda de "experiência comunicável" na Primeira Guerra Mundial, sobressaem com seu sentido de desmascaramento de heroísmos e a necessidade de mediação pelas artes. E vários textos da revista trazem uma reação crítica ao lugar-comum da violência, aos estereótipos, à retórica dos bacharéis e políticos, e expõem como problema o papel do intelectual num mundo de barbárie.

De Lampião a Fabiano: o olhar moderno para o sertanejo

Questão urgente em 1931, o cangaço motivou diversos textos na *Novidade*: um editorial de Valdemar Cavalcanti; várias notas a respeito de Lampião; uma entrevista ficcional com ele, não assinada, mas cujo estilo irônico deixa ver a autoria de Graciliano; e o artigo "Lampião". Esse texto era conhecido do leitor de *Viventes das Alagoas: Quadros e costumes do Nordeste*, volume póstumo, de 1962, organizado pela viúva Heloísa Ramos, pelo filho Ricardo Ramos e por James Amado, irmão de Jorge Amado e casado com Luiza Ramos Amado, filha de Graciliano. Entretanto, não está datado no livro e figura ao lado de outros artigos do autor sobre o banditismo sertanejo, como "Virgulino", "Dois cangaços", "O fator econômico no cangaço", "Cabeças", estes de 1938, ano em que Lampião, Maria Bonita e vários do bando foram mortos e tiveram expostas suas cabeças.

Conhecer, pois, a *Novidade* permite saber que, diversamente desse conjunto de artigos, "Lampião" foi escrito em 1931, em Alagoas, não no Rio de Janeiro: anterior à publicação dos romances de Graciliano, concentra sua reflexão acerca da matéria histórica do Nordeste nos anos 1930 e matrizes de sua criação ficcional. Observe-se que *Caetés* (1933), *S. Bernardo* (1934) e *Angústia* (1936) foram escritos em Alagoas, antes da prisão do escritor, lançado o terceiro por José Olympio enquanto ele estava na cadeia. Já *Vidas secas* (1938), *A terra dos meninos pelados* (1939), *Histórias de Alexandre* (1944), *Infância* (1945), os contos de *Insônia* (1947) e evidentemente as *Memórias do cárcere* (publicação póstuma, 1953) foram compostos depois do período na cadeia.

Conforme Graciliano esclarece na crônica "Lampião", sua intenção não era julgar o indivíduo Virgulino, mas compreender o lampionismo. Ele analisa como a necessidade de viver e os maus-tratos recebidos do patrão e do soldado transformavam sertanejos pobres em bestas-feras. As dificuldades econômicas, consequentes da falta de administração, da agricultura atrasada, da indústria precária, da exploração do trabalhador rural, levavam esses homens a se juntarem aos bandos de criminosos.

Ao se deparar, em "Lampião", com o sertanejo que, no início da vida, suportou "numerosas injustiças", arrastou a enxada ganhando pouco e foi preso e surrado pelo soldado da polícia, o leitor de Graciliano reconhece um olhar crítico para a mesma realidade social que constitui a base da forma literária dos romances que ele ainda ia escrever. Paulo Honório, o protagonista de *S. Bernardo*, foi trabalhador de enxada antes de se tornar o proprietário explorador que sofre o irreversível de ter provocado a morte da esposa Madalena. E Fabiano, de *Vidas secas*, é o vaqueiro explorado pelo patrão, conduzido à cadeia e pisado pelo soldado amarelo.

Também em "Lampião", Graciliano lastima a sua covardia de sujeito letrado, se comparada à força do bandoleiro. Deixa entrever-se o impasse do intelectual brasileiro, que tem sentimento de culpa por sua impotência em meio às iniquidades do mundo. Tal impasse ganhou formalização plena em *Angústia*, em que o funcionário e intelectual Luís da Silva se pretendeu um cangaceiro e matou o bacharel e negociante Julião Tavares. Irmanando-se a milhares de "figurinhas insignificantes" como o cangaceiro Cirilo de Engrácia, desejou vingar-se das humilhações que lhe imputavam os donos do dinheiro: perdera Marina para o rico Julião, escrevia nos jornais obedecendo às ideias e aos interesses alheios. Contudo, a vingança contra um só proprietário não dissolve e sim intensifica a angústia de Luís da Silva.

Assim, Graciliano se reconhecia próximo de Lampião na revolta contra o mundo de injustiças, porém rejeitava a monstruosidade com que os cangaceiros matavam, saqueavam e violentavam. Ao mesmo tempo, angustiava-se com a aparente inutilidade da condição de intelectual. Mas o fato é que atuava como um "Lampião de palavras": sua análise do cangaço, revelando o impasse da naturalização da violência e desmascarando seus fatores econômicos, tem o potencial de criar consciência crítica quanto a esses problemas políticos e sociais. E sobretudo, na criação ficcional, Graciliano não se dedicou à representação direta de cangaceiros, e sim à configuração de dramas advindos da mesma realidade social do banditismo.

"Apanhar do governo não é desfeita": note-se que essa mesma frase, presente em "Lampião", de 1931, reaparece em *Vidas secas*, no capítulo "Cadeia", publicado antes como "Pedaço de romance" no *Diário de Notícias*, do Rio de Janeiro, a 5 de dezembro de 1937, e com o subtítulo "Conto de Graciliano Ramos (inédito para *O Cruzeiro*)" nessa revista também do Rio, a 26 de março de 1938, com desenhos de Borsoi. Se, no artigo, tal frase é uma observação sobre o caráter resignado de muitos sertanejos pobres, no romance, cujo narrador acompanha a tensão do protagonista, ela ganha dimensão de arte. Preso arbitrariamente, pisado e surrado pelo soldado com quem havia jogado cartas, Fabiano, costumeiramente resignado, sente revolta e indignação contra o governo, "coisa distante e perfeita", que não podia admitir um soldado covarde: "O governo não devia consentir tão grande safadeza".

Então, Fabiano sonha entrar no cangaço e matar os donos do soldado. Porém, logo recua, ao pensar na mulher, nos filhos, na cachorra Baleia. E, ao reencontrar o soldado na caatinga, um ano depois de ter sido preso injustamente, não se vinga contra aquela "fraqueza fardada" que maltratava os pobres: "Não se inutilizava, não valia a pena inutilizar-se. Guardava a sua força". Cerne do capítulo "O soldado amarelo", essa recusa ao lugar-comum de violência concentra o sentido ético de *Vidas secas*.

A enormidade moderna de contos-capítulos

Esse movimento de ver-se próximo e distante do outro – de Lampião, de Fabiano –, a busca por compreender as singularidades e seu contexto social, rejeitando generalizações e estereótipos, define o caminho ético do romancista Graciliano Ramos. Recordem-se, das entrevistas aqui referidas, não só o empenho do escritor por pesquisar e selecionar contos para a antologia, mas sobretudo seu propósito de combater os estereótipos que separavam autores como velhos e novos: ele salientou o valor artístico de escritores que, embora tachados de acadêmicos e desconsiderados, compuseram contos admiráveis.

Destaca-se, portanto, a importância dos contos para a trajetória artística moderna de Graciliano. Vale evocar também, de suas entrevistas,[7] que os três primeiros romances nasceram de contos. Em 1924 e 1925, ele escreveu "Uma carta" e "Entre grades", prováveis versões iniciais respectivamente de *S. Bernardo* e de *Angústia*; e o terceiro conto se desenvolveu com diálogos e originou *Caetés*. Já a presença do capítulo XXIV desse romance na *Novidade*, voltada a anunciar que o livro sairia pela editora Schmidt do Rio de Janeiro, acenava com a tendência do romancista de criar capítulos com certa autonomia de contos. Todavia, depois de sair da prisão, em 1937, a publicação destes, bem como de artigos, na imprensa tornou-se essencial em termos financeiros para o escritor. E, conforme se indicou quanto a "Cadeia", estampada em *O Cruzeiro* como "Conto de Graciliano Ramos", esse estilo de criar contos autônomos e, a um tempo, vinculados a outros na composição de um romance, constituiu a força de *Vidas secas*. Escritos numa pensão do Catete, dez dos treze capítulos da obra, a começar por "Baleia", saíram como contos na imprensa (em *O Jornal*, na *Revista Acadêmica*, no *Diário de Notícias*, em *O Cruzeiro*, em *La Prensa*, da Argentina),[8] e depois todos foram dispostos simetricamente no ciclo entre "Mudança" e "Fuga". Por isso, no "Discurso de um ausente" o cronista Rubem Braga, que morava na mesma pensão, chamou *Vidas secas* de "romance desmontável".

A novidade, como declarou Graciliano em entrevista a Brito Broca (publicada na *Gazeta* de São Paulo, em março de 1938), foi fugir aos

---

7   Cf. "Como fazer um romance", reportagem de Paulo de Medeiros e Albuquerque. *A Gazeta Magazine*, São Paulo, 1941 apud Barros, Ivan. *Graciliano era assim*. Maceió: Sergasa, [s.d.]. p. 149-53. In: Ramos, 2014b, p. 104-5; Barbosa, Francisco de Assis. Graciliano Ramos, aos cinquenta anos. In: *Achados ao vento*. Rio de Janeiro: Ministério da Educação e Cultura; Instituto Nacional do Livro, 1958 (Biblioteca de Divulgação Cultura, Série A-XV). Reportagem biográfica publicada originalmente sob o título "A vida de Graciliano Ramos", em *Diretrizes*, Rio de Janeiro, p. 12-3, 15, 29 out. 1942. In: Ramos, 2014b, p. 116-8.

8   Confiram-se as informações sobre os escritos de Graciliano na imprensa em: Salla, 2016.

estereótipos dos sertanejos e dar voz aos pensamentos desses homens que sofrem a "hostilidade do mundo físico e da injustiça humana".[9] Com apenas cinco personagens, um homem, uma mulher, dois meninos e uma cachorrinha, ele criou seu mundo e representou a humanidade, despertando comoção e consciência social crítica.

Surpreende-se, pois, em *Vidas secas* uma forma artística concebida do valor singular de cada conto e, a um tempo, de sua inserção no conjunto. O sentido hermenêutico e ético dessa forma que dá voz às singularidades e busca sua justeza com o todo sobressai também em *Infância*, inclusive como poética, em capítulos como "Os astrônomos" e "Nuvens". Em conversa com Armando Pacheco,[10] Graciliano revela a ordem de escrita dos capítulos-contos dessa obra, a que se dedicou de 1936 a 1944. Logo na abertura, em "Nuvens", estampado a princípio na *Revista do Brasil*, em março de 1941, o adulto de *Infância* – menino que errou ao não distinguir laranjas de pitombas, ambas esféricas – aponta a necessidade de considerar as diferenças nos reinos das letras, das palavras, das coisas, dos seres. Semelhantes todos, têm no entanto valor particular: "A generalização era um erro".

Enfim, faltou dizer que, publicada a antologia *Contos e novelas* após a morte de Graciliano Ramos, o amigo Aurélio Buarque de Holanda nela incluiu o dolorosamente belo "Minsk", presente em *Insônia* (1947) e hoje também com a autonomia de obra ilustrada ao público infantojuvenil. Escrito em julho de 1941, com o nome do gueto então estabelecido quando da ofensiva alemã contra a União Soviética, "Minsk" nos oferta a palavra "enormidade": "Horrível semelhante enormidade arrumar-se no coração da gente". Sendo o desmesurado – da beleza e da dor – e, etimologicamente, "o que foge à norma", sobressai a "enormidade" da arte moderna de Graciliano: a compreensão recíproca entre animais e crianças, o desejo de liberdade contra convenções e a tragédia de pisar o outro, em especial o ser amado.

---

9   Ver BROCA, Brito. *Vidas secas*: Uma palestra com Graciliano Ramos – O sertanejo da zona árida – O homem no seu habitat. *A Gazeta*, São Paulo, 15 mar. 1938. Livros e Autores, p. 8. In: RAMOS, 2014b, p. 68.

10   Ver PACHECO, Armando. Graciliano Ramos conta como escreveu *Infância*, seu recente livro de memórias, *Vamos Ler!*, Rio de Janeiro, p. 26, 25 out. 1945. Fotos de Vicente. In: RAMOS, 2014b, p. 164-9.

Referências

ANDRADE, Mário de. Carta aberta a Alberto de Oliveira. Apresentação de Telê Porto Ancona Lopez. *Revista do Instituto de Estudos Brasileiros*, IEB-USP, n. 23, p. 99, 1981. Disponível em: https://www.revistas.usp.br/rieb/article/view/69647/72272. Acesso em: jan. 2022.

BOSI, Alfredo. Moderno e modernista na literatura brasileira. In: *Céu, inferno*. São Paulo: Duas Cidades/Editora 34, 2003. p. 209-26.

BRAGA, Rubem. Discurso de um ausente [1942]. In: SCHMIDT, Augusto Frederico *et al. Homenagem a Graciliano Ramos*. Rio de Janeiro: Alba, 1943. p. 118-24.

FISCHER, Almeida. Depoimento de duas gerações. *A Manhã*, Rio de Janeiro, 20 jan. 1946. In: RAMOS, Graciliano. *Conversas*. Organização de Thiago Mio Salla e Ieda Lebensztayn. Rio de Janeiro: Record, 2014, p. 306.

LIMA, Jorge de. O mundo do menino impossível. *Poemas*. In: *Poesia completa*: volume único. Org. Alexei Bueno; textos críticos: Marco Lucchesi *et al*. Rio de Janeiro: Nova Aguilar, 1997. p. 203-5.

OLIVEIRA, Alberto de. Alberto de Oliveira, contista: "Os brincos de Sara". *A Manhã*, Rio de Janeiro, 8 mar. 1942. *Autores e Livros*, suplemento literário. Disponível em: http://memoria.bn.br/DocReader/066559/598. Acesso em: fev. 2022.

OLIVEIRA, Alberto de. Os brincos de Sara. *Gazeta de Notícias*, Rio de Janeiro, n. 60, ano XVIII, 20 jun. 1892. Disponível em: http://memoria.bn.br/DocReader/103730_03/5979. Acesso em: fev. 2022.

RAMOS, Graciliano. Lampião. *Novidade*, Maceió, n. 1, p. 3, 11 abr. 1931.

RAMOS, Graciliano. *Infância*. 3 ed. Rio de Janeiro: José Olympio, 1953.

RAMOS, Graciliano. Minsk. In: RAMOS, Graciliano. *Insônia*. 4 ed. Rio de Janeiro: José Olympio, 1955.

RAMOS, Graciliano (org.). *Contos e novelas*. Rio de Janeiro: Livraria-Editora da Casa do Estudante do Brasil, 1957. v. II, Leste.

RAMOS, Graciliano. *Relatório ao Governador do Estado de Alagoas*; *2º Relatório ao Sr. Governador Álvaro Paes*. Maceió: Imprensa Oficial, 1929; 1930. In: *Viventes das Alagoas: Quadros e Costumes do Nordeste*. São Paulo: Martins, 1962a.

RAMOS, Graciliano. *Viventes das Alagoas: Quadros e Costumes do Nordeste*. São Paulo: Martins, 1962b.

RAMOS, Graciliano. Prefácio. In: RAMOS, Graciliano. *Seleção de contos brasileiros*. Rio de Janeiro: Edições de Ouro, 1966a. p. 13.

RAMOS, Graciliano (org.). *Seleção de contos brasileiros*. Rio de Janeiro: Edições de Ouro, 1966b. 3 v.

RAMOS, Graciliano. *Vidas secas*. 59 ed. Rio de Janeiro: Record, 1989.

RAMOS, Graciliano. Prefácio para uma antologia. In: RAMOS, Graciliano. *Linhas tortas*. 16. ed. Rio de Janeiro: Record, 1994. p. 259.

RAMOS, Graciliano. *Garranchos*. Organização de Thiago Mio Salla. Rio de Janeiro: Record, 2012.

RAMOS, Graciliano. *Cangaços*. Organização de Thiago Mio Salla e Ieda Lebensztayn. Rio de Janeiro: Record, 2014a.

RAMOS, Graciliano. *Conversas*. Organização de Thiago Mio Salla e Ieda Lebensztayn. Rio de Janeiro: Record, 2014b.

SALLA, Thiago Mio. *Graciliano Ramos e a Cultura Política: mediação editorial e construção do sentido*. São Paulo: Edusp/Fapesp, 2016.

SENNA, Homero. Como eles são fora da literatura: Graciliano Ramos. *Revista do Globo*, n. 473, 18 dez. 1948.

SENNA, Homero. Revisão do modernismo. In: SENNA, Homero. *República das Letras*. 3. ed. Rio de Janeiro: Civilização Brasileira, 1996.

Orestes Barbosa, um cronista na esquina entre a cidade e a modernidade

Paulo Roberto Tonani do Patrocínio

Walter Benjamin, em sua leitura sobre o *flâneur*, a partir da obra de Charles Baudelaire, estabelece as linhas de força que nos permitem ler a experiência urbana enquanto um traço indelével da modernidade. Polifonia, efemeridade e transitoriedade seriam algumas das marcas características não apenas da vivência urbana, mas, principalmente, dos modos de sua representação na literatura. O percurso crítico que desejo trilhar neste ensaio busca identificar a presença desses traços modernos na obra de Orestes Barbosa, cronista carioca que examinou com especial atenção as ruas do Rio de Janeiro dos anos 1920.

"Há, sem dúvida, duas cidades no Rio. A misteriosa é a que mais me encanta" (BARBOSA, 1993, p. 115). O trecho citado foi recolhido da crônica "A favela", presente em *Bambambã!*, livro de crônicas de Orestes Barbosa sobre os personagens da marginália carioca, publicado em 1923. No fragmento o autor apresenta sua predileção pela cidade noturna, na qual figuram os personagens e as histórias que mobilizam o olhar do escritor, conforme examina Zildo Jorge:

> Orestes tinha verdadeira fascinação pelos morros. Os seus versos mais bonitos são sobre o morro e sua gente. Ele tinha essa inclinação que, hoje em dia, se fala – preferencial pelos pobres. Na infância chegou a morar no Morro da Arrelia, onde brincava e aprendia a empinar 'papagaio'. Depois, repórter de polícia, remexeu a cidade toda. No livro dele "Ban-ban-ban!" descreve, com graça, humor e precisão a vida na favela. (BARBOSA, 1993, p. 108).

O fragmento citado acima é a transcrição de um programa de rádio que foi publicada por Roberto Barbosa, neto de Orestes, no livro *Passeio público, o chão de estrelas de Orestes Barbosa*. Na passagem é possível depreender a estreita relação do autor com o território da favela, espaço que congrega alguns dos elementos de mistério que tanto encanta o escritor. Para além de sua própria experiência de infância, quando residiu em uma favela, o cronista também assina uma das canções mais representativas sobre os morros do Rio de Janeiro. É de sua autoria o samba-canção "Chão de estrelas". Neste, Orestes Barbosa oferece versos de inspiração parnasiana para colorir o verdadeiro idílio que domina os morros da cidade. As imagens construídas pelos versos revelam que o "barracão no Morro do Salgueiro/ Tinha o cantar alegre de um viveiro", a felicidade dominava o cotidiano, pois "É sempre feriado nacional" e a paz oferecia uma sociabilidade ímpar que facultava afirmar que "a porta do barraco era sem trinco". Em síntese, a favela nesse samba-canção de 1937 era um espaço idílico, harmônico e dotado de uma convivência pacífica própria. Uma representação diametralmente oposta à construída por Orestes Barbosa na crônica "A favela", publicada 15 anos antes da primeira gravação do samba-canção, onde narra uma visita ao Morro da Favela.

> Pouca gente já subiu aquela montanha – raríssimas pessoas chegaram a ver e a compreender o labirinto das baiucas, esconderijos, sepulturas vazias e casinholas de portas falsas que formam toda a originalidade do bairro terrorista onde a polícia do 8º distrito não vai. (BARBOSA, 1993, p. 111).

Se o Estado, representado por suas instituições e a dita sociedade civilizada, encontra-se ausentes desses espaços cabe ao repórter-cronista o papel de trazer para a parte baixa da cidade os relatos dessa cidade noturna. Orestes transita pelas esferas ocultas da cidade com o desejo de trazer à luz os territórios esquecidos da urbe. São relatos motivados pelo exótico desse mundo marginal. O jornalista cumpre o seu papel, informa, noticia. Ávido por histórias, percorre as ruas, quer saber sobre os crimes e deseja levar o leitor ao êxtase com os relatos. Há um sentido sensacionalista na feitura do texto. Mas esse aspecto não é uma marca do autor, mas, sim, do período. Os jornais, quase sem exceção, davam grande destaque aos crimes passionais e temas de impactos. Em *Passeio público – O chão de estrelas de Orestes Barbosa*, de Roberto Barbosa, é possível localizar um exemplo que sintetiza o caráter sensacionalista dos jornais do período, além de narrar a estreia de Orestes na imprensa. Segundo nos relata Roberto Barbosa, ao chegar à redação do jornal a notícia da castração de homem por sua mulher em um ataque de fúria devido uma traição, todos se perguntavam como deveriam tratar o caso; foi nesse momento que o jovem Orestes, que trabalhava na revisão, disse sem titubear: "Cortou o mal pela raiz!" (BARBOSA,

1994, p. 7). A solução dada ao caso resultou em uma manchete de primeira página, marcando o seu debute na imprensa carioca. Apostavam nesse tipo de matéria com a certeza da vendagem. José do Patrocínio Filho, em prefácio da primeira edição de *Bambambã!*, intitulado "O cronista da Casa Silenciosa", defende o sensacionalismo presente nas crônicas de Orestes observando que

> [...] não é tão fácil, como pode parecer, penetrar nos grandes cotidianos cariocas. A ardilhosa mediocridade que, já de há muito, neles se instalou, repele, sempre, com hostilidade e êxito, todos os valores novos que possam vir fazer-lhes sombra. Aos debutantes como Orestes Barbosa, só resta, pois, o recurso de entrarem para os pequenos jornais recém fundados, que vivem frequentemente da difamação e do escândalo e nos quais, por uma paga incerta, além de precária, fazem, às vezes, sem comer, o homem do miolo de outro de que fala Daudet... (PATROCÍNIO FILHO, 1993, p. 16).

Orestes segue o fluxo, ponto em que não se difere dos demais colegas de profissão; acompanha a corrente jornalística que busca de forma incansável o assunto chocante. Sua marca de distinção no texto é a escrita rápida, a sentença miúda, o parágrafo curto. Telegráfico, sem grandes elucubrações, o cronista fixa em crônicas a rapidez do cotidiano carioca. O estilo, que era chamado de puxa-puxa ou picadinho, ficou conhecido como marca autoral de Orestes. Carlos Didier observa que o estilo de Orestes será copiado por inúmeros cronistas:

> A maioria gosta e muitos vão copiar. Zeca Patrocínio fez restrições à prosa que sentiria o efeito da pressa jornalística. Por causa dela, Silvio Terra, dublê policial e repórter do crime, põe no cronista a alcunha de 'Salta Pocinhas'. Segundo ele, quem lê faz os movimentos de quem pula poças d'água: passa por cima de uma, passa por cima de outra. Essas interrupções tornariam a leitura cansativa. A expressão salta-pocinhas existe e designa o homem afetado, justamente em seu modo de andar. A inovação e a fama têm seu preço. O másculo e valente repórter paga por elas. (DIDIER, 2005, p. 189).

Com uma agilidade peculiar na escrita, descortina uma cidade pouco conhecida e oferece ao leitor uma leitura própria sobre o Rio de Janeiro. A crônica "Fisionomia policial da cidade", publicada em abril de 1920, é um exemplo desse olhar sobre a cidade noturna. Distrito a distrito, Orestes Barbosa elabora um percurso pela cidade.

> O 3º Distrito é o contrabando.
> As hospedarias misteriosas, a "intrujice", o "paco"...
> No 3º Distrito o crime anda calado e rente à parede – o malandro usa bonet – é geralmente estrangeiro e humilde com a polícia. (ORESTES, 1920 *apud* DIDIER, 2005, p. 129).

O fragmento, além de tornar evidente a lúcida utilização por parte do autor da estratégia de uma escrita rápida, apresenta Orestes como conhecedor dos meandros da marginália, capaz de identificar os sujeitos que habitam esses espaços. Não é um simples passeio pela cidade, é um roteiro do crime, a fisionomia de uma outra urbe.

> Mas, deixando esses distritos que sabem ler, passemos ao 7º e ao 8º e o leitor está na favela...
> Agora é que são elas.
> O "Corneta Gira" foi morto, é verdade, o "Cardozinho" está condenado a 24 anos, mas depois das 10 horas, se o leitor reside na rua Oito de Dezembro, apostamos que não sabe o ainda e sempre morro da Favela.
> É gente de respeito.
> Polícia ali obedece. (ORESTES, 1920 *apud* DIDIER, 2005, p. 129).

O texto é uma visita, oferece ao leitor um contato próximo com o narrado, na companhia de Orestes ficamos íntimos da marginália. Nosso guia oferece proteção, sabe penetrar nas ruelas, percorre com leveza e agilidade os contornos soturnos da cidade criminosa. Mas, não podemos esquecer, não pertence em essência a esse mundo. É um jornalista, seu contato com a cidade noturna é fugaz, busca o fundamental para poder contar. Se há encantamento, há também distanciamento, tem que cumprir o seu papel: narrar a um leitor ávido por conhecer as engrenagens da outra urbe. Orestes é uma ligação entre as duas cidades, um caminho necessário para alcançar ambos os espaços, uma esquina.

Armando Gens e Rosa Maria Gens, na apresentação da segunda edição de *Bambambam!* intitulada "O taquígrafo das esquinas", utilizam a esquina como imagem que melhor representa a obra de Orestes Barbosa e sua própria trajetória de vida. Na leitura dos pesquisadores, o autor constrói um novo enfoque ao temário da literatura do início do século XX que via a rua como veio literário promissor ao dedicar-se especialmente às esquinas. Nesse sentido, são as esquinas que oferecem a Orestes a matéria ficcional. "É lá, no cruzamento, no canto, na dobra que o cronista se posta"

(GENS; GENS, 1993, p. 10). As esquinas, esses territórios frequentados por malandros e boêmios, espaços facetados, propensos a práticas escusas e a encontros amorosos, são um ponto de observação do autor, um espaço que possibilita compreender a dinâmica da cidade noturna. Além disso, a esquina pode ser igualmente uma alegoria de sua obra, "já que o escritor opera na junção do erudito com o popular, sem cair no exagero da altivez do dândi ou no paternalismo populista" (GENS; GENS, 1993, p. 10). Orestes fica nesse ponto, na esquina, na interseção entre as duas cidades, observando os mistérios de uma para contar para a outra.

Quando penetra com maior densidade na cidade misteriosa o faz com os olhos abertos, pronto para registrar o funcionamento desse outro mundo. Sabendo que é impossível compreender a totalidade, empenha-se em registrar as pequenas engrenagens que impulsionam esse espaço noturno. Por partes, contando breves histórias, apresentando malandros e mulheres do vício, consegue compor um amplo mosaico da marginalidade carioca da década de 1920.

Como repórter policial, entre fins da década de 1910 e início da de 1920, travou contato com os pequenos delitos, as histórias de amor seladas pelo crime e os assassinatos vultosos. Mas será a partir da experiência no cárcere que Orestes Barbosa ganhará fama do cronista do submundo e da prisão. O episódio de sua prisão revela uma marca importante do espírito do autor, dono de uma escrita voraz e determinada que não se expressa em meias palavras, mas, sim, de forma direta e cortante. A valentia, por assim dizer, causou a Orestes um breve período na cadeia. Devido a inflamadas crônicas em defesa do filho de Euclides da Cunha, Manoel Afonso da Cunha, publicadas no jornal *A Folha*, o diretor do Grêmio Literário Euclydes da Cunha, Francisco Venâncio Filho, move um processo contra Orestes Barbosa, acusando-o de injúria e difamação. Da ação resultou para o autor a condenação de dois meses em prisão celular, convertida em encarceramento com trabalho, e multa de trezentos mil-réis. O grau mínimo previsto no Código Penal (DIDIER, 2005, p. 163).

Da experiência no cárcere, o autor regressou com as crônicas que compõem o livro *Na prisão*, publicado em 1922. O sucesso do livro foi tamanho que a primeira edição, com mil exemplares, esgotou em apenas uma semana, selando o autor como o conhecedor dos meandros do crime. "A cadeia", observa Carlos Didier, "dá a Orestes Barbosa seu primeiro livro de prosa. Onde muitos veriam o tormento, ele enxerga a oportunidade" (DIDIER, 2005, p. 188). A oportunidade a que se refere seu biógrafo é a de se tornar o primeiro autor a estruturar um vasto exame dos personagens e histórias da prisão.

> Poucos são os historiadores dos presídios. Ernesto Senna tratou do assunto em "Através do Cárcere", João do Rio em "A Alma Encantadora das Ruas". A oportunidade que se abriu para Orestes é fruto dessa escassez. A força de sua narrativa vem do distanciamento em relação à condição do condenado. O cronista escreve como se não padecesse as aflições da masmorra. (DIDIER, 2005, p. 188).

Dessa forma, mesmo habitando o palco em que se desenrolam as histórias que povoam as crônicas, o autor não apresenta um relato de sua vivência na cadeia, mas, sim, lança luz sobre os sujeitos que o cercam, trazendo à tona as histórias dos crimes praticados pelos detentos. Pois, como o próprio Orestes Barbosa observou em crônica publicada durante a sua temporada na prisão, "um homem, depois de alguns anos de polícia, passa a ser um romance ambulante e é assim que existem histórias compridas capazes de gerar pesadelos nos temperamentos mais plácidos do mundo" (DIDIER, 2005, p. 166). O cronista quer conhecer esses romances ambulantes, sujeitos que habitam a prisão, seja na qualidade de carcereiros ou encarcerados. Por isso, não apenas entrevista os companheiros de cárcere, quase os interroga, questionando sobre os crimes cometidos. Quer saber detalhes, o que o move é sua curiosidade de repórter, a necessidade de conhecer o fato para poder contar. No entanto, não é uma vivência na cadeia com distanciamento; na verdade, como narra Carlos Didier, "Orestes Barbosa simpatiza com alguns criminosos. Faz camaradagem com Eutachio do Carmo que matou à faca, em 1920, Luiz Gonzaga Jayme, juiz de direitos, ex-chefe de Polícia, senador por Goiás" (DIDIER, 2005, p. 168).

As histórias e personagens são muitas, o material não cabe em um único livro e *Bambambá!*, segundo livro de crônicas do autor, nasceu da necessidade de narrar os casos restantes. Em comum com o primeiro livro, *Bambambá!* também reúne textos publicados anteriormente na imprensa carioca. O título do livro é uma gíria. Ao contrário que possa parecer, não é uma onomatopeia que reproduz o som de tiros, mas, sim, um termo que designa o sujeito valente, bom de briga, o bamba. Ou, como desejou denominar Orestes, o Bambambá.

É possível dividir o livro em duas partes distintas, a primeira com crônicas sobre os sujeitos da prisão. Textos possivelmente remanescentes do período em que o autor frequentou o cárcere. A segunda parte rompe os muros da cadeia e mostra um cronista que percorre os meandros da cidade, travando contato com a temida favela, os rituais de "macumba" e discutindo as mudanças do *modus operandi* da malandragem carioca.

Bambambã! apresenta um Orestes Barbosa mais atento à dinâmica do cárcere, interessado não apenas em narrar os episódios, mas em apresentar a vivência nesse espaço. A crônica "Na cidade do punhal e da gazua" é um exemplo desse novo empenho do autor. No texto é apresentada uma similitude entre a cadeia e a cidade do Rio de Janeiro. A Casa de Detenção é vista como uma cidade, que reproduz as diferenças e hierarquizações da cidade que se expande fora dos muros de concreto. Na leitura atenta de Orestes, "a casa de Detenção é uma cidade entregue ao ilustre coronel Meira Lima. Tem comércio, tem autoridades, política, clubs chics e bagunças – tem amores e até literatura emocional (BARBOSA, 1993, p. 45).

A semelhança perpassa também um caráter sociológico, caracterizando o conjunto prisional como um Rio de Janeiro em miniatura, reproduzindo as diferentes áreas e bairros da cidade.

> Há palacetes nobres – os salões 1 e 2.
> É Flamengo e Botafogo.
> Há casas de menor vulto, com moradores igualmente importantes: a primeira e a terceira galerias, nas quais vivem dois condenados em cada prisão.
> A primeira e a terceira galerias equivalem à Tijuca e Vila Isabel.
> A segunda galeria, de um lado é Mangue, Catumbi e Ponta do Caju – do outro lado é Saúde, Madureira e Favela.
> Gente pesada...
> Na segunda galeria onde se destaca, pelo número, a ladroagem, há, ao vivo, o Rio criminoso.
> Em cada cubículo moram dez, vinte, trinta e às vezes quarenta homens. (BARBOSA, 1993, p. 45).

Na distinção geográfica, em semelhança à cidade, surge na percepção de Orestes a hierarquização da cadeia:

> Antes do despertar do bairro chegam o leiteiro, o padeiro e o jornaleiro.
> O leiteiro só vai a Botafogo, Flamengo, Tijuca e Vila Isabel – os salões, a primeira e a terceira galerias.
> A Favela não bebe leite.
> O jornaleiro e o padeiro, entretanto, correm a cidade toda.
> As casas despertam. (BARBOSA, 1993, p. 45).

Ao estabelecer a correspondência entre a cadeia e a cidade, Orestes Barbosa aproxima o leitor da dinâmica própria da Casa de Detenção. Criado o efeito de similitude, o leitor, estrangeiro nesse espaço, consegue fluir com maior desenvoltura dentro dos muros do cárcere, visualizando com maior clareza o cotidiano precário dos detentos. Mas não é apenas um simulacro a leitura produzida por Orestes. A cidade cárcere, na percepção do autor, surge como um organismo independente, reproduzindo as instituições que compõem a cidade formal. A presença da autoridade, política e bagunças reafirma a visão de um território independente da cidade, detentor de suas próprias leis e, principalmente, de seus habitantes peculiares.

Na leitura de *Bambambã!* travamos contato com os mais diversos tipos. Desde malandros que utilizam a lábia como uma ginga rápida para surrupiar os otários até os detentos mais temidos da época. Há uma predileção de Orestes pelos tipos divertidos, contadores de casos inverossímeis recheados de trapaças malandras. Na crônica "Afonso Coelho", nome de um malandro falsificador que nessa arte era uma celebridade, como o próprio autor definiu, travamos contato com a breve biografia do sujeito. Partindo da notícia de seu assassinato, resultante de uma querela com a amante, Orestes Barbosa faz um balanço da trajetória do criminoso, apresentando-o como o criminoso mais popular do Brasil, depois de Carletto. Além da fama, o falsário também acumulou riqueza. Até que "um dia, porém, o homem do cavalo branco deixou de roubar" (ORESTES, 1993, p. 39). Com o dinheiro das falcatruas comprou um sítio e formou família em Friburgo. Mesmo afastado do crime, a polícia manteve observação sobre o bandido. E, devido um derrama de notas falsas, a polícia convoca Afonso Coelho para depor. Acham que ele está envolvido no caso. Mas o malandro nega a autoria e, em uma fala repleta de sinceridade, revela que se aparecesse um negócio não hesitaria em pegar. Surpresos com a honestidade do suspeito, os policiais questionam: "Mas você, Afonso, não teme ficar um dia irremediavelmente perdido nos artigos do Código Penal?" E, como escreveu Orestes na crônica, "Afonso Coelho sorriu e disse: Qual, Exa. Os artigos do Código Penal são como essas boias luminosas que existem nas baías: o bom navegador passa entre elas..." (BARBOSA, 1993, p. 40).

A fala do malandro apresenta uma síntese da malandragem. Na declaração visualizamos o sentido desviante da ginga malandra, que confunde e ilude otários e igualmente o código penal. A crônica estabelece uma homenagem póstuma, há um encantamento pelo sujeito. Prática semelhante é realizada por Orestes na crônica que apresenta os feitos de João de Brito Fernandes, o João Maluco. Ele é descrito como "um moleque muito alto e muito magro, cor de chocolate, com os olhos esbugalhados, como se estivesse sempre vendo uma assombração" (BARBOSA, 1993, p. 41). O interesse de Orestes pelo malandro é perceptível na apresentação de suas práticas: "Esperto, com as suas conversas consegue ir vivendo bem, até na prisão onde aplica partidos, isto é, usa de meios e modos para tudo obter. A sua última conquista foi a liberdade" (BARBOSA, 1993, p. 41). O partido aplicado pelo malandro foi a encenação de uma moléstia incurável na época, a tuberculose. Com a ajuda de seu tipo físico, João Maluco, como nos conta Orestes, transformou uma gripe em uma tuberculose pulmonar. Não foi preciso muito esforço, bastou mudar o passo e falar menos. A moléstia encenada foi diagnosticada pelo médico da Casa de Detenção, resultando em sua transferência para o Hospital São Sebastião. O desfecho da história é o esperado:

> Quando João Maluco entrou na ambulância, parecia um defunto. As pernas como dois varapaus, o pescoço embrulhado num pano preto de guarda-chuva e a tosse, aquela tosse de comover...
> Dentro de 15 minutos a ambulância voltou à Detenção com o chauffeur desolado.
> Este, ao passar pelo largo do Estácio, teve necessidade de diminuir a marcha por causa de um bond.
> Um garotinho disse, na calçada da igreja ao chauffeur:
> – Ó moço, a porta está aberta!
> João Maluco ficara logo ali pela altura do morro de São Carlos – a zona da sua predileção e para a qual voltava graças ao seu talento teatral (BARBOSA, 1993, p. 42-43).

Mas, não é apenas de partidos que vivem os malandros. Eles utilizam outros meios para trabalhar – pois, como observa o autor, o malandro é "o homem que vive misteriosamente, trabalhando a seu modo, porque malandro quer dizer esperto, sabido e não ocioso como erradamente se supõe" (BARBOSA, 1993, p. 103) –; quando não conseguem seu objetivo pela fala gingada da gíria, recorrem à força física. Orestes Barbosa procura compreender essa dinâmica da malandragem e, principalmente, a constituição de um perfil simbólico desses personagens. Na crônica "As armas", o autor observa que "com a evolução da cidade, o malandro largou a bombacha, a botina de salto alto, o chapéu desabado e a moca – bengala de grossura ostensiva, como também usavam os policiais" (BARBOSA, 1993, p. 99). E constata: "O ideal do malandro hoje é uma pistola para-bellum". Se há o abandono da indumentária que o transformou em personagem típica de um Rio de Janeiro noturno e misterioso, tal fato se deu pelo impulso da modernidade. O malandro romântico, tipo que será idealizado nas décadas futuras, parece não pertencer a essa nova configuração da cidade. Se a cidade evoluiu, o malandro, na leitura de Orestes, acompanhou esse movimento. A evolução se dá na aquisição de uma nova arma, uma pistola, arma implacável que insere o malandro em um novo marco temporal. A para-bellum é o ideal dos malandros por favorecer uma nova marca de seus atos, uma escrita:

> Ouvi certa vez do Patola, que está condenado, a descrição do assassinato de um espanhol, na ponta do Caju:
> – Dei-lhe o primeiro tiro, ele desceu. Aí baixei fogo nele, a para-bellum parecia uma máquina de escrever. Despejei-lhe os 24 na cabeça.
> (BARBOSA, 1993, p. 101).

De máquina letal à máquina de escrever, sentenciando uma nova escrita no corpo da vítima, a pistola, como narra Orestes, era um desejo dos malandros dos malandros:

> Vinte e quatro tiros.
> Ele falava com volúpia do valor da arma.
> Em volta do Patola estavam outros criminosos – todos de olhos cobiçosos, sonhando com a máquina de escrever.
> (BARBOSA, 1993, p. 99).

Armando Gens e Rosa Maria de Carvalho Gens, na apresentação já citada, elaboram uma interessante leitura dessa passagem:

> A relação ente tiros e letras, pistola e máquina de escrever não deixa dúvidas. A pistola dava ao criminoso o poder de escrever a sentença e a morte, simultaneamente, no corpo da vítima, já que com a faca, no máximo, conseguiria uma inscrição. (GENS; GENS, 1993, p. 11).

A descrição do assassinato revela esse novo malandro, agora afeito ao Rio moderno. O abandono da navalha comprova o possível fim de uma era, um período marcado pela formação de um imaginário que se fará presente em diferentes representações sobre esse tipo urbano, seja na música, na literatura ou no cinema. Orestes Barbosa, devido a seu evidente encantamento por esses personagens das margens, será um dos responsáveis pela consolidação desse imaginário.

Referências

BENJAMIN, Walter. *Baudelaire e a modernidade*. Tradução de João Barrento. São Paulo: Autêntica, 2015.

BARBOSA, Orestes. *Bambambã!*. Rio de Janeiro: Secretaria Municipal de Cultura, Departamento Geral de Documentação e Informação Cultural, Divisão Editorial, 1993.

BARBOSA, Roberto (Org.). *Passeio público* – o chão de estrelas de Orestes Barbosa. Rio de Janeiro: RIOARTE/Imprensa da Cidade, 1994.

DEALTRY, Giovanna. *No fio da navalha* – malandragem na literatura e no samba. Rio de Janeiro: Casa da Palavra, 2009.

DIDIER, Carlos. *Orestes Barbosa*: repórter, cronista e poeta. Rio de Janeiro: Agir, 2005.

GENS, Armando; GENS, Rosa. O taquígrafo das esquinas. In: BARBOSA, Orestes. *Bambambã!*. Rio de Janeiro: Secretaria Municipal de Cultura, Departamento Geral de Documentação e Informação Cultural, Divisão Editorial, 1993.

PATROCÍNIO FILHO, José do. O cronista da Casa Silenciosa. In: BARBOSA, Orestes. *Bambambã!*. Rio de Janeiro: Secretaria Municipal de Cultura, Departamento Geral de Documentação e Informação Cultural, Divisão Editorial, 1993.

Do corpo ao cosmo: a modernidade de Gilka Machado

Gilberto Araújo
Suzane Silveira

No campo literário brasileiro de início do século XX, os livros escritos por mulheres, se almejassem algum respeito crítico, não deveriam ultrapassar os limites do bom comportamento. Melancolia, discrição e ingenuidade eram preferíveis ao erotismo e à alegria, por exemplo. Em uma vida literária dirigida por homens, muitas autoras ficavam à margem dos principais circuitos de legitimação cultural, limitadas a editoras pequenas, baixas tiragens e impressões de má qualidade. Evidência disso é o fato de poucas terem sido editadas pela Garnier, uma das casas mais renomadas de nossa *Belle Époque*. Dispunham ainda de espaço reduzido nos periódicos, levando-as a criar nichos de publicação feminina, com destaque para *A Mensageira – Revista literária dedicada à mulher brasileira* (1897-1900), dirigida e editada por Presciliana Duarte de Almeida, com o objetivo de ser um veículo de divulgação da produção literária e intelectual das mulheres dentro e fora do país. Tampouco se deve esquecer o veto ao ingresso feminino na Academia Brasileira de Letras, que só abriu portas às escritoras 80 anos após sua fundação, com Rachel de Queiroz eleita em 1977.

Voltando ao início do século XX no Brasil, constatamos que nele ainda predominavam na poesia brasileira ecos parnasianos e simbolistas: vocábulos cada vez mais empolados, raras formas fixas, consoantes de apoio, intricados esquemas rímicos, alexandrinos e decassílabos. Os herdeiros do Simbolismo mantiveram a musicalidade fluida e o desejo de transcendência (é ler o Manuel Bandeira de *A Cinza das horas*, de 1917), mas agora, na esteira aberta por Cruz e Sousa, passaram a privilegiar o corpo, buscando nele um caminho de acesso ao espírito. O enfoque material – de nítidas ressonâncias em Augusto dos Anjos – explica o forte apelo sinestésico e a atmosfera erótica de muito da produção neossimbolista, na qual se entroncam Gilka Machado, foco do nosso texto, Da Costa e Silva, Hermes Fontes e Rodolfo Machado (marido da poetisa), apenas para citar alguns.

Natural do Rio de Janeiro, Gilka da Costa de Melo Machado nasceu no dia 12 de março de 1893. Estreou em 1915 com *Cristais partidos*, título a que se seguiram *Estados de alma* (1917), *Poesias 1915/1917* (1918), *Mulher nua* (1922), *O grande amor* e *Meu glorioso pecado*, ambos de 1928, e *Carne e alma* (1931). Em 1933, foi eleita "a maior poetisa do Brasil", por concurso da revista *O Malho*, do Rio de Janeiro. Lançou nos anos seguintes os livros *Sublimação* (1938), *Meu rosto* (1947), *Velha poesia* (1965) e *Poesias completas* (1978). Em 1977, recebeu proposta de candidatura à Academia Brasileira de Letras, liderada por Jorge Amado, que declarou em carta à escritora ser ela "uma das mais belas vozes da língua portuguesa". Gilka, porém, declinou do convite. Em 1979, foi agraciada com o prêmio Machado de Assis da Academia Brasileira de Letras pelo conjunto da obra. Faleceu no Rio de Janeiro capital, no dia 11 de dezembro de 1980.

Seu livro inaugural apresenta elevado número de sonetos metrificados, comprovando intercâmbio entre fontes parnasiana e simbolista, como se lê em seu poema de abertura de *Cristais partidos*: "No tórculo da forma o alvo cristal do Sonho, / Ó Musa, vamos polir, em faina singular: / os versos que compões, os versos que componho, / virão estrofes de ouro emoldurar" (MACHADO, 1991, p. 19).[1] Embora evoque a musa para auxiliá-lo no burilamento textual, o sujeito lírico não assume posição inferior a ela: ao contrário, irmana-se à musa para juntos comporem o poema. O código parnasiano do trabalho formal fica a serviço da proposta simbolista de flagrar o "infinito esplendor da beleza infinita" (p. 19). Os signos sugerem clareza e transparência: o poema deve ser espelho do "cristal do Sonho". Aparentemente, não haveria qualquer dificuldade nessa operação. Contudo, ao final do texto, surge "o sonoro rumor do choque de cristais" (p. 19), antecipando a linguagem que sempre fraturará a limpidez do sonho, pois a arte é apenas "ânsia de conter o infinito numa expressão" (p. 18), segundo a epígrafe do livro.

Cristais partidos também se notabiliza pela estruturação rigorosa: o livro se inicia com "Silêncio" e termina com "Invocação ao sono", sugerindo que o discurso poético, como a vida, nasce de um nada original e intraduzível para, ao fim, retornar a ele. Consciente da precariedade do verbo já na abertura do livro, Gilka passa a reunir os cacos que, utopicamente,

---

[1] Como todas as citações foram extraídas da mesma edição (discriminada nas Referências), mencionaremos apenas o número das páginas.

comporiam sua integridade, daí a imagem dos cristais partidos, também sugestiva do potencial transgressor da poética gilkiana.

Esses fragmentos presentes no livro tentam juntar duas forças antagônicas: a volúpia ("Beijo", "Sensual") e a espiritualidade ("Espirituais"), caminhos que, aproximados, explicam a índole sinestésica da poetisa. Ultrapassando a especialização dos sentidos, ela pode ver com o nariz, cheirar com os olhos ou comer com o tato, já que seu corpo é um *todo* sensorial. Nesse empenho de constituir um conjunto, ela agrega o físico ao intelecto, o carnal ao metafísico, o erótico ao racional, traço de uma modernidade inédita na poesia brasileira escrita por mulheres. Com efeito, muitos poemas, sobretudo a partir de *Estados de alma* (1917), sugerem sutis experiências sensoriais, promovendo elo entre emoção e abstração, como se lê em "Impressões do som", "Emotividade da cor", "Particularidades...", do qual transcrevemos o segundo soneto:

> Tudo quanto é macio os meus ímpetos doma,
> e flexuosa me torna e me torna felina.
> Amo do pessegueiro a pubescente poma,
> porque afagos de velo oferece e propina.
>
> O intrínseco sabor lhe ignoro; se ela assoma,
> no rubor da sazão, sonho-a doce, divina!
> Gozo-a pela maciez cariciante, de coma,
> e o meu senso em mantê-la incólume se obstina...
>
> Toco-a, palpo-a, acarinho o seu carnal contorno,
> saboreio-a num beijo, evitando um ressabio,
> como num lento olhar te osculo o lábio morno.
>
> E que prazer o meu! Que prazer insensato!
> – Pela vista comer-te o pêssego do lábio,
> e o pêssego comer apenas pelo tato (MACHADO, 1992, 151).

A reflexão sinestésica também embasa a conferência *A revelação dos perfumes*, proferida em 1914 na Associação dos Empregados no Comércio do Rio de Janeiro e publicada em 1916. A palestra defende que os perfumes evidenciam estados psíquicos e podem gerar efeitos diversos nos indivíduos. Na parte inicial da comunicação, predominam referências científicas, progressivamente substituídas por poemas de Charles Baudelaire, Alberto de Oliveira, Olavo Bilac e da própria Gilka. Poética, a conferência não perde a comunicabilidade: além do constante diálogo com a plateia, cria momentos de humor, inesperados para a seriedade de que se revestiam certas conferências: "O aroma, algumas vezes, prejudica, por ser denunciante. Quem acaso o possui não se pode ocultar; anuncia-se à chegada, deixa rastro na passagem. Ele se propaga pelo ambiente, grava-se nos objetos ao nosso contato, põe-nos em situações embaraçosas... é mesmo comprometedor" (MACHADO, 1916, p. 24-5).

Um fato interessante sobre essas palestras é que Gilka estabeleceu parcerias com outras escritoras para a idealização dos encontros, como foi o caso da série "Hora Literária", realizada em 1917, que contou, em sua equipe de organização, com Albertina Bertha e Laura da Fonseca e Silva (poetisa prima de Gilka e uma das fundadoras do Partido Comunista Brasileiro; hoje mais conhecida pelo nome de casada, Laura Brandão).

Assim, nossa autora atuou em várias frentes de escrita no meio intelectual da *Belle Époque*, experimentando outros gêneros textuais, além da poesia que a tornou efetivamente reconhecida. Nessas produções, principalmente do início de sua carreira, já fermentava o gérmen da criatividade literária, fazendo brotar, posteriormente, imagens e temáticas que se comunicarão com a sua obra poética, como a questão do feminino. Exemplos dessa abordagem são os contos "Tempestades" e "O poeta e a dor", ambos publicados por ela em 1907, quando contava apenas 14 anos de idade, sob o pseudônimo Rosa do Surubiú. Como contraponto a essas primeiras produções, temos notícia também do conto "Na hora do *footing*", publicado em 1923 no periódico *Gazeta de Notícias*. Esses textos em prosa trazem as questões do desejo, da sexualidade, da concepção artística e do embate de gerações a partir da perspectiva das mulheres na figuração de personagens femininas alegóricas ("Pérola Marina", "A Dama Negra", "A jovem solteira").

No campo jornalístico, ainda jovem, Gilka colaborava em várias gazetas brasileiras no início do século XX: *A Imprensa* (RJ), *A Época* (RJ), *O Imparcial* (RJ), *A República* (PR), *Careta* (RJ), *América Latina* (RJ), *Correio da tarde* (MA), *Festa* (RJ), *Brazilea* (RJ), *Commercio do Acre* (AC), *Fon-Fon* (RJ), *Gazeta de Notícias* (RJ), *Jornal das Moças* (RJ), *Jornal de Teatro e Esporte*, *O Brazil* (RS), *Pacotilha* (MA), *Panoplia* (SP), *Revista Feminina* (RJ), *Revista Souza Cruz* (RJ), *Revista da Semana* (RJ), entre outras. Contudo, foi a partir de 1913 que ela passou a ocupar a chefia de direção da revista mensal e ilustrada *A Faceira* (1911-1918), graças à demanda das leitoras por maior expressão de vozes femininas. Ocorria um intenso debate na época pelo direito ao sufrágio feminino (lembrando que as mulheres só puderam votar em 1932) e sobre o novo papel das mulheres republicanas, cada vez mais organizadas para discutir e compor uma frente de luta por direitos civis e políticos. Prova disso foi a fundação do Partido Republicano Feminino (PRF), idealizado pela professora Leolinda Figueiredo Daltro (1859-1935) e que contou com a participação de Gilka Machado no cargo de primeira secretária e oradora.

O grupo que fundou o partido também inaugurou uma escola para meninas, chamada Orsina da Fonseca, em homenagem à primeira-dama da época (financiadora e participante extraoficial do coletivo), bem como um jornal intitulado *Tribuna Feminina*, cujo corpo editorial era composto somente por mulheres. Outra ação foi a realização de uma marcha pelas ruas do Centro do Rio de Janeiro, em novembro de 1917, com a participação de cerca de 90 mulheres para reivindicar o direito ao voto feminino, atraindo bastante a atenção da imprensa do período.

Em 1927, Gilka, com o apelido de Cigarra de Fogo, passou a fazer parte da revista modernista carioca *Festa* (1927-1935), idealizada por Andrade Muricy e Tasso da Silveira, na qual também colaboraram Cecília Meireles e Murilo Mendes. O periódico tinha por objetivo renovar o cenário literário brasileiro e compreender os fenômenos de seu tempo, como o intenso processo de industrialização por que passava o Rio de Janeiro e as suas possíveis consequências, procurando novos contornos para uma definição de modernidade e de nacionalidade. Conhecidos como espiritualistas, buscaram potencializar a estética simbolista em seu projeto de desenvolver uma literatura moderna, diferentemente dos modernistas paulistas, que defendiam o rompimento com movimentos anteriores. Esse contato com os escritores da *Festa*, assim como a apreciação explícita de poetas da tradição, atesta que a modernidade de Gilka não se fez pelo combate ao cânone, mas pela convivência tensa entre ousadia temática, inovações rítmicas, irreverência imagética e as formas da tradição, que, agora abrigando o desejo feminino, sofreram uma espécie de trepidação.

Se em *Cristais partidos* a volúpia aparecia como que em negativo, na sua contraparte espiritualizante, em *Estados de alma* (1917), a evasão metafísica não desaparece – veja-se o título –, mas é endossada a partir do corpo: "o infinito, que está de desejos repleto / é uma palpitação voluptuosa de fluidos" (p. 168); "os nossos pensamentos / são forças genitais que igualmente se dão" (p. 168).

No poema de abertura, escrito na primeira pessoa do singular, já não há qualquer alusão às musas: a solidão se torna, pouco a pouco, tônica da obra de Gilka Machado. Há defesa mais ostensiva da liberdade artística – "Quero a arte livre em sua contextura" (p. 111) –, cabendo ao verso o registro de "sensações de gozo ou de pesar" (p. 111). Com isso, reduz-se a ênfase na forma em nome da intensidade das emoções: "a estrofe deve tão somente ser / diagnóstico da alma" (p. 112). Tal reconfiguração se estende à estrutura do livro, composto por muitos poemas longos, a maioria polimétricos, e por sonetos. Mesmo as formas fixas aparecem sutilmente reordenadas: em *Estados de alma*, um mesmo poema é às vezes constituído por dois ("Particularidades..."), três ("Impressões do luar") ou mais sonetos ("Poema de amor"). Eventualmente, um único texto promove convivência entre formas tradicionais e inovadoras: assim, em "Impressões do som" ou "Poema de amor", por exemplo, os sonetos dividem espaço com poemas longos, de versos livres ou polimétricos, criando em conjunto algo disforme, como as tortuosas sensações que se desejam registrar. Nesse sentido, *Estados de alma* consolida na obra gilkiana o que era esboço em *Cristais partidos*: a noção de sequências formais, segundo a qual um poema não é *apenas* constituído de versos livres ou metrificados, rimados ou brancos; todos podem coexistir num mosaico bastante moderno.

Seu próximo livro, *Mulher nua* (1922), apesar do título, pouco preserva do calor erótico de *Estados de alma*, trapaceiramente menos espiritual. Agora dominam poemas melancólicos: "Tristeza", "Miséria", "Agonizando" (neste, a poetisa, aos 29 anos, reclama de sua velhice!). Portanto, o desnudamento prometido incide em aspectos emotivos ou existenciais. Além disso, o livro mantém a fagulha feminista vislumbrada em *Cristais partidos*: na obra de 1915, no antológico soneto "Ser mulher" (p. 106), a condição feminina se resumia à "alma talhada / para os gozos da vida", à "vida triste, insípida, isolada" e aos "pesados grilhões dos preceitos sociais". No volume de 1922, o repúdio vira pranto, perante os homens de "trato rude", "de perfídia em riste" (p. 250). Frisemos que, por essas peculiaridades, *Mulher nua* delineia um tipo de modernidade não necessariamente pautada pelas ideias da Semana de 1922, coincidentemente eclodida no mesmo ano de publicação do livro: no título de Gilka, ser moderno é favorecer o desvelamento do sujeito feminino, desde a intimidade corporal até a emancipação político-social, numa vibração libertária capaz de atingir o corpo e a cidade, a sociedade civil e o cosmo, sem que, para isso, o verso livre ou a discussão nacionalista sejam prerrogativas.

Meu glorioso pecado (1928) consagra um ponto fundamental na obra de Gilka: o da afirmação ainda mais desinibida do desejo. Diminuem os fósseis simbolistas: praticamente inexistem maiúsculas e vocativos, e ganha destaque o verso curto, que proliferará em *Sublimação* (1938). A ambiência confessional faz com que os poemas não recebam títulos, como se constituíssem fragmentos de um diário. Isso permite contato mais familiar com o amado, em geral invocado por um "tu".

O volume de 1928 se esmera em invenções associativas, emprestando novos sentidos mesmo a signos constantes na produção gilkiana: a lua, por exemplo, abundante na literatura brasileira desde o Romantismo, perde os traços açucarados e se narcotiza (abrindo alas para a "lua diurética" de Drummond ou o "Satélite", de Bandeira): "A lua desce numa poeira fina, / que os seres todos alucina, / que não sei bem se é cocaína / ou luar..." (p. 269). Pinçam-se no título outros elementos do campo semântico da droga: "O etéreo entorpecente, / pela janela, / chega-me à boca, meus lábios gela..." (p. 269); "ébria de pó da lua" (p. 269); "carinho feito de morfina" (p. 296); "língua-cocaína" (p. 302), "roçar o corpo pelas plumas do éter" (p. 307). Antes dessa data, a cocaína já se alastrara na literatura brasileira, figurando como vício elegante e emblema de modernidade. Em 1922 (novamente, no ano da Semana...), a escritora Chrysanthème publicara o romance *Enervadas*, em que algumas personagens viviam êxtases químicos. Em Gilka, no entanto, os paraísos artificiais não são captados como agentes alteradores da percepção; servem antes para ecoar a visão do sujeito transbordante de sensações e sentimentos. Bem a propósito, há várias referências à embriaguez em *Meu glorioso pecado*, o que se afina ao tom cambaleante do livro, perpassado de afeto e ódio, resignação e protesto, culpa e satisfação.

O amor se torna mais complexo: não caminha somente de uma pessoa para a outra, mas transita entre as múltiplas personalidades que essa dupla pode carregar. Os amantes se espelham e se multiplicam um no outro. Nas obras pregressas, a sensualidade era mais explícita em cenas solitárias ("Particularidades...") ou vividas junto à natureza ("Poema de amor"), das quais o homem estava fisicamente afastado, embora presente no interior do sujeito. Em *Meu glorioso pecado*, o desejo se associa, cada vez mais, à escrita, ratificando a nota metalinguística na obra de Gilka. A tendência se consuma em forte poema dedicado à língua, incorporada como signo duplo de erotismo e de expressão. Destacando a mobilidade lingual, o texto se organiza em longas aliterações do /l/, talvez a consoante que mais exiba o órgão da fala:

> Lépida e leve,
> em teu sabor que, de expressões à míngua,
> o verso não descreve...
> Lépida e leve,
> guardas, ó língua, em teu labor,
> gostos de afago e afagos de sabor.
>
> [...]
>
> Língua-lâmina, língua-labareda,
> língua-linfa, coleando, em deslizes de seda...
> Força inféria e divina,
> Faz com que o bem e o mal resumas,
> língua-cáustica, língua-cocaína,
> língua de mel, língua de plumas?
>
> Amo-te as sugestões gloriosas e funestas,
> amo-te como todas as mulheres
> te amam, ó língua-lama, ó língua-resplendor,
> pela carne de som que à ideia emprestas
> e pelas frases mudas que proferes
> nos silêncios de Amor!... (MACHADO, 1992, p. 301-2).

Como no caso de *Mulher nua*, *Meu glorioso pecado* tampouco se revela alinhado às linhas de força do Modernismo a ele contemporâneo, não sendo por isso menos moderno. *Sublimação* (1938), por sua vez, afina-se com o enfoque coletivo, predominante em nosso Modernismo, sobretudo a partir de *Sentimento do mundo* (1940), de Carlos Drummond de Andrade. No mesmo passo, surgem na poesia de Gilka referências urbanas, como arranha-céus e telefones, ausentes de títulos anteriores. Porém, a motivação social não elimina o furor sensual, antes o ratifica: volúpia e denúncia buscam resgatar nossa humanidade primordial, sintetizada na figura do Homem, em maiúscula, em busca do qual o eu lírico também se coletiviza: "Sou mais que uma mulher – sou a Mulher" (p. 364).

Outro tema que Gilka trabalha de modo oblíquo em seus primeiros livros e é realizado de modo mais evidente em *Sublimação* (1938) é a questão da negritude, mais especificamente, da mulher negra. A primeira referência está presente em "Cabelos negros", em *Cristais partidos* (1915). No longo poema de sete estrofes, o eu lírico feminino contempla extasiado os cabelos do homem amado, de aroma narcotizante e vegetal, curvas suaves e curtas, bem como melodias velosas e soturnas. Na primeira estrofe, as madeixas são chamadas de "coma escura", semelhante à copa de uma árvore em que o pássaro de um beijo da voz poética quer fazer ninho: "Se, do torço retroz de tua coma escura, / meu beijo, como um passarinho/ gorjeando, célere, procura o morno e fofo ninho,/ que cheiro verde meu olfato sente!/ – Cheiro de resedá que em flores esgorgita" (p. 116). Os cabelos do amado são ainda comparados aos noturnos de Chopin e à própria noite, denominados de "negra urdidura".

Imagens relacionadas à negritude também figuram em *Meu glorioso pecado* (1928), na referência à Makeda, ou Rainha de Sabá, soberana africana da Etiópia antiga. No poema sem título "Nem um adeus! O teu amor partia", o signo dos cabelos negros é retomado não mais para se referir ao homem amado, mas a uma característica do próprio sujeito poético: "no meu negro cabelo voando ao vento,/ o gesto aflito do meu pensamento/ saudosamente a te dizer adeus!..." (p. 272). Em outro poema sem título, do mesmo livro, há o delinear mais contundente do corpo da mulher negra, a quem o eu lírico feminino se reporta apaixonado e repleto de desejo e ciúme: "Negra, desse negror belo e medonho, / com seus anéis nervosos, serpentinos, / tua cabeça um ninho de áspides suponho" (p. 293).

O paradoxo da característica "bela e medonha" da cabeça da pessoa a quem se refere a voz poética evoca a imagem, por semelhança, de uma importante figura mitológica, cuja cabeleira de "anéis nervosos e serpentinos", de fato, é um "ninho de áspides": a Medusa. A cabeleira crespa e espiralada contém a analogia à serpente e à poesia – elementos que aparecem unidos como símbolo de rebeldia na poesia gilkiana. O fato de Gilka Machado ser, ela própria, negra parece oferecer outra camada de sentido à leitura das referências a essa temática em seus poemas, como em "Bahia", "Negra baiana", "Samba" (texto coreografado por Eros Volúsia, filha da autora e idealizadora de um estilo de dança afro-brasileira) e "Dança de filhas de terreiro", em que ancestralidades afrodiaspóricas são mobilizadas como experiências vivificantes de resistência. Tal aspecto aparece como questão nos debates contemporâneos em torno de sua obra, e mesmo como dúvida para parte da crítica, pois a origem étnico-racial de Gilka Machado foi contornada pelas antologias e biografias especializadas, nas quais podemos notar a ausência dessa informação, aliada à dificuldade de se obterem registros fotográficos fidedignos (muitas vezes, as fotos de estúdio eram manipuladas) e aos critérios a serem considerados para identificar as escritoras negras do passado.

Confirmando a preocupação social, *Sublimação* corresponde à fase mais solidária da poetisa, particularidade que pode encontrar raízes biográficas: morto o marido em 1923, a viuvez representou período penoso na vida de Gilka, cujas dificuldades financeiras a levaram a trabalhar como diarista na Estrada de Ferro Central do Brasil e a abrir uma pensão, mantida a duras penas. Sua produção poética se foi escasseando, ainda mais com os maldosos boatos de que os poemas teriam sido escritos por outra pessoa. Algumas dessas informações encontram-se no doloroso prefácio que escreveu ao livro de poemas de seu marido, Rodolfo Machado, intitulado *Divino inferno* (1924), lançado postumamente.

A misericórdia pelo outro evidencia, de fato, a marca definitiva de *Sublimação*: a alteridade, às vezes vivida dentro do próprio eu lírico, que, almejando chegar ao outro, se desintegra: "e pairo, ectoplásmica, desfeita / em ar, / em água, / em pó, / misturada com as coisas / integrada no infinito" (p. 318). Nesse aspecto, a obra de 1938 enfatiza a questão da personalidade múltipla, que evidencia outro gesto moderno da obra, também aferível em "Na festa da Beleza" e em "Pelo telefone".

A entrada do verso curto apontara outro importante redirecionamento da obra gilkiana, que, em *Sublimação*, perde bastante da grandiloquência anterior. O tom menor ajuda a explicar a inexistência de sonetos no volume, pois a forma fixa, de versos geralmente longos, quiçá se tornou pouco comunicativa para uma poesia de mãos dadas ao mundo.

Infelizmente, no entanto, Gilka não pôde desenvolver essa tendência, digamos, minimalista: seu último livro, *Velha poesia* (1965), publicado no cinquentenário de lançamento de *Cristais partidos*, praticamente reincidiu em temas e formas já explorados, quando não registrou episódios da vida da autora, como sua viagem aos Estados Unidos para acompanhar a filha bailarina. A poesia envelhece para Gilka, cuja carreira declina na mesma proporção que seus poemas almejam ascender. Falecida apenas em 1980, não alcançou o merecido reconhecimento. Foi celebrada nos anos 1930 e 1940, inclusive com a eleição, pelo periódico *O Malho*, como maior poetisa brasileira, bem como com a publicação de antologias poéticas – *Poesias*

(1918), *Carne e alma* (1931), *Meu rosto* (1947). Depois, apesar da edição de suas *Poesias completas* (1978) e do Prêmio Machado de Assis da Academia Brasileira de Letras (1979). Entretanto, permaneceu obscurecida, lacuna que felizmente tem sido contornado nos últimos anos. Como evidências, podemos citar a reedição de *Poesia completa* (2017), organizada por Jamyle Rkein e publicada pela editora Selo Demônio Negro, bem como a sua inclusão na bibliografia de seleção do Programa de Pós-Graduação em Letras Vernáculas da UFRJ, em 2018, e a disseminação de trabalhos acadêmicos de mestrado e doutorado sobre a sua obra.

Referências

ARAÚJO, Gilberto. "Gilka Machado: corpo, verso e prosa". Conferência proferida na ABL. In: *Revista Brasileira*, v. 80, 2014, pp. 115-128. Disponível em: http://www.academia.org.br/abl/media/RB80%20- %20A%20LITERATURA%20DE%20AUTORIA%20FEMININA.pdf. Acesso em: 15 ago 2017.

GOTLIB, Nádia. Com Gilka Machado, Eros pede a palavra. In: *Labrys*. Études Feministes/ Estudos feministas. "Cartografias e rupturas: mulheres na arte". Org. Norma Telles. Jan. Junho/2016. Disponível em: https://www.labrys.net.br/labrys29/arte/nadia.htm. Acesso em: 02 mar 2017.

MACHADO, Gilka. *A revelação dos perfumes*. Rio de Janeiro: Tip. Revista dos Tribunais, 1916.

MACHADO, Gilka. *Poesias completas*. Rio de Janeiro: Léo Christiano Editorial, 1991.

PIETRANI, Anélia. "Gilka Machado, poeta moderna". In: *Revista Graphos*, v. 21, n. 2, 2019, pp. 79-95. Disponível em: https://periodicos.ufpb.br/index.php/graphos/article/view/48382. Acesso em: 22 out 2019.

PINHEIRO, Maria do Socorro. *O erotismo metafísico na poesia de Gilka Machado: símbolos do desejo*. Tese (Doutorado em Literatura e Interculturalidade) - Universidade Estadual da Paraíba, UEPB, Campina Grande-PB, 2015.

SILVA, Juliana. *Da poesia ao mito: as imagens de Eros e Psique na lírica de Gilka Machado*. Tese (Doutorado em Letras) - Universidade Federal do Rio Grande, FURG/RS, Rio Grande-RS, 2018.

SILVA, Soraia Maria. *O texto do Bailarino: Eros Volúsia e Gilka Machado - a Dança das Palavras*. Tese (Doutorado em Literatura) - Universidade de Brasília, UNB, Brasília-DF, 2004.

SILVEIRA, Suzane. *Entre vozes e olhares: Gilka Machado, a questão sujeito-mulher e a autoria feminina*. Tese (Doutorado em Letras Vernáculas) - Universidade Federal do Rio de Janeiro, UFRJ, Rio de Janeiro-RJ, 2021.

O modernismo sem dó de peito de Cecília Meireles

Guto Leite

Abarcar uma obra extensa como a de Cecília Meireles (1901-1964) e flagrar seu singular e delicado modernismo são tarefas que excedem o escopo deste capítulo. Basta dizer, como complicadores, que sua poesia inicial se parece muito com a de Mário de Andrade dos dois primeiros livros, descontados o uso mais militante do aparato de vanguarda e a mobilização menos explícita de um temário religioso por parte do paulista. Ou ainda que, quando da guinada formal dos poetas modernos – Drummond, Jorge de Lima e Murilo Mendes –, abordada num trabalho instigante de Vagner Camillo (2001) como reação às transformações da divisão do trabalho no campo intelectual em meados do século passado, a autora escreveria uma obra-prima, o *Romanceiro da Inconfidência* (1953), e portanto, não estava esteticamente distante daquele grupo.

É possível, contudo, fazer um recorte da produção da escritora e acompanhar alguns de seus movimentos em meio à modernidade para perceber que certas classificações que lhe atribuem, como a de "neossimbolista" ou "espiritualista", por exemplo, são bastante redutoras. Talvez não seja possível desenvolver aqui a possibilidade de ler sua produção poética à luz de autoras como Emily Dickinson (que Cecília traduziu, inclusive, nos anos 1950), comparação que me parece valiosa para a leitura de ambas – a primeira tradução publicada pela autora, *As mil e uma noites*, a partir do francês, data de 1928. Mas podemos recuperar alguns dados importantes da biografia da intelectual carioca, bem como lermos um pouco mais de perto suas produções entre 1919 e 1931 para elaborarmos algumas hipóteses.

É consenso de que se trata de escritora e obra modernas a partir dos anos trinta, quando a autora começaria a escrever textos para jornal, se tornaria professora universitária, sofreria perseguições políticas e censura, faria diversas viagens internacionais, sofreria o suicídio do primeiro marido, entraria num novo casamento etc. Literariamente, a publicação de *Viagem* (1939) – que, aliás, começou a ser escrito dez anos antes –, pelo qual receberia o Prêmio da Academia Brasileira de Letras, escancararia a modernidade em sua obra, causando grande polêmica entre críticos. A opção do recorte por um momento anterior é menos por ser o mais difícil ou contraintuitivo e mais para argumentar que desde o início há fortes marcas de traços modernistas tanto na vida quanto na obra da escritora, o que nos resta provar nas próximas páginas.

Nascida no Rio de Janeiro, em novembro de 1901, Cecília Meireles (àquela altura ainda Meirelles) era filha de servidores públicos: seu pai, funcionário do Banco do Brasil; sua mãe, professora da rede pública do Distrito Federal. Desafortunadamente, perdeu o pai antes de nascer e a mãe logo aos três anos, sendo criada pela avó materna, de origem açoriana. A escritora comentaria em diversas entrevistas o quanto essa orfandade constituiria sua visão de mundo, em especial para que desenvolvesse poucas expectativas e uma percepção menos peremptória da vida. De família letrada (seria poliglota já nos anos 1930), Cecília teve ótimo desempenho escolar, diplomando-se na Escola Normal do Distrito Federal em 1917, com dezesseis anos. Junto aos estudos regulares, dedicou-se também ao canto e ao violino no Conservatório de Música. No ano seguinte à sua formatura como normalista, já seria nomeada professora adjunta, começando a lecionar na rede municipal de ensino.

Seu primeiro livro, *Espectros*, de 1919, composto por dezessete sonetos (aos seus dezessete anos), foi renegado pela própria Cecília e mesmo a crítica demorou a considerá-lo suficientemente. Um passo importante nesse sentido foi dado pela incorporação do volume na *Poesia completa: edição do centenário*, organizada por Antonio Carlos Secchin em 2001. As leituras da obra, em geral, se perdem na pergunta se se trata de uma Cecília ainda parnasiana ou se ali podemos ver o que se costuma chamar de neossimbolista. Formulada desse modo, acaba sendo uma pergunta que ou derrama sobre a autora a herança da poética supostamente hegemônica no Rio àquela altura, ou aborda sua obra de estreia pela régua de uma maneira de ler o que a autora ainda produziria até seu falecimento.

Considerando os deuses, demônios, monstros, druidas, brâmanes e magos que habitam o livro, fica difícil defender que há ali o gesto racional e positivo que orienta axialmente a estética parnasiana. Isto é, mesmo quando a matéria do poema é exótica, o parnasianismo prima pelo esclarecimento, pela fundação, pela construção, pelo positivo. Ao contrário, as paisagens nos poemas de *Espectros* tendem ao pênsil e ao movimento, com tempestades, vendavais, viagens, incêndios. Se há certo distanciamento na perspectiva dos poemas que poderia sugerir uma "torre de marfim", o corpo a corpo dos versos age no sentido oposto, nas pontuações, nos *enjambements*, em certa energia que não sabemos se reputamos à idade ou à leitura do agitado momento do fim dos anos 1910.

Para além do fato de ser uma mulher (ou moça), letrada, professora, editando um livro em 1919, proponho suspendermos momentaneamente a observação de aspectos que seriam simbolistas em sua obra e pensarmos mais numa possibilidade espiritualizada de modernidade – ou, nos termos de Calvino sobre Emily Dickinson, "um despojamento da linguagem por meio do qual os significados são canalizados por um tecido verbal quase imponderável até assumirem essa mesma rarefeita consistência" (1990, p. 28). Ou ainda, caso a pensemos como neossimbolista, que o façamos como Edmund Wilson lê poetas como Baudelaire, Mallarmé e Verlaine, como introdutores de dimensões suprarracionais, a música, o sonho, as sensações, a partir de um mergulho na busca de uma personalidade própria.

> Cada poeta tem uma personalidade única; cada um de seus momentos possui seu tom especial, sua combinação especial de elementos. E é tarefa do poeta descobrir, inventar, a linguagem especial que seja a única capaz de exprimir-lhe a personalidade e as percepções. (WILSON, 2004, p. 44).

É curioso que encontremos essa energia própria mais nesse primeiro livro de poemas do que nos dois seguintes. Poderíamos chamar essa energia de *gesto*, base da estética moderna, e que no caso da escritora ganharia forma acabada a partir de *Viagem* (1939), mas já se encontra em *Espectros* (1919).

Voltando à biografia, Cecília Meireles se casou em outubro de 1922 com o artista plástico português Fernando Correia Dias, radicado no Rio desde 1914. No ano seguinte, 1923, nasceu Maria Elvira, a primeira de suas três filhas com Fernando; Maria Matilde e Maria Fernanda nasceriam na sequência. Algumas leituras apontam seu casamento como um marco do encontro da escritora com a estética moderna de maneira mais programática. Evidente que este capítulo não se alinha a essas leituras, indicando a negatividade de sua experiência pessoal e traços específicos de seu estilo que já elaborariam essa modernidade. De todo modo, a autora publicou um conjunto de livros importantes ilustrados "modernistamente" pelo marido: *Nunca mais...* e *Poema dos poemas* (1923), *Criança, meu amor* (1924) e

Baladas para El-Rei (1925), num momento de impressionante produção. Vamos às obras!

Como já dito, em *Nunca mais...* (1923) vemos uma espécie de passo atrás quanto à autonomia da poeta em relação à poesia parnasiana. O linguajar beletrista está muito mais presente aqui do que em seu primeiro livro. Ao mesmo tempo, é quebrada a exclusividade de sonetos para outras formas, em especial a canção, forma que caracterizaria sua obra mais tarde. A canção, forma derivada das baladas francesas dos séculos finais da Baixa Idade Média ou das *chansons* provençais, tem como marca o investimento melodioso e a presença de elementos repetitivos, como refrões ou meio refrões.[1] As repetições em busca de certa sublimação, certo encanto, já se encontram, por exemplo, em "Canção desilusória":

> Já não se pode mais falar!...
> O encantamento está perdido...
> Tudo são frases sem sentido
> E palavras dispersas no ar...
> O encantamento está perdido...
> Já não se pode mais falar...

---

1 Para os termos e formas, consultei o *The Concise Oxford Dictionary of Literary Terms*, de Chirs Baldick.

> Já não se pode mais sonhar!...
> Em vão se canta ou se deplora!
> Todos os sonhos são de outrora...
> Vêm de um sonho preliminar...
> Em vão se canta ou se deplora...
> Já não se pode mais sonhar!... (MEIRELES, 2001, p. 37).

Também notamos algumas liberdades formais – como as onomatopeias para os passos na chuva "ploc... plac..." em "À que há de vir no último dia" – que não seriam benquistas numa estética estritamente parnasiana. Caso nos atentemos aos sinais de pontuação, em especial pela leitura de Adorno (2003), os poemas não são tão distantes dos livros iniciais de Mário de Andrade, como já aludido, somente mais conservadores, decerto, e sem mobilizarem tão acentuadamente o verso livre. O que estou propondo é que se há um viés mais beletrista, há também uma abertura para a musicalidade, para as ambiências, para o etéreo. Talvez uma síntese moderna na obra da escritora, que chegaria com o tempo, seja o encontro do rigor dos procedimentos com essa representação mais fugidia das coisas.

Em *Poema dos poemas* (1923), editado em conjunto com *Nunca mais...*, Cecília desenvolve um longo poema de adoração dividido em três partes em que a voz do poema sofre pela impossibilidade de encontro com o Cristo adorado. Os versos são, no geral, livres e brancos, em um esforço notável de sustentação da forma pelo ritmo e pelas imagens. Embora mantenha rigorosamente os parâmetros da adoração litúrgica e o vocabulário correspondente, é curioso acompanhar como em algumas passagens a queixa mundana, às margens do profano, neste caso, se mistura à relação de uma fiel com seu deus adorado. Vejamos a passagem seguinte, localizada na "Segunda parte do poema":

> Eleito, ó Eleito,
> Não me vês,
> Não me ouves,
> Não me queres!...
> E vais deixar-me ficar assim
> Toda a vida...
> Oh! tem pena, ao menos,
> Das aves,
> Quem podem vir beber
> Nas minhas mãos,
> E endoidecer depois,

Pelos ares,
Da tristeza que me endoidece... (MEIRELES, 2001, p. 66).

Percebam como a temática religiosa pode afastar a possibilidade de uma leitura moderna desse poema, pela associação entre modernismo e laicidade. Um passo atrás, contudo, e encontramos o pulso da poeta, em vez do metro basilar beletrista, e podemos acompanhar esses traços modernistas antes da síntese posterior.

Criança, meu amor (1924), à luz do que Monteiro Lobato faria logo em seguida em *Reinações de Narizinho* (1931), é claramente antiquado. Impera um tom moralista que mais diz como as crianças devem se comportar, com, inclusive, cinco "Mandamentos" escolares, do que se vale das energias libertárias, em termos psicanalíticos, das crianças. Mesmo com a presença esperada da matéria musical que permeia o universo infantil, com algumas pinceladas de crítica social e com a multiplicidade de formas que compõem o conjunto – além dos mandamentos, contos, poemas, cantigas e cartas –, aqui a modernidade parece tímida e seu dinamismo e arejamento característicos são, no máximo, sugeridos em textos como "A canção dos tamanquinhos":

Troc... troc... troc... troc...
Ligeirinhos, ligeirinhos,
Troc... troc... troc... troc...
Vão cantando os tamanquinhos...
Madrugada. Troc... troc...
Pelas portas dos vizinhos
Vão batendo, troc... troc...
Vão cantando os tamanquinhos... (MEIRELES, 2013a, p. 40).

Em uma variação de metros poéticos não vista até aqui em sua obra, *Baladas para El-Rei* (1925) pode ser tomada como uma primeira síntese da produção de Cecília Meireles. Volta com grande talento o trabalho sobre matéria abstrata como o sonho e a morte amplificado por recursos presentes na própria forma, como musicalidade, sinestesias, aliterações, rimas internas e externas etc. Se comparece a imagética católica de santas, rezas, perdões e turíbulos, também compareçam versos como estes, que parecem desdobramentos de versos como os de Augusto dos Anjos:

> Nas tardes mornas e sombrias,
> De céus pesados, mares ermos,
> E botas monótonas e iguais,
> Eu penso logo nos enfermos,
> Na escuridão de enfermarias
> Tristes e mudas de hospitais... (Meireles, 2001, p. 101).

Seguindo essa linha, as formas poéticas apresentam em *Baladas para El-Rei* algo de curioso: trazem certo cuidado formal que por vezes expõem uma veia baudelariana, mas recuam em relação ao caráter profano da poesia do francês. É nesse aspecto que pontuei as semelhanças com Emily Dickinson – a continuidade da obra de Cecília encontrará uma versão formalmente cristalina da modernidade, embora a escritora tenha sempre se ressentido da "ausência de mundo" em seu trabalho (*apud* Bosi, 2007, p. 13), mundo que está por toda parte em meio ao apuro formal de Baudelaire. No caso da escritora carioca, esse voltar-se para o sublime da forma é ele mesmo efeito da modernidade de sua poesia, como se elaborasse uma lógica para a multiplicidade de fenômenos.

Voltando à linha do tempo, em agosto de 1927 começa a primeira fase da revista *Festa*,[2] publicação que, para a historiografia modernista, definitivamente colocaria a autora no grupo dos cariocas/católicos, em oposição aos paulistas/laicos. Os cinco poemas da autora nesse primeiro volume, escritos entre 1926 e 1927, não chamam a atenção pelas investigações suprarracionais que vêm sendo aqui sublinhadas, mas estão todos em versos livres, o que merece nota. Merece nota, igualmente, a presença de uma tradução da parte III de "Salut au Monde!" (livro VI de *Leaves of Grass*), de Walt Whitman, nesse primeiro número.

---

[2] No site da Hemeroteca Digital Brasileira é possível consultar as versões fac-similadas de todos os números.

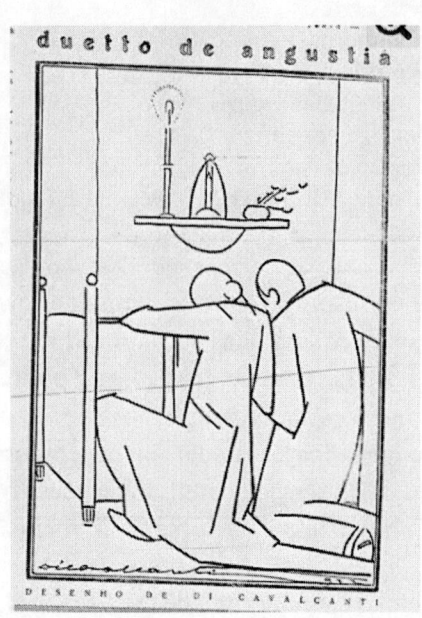

"Duetto da Angústia" (Di Cavalcanti, publicado no n. 2 da revista *Festa*)

A história da primeira fase da revista *Festa*, que vai até janeiro de 1929, com treze volumes, mensais (sem os números de outubro a dezembro de vinte e oito), está para ser contada, mas é claramente redutor chamá-la de uma "revista católica" ou mesmo estritamente de uma "revista espiritualista". Além das contribuições de prosadores e de poetas – poemas de Cecília serão editados nos números 3 (curiosamente, acompanhado de um poema de Drummond), 5, 6 (um conto), 8, 10 e 12 –, temos ensaios, resenhas, ilustrações (como a imagem acima), notícias de publicações daquele momento etc.

Em 1927, Cecília Meireles também escreveria *Cânticos*, só editado em 1981. A desigualdade do conjunto e a característica de ser uma voz aconselhando o leitor/a leitora o tempo todo talvez afastem de algumas riquezas escondidas, da percepção da prevalência do oral sobre o escrito e do registro de que os cânticos estão em versos livres. Embora apresente certo inacabamento (não foi publicado em vida, afinal...), é interessante considerarmos o livro em relação aos outros comentados até aqui. Eis um dos cânticos da obra:

> Esse teu corpo é um fardo.
> É uma grande montanha abafando-te.
> Não te deixando sentir o vento livre
> Do Infinito.
> Quebra o teu corpo em cavernas
> Para dentro de ti rugir
> A força livre do ar.
> Destrói mais essa prisão de pedra.
> Faze-te recepo.
> Âmbito.
> Espaço.
> Amplia-te.
> Sê o grande sopro
> Que circula... (MEIRELES, 2001, p. 123).

Também não poderia encerrar uma análise do trabalho de Cecília Meireles nos anos vinte sem ao menos mencionar seus desenhos e pinturas sobre cultura popular brasileira, que só vieram a público no Brasil em 1983. Esse trabalho consiste em uma série de ilustrações, feitas entre 1926 e 1934, que acabaram embasando suas conferências sobre o tema na primeira viagem feita a Portugal, em 1934 – alguns dos desenhos foram publicados na revista *Mundo Português*, em 1935. De novo, mais um elemento que sustenta a composição de uma figura muito mais aberta ao moderno do que costumeiramente é representada.

A tribulação na vida e na obra da autora a partir dos anos 1930 é decerto um dos fatores que conduzirá sua obra para a leitura de um modernismo mais evidente. Após ter sua tese, *O espírito vitorioso*, preterida no concurso para que obtivesse a cátedra de Literatura na Escola Normal do Distrito Federal em 1929 – há quem diga que a banca católica teria preterido a escritora em prol de um candidato pertencente ao grupo –, Cecília Meireles passa a escrever crônicas diárias e a dirigir a página de educação do *Diário de Notícias* do Rio de Janeiro entre 1930 e 1933. Foi uma das signatárias do *Manifesto dos Pioneiros da Escola Nova* em 1932, com Fernando de Azevedo, Anísio Teixeira, Roquette Pinto, entre outros, e fazia parte das comissões que debatiam uma reforma profunda na educação brasileira desde o começo daquela década. Toda essa exposição explicaria uma "perseguição política mais ou menos velada" (DAL FARRA, 2006, p. 336) sofrida pela autora na primeira metade dos anos trinta. A avó que a criou morre em 1931, e o marido se mata em 1935.

Nos três anos seguintes, a autora seria professora de Literatura Luso-Brasileira e Técnica e Crítica Literária na Universidade do Distrito Federal (incorporada à Universidade do Brasil em 1939, e que se tornaria, posteriormente, a UFRJ), teria uma coluna sobre folclore no jornal *A manhã*, crônicas semanais no *Correio Paulistano*, visitaria diversos países, se casaria novamente, seria professora na Universidade de Austin, enfim, tudo o que associamos, no senso comum, a uma personalidade moderna – como já dito, seu livro incontestadamente moderno *Viagem* é de 1939. O caminho deste capítulo, contudo, foi outro, na recuperação da biografia e da bibliografia da primeira década de produção da autora, ao que se encaminha uma sucinta conclusão.

Se insistirmos em tomar sem nuances a dicotomia espiritualistas *versus* modernistas, podemos acabar apagando os avanços modernos daqueles, desdobrados dos simbolistas, bem como tomar como absolutamente laicos e materialistas estes, o que sabemos não ser verdade. No fundo, talvez como principal componente dessa divisão esteja o embate entre Rio de Janeiro e São Paulo. A capital da República com um conjunto mais sólido de instituições e das relações estabelecidas por essas instituições na vida mental da cidade. A capital paulista com instituições mais recentes – a ponto de jovens artistas apoiados por uma parcela da burguesia do estado serem capazes de ocupar o Teatro Municipal por três dias (teriam conseguido o mesmo feito no Teatro Municipal carioca?) –, portanto, com mais espaço simbólico futuro a ser construído do que tradição a se remeter. Analisando a distância, e lendo as biografias e cartas com "olhos livres", é simples concluir que nem os cariocas eram tão velhos, nem os paulistas tão novos.

Se entendermos o Modernismo, subsidiados por Anderson (1986) como um *momentum* formado por três coordenadas, a saber, reação aos academicismos afins a organizações aristocráticas (ainda muito presentes no mundo burguês até a Segunda Guerra), a emergência das tecnologias ou invenções-chave da segunda revolução industrial e a "proximidade imaginativa da revolução social", é certo que Cecília Meireles não participou do Modernismo brasileiro – e, sim, por mais anacrônico que tenha sido (no sentido de se valer mais de coordenadas materiais estrangeiras do que locais), esse momento é a Semana de Arte Moderna de 22. Mas o próprio Anderson adverte, em jargão daqueles anos: "Isso, evidentemente, não é verdade com relação ao Terceiro Mundo" (1986, p. 12). Se pensarmos que aqui lidamos com traços mais arraigados do Antigo Regime, um certo atraso em relação à instalação de rádio, rodovias, aeroportos etc. e que pouco houve no horizonte qualquer desenho de revolução social, a modernidade será experienciada de outro modo e por tal razão é de se esperar um modernismo menos modernoso, como, por hipótese, se deu com Cecília, Drummond, Bandeira e com alguns romancistas da década de 1930. Em contrapartida, se optarmos por vincular o fenômeno Modernismo às condições apontadas por Anderson, responsáveis, em última instância, pela autonomia do campo da cultura, então nosso modernismo se deu somente nos anos cinquenta.

Neste capítulo, contudo, a proposta foi entender que, em uma materialidade outra, precisamos pensar em outros parâmetros para a modernidade literária. Apurando o olhar, conseguimos perceber o gesto moderno de Cecília Meireles e as formas como ela vai reagindo à modernização da sociedade brasileira.

Referências

ADORNO, Theodor W. Sinais de pontuação. In: ADORNO, Theodor W. *Notas de Literatura I*. Org. da edição alemã: Rolf Tiederman; tradução e apresentação: Jorge de Almeida. São Paulo: Livraria Duas Cidades/Editora 34, 2003. p. 141-150.

ANDERSON, Perry. Modernidade e revolução. *Novos Estudos CEBRAP*, São Paulo, n. 14, p. 2-15, fev. 1986.

BOSI, Alfredo. Em torno da poesia de Cecília Meireles. In: GOUVÊA, Leila V. B. (org.). *Ensaios sobre Cecília Meireles*. São Paulo: Humanitas/Fapesp, 2007.

CALVINO, Italo. *Seis propostas para o próximo milênio*: lições americanas; trad. Ivo Barroso. São Paulo: Companhia das Letras, 1990.

CAMILO, Vagner. *Drummond: Da Rosa do Povo à Rosa das Trevas*. São Paulo: Ateliê Editorial, 2001.

DAL FARRA, Maria Lúcia. Cecília Meireles: imagens femininas. *Cadernos Pagu*, n. 27, p. 333-371, jul.-dez. 2006,.

LOBO, Yolanda. *Cecília Meireles*. Recife: Fundação Joaquim Nabuco/Massangana, 2010.

MEIRELES, Cecília. *Poesia completa*. Rio de Janeiro: Nova Fronteira, 2001.

MEIRELES, Cecília. *Batuque, samba e macumba*: estudos de gesto e de ritmo, 1926-1934. São Paulo: Martins Fontes, 2003.

MEIRELES, Cecília. *Criança, meu amor...* [3ª ed.] São Paulo: Global Editora, 2013a.

MEIRELES, Cecília. *Espectros*. São Paulo: Global Editora, 2013b.

WILSON, Edmund. *O castelo de Axel*: estudo sobre a literatura imaginativa de 1870 a 1930. 2.ed. Trad. de José Paulo Paes. São Paulo: Companhia das Letras, 2004.

Henriqueta Lisboa, modernista hispano-americana

Karina de Castilhos Lucena

Começo com uma digressão que, espero, ajudará a entender a especificidade do Modernismo brasileiro. Na América de língua espanhola, o Modernismo iniciaria por volta de 1880 – o marco consagrado parece ser *Azul* (1888), de Rubén Darío. Do ponto de vista estético, o Modernismo bebeu na fonte de Simbolismo e Parnasianismo franceses, mas engendrou algo suficientemente novo para abrir mão da nomenclatura europeia. Do ponto de vista político, o Modernismo coincide com a derrota definitiva do colonialismo espanhol nas Américas, com a perda de Cuba, Porto Rico e Filipinas e os conflitos com os Estados Unidos. Há então uma conjunção entre a derrocada política espanhola, a influência estética francesa e a ameaça imperialista estadunidense a comporem o ambiente variado do Modernismo hispano-americano. Nas palavras de Mariano Siskind:

> O modernismo latino-americano é uma formação cultural complexa, composta por discursos diversos que às vezes coexistem em harmonia, mas que em geral se contradizem de forma flagrante. É claro que a literatura mundial, entendida como uma forma de universalismo radical e como um posicionamento antiparticularista, é certamente um caminho secundário se comparada às avenidas principais dos discursos político-culturais da região: o postulado modernista de uma identidade latino-americana vagamente unificada, assim como uma identidade cultural panlatina que inclui a Hispanoamérica, mas também França, Itália e Espanha, em contraposição aos Estados Unidos como potência regional emergente, sobretudo depois da guerra colonial de 1898 em Cuba e Porto Rico. (SISKIND, 2016, p. 154-155, tradução nossa).[1]

---

1 No original: "El modernismo latinoamericano es una formación cultural compleja, compuesta de discursos diversos que por momentos coexisten en armonía, pero que en general se contradicen de manera flagrante. Está claro que la literatura mundial, entendida como una forma de universalismo radical y como un posicionamiento antiparticularista, es ciertamente un camino secundario respecto de las avenidas principales de los discursos político-culturales de la región: la postulación modernista de una identidad latinoamericana vagamente unificada, así como una identidad cultural panlatina que incluye a Hispanoamérica, pero también a Francia, Italia y España, en contraposición a Estados Unidos como

Para Siskind, o Modernismo hispano-americano pode ser definido como uma contradição entre pulsões particularistas e universalistas (2016, p. 166), entre o desejo de uma identidade latino-americana e um desejo de mundo; não à toa, os dois principais nomes do movimento são o afrancesado Rubén Darío (Nicarágua, 1867-1916) e o autor de *Nuestra América* (1891), José Martí (Cuba, 1853-1895). Os autores do período precisam livrar-se da herança espanhola tida como atrasada e para isso tentam se filiar à novidade francesa. Ao mesmo tempo, precisam criar meios para fazer frente à potência estadunidense, mesmo que isso implique certa aliança com a antiga metrópole. Segundo Sergio Miceli,

> A crise espanhola se arrastou por todo o século XIX, tendo atingido o ápice com a perda das últimas colônias em 1892. Datam dessa conjuntura diversas iniciativas no intuito de transmutar a derrocada política em revigoramento da influência cultural, norteada por diagnósticos hispanicistas de timbre consolador. Por outro lado, o impacto perceptível do ultraísmo espanhol sobre o grupo *martinfierrista* fora em boa medida compensado pelo choque expressivo provocado pela obra poética das figuras emblemáticas do modernismo literário hispano-americano, como Rubén Darío, siderado pelo "galicismo mental", cuja legitimidade afrancesada extravasou as fronteiras da América Latina e irrompeu com força mesmo na Espanha. (Miceli, 2012, p. 19).

"Galicismo mental" é termo usado pelo próprio Darío para definir sua filiação estética. Esse *mix* de afrancesamento e latino-americanismo encontra também nas últimas décadas do século XIX um lugar ideal: Buenos Aires, a recém-federalizada capital planejada como arremedo de Paris. A essa altura, Buenos Aires já se apresenta como uma das mais cosmopolitas cidades latino-americanas, pronta para receber a novidade modernista. Será principalmente nas páginas de *La Nación*, o tradicional periódico argentino fundado em 1870 durante a presidência de Sarmiento, que os escritores modernistas publicarão seus manifestos. Será em Buenos Aires que Rubén Darío publicará *Prosas profanas* (1896), cujo prólogo costuma ser referido como ato fundacional do Modernismo:

---

potencia regional emergente, sobre todo después de la guerra colonial de 1898 en Cuba y Puerto Rico."

> (Se há poesia na nossa América ela está nas coisas velhas: em Palenke e Utatlán, no índio lendário e no inca sensual e fino, e no grande Moctezuma da cadeira de ouro. O resto é teu, democrata Walt Whitman.)
> Buenos Aires: Cosmópolis.
> E amanhã!
> O avô espanhol de barba branca me aponta uma série de retratos ilustres: "Este, me diz, é o grande dom Miguel de Cervantes Saavedra, gênio e maneta; este é Lope de Vega, este Garcilaso, este Quintana". Eu lhe pergunto pelo nobre Gracián, por Teresa a Santa, pelo bravo Góngora e o mais forte de todos, dom Francisco de Quevedo y Villegas. Depois exclamo: "Shakespeare! Dante! Hugo!... (E no meu interior: Verlaine...!)
> Logo, ao despedir-me: – "Avô, preciso dizer-lhe: minha esposa é de minha terra; minha querida, de Paris". (DARÍO, 2001, p. 146, tradução nossa).[2]

Indígenas, o século de ouro espanhol, o cânone ocidental, Buenos Aires, Paris... todo o concentrado modernista formulado, vale repetir, por volta de 1880. No Brasil, essa geleia geral pode evocar um conceito não dos filhos tropicalistas mas dos pais modernistas – a famigerada antropofagia. Não é a mesma coisa – o que para Darío é sério, para os modernistas brasileiros é pastiche – mas a comparação meio grosseira revela, espero, algo sobre a especificidade brasileira.

O Modernismo hispano-americano, então, é algo suficientemente amplo para incluir Rubén Darío e José Martí, os fundadores de atitude literária e política bastante diversa. Também são modernistas sob esse recorte poetas e prosadores como Delmira Agustini (Uruguai, 1886-1914) e Leopoldo Lugones (Argentina, 1874-1938), com projetos estéticos tão contrastantes quanto os de Darío e Martí. Ou seja, na América hispânica, Modernismo não se confunde com Vanguarda. Segundo Paulo Moreira:

---

2   No original: "(Si hay poesía en nuestra América ella está en las cosas viejas: en Palenke y Utatlán, en el indio legendario y el inca sensual y fino, y en el gran Moctezuma de la silla de oro. Lo demás es tuyo, demócrata Walt Whitman.) Buenos Aires: Cosmópolis. ¡Y mañana! El abuelo español de barba blanca me señala una serie de retratos ilustres: 'Éste, me dice, es el gran don Miguel de Cervantes Saavedra, genio y manco; éste es Lope de Vega, éste Garcilaso, éste Quintana'. Yo le pregunto por el noble Gracián, por Teresa la Santa, por el bravo Góngora y el más fuerte de todos, don Francisco de Quevedo y Villegas. Después exclamo: 'Shakespeare! ¡Dante! ¡Hugo!...' (Y en mi interior: ¡Verlaine...!) Luego, al despedirme: – 'Abuelo, preciso es decíroslo: mi esposa es de mi tierra; mi querida, de París.'"

> O Modernismo brasileiro se associa principalmente com os movimentos de vanguarda que surgiram por toda a Europa e América: Dadaísmo, Cubismo, Futurismo, Surrealismo, Ultraísmo, Imaginismo, Estridentismo no México e outros. O ano de 1922, tão importante para o Modernismo brasileiro – ano do centenário da independência e da Semana de Arte Moderna em São Paulo – é fundamental também para os estudiosos do chamado *high modernism* [alto modernismo] anglo-saxão, o ano de *Ulysses* e de *The Waste Land* […]. Mas a vinculação particular do Modernismo a um movimento específico de vanguarda é muito menos importante para *modernism* em inglês. Esse *high modernism* é portanto diferente do Modernismo brasileiro na medida em que distingue claramente entre *modernism* como movimento e as vanguardas que fazem parte desse movimento mas não o esgotam. A distância entre os dois termos fica mais visível ainda quando percebemos que o adjetivo *high* denuncia ao leitor brasileiro a existência em inglês de um *modernism* da segunda metade do século XIX, de que fazem parte, por exemplo, o naturalismo na prosa e no teatro e o simbolismo na poesia. Essa inflexão parece portanto aproximar o termo em inglês do seu equivalente espanhol, que denomina um movimento internacional, particularmente forte na América Latina, inspirado pelo Simbolismo, Parnasianismo e Decadentismo franceses e tendo como destaque a figura do poeta Rubén Darío. (MOREIRA, 2012, p. 32).

O paralelo com as tradições anglófona e hispânica nos permite ver o Modernismo brasileiro, centrado fortemente na Semana de 1922, como exceção à dinâmica geral dos Modernismos. Essa comparação é especialmente válida em um projeto como este, que propõe o alargamento da categoria modernismo na literatura brasileira. Feita essa digressão, chegamos ao assunto central deste texto, a poeta, tradutora, ensaísta e professora mineira Henriqueta Lisboa (1901-1985).

Em 2020, Reinaldo Marques e Wander Melo de Miranda organizaram a obra completa de Henriqueta Lisboa, publicada em três volumes pela editora Peirópolis, de São Paulo.[3] Vou partir desse material para apresentar um panorama abrangente da produção de Henriqueta, dividida em poesia, prosa e poesia traduzida.

---

3   Além dos volumes impressos, há um valioso material digital (cartas, fac-símiles…) disponível no site da editora: https://www.editorapeiropolis.com.br/henriqueta-lisboa/. Acesso em: jan. 2022.

A face poética é a mais constante da atuação de Lisboa, com publicação ininterrupta por aproximadamente sessenta anos. Sua estreia se dá em 1925, com *Fogo-fátuo*, e a partir daí publicará dezesseis livros de poesia até 1985, data de sua morte. Um dado relevante, que dá mostra da consistência do projeto literário de Henriqueta – e também de sua recepção –, é que em duas oportunidades ela pôde organizar sua obra poética. Em 1958, no volume *Lírica*, publicado pela editora José Olympio, Lisboa reúne seus livros de poesia publicados até então: *Enternecimento* (1929), *Velário* (1936), *Prisioneira da noite* (1941), *O menino poeta* (1943), *A face lívida* (1945), *Flor da morte* (1949), *Madrinha lua* (1952) e *Azul profundo* (1956). Não se trata, no entanto, de simples reunião, e sim de balanço da obra, já que a poeta exclui seu livro de estreia e alguns poemas dos livros incluídos (MARQUES; MIRANDA *apud* LISBOA, 2020a, p. 39).

Em 1985, Henriqueta reúne toda a sua produção poética em *Obras completas I – Poesia geral*, publicada pela editora Duas Cidades. Segundo Reinaldo Marques e Wander Miranda, "nessa edição, ela manteve exclusões feitas para a edição de *Lírica*, mas incluiu em alguns livros poemas que não se encontravam nem nas primeiras edições nem na *Lírica*, bem como remanejou ou excluiu outros" (LISBOA, 2020a, p. 39). Além dos livros que já apareciam em *Lírica*, figuram nessa segunda reunião *Montanha viva – Caraça* (1959), *Além da imagem* (1963), *Belo Horizonte bem querer* (1972), *O alvo humano* (1973), *Miradouro e outros poemas* (1976), *Reverberações* (1976), *Celebração dos elementos* (1977) e *Pousada do ser* (1982).

Essa publicação contínua e reavaliada se relaciona, em parte, à origem social da escritora. Filha de abastada família mineira, Henriqueta se insere também com facilidade no meio literário da então capital federal, Rio de Janeiro, para onde a família se muda em 1924 depois da eleição do patriarca como deputado federal – antes disso, João de Almeida Lisboa foi prefeito de Lambari, cidade natal de Henriqueta. É no Rio de Janeiro que surge a poeta Henriqueta Lisboa, que logo passará a frequentar os salões da Academia Brasileira de Letras, além de contribuir para jornais e revistas da capital. É também no Rio que Henriqueta estabelece contatos literários promissores, especialmente com Cecília Meireles e Gabriela Mistral, de quem trataremos a seguir. Em 1935 a família Lisboa regressa a Minas e se instala em Belo Horizonte, agora com o pai eleito membro da constituinte mineira e Henriqueta com cargo de inspetora federal de ensino secundário (MARQUES; MIRANDA *apud* LISBOA, 2020a, p. 19). A docência será atividade importante na trajetória da poeta, o que, aliás, a une uma vez mais às citadas Meireles e Mistral.

Do ponto de vista temático, a poesia de Henriqueta mantém certo apelo religioso, metafísico, sentimental (foi aluna interna em colégio de freiras, e o catolicismo parece acompanhá-la até o final da vida; sobre sua vida de mulher adulta, há poucas informações para além das profissionais – nada sobre casamento e filhos ou sobre sua opção por não os ter; os comentários críticos referem apenas a personalidade recatada da escritora). Sob o ponto de vista técnico, ela esteve atenta ao tempo que lhe tocou viver: flertou com o simbolismo do conterrâneo Alphonsus de Guimaraens, com a vanguarda de Mário de Andrade (com quem se correspondeu intensamente no início dos anos 1940), e algo dos concretos parece se manifestar em *O alvo humano* (1973), em que a disposição dos versos na página compõe a materialidade dos poemas. Embora um tanto pudica, não estão ausentes na obra poética de Henriqueta a vitalidade e a criatividade, especialmente nos livros planejados como um todo orgânico.

Entre esses, se destacam os livros dedicados a Minas Gerais, à estetização de suas figuras históricas, geografia, cultura popular. Nota especial merece *Madrinha lua* (1952) em que figuras como Aleijadinho, Chico Rei e Tiradentes ganham vida em sofisticada composição poética, o que nos faz lembrar do *Romanceiro da Inconfidência*, publicado um ano depois. Com Cecília Meireles, Henriqueta compartilha mais que a amizade e o empenho em narrar a história mineira: também as unem a atividade docente – que as leva também à literatura infantil – e a prática tradutória.

Cecília foi uma das principais tradutoras da extraordinária Editora Globo de Porto Alegre. Traduziu, entre outros, Rilke e Virginia Woolf. Henriqueta Lisboa também teve atuação forte como tradutora, especialmente do italiano e do espanhol; se destacam a tradução de catorze cantos do *Purgatório*, da *Divina Comédia* e de um bom número de poemas da chilena Gabriela Mistral. Retomamos agora essa rede formada por Henriqueta, Cecília e Gabriela, já mencionada anteriormente. Nas palavras de Reinaldo Marques e Wander Miranda:

> A poesia, o tema da infância e o magistério constituem interesses afins que sedimentam a amizade entre elas e projetam o perfil feminista que passam a ter na luta por maior presença e afirmação das mulheres no espaço literário. Além do mais, dentro da "máquina cultural" latino-americana, Henriqueta, Cecília e Gabriela se inscrevem

numa tradição – a das mestras, escritoras, poetas – cujo papel ainda precisa ser devidamente estudado. (LISBOA, 2020a, p. 20)

Marques e Miranda não mencionam, mas "máquina cultural" é, ao que tudo indica, uma referência ao livro de Beatriz Sarlo, *La máquina cultural: maestras, traductores, vanguardistas* (1998), em que a crítica argentina toma a docência, a tradução e a vanguarda como três vetores constitutivos da cultura argentina. Explica Sarlo:

> me ocupei, como indica o título, de uma professora, de uma tradutora e de um grupo de jovens vanguardistas. Cada um deles estabeleceu com a máquina cultural relações diferentes: de reprodução de habilidades, imposição e consolidação de um imaginário (a professora); de importação e mescla (a tradutora); de refutação e crítica (os vanguardistas)" (SARLO, 2007, p. 207, tradução nossa)[4].

É muito interessante a utilização que Marques e Miranda fazem da formulação de Sarlo para pensar um recorte não argentino, no caso, a articulação entre Lisboa, Meireles e Mistral. Ao mesmo tempo, é estranho eles não referirem o papel que a tradução tem na relação entre as três e na constituição da máquina cultural de forma ampla.

Vale mencionar, também, o comentário de Ana Cristina Cesar sobre a marca feminina que Cecília e Henriqueta imprimem à poesia brasileira e que, mais uma vez, reforça o caráter restritivo da categoria modernismo no Brasil:

> O que interessa é que Cecília, e Henriqueta atrás, acabaram definindo a "poesia de mulher" no Brasil. E nessa água embarcaram as outras mulheres que surgiram depois. É curioso que nenhuma mulher tenha produzido poesia modernista – irreverente, mesclada, questionadora, imperfeita como não se deve ser... Cecília é virtuose, tem belos poemas, e é *toujours une femme bien élevée*. As duas são figuras consagradas e que nunca inquietaram ninguém. Mas não é a consagração que critico, nem a marca nobre. Apenas acho importante pensar a marca feminina que elas deixaram, sem no entanto jamais

---

[4] No original: "me he ocupado, como indica el título, de una maestra, de una traductora y de un grupo de jóvenes vanguardistas. Cada uno de ellos estableció con la máquina cultural relaciones diferentes: de reproducción de destrezas, imposición y consolidación de un imaginario (la maestra); de importación y mezcla (la traductora); de refutación y crítica (los vanguardistas)."

se colocarem como mulheres. Marcaram não presença de mulher, mas a dicção que se deve ter, a nobreza, o lirismo e o pudor que devem caracterizar a escrita de mulher. (CESAR, 2016, p. 260-261).

Passamos agora a mais uma face da atuação de Henriqueta Lisboa, a de tradutora, que anda junto com seus outros ofícios: poeta, professora, ensaísta. Além dos citados Dante Alighieri e Gabriela Mistral, Henriqueta traduziu Luís de Góngora, Lope de Vega, Friedrich Schiller, Ludwig Uhland, Giacomo Leopardi, Henry W. Longfellow, Sándor Petöfi, Rosalía de Castro, José Martí, Joan Maragall, Delmira Agustini, Giuseppe Ungaretti, Archibald MacLeish, Jorge Guillén e Cesare Pavese. Com Gabriela Mistral, no entanto, Henriqueta estabeleceu uma cooperação que excede em muito a tarefa de tradutora, dado especialmente eloquente se lembrarmos que em 1945 Mistral recebeu o prêmio Nobel de Literatura, o primeiro concedido a um latino-americano. A amizade entre Henriqueta e Gabriela enfatiza a posição privilegiada que a escritora mineira ocupava no meio literário brasileiro. Além de selecionar e traduzir poemas de Gabriela Mistral, Henriqueta escreveu ensaio importante sobre a obra da chilena, publicado em *Convívio poético* (1955). Gabriela, por sua vez, já havia escrito ensaio sobre a poesia de Henriqueta, publicado em Belo Horizonte em 1944, uma mostra mais da afinidade entre elas e de certo compadrio que atravessa os meios literários latino-americanos.

A obra em prosa de Henriqueta Lisboa é formada basicamente por ensaios, muito associada à sua atuação como professora universitária – "desde 1945, de Literatura Hispano-Americana e Literatura Brasileira na Faculdade de Filosofia, Ciências e Letras Santa Maria, hoje Pontifícia Universidade Católica de Minas Gerais, e de História da Literatura na Escola de Biblioteconomia de Minas Gerais, a partir de 1951" (MARQUES; MIRANDA *apud* LISBOA, 2020c, p. 15-16). O centro de sua produção ensaística está reunido em três livros: *Convívio poético* (1955), *Vigília poética* (1968) e *Vivência poética* (1979), nos quais a autora formula sua concepção de poesia, além de analisar textos em prosa e poemas de escritores brasileiros e estrangeiros (com ênfase nos hispano-americanos). Alguns autores analisados por Henriqueta: Cruz e Sousa, Fagundes Varela, Álvares de Azevedo, Camilo Pessanha, Fernando Pessoa, Alfonsina Storni, Jorge Guillén, Mário de Andrade, Guimarães Rosa, Murilo Mendes, Alfonso Reyes, Vicente Huidobro, além das já citadas Cecília Meireles e Gabriela Mistral.

Embora plenamente inserida no campo literário nacional, com obra publicada, lida e comentada por críticos de primeira linha, não parece exagerado afirmar que Henriqueta Lisboa é tida como figura lateral do Modernismo brasileiro. Talvez isso se dê menos pela limitação da obra de Henriqueta e mais pelo exclusivismo que a categoria "modernismo" ganhou por aqui, e por isso a provocação de lê-la em outra escala, a do Modernismo hispano-americano. Quem sabe esse corte retire Henriqueta Lisboa da solidão que Guilhermino Cesar sentenciou em 1979:

> Surgindo do decênio da Semana de Arte Moderna, Henriqueta marcou o seu lugar, em nossas letras, num tom que tanto se distanciou da objetividade realista quanto da musicalidade ultrassimbolista e das tropelias lúdicas do Modernismo. Vinha para descobrir pouco a pouco o seu próprio caminho. Só. Figura solitária. No seu recolhimento, mostrou-se logo uma artista laboriosa, determinada; nunca deixou de ser assim, ao longo de cinquenta anos, durante os quais não fez concessões a modas e paróquias. (LISBOA, 2020c, p. 660).

Referências

CESAR, Ana Cristina. *Crítica e tradução*. São Paulo: Companhia das Letras, 2016.

DARÍO, Rubén. *Poesías completas*. Barcelona: RBA, 2001.

LISBOA, Henriqueta. *Obra completa – Poesia*. Organização de Reinaldo Marques e Wander Melo Miranda. São Paulo: Peirópolis, 2020a.

LISBOA, Henriqueta. *Obra completa – Poesia traduzida*. Organização de Reinaldo Marques e Wander Melo Miranda. São Paulo: Peirópolis, 2020b.

LISBOA, Henriqueta. *Obra completa – Prosa*. Organização de Reinaldo Marques e Wander Melo Miranda. São Paulo: Peirópolis, 2020c.

MICELI, Sergio. *Vanguardas em retrocesso: ensaios de história social e intelectual do modernismo latino-americano*. São Paulo: Companhia das Letras, 2012.

MOREIRA, Paulo. *Modernismo localista das Américas: os contos de Faulkner, Guimarães Rosa e Rulfo*. Belo Horizonte: Editora UFMG, 2012.

SARLO, Beatriz. *La máquina cultural: maestras, traductores y vanguardistas*. Buenos Aires: Seix Barral, 2007.

SISKIND, Mariano. *Deseos cosmopolitas: modernidad global y literatura mundial en América Latina*. Tradução de Lilia Mosconi. Buenos Aires: Fondo de Cultura Económica, 2016.

Joaquim Inojosa: história e memória do Modernismo em Pernambuco

Natália Conceição Silva Barros Cavalcanti

As primeiras décadas do século XX acompanharam a transição de uma economia predominantemente agrária para uma economia marcadamente industrial, provocando no país a transferência dos centros de decisão para as cidades. O século XX surgia trazendo novas alternativas políticas na área urbana, não apenas com a ampliação do número de partidos e facções políticas, como também com o surgimento de grupos que representavam as aspirações dos trabalhadores ligados aos novos tipos de atividades que a indústria e o processo de modernização traziam à tona. Era uma onda modernizadora que tomara conta das grandes cidades do mundo. E o Brasil não estava excluído das aventuras de modernidade (REZENDE, 1997, p. 31-32).

Em Pernambuco, o período entre o fim da Primeira Grande Guerra (1918) e o Golpe de 1930, do ponto de vista econômico, foi muito dinâmico. A modernização do porto provocava um grande impacto sobre a fisionomia urbana do bairro em que se situava o Recife Antigo, com a abertura de ruas mais largas e a construção de edifícios de dois e três andares, que serviam de sede a instituições dinâmicas, como a Associação Comercial de Pernambuco, os bancos e algumas empresas de maior capital. Observava-se também grande crescimento dos grupos ligados ao comércio, tanto de importação como de exportação, que passavam a ter uma participação maior na vida econômica e política do Estado (ANDRADE, 1995, p. 13). A década de vinte, tempo de formação e de parte da atuação intelectual do jovem modernista que apresentaremos aqui, não foi de mudanças apenas políticas e econômicas, mas também em outros setores.

A cidade do Recife se orgulhava de ser a quarta do Brasil em população (quase 240 mil habitantes) e de se apresentar aos visitantes como uma cidade limpa e acolhedora. Nela transitava um número sempre crescente de automóveis, a uma velocidade também crescente, resultando nos igualmente crescentes acidentes e atropelamentos. Seus homens e suas mulheres elegantes podiam vestir-se segundo a última moda inglesa e francesa, respectivamente, com uma desconcertante facilidade. Podiam ir assistir à chegada de mais um aventureiro voador a cruzar o oceano. Também lhes era possível – prerrogativa de uma ou duas cidades fora o Recife – deleitar-se com uma audição da Rádio Club. Ou poder, além de frequentar os cinemas e acompanhar as sucessivas produções cinematográficas, fazer, eles mesmos, seus filmes (TEIXEIRA, 1994).

Do ponto de vista da arte e da cultura, a Historiografia da Arte em Pernambuco remete-se quase sempre ao confronto vivenciado na década de 1920 entre modernistas e regionalistas, particularmente entre o sociólogo Gilberto Freyre e o escritor Joaquim Inojosa (SILVA, 1984; BARROS, 1972; AZEVEDO, 1984; REZENDE, 1997). Há um esforço de continuidade dessa polarização em produções e discursos circulantes, no mais das vezes em busca de genealogias e pioneirismos num ou noutro desses campos estéticos e políticos. São facilmente identificadas as batalhas discursivas que tentavam enquadrar os sujeitos nesses delimitados territórios identitários.[1]

Nas memórias e na historiografia do Modernismo e da cidade do Recife, na década de 1920, a figura de Joaquim Inojosa (1901-1987)[2] emerge como difusor do Modernismo paulista e crítico cultural, que, por meio das revistas *Mauriceia*, *A Pilhéria* e do *Jornal do Commercio*, combatia o *passadismo*, personificado no *Parnasianismo e regionalismo* (SOUZA BARROS, 1985; 1975). Os livros de Antonio Paulo Rezende e Neroaldo Pontes de Azevedo se debruçam sobre esse intelectual o inserindo nos embates, projetos estéticos e políticos que circulavam no Recife da década de 1920. Com rigor documental e com seus posicionamentos teóricos, eles procuram compreender as tensões entre Gilberto Freyre e Joaquim Inojosa, reconstruindo as práticas culturais e políticas da cidade, principalmente entre 1922 e 1928. O Recife da década de 1920 era agitado, permeado dos encantos e desencantos da modernidade e da modernização, com as discussões intelectuais e também com as algazarras do cotidiano. Joaquim

---

1 A exposição Pernambuco Moderno e o texto curatorial do crítico carioca Paulo Herkenhoff emergem nesse âmbito de definir o que é e o que não é moderno, questionando se antes de 1922 havia ou não Modernismo em Pernambuco. E o que consideramos problemático arvora-se em julgar, definir e medir a influência de Gilberto Freyre e de Joaquim Inojosa na produção artística local. Cf. HERKENHOFF, 2006.

2 Joaquim Inojosa de Albuquerque Andrade Lima nasceu em 27 de março de 1901, na Vila de São Vicente Ferrer, antigo povoado de Timbaúba, Pernambuco, hoje município de São Vicente Ferrer.

Inojosa emerge envolto nos debates intelectuais da cidade. Tanto ele quanto Gilberto Freyre são homens discutindo ideias, propondo projetos, disputando espaços, entrecruzados pelos dilemas do antigo e do novo.

Sem dúvida, a ponte inicial entre o meio intelectual recifense e os modernistas da Semana de 22 foi o jovem Inojosa, bacharel de direito e jornalista. Três artigos de Inojosa sobre os *lugares do Modernismo* podem ser destacados: "O que é Futurismo" (publicado no jornal *A Tarde*, Recife, 30-10-1922); "A Arte Moderna" (Recife, 1924); e "O Brasil brasileiro" (palestra realizada a convite da diretoria da Sociedade Foot-Ball Club, em Moreno, 8-8-1925). Os primeiros artigos foram publicados logo após o retorno de Joaquim Inojosa de São Paulo, local de sua passagem depois de participação nas Comemorações do Centenário da Independência no Rio de Janeiro e de encontro com os participantes da Semana de Arte Moderna.

Na década de 1960, Inojosa reuniu na forma de livros uma farta documentação composta de matérias de jornais, cartas, trechos de livros, fotografias e depoimentos sobre o Modernismo. Entre 1968 e 1969 publicou o *Movimento modernista em Pernambuco* (INOJOSA, 1968; 1969a; 1969b),[3] coleção composta de três livros contendo um arquivo documental dedicado a quem chamava de *geração de sua mocidade*. Além desses livros, republicou em 1984 a edição fac-similar da carta literária *A Arte Moderna*, de 1924.

Além dos documentos, os três volumes do *Movimento modernista em Pernambuco* são compostos de depoimentos, cartas, dedicatórias de livros, perfis biográficos, fotografias de vários escritores consagrados na literatura nacional como amigos e admiradores de Joaquim Inojosa, a exemplo de Carlos Drummond de Andrade, Pedro Nava, Peregrino Junior, Plínio Doyle, Assis Chateaubriand, insinuando uma atividade intelectual e política ativa na década de 1960.

Em 1975, Joaquim Inojosa publicou *Os Andrades e outros aspectos do Modernismo,* conjunto de crônicas veiculadas em jornais do Rio de Janeiro e São Paulo nas décadas de 1960 e 1970. Além de trazer registros sobre o Modernismo, os arquivos produzidos por esse intelectual, nascido em Pernambuco mas morador do Rio de Janeiro a partir de 1930, são considerados a partir de uma perspectiva autobiográfica, como um esforço de consolidação de uma identidade, de construção de uma escrita de si, empreendida pelo velho Joaquim Inojosa. Portanto, o que enfatizo é que o escritor

---

3   Doravante usaremos MMP para citarmos esses livros.

não restringiu sua atuação intelectual aos anos 1920 e que as décadas de 1960 e 1970 foram para ele de intensa produção bibliográfica e construção de redes de sociabilidade intelectual.[4]

As relações entre jornalismo, intelectualidade e política na história de Inojosa e de muitos outros homens de letras no Brasil são marcantes (RIDENTI; BASTOS; ROLLAND, 2006; SIMÕES JÚNIOR; CAIRO; RAPUCCI, 2009; LUSTOSA, 2008). A imprensa era arena dos debates políticos e campo de intervenção intelectual. Em suas narrativas autobiográficas, mesmo procurando delinear uma posição autônoma no tocante ao campo político, percebemos seu constante e intenso envolvimento com a política, ora como observador, ora como comentarista, algumas vezes como coadjuvante e mesmo como protagonista de debates e embates. Se acreditarmos no velho Inojosa quando olha em retrospecto sua trajetória na imprensa, o trânsito na política por meio da escrita jornalística seria *uma oportunidade ajustada de dar expansão a seu temperamento de contestador irrequieto* (INOJOSA, 1978b, p. 32).

Irrequieto e contestador é a maneira como Inojosa constrói o jovem de vinte e um anos que estreia sua atuação em 1922, na redação do *Jornal do Commercio do Recife*. Havia colaborado anteriormente no *Jornal do Recife*, graças a uma apresentação do colega de turma José Lins do Rego ao secretário do jornal. Publicava rodapés, pequenas crônicas sociais e crítica literária. Naqueles anos 1920, o *Jornal do Commercio* e o *Jornal do Recife* eram palco de acirradas disputas políticas.

A família Inojosa, morando em Timbaúba, havia sofrido perseguições políticas do grupo ligado ao governo de Manuel Borba, tendo que se mudar para Itabaiana na Paraíba, razão pela qual o jovem Joaquim escreve carta ao proprietário do *Jornal do Commercio* solidarizando-se com a campanha que estava sendo feita contra o ex-governador de Pernambuco. A carta de Inojosa é publicada pelo *Jornal do Commercio* sob o título "Um moço de caráter deixa o *Jornal do Recife*", e o *Jornal do Recife* publica nota lamentando a atitude de seu colaborador. Como de costume na época, cartas vêm e vão nos jornais. Em suas memórias, Inojosa elege o artigo "O Homem do Momento" como o texto de estreia de sua carreira. Tratava-se de texto publicado no *Jornal do Commercio* sobre o prefeito Eduardo Lima Castro, candidato da Coligação – Pessoa de Queiroz.

---

4   Sobre os usos da memória do movimento modernista por Joaquim Inojosa, cf. BARROS, 2012.

Narrando as experiências da juventude em seu *Diário Íntimo*, Inojosa escolhe os episódios que entrelaçam posicionamentos políticos e práticas profissionais. O *Jornal do Commercio* é representado como *as portas para os decisivos passos da vida de jovem*, e a atividade jornalística como a maneira de identificar-se com os meios social, político e intelectual da capital pernambucana. Cessada a luta política, continua escrevendo crítica literária, um editorial e quatro *sueltos* (tópicos) por dia, atividade que mantém paralela à de jovem advogado formado na Faculdade de Direito do Recife. A trajetória de Joaquim Inojosa é marcada pelo entrelaçamento da atuação como advogado, jornalista e industrial.

Nos anos de sua estreia na carreira jornalística, Inojosa foi responsável por mergulhar a cidade do Recife no debate sobre o Modernismo no Brasil. De São Paulo chegavam as sugestões do movimento modernista, tornado público na Semana de Arte Moderna de 1922, ao mesmo tempo que se intensificava, fazendo eco a uma preocupação generalizada no Brasil, a pregação em torno do regionalismo (AZEVEDO, 1984, p. 12):

> A victoria, no caso, pertence à Arte Moderna. Para consegui-la – guerra aos preconceitos artísticos. Liberdade e Alegria. Guerra aos códigos litterarios, às formulas preestabelecidas. Guerra ao parnasianismo, ao gagaismo, ao academicismo, ao naturalismo da prosa, ao virtuosismo, ao conformismo, ao copismo, ao diccionarismo. Guerra aos "almofadinhas do soneto", aos gramáticos "ápteros", aos regionalistas systemáticos. Guerra ao passadismo inactualisavel. Guerra à esthetica absoluta, a arte official, à pintura de copia. Guerra ao belo como fim da arte. (INOJOSA, 1984).

Nenhuma campanha mobilizou tanto o jovem Inojosa quanto a recepção e a difusão do Modernismo no Brasil. Desde 1922, quando de seu encontro com os Andrades, Mario e Oswald, Tarsila do Amaral, Guilherme de Almeida e outros jovens paulistas, organizadores da Semana de Arte que chocou São Paulo, dedicará muita energia, palavras e ações na construção de um lugar destacado e singular no que, segundo ele próprio, representou "*a maior revolução cultural brasileira de todos os tempos*" (INOJOSA, 1975a).

Ele publicou muitos livros, documentos, artigos na imprensa contando o que considerava "a verdade" sobre o Modernismo em Pernambuco, tentando "desmascarar" uma possível ascendência de Gilberto Freyre e do Movimento Regionalista no Recife da década de vinte. No entanto, o esforço de construir sua identidade como o *arauto do modernismo no Nordeste* foi ao mesmo tempo um remédio e um veneno para suas pretensões biográficas, pois houve um congelamento da sua imagem, dificultando um entendimento mais denso de quem era esse sujeito para além do enquadramento determinado por ele mesmo.

Em setembro de 1984, aos 83 anos, Inojosa estava exultante de felicidade. Havia recebido os exemplares da edição fac-similar do seu livro *A Arte Moderna*, lançado havia sessenta anos no Recife, cidade que foi palco de sua formação intelectual e de suas ousadias e aventuras de juventude. Na programação das comemorações, uma série de viagens às cidades de Recife, Natal, João Pessoa, São Paulo, Santos, Blumenau e Rio de Janeiro foi realizada pelo octogenário, contrariando as indicações médicas. A Semana de Arte Moderna e, principalmente, seu papel de difusor do Modernismo no Norte e Nordeste foram os temas das conferências, mesas-redondas, palestras e debates que mobilizaram esse senhor de saúde frágil a ponto de deixar as percepções sobre esse momento registradas em seu diário íntimo: "*É o ano de minha consagração intelectual. Prefiro morrer dentro dela a olhar indiferente esses 60 anos, os que me recordam a juventude mais fogosa.*"[5]

Joaquim Inojosa desempenhará um papel significativo na construção de muitas das representações do Modernismo, em suas memórias:

> *São Paulo. Fins de setembro de 1922. Pregando feminismo na Escola Normal, diante das paulistanas jovens e belas... Procurando, nas redações dos jornais, colegas de profissão...[...] Subo as escadas do "Correio Paulistano". Encontro Menotti Del Picchia: primeiro contato com um modernista. Instantes depois, ambarafusta Oswald de Andrade, "tipo espadaúdo e forte". Conversa longa, como se de longamente nos conhecêssemos. Enquanto Menotti continua na redação, saio com Oswald a passear pelas ruas de São Paulo, até madrugada. Nos dias seguintes: chá das cinco no atelier de Tarsila do Amaral, presentes vários modernistas, inclusive Anita Mafaltti, Mário de Andrade, Menotti Del Picchia, Guilherme de Almeida, Oswald de Andrade, Rubens Borba de Morais, e pose para que as duas pintoras de tendências divergentes – Tarsila e Anita – fixassem na tela a carantonha do meio encabulado "matuto" nordestino; visita ao escritório de Guilherme de Almeida; reunião na rua Lopes Chaves, residência de Mário de Andrade, onde me sagrariam... porta-voz autorizado do movimento modernista lá pelo Nordeste... tudo descrito em várias crônicas deste livro. Recebo luvas para desafio: livros e exemplares de "Klaxon" – a senha da renovação.*

---

5 INOJOSA, Joaquim. 15/09/1984. Diário Íntimo. Caixa ____. Fundação Casa de Rui Barbosa.

> *E parto de regresso a Pernambuco... "bandeirante da Arte Moderna" (Ronald de Carvalho), depois de haver manifestado aos jovens de S. Paulo, os desencantos da minha terra.* (INOJOSA, 1968, p. 44).

O texto acima descreve o encontro do jovem de 21 anos, em 1922, com os principais articuladores da Semana de Arte Moderna de São Paulo. Um jovem em busca de novas experiências, um pouco enfastiado da sua terra natal, envolvido com as ideias feministas e querendo se integrar no meio jornalístico do país. Seu sonho era morar no Rio de Janeiro, tendo já publicado seu primeiro livro de contos, *Tentames*. Foi acolhido por um grupo de homens e mulheres de diferentes idades, tão insatisfeitos com o país quanto ele. Pôde frequentar salões, cafés e *ateliers* da cidade grande. Deve ter esquecido completamente que voltava do Rio de Janeiro, das Comemorações do Centenário da Independência, efeméride duramente criticada pelos organizadores da Semana de Arte Moderna.[6] Expressa seu desencanto com o Recife e imediatamente integra-se ao grupo paulista, como repetirá exaustivamente em suas representações de si: *ingressa nas fileiras como combatente de primeira hora*.

Cavaleiros, batalhas e muita belicosidade. Como lembra Francisco Alambert, a história e a memória do Modernismo, como disputas culturais e políticas, estarão presentes em diversos momentos, tornando-se efeméride nacional. Os protagonistas dos eventos de 1922 e dos seus desdobramentos em outros Estados brasileiros ora se representarão como guerreiros, ora como apóstolos, sujeitos portadores da boa-nova, salvadores da arte e da nação. Joaquim Inojosa explorará ao máximo esta ambiguidade de seu lugar, guerreiro e apóstolo:

> Recebi de Pernambuco um folheto escrito pela juventude alegre de Joaquim Inojosa. É uma corajosa profissão de fé futurista. O autor não vacila ante a burguesia mental do seu Estado; atira à luta com grande energia e prega abertamente as ideias modernas. O seu estilo possui a claridade convincente dos iniciados... A onda está crescendo de um modo tempestuoso e dentro de pouco tempo tudo se afogará sob as águas conquistadoras da nova arte. Veremos depois boiando nesse mar, os destroços dos poemas, das baladas, dos sonetos e de outras formas velhas do pensamento. É o dilúvio que vem aí,

---

6 Para Maria de Lourdes Eleutério, a Semana de Arte de 22 foi uma contracomemoração do Centenário da Independência.

não dando tempo para que o Noé do classicismo construa a sua arca. Mestre Guanabarino precisa aprender a nadar. (SILVEIRA, 1924).

[...] Jornalista, escritor, era natural que o Sr. Inojosa procurasse os colegas paulistas; e de apresentação em apresentação, foi cair entre alguns perigosos componentes do perigoso grupo "futurista", que deram com ele em casa de Mário de Andrade, no atelier da Sra. Tarsila do Amaral, na redação de Klaxon, em todos os antros onde se tramavam hediondos atentados à educação artística e ao bom gosto do nosso povo. Foi o diabo... Recife desabou na cabeça do Sr. Inojosa. Mas o Sr. Inojosa é cabra sarado: aguentou firme, entrou com o jogo dele e sapecou a paulada pra cima do pessoal. Deu neles que nem gente grande. Pancada *à* beça. Pancada de criar bicho. Dois anos depois, todo mundo em Recife é "futurista". É o resumo dessa campanha e de seus resultados e é também um histórico da explicação do movimento que Sr. Inojosa tenta nesta plaqueta. [...] *Não se pode contestar a utilidade dessa tentativa do sr. Joaquim Inojosa, e do louvável esforço com que ele procura fazer Pernambuco acompanhar a evolução intelectual do Rio e de São Paulo...* Mas a qualidade do Sr. Inojosa, o que faz dele um escritor de real merecimento, é a confiança, a coragem, a tenacidade, o entusiasmo com que ele entrou no movimento e vem sustentando a campanha. Está seguro de si. Mais do que isso: está seguro de todos os novos. Essa invejável certeza de que muitos poucos poderão se gabar, seria bastante por si para assegurar ao Sr. Inojosa um bom papel no modernismo. (MORAIS NETO, 1925).

Os trechos acima são de Paulo Silveira e Prudente de Morais Neto e se referem ao livro *A Arte Moderna*, de 1924. Originalmente publicado como "Carta literária dirigida a Severino Lucena e S. Guimarães, diretores da Revista *Era Nova*, da Paraíba do Norte", convidando os editores a transformarem esta numa "Klaxon Paraibana", aderindo portanto ao Modernismo, segundo o jovem Inojosa, já em marcha avançada em Pernambuco:

Não podem desconhecer-se intelectualmente dois Estados vizinhos, que têm para exigir e assegurar o paralelismo de sua marcha, as conquistas da história e a glória do passado. Paraíba e Pernambuco não se separam senão para melhor se desenvolverem: deram-se sempre as mãos na objetivação dos seus ideais, na política, na administração, e nas artes. [...] *Há*, nos arraiais da inteligência, atualmente, e como sempre houve em todas as épocas, uma nova geração que anseia por ideais novos. Sobretudo já ergueu os olhos para a meta entressonhada, em São Paulo, no Rio, Recife e Pará. A Paraíba não fugirá ao apelo que lhe faço de acompanhar-nos nesse esforço gigantesco e nessa luta sem tréguas para desapressar-se das velhas formulas da arte, num combate cavalheiresco, e, se necessário, desapiedado à geração antiga. Os rapazes daí acompanhar-nos-ão, decerto, nessa renovação artística necessária a que os zoilos chamam de "futurismo", denominação marinética inaceitável entre nós, projétil nas mãos dos que não tem base para discutir. O movimento acha-se vitorioso no Rio e em São Paulo. (INOJOSA, 1984, p. 6).

Na memória e na historiografia do modernismo, "A Arte Moderna" aparecerá como um marco na segunda fase do Modernismo. Seu autor, quando publica a edição fac-similar em 1984, no aniversário de 60 anos do texto, insere logo abaixo do título: "*60 anos de um Manifesto Modernista Recife 05/7/1924- 5/7/1984 / O manifesto que originou a 2ª fase do Modernismo.*" Para o jornalista Paulo Silveira, seria o texto uma "profissão de fé futurista" e o jovem Inojosa um "pregador das ideias modernas". Já Prudente de Morais Neto, que havia fundado em 1924, com Sérgio Buarque de Holanda, *Estética*, importante revista modernista de São Paulo, apresenta em sua crítica o que consideramos a "narrativa fundadora", ou seja, o encontro de Inojosa com o grupo dos paulistas e o seu destino doravante decretado: difundir o Modernismo no Nordeste. Mostra Prudente de Neto que, como todo missionário, Inojosa enfrentou muitas adversidades, mantendo-se firme na sua missão e sendo, inclusive, mais confiante que muitos dos "apóstolos" que seguia. A narrativa do editor de Estética acolhe "A Arte Moderna" como fruto dos embates do modernismo em Pernambuco, institui a vitória deste projeto e, por fim, legitima o texto como "explicação" do modernismo em Pernambuco.

As narrativas apresentadas até aqui são entendidas como narrativas fundadoras, instituidoras de um passado e compostas em diferentes tempos; não são construções naturais. Foram e são repetidas exaustivamente. Na década de 1920 e nas décadas posteriores foram construídas, reconstruídas e atuaram em prol de determinados interesses dos intelectuais envolvidos. O posicionamento de Prudente de Morais Neto deve ser entendido num contexto de trocas e solidariedade intelectuais importantes para este jovem e para Inojosa.

O pernambucano havia se tornado em1924 representante da revista *Estética* no estado. Teria recebido 10 exemplares do primeiro número da revista modernista trimestral para ser colocada nas livrarias e o pedido de que conseguisse assinantes. A incumbência era posta pelo próprio Prudente, numa carta enviada do Rio de Janeiro, a qual se inicia assim:

> Meu caro Inojosa [...] Apresento-me: sou o Prudente de Moraes, neto, e com Sérgio Buarque de Holanda acabo de fundar uma grande revista modernista trimestral, a "Estética", que tem colaboração de todo o grupo modernista daqui e de São Paulo [...]. (MORAIS NETO, 1924, p. 358).

Prudente Neto ainda pede que Inojosa mande notícias sobre o Modernismo em Pernambuco e que publique uma nota sobre *Estética* no *Jornal do Commercio*, onde trabalhava Inojosa. Tudo isto pede *com a maior sem-cerimônia do mundo*. Coloca-se na condição de *um amigo sempre às ordens*.

A *Estética* durou apenas 4 números, mas a amizade e a troca intelectual entre Inojosa e Prudente de Morais Neto permaneceram até este morrer, em 1977. Subjacente a esse discurso, por meio dessa construção de amizades, realizava-se a difusão do Modernismo no Brasil e a instituição e legitimação dos sujeitos considerados capazes de *acompanhar a evolução intelectual de São Paulo*. Ademais, se trata de jovens desejosos de ocupar espaços de legitimação intelectual, de intervir no mundo e ser ouvidos. Unem-se e se reconhecem em torno do Modernismo. Constroem uma linhagem comum que se pretende imutável ao longo das décadas seguintes e que, a partir dos 1960, será acionada por Joaquim Inojosa na constituição de seu projeto intelectual. Ao rememorar esse período de sua vida pública, Inojosa estabelece uma comunicação consigo mesmo e com os outros, construindo discursivamente um ponto de vista sobre si e sobre os acontecimentos vividos que contribuem para seu autoconhecimento, sua autoexplicação e autojustificação, num esforço contínuo de elaborar sua reconciliação com o passado, sua redenção no presente e projetar também sua visão de futuro para a cultura brasileira.

Os livros publicados por Joaquim Inojosa, particularmente a edição fac-similar de *A Arte Moderna*, nas comemorações dos 60 anos de sua publicação, e os três volumes do *Movimento modernista em Pernambuco* são particularmente significativos para compreendermos como tessituras de tempos e representações e percepções sobre um passado individual e coletivo são construídas. Percebemos que as obras de Joaquim Inojosa, todo tempo, confrontam passado e presente, jovens e velhos protagonistas, carregam sussurros de outros tempos e brados do seu agora. Como um fio que liga tempos distintos, o texto original *A Arte Moderna*, com menos de 20 páginas, aparece entre citações e comentários de 1924 e de 1984:

> 60 anos são passados e esse fogaréu de palavras de papel impresso e bate-boca ao vivo vai ganhando a paz dos arquivos e muitos dos seus protagonistas já se encaminharam para o jazigo. Mas, ainda recentemente, Jânio Quadros, no "Curso Prático de Língua Portuguesa" ressaltava a repercussão sobretudo polêmica do Modernismo no Nordeste. Claro. Aí atuou Joaquim Inojosa, pena fogosa em riste, indicador doutrinário na mesma posição. Pois, quem não sabe, se acautele: aos 20 anos como aos 83, Inojosa é o Modernista que não deu baixa e um dos poucos que não caiu em exercícios findos. Nas reuniões de sábado na Biblioteca de Plínio Doyle, em Ipanema, sempre confesso aos companheiros este temor: que o garoto-problema Joaquim Inojosa acabe tombado pelo Juiz de Menores e internado na FUNABEM. (Homem, 1984, p. 84).

Com a espontaneidade de caracteriza as relações de amizade, Homero Homem, ao mesmo tempo que define o amigo Joaquim Inojosa, o aprisiona, retira toda a história de vida que transforma, que altera posicionamentos, escolhas, pensamentos, apaga suas incertezas e hesitações. Parece-nos que aquele jovem fascinado por Mário de Andrade, Oswald, Graça Aranha, Menotti Del Picchia, aquele rapaz de vinte e poucos anos, "garoto-problema", chamado Joaquim Inojosa, é o outro do senhor Joaquim Inojosa. Literatos, jornalistas, artistas e críticos constroem retratos de Joaquim Inojosa. No mais das vezes, os discursos produzem imagens coladas àquele passado de euforia do Modernismo, instantâneos de um tempo que teima em continuar nas narrativas do velho Inojosa.

A Arte Moderna, edição fac-similar, foi publicada pela editora Cátedra em 1984 e apresenta na capa a significativa foto do jovem Inojosa, texto em punho, ladeado por seus amigos dos tempos de mocidade. A primeira página do livro, com o título "O Autor", abriga uma curta biografia e *"algumas de suas atividades intelectuais"*. Limita-se a apresentar os ambientes de formação escolar, na infância e juventude, destacando o ingresso na Faculdade de Direito do Recife e a nomeação como promotor público da capital pernambucana, em 1924. As atividades intelectuais destacadas cronologicamente estão fixadas entre 1915, quando aos 13 anos, como interno do Colégio Aires Gama, Inojosa funda a *Sociedade Literária Álvares de Azevedo*, e 1922, quando participa no Rio de Janeiro do 1º Congresso

Internacional de Estudantes, quando vai a São Paulo, entra em contato com os modernistas da Semana de Arte Moderna e regressa ao Recife, dando início à campanha modernista. O texto é finalizado nos seguintes termos: *estava lançada a semente da renovação estética do Nordeste e Norte do País. Criava-se o ponto de partida da segunda fase do Modernismo brasileiro.*

Nas páginas seguintes o leitor encontrará "as principais obras do autor". A lista inicia-se com *Tentames*, livro de contos, publicado em 1920, quando ainda era estudante da Faculdade de Direito do Recife e morava em Itabaiana, na Paraíba, e termina com o livro *A tragédia da Rosa dos Alkmins*, com crônicas publicadas em 1984. Entre 1968 e 1981, com a temática do Modernismo, foram publicados dez livros, incluindo edições fac-similares de textos dos anos vinte, conjunto de críticas jornalísticas na forma de livro, documentos da década de 1920 e polêmicas com Gilberto Freyre (*No pomar vizinho* (1969), *Um movimento imaginário* (1972), *Carro alegórico* (1973), *Pá de cal* (1978), *Sursum corda* (1981). Na intensa produção editorial, o observador atento perceberá que entre 1933 e 1955 Joaquim Inojosa não publicou nada. É um período de mais de vinte anos imerso em atividades industriais e comerciais.

De 1934 a 1939, por exemplo, Inojosa teve o controle acionário de uma indústria de tecidos situada em Juiz de Fora, Minas Gerais. A Companhia de Fiação e Tecelagem Industrial Mineira chegou a ser a maior do Estado durante sua administração. Outras experiências industriais ligadas ao meio jornalístico também foram frequentes nas décadas de 1930 e 1940, como o seu *Jornal Meio-Dia*. Inojosa silencia sobre as tantas outras experiências profissionais e intelectuais em que se envolveu ao longo da vida.

Os livros são a ínfima parte de um arquivo construído por décadas e de um esforço de pesquisas no momento em que decide publicá-los. No *Fundo Joaquim Inojosa* na Fundação Casa de Rui Barbosa encontramos os vários cadernos de anotações que nos mostram um Inojosa paciente leitor de revistas e jornais que traziam notícias de um passado que já havia sido seu presente, do maduro Inojosa em busca de referências, entrevistando seus companheiros de geração. Parece-nos que o período de difusão do Modernismo em Pernambuco, de 1922 a 1928, constitui-se o tempo referencial de Joaquim Inojosa. Sua trajetória, permeada por outras instâncias de interesses, é enfaticamente rememorada e circunscrita a partir do Movimento Modernista em Pernambuco.

Referências

ANDRADE, Manuel Correia de. *Pernambuco imortal: os caminhos da modernidade*. Recife: *Jornal do Commercio*, 1995. p. 13. v. 10.

AZEVEDO, Neroaldo Pontes de. *Modernismo e regionalismo:* os anos 20 em Pernambuco. João Pessoa: Secretaria de Educação e Cultura, 1984.

BARROS, Natália Conceição Silva. *Arquivos da vida, arquivos da história: as experiências intelectuais de Joaquim Inojosa e os usos da memória do Modernismo*. Recife, 2012. 241 folhas Tese (doutorado) - UFPE, Centro de Filosofia e Ciências Humanas, Programa de Pós-graduação em História. Disponível em: https://repositorio.ufpe.br/handle/123456789/11058. Acesso em: 3 out. 2021.

BARROS, Souza. *A década 20 em Pernambuco:* uma interpretação. Rio de Janeiro: [s.n.], 1972.

BORGES, Jorge Luis. *Ficção*. 3. ed. São Paulo: Globo, 2001.

GOMES, Angela de Castro (Org.). *Escrita de si, escrita da história*. Rio de Janeiro: Editora FGV, 2004.

HERKENHOFF, Paulo. Do Recife, para o mundo: O Pernambuco moderno antes do Modernismo. In: *Pernambuco moderno*. Catálogo produzido pelo Instituto Cultural Bandepe, 2006.

HOMEM, Homero. Joaquim Inojosa e a Modernização do Brasil. In: INOJOSA, Joaquim. *A arte moderna:* 60 anos de um manifesto modernista. Rio de Janeiro: Cátedra, 1984. p. 84.

INOJOSA, Joaquim. *Diário de um estudante, 1920-1921*. Rio de Janeiro: Férias, 1959.

INOJOSA, Joaquim. *O movimento modernista em Pernambuco*. Rio de Janeiro: Tupy, 1968. v. 1.

INOJOSA, Joaquim. *O movimento modernista em Pernambuco*. Rio de Janeiro: Tupy, 1969a. v. 2.

INOJOSA, Joaquim. *O movimento modernista em Pernambuco*. Rio de Janeiro: Tupy, 1969b. v. 3.

INOJOSA, Joaquim. *Um movimento imaginário*: resposta a Gilberto Freyre. Rio de Janeiro: [s.n.], 1972.

INOJOSA, Joaquim. *Os Andrades e outros aspectos do Modernismo*. Rio de Janeiro: Civilização Brasileira; Brasília: Instituto Nacional do Livro/Ministério da Educação e Cultura, 1975a.

INOJOSA, Joaquim. Nota do autor. In: INOJOSA, Joaquim. *Os Andrades e outros aspectos do Modernismo*. Rio de Janeiro: Civilização Brasileira, 1975b.

INOJOSA, Joaquim. *Pá de cal*. Rio de Janeiro: Meio-Dia, 1978a.

INOJOSA, Joaquim. 60 anos de jornalismo (1917-1977). Rio de Janeiro: Meio-Dia, 1978b.

INOJOSA, Joaquim. *Sursum corda!*: desfaz-se o "equívoco" do manifesto regionalista de 1926. Rio de Janeiro: [s.n.], 1981.

INOJOSA, Joaquim. *A arte moderna:* 60 anos de um manifesto modernista. Rio de Janeiro: Cátedra, 1984.

LUSTOSA, Isabel (org.). *Imprensa, história e literatura*. Rio de Janeiro: FCRB, 2008.

MORAIS NETO, Prudente de. A Arte Moderna. *Estética*, Rio de Janeiro, n. 3, abr.--jun. 1925.

MORAIS NETO, Prudente de. 19.11.1924. Carta Publicada no 2º volume do Movimento Modernista em Pernambuco. p. 358.

REZENDE, Antonio Paulo. *(Des)encantos modernos:* histórias da cidade do Recife na década de vinte. Recife: Fundarpe, 1997.

RIDENTI, Marcelo; BASTOS, Elide Rugai; ROLLAND, Denis (Orgs.). Intelectuais e Estado. Belo Horizonte: Editora UFMG, 2006.

SILVA, José Cláudio da. *Tratos da arte de Pernambuco*. Recife: Governo do Estado, Secretaria de Turismo, Cultura e Esportes, 1984.

SILVEIRA, Paulo. Cacos de vidro. *O País*, Rio de Janeiro, 2 nov. 1924.

SIMÕES JUNIOR, Alvaro Santos; CAIRO, Luiz Roberto; RAPUCCI, Cleide Antonia (Orgs.). *Intelectuais e imprensa:* aspectos de uma complexa relação. São Paulo: Nankin, 2009.

SOUZA BARROS, Manuel de. *A década 20 em Pernambuco*: uma interpretação. Recife: CR, 1985.

SOUZA BARROS, Manuel de. *Um movimento de renovação cultural*. Recife: Cátedra, 1975.

TEIXEIRA, Flávio Weinstein. *As cidades enquanto palco da modernidade: O Recife de princípios do século*. Dissertação de Mestrado – Departamento de História, UFPE, Recife, 1994.

Augusto Meyer: um modernista na província

Patrícia Lima

Em junho de 1926, o jornal *A Federação*, ligado ao Partido Republicano Rio-grandense (PRR), publicou nota sobre um evento marcado para o fim de semana que seria, segundo o redator, de grande interesse para a sociedade porto-alegrense.[1] A Associação Cristã de Moços realizaria, no sábado seguinte, uma festa literária e musical de caráter "cultural e recreativo", da qual tomariam parte não só os bons moços que davam nome à associação, mas também as moças das famílias tradicionais da cidade. A atração principal mencionada pelo jornal era a conferência "As razões do Futurismo", a ser proferida pelo prestigiado escritor e jornalista Augusto Meyer. Os moços e moças tinham razão em dar a Meyer o destaque e o tema da conferência. Se alguém podia falar de Futurismo, ou melhor, de vanguarda, que era o que o movimento estético nascido na Europa nos primeiros anos do século 20 representava, esse alguém era Augusto Meyer.

O não tão recente aparecimento de Meyer na cena cultural de Porto Alegre naquele 1926 compunha o conjunto de uma nova geração de intelectuais, escritores e jornalistas que passaram a representar o Modernismo gaúcho. Junto com Raul Bopp e Mario Quintana, Augusto Meyer passou a ser aclamado como parte de uma tríade modernista que teria nascido no Rio Grande do Sul menos como uma derivação do seu movimento homônimo paulistano, mas não sem influência dele, e mais como uma elaboração dos elementos regionais que davam contornos à vida na província, em diálogo com a cultura ocidental, representado em prosa e poesia.

Gestado na poesia – publicou seu primeiro livro de poemas, *Ilusão querida*, em 1923 – e atuante na imprensa de Porto Alegre desde a juventude, escrevendo para jornais como o *Correio do Povo* e *Diário de Notícias*, Meyer muito empreendeu em favor de suas convicções estéticas e intelectuais. No mesmo ano em que proferiu a conferência sobre o Futurismo no evento dos moços, fundou, com o amigo Theodemiro Tostes, a *Revista*

---

[1] A edição do dia 17 de junho de 1926 foi consultada no acervo digital do jornal *A Federação*, no portal da Biblioteca Nacional.

Madrugada, da qual era editor. Apesar da vida curta, apenas cinco edições naquele mesmo 1926, a publicação se notabilizou como referência de vanguarda na imprensa cultural, com temas e projeto gráfico inovadores.[2]

As preocupações estéticas libertárias, que praticou nos primeiros anos como poeta, e o debate intelectual em torno das temáticas que cercavam a ideia do "futurismo" foram, aos poucos, perdendo o protagonismo na obra de Meyer. Foram dando lugar a um memorialista que encontrava sensações e impressões nas próprias lembranças e a um ensaísta cuja erudição permitiu análises insubordinadas a movimentos ou a tendências vanguardistas. Com uma lente cosmopolita, observou a literatura que tratava da matéria rural do interior do Rio Grande do Sul, reconhecendo, entre todos os escritores que se destacavam no começo do século 20, aquele que verdadeiramente havia inovado na forma literária, resolvendo o até então insolúvel problema da voz narrativa na literatura que se convencionou chamar de regionalista: Meyer foi não o primeiro, mas o mais arguto observador da obra de João Simões Lopes Neto, autor de *Contos gauchescos* e *Lendas do Sul*.[3]

Com igual cosmopolitismo e liberdade intelectual lançou-se, ainda muito cedo, em 1935, na observação do maior mistério da cultura brasileira até então, Machado de Assis, já aclamado como o nosso maior, mas sem ninguém conseguir explicar direito o porquê. Para começar a compreender o que era aquela obra assombrosa, alinhou o escritor carioca com Dostoievski, no ensaio "O homem subterrâneo", que abre o livro *Machado de Assis* – uma referência ao romance *Memórias do subsolo*, cujo protagonista é justamente esse personagem sem nome, chamado de "homem subterrâneo" ou "homem do subsolo". No cotejo, encontra ecos de um na obra do outro, com seus traços de humor, ironia e um profundo niilismo. Para se ter ideia do alcance analítico de Meyer, quatro anos depois, convidado a escrever por ocasião do centenário de nascimento de Machado, em

---

[2] Para mais informações sobre a *Revista Madrugada*, ver o artigo "Jornalismo cultural no Rio Grande do Sul: a modernidade nas páginas da *Revista Madrugada* (1926)", de Cida Golin e Paula Viviane Ramos, publicado eletronicamente na *Revista da Famecos*, da PUCRS.

[3] João Simões Lopes Neto (1865-1916) nasceu em Pelotas, RS, e foi autor de crônicas, reportagens e teatro. Em 1910 publica o *Cancioneiro guasca*, uma recolha de folclore do sul do Rio Grande do Sul. Em 1912 e 1913 publica, respectivamente, suas obras maiores, *Contos gauchescos* e *Lendas do Sul*. Pouco lido na época, entre outras razões por ter publicado seus livros em Pelotas, vive um longo período de redescoberta do valor de sua obra, tanto com estudos acadêmicos quanto com reedições. O pioneiro dessa redescoberta é Augusto Meyer.

1939, Mário de Andrade afirma que, apesar de considerá-lo o mestre dos escritores brasileiros, não acha nele mais interesse do que a técnica perfeita. Encontrava mais proveito lendo gente como Lima Barreto, Aluísio Azevedo ou José de Alencar, que teriam descrito o Brasil com mais vivacidade em suas características, particularidades e vozes.[4]

A vida entre o pampa, as letras e a burocracia

Nascido em Porto Alegre em janeiro de 1902, Augusto Meyer tem origem germânica – um bisavô chegado ao Brasil na primeira leva de imigrantes do século 19 lutou na Guerra dos Farrapos (1835-1845). Em seus livros de memórias *Segredos da infância* e *No tempo da flor*, recolhe amorosas lembranças localizadas entre Porto Alegre, São Leopoldo (local onde vivia uma parte da família, avós e tios) e o interior do estado. É em *Segredos* que ele revela a história desse bisavô que teria abandonado o trabalho na terra para juntar-se às tropas farroupilhas depois de 1835. Ainda criança, mudou-se para Encruzilhada do Sul, onde seu pai assumiu a gerência de uma mina. Nessa empreitada familiar, o pequeno Augusto teve contato direto com o cenário da Campanha gaúcha e com os personagens que circulavam nos fundões de campo. Paisagem natural e humana bem diferentes daquela a que estava acostumado, nas áreas urbanas onde a família teuto-brasileira estava estabelecida.

A formação intelectual refinada que recebeu desde a primeira escola foi determinante na carreira como intelectual. Na juventude, tinha acesso a livros e à cultura letrada, especialmente no período em que estudou na escola do tio, Emílio Meyer, professor conhecido pelo seu rigor e exigência. Foi um adolescente ruivo que não conseguiu fugir do previsível apelido de "Foguinho" e gostava de pintura, tanto que chegou a ganhar alguns trocados com desenhos em folhetos e caricaturas para revistas de Porto Alegre.

Começou a escrever e publicar poemas e textos para jornais na década de 1920. Em algum momento nesse período foi acometido pelo que chama de neurastenia, uma doença de ordem psicológica que o enfraquecia e impossibilitava sua ação, limitando o jovem a uma vida prostrada. A doença é mencionada em *Segredos da infância*, mas a rememoração mais interessante está no ensaio "O espelho", publicado no livro de 1935 sobre

---

[4] Mário de Andrade escreveu três crônicas no centenário de nascimento de Machado de Assis, que depois foram reunidas no livro *Aspectos da Literatura Brasileira*, de 1943.

Machado de Assis. Meyer lembra que, durante sua longa convalescença, que durou por volta de dois anos, lia muito e, entre as leituras, uma das mais marcantes foi o conto "O espelho". "E agora estava como o alferes do conto, perdido no mundo vazio, ouvindo o cochicho do nada", diz o ensaísta (MEYER, 1958, p. 61).

Recuperado, volta a participar ativamente da vida intelectual de Porto Alegre e inicia conexões de amizade e troca intelectual com pensadores, escritores e artistas de todo o país. Em 1928 começa a se corresponder com Mário de Andrade, de quem se torna amigo.

Nos primeiros anos de sua correspondência com Mário de Andrade, Meyer não cansou de exultar as qualidades que encontrava em *Macunaíma*. Em agosto de 1928, tendo recebido há pouco o exemplar da primeira edição, escreveu a Mário: "*Macunaíma* está comigo. Sem juízo apressado, deve ser a melhor coisa que você inventou até agora. Me deixe ler com vagar, depois escrevo.[5] Há páginas de sabor tão cheio, que empanturram". Já em 1929, comenta o livro em outra carta: "*Macunaíma* é que renasce a cada leitura. Parece mandinga. Precisamos talvez de silêncio (verdade)". O jovem crítico parecia encontrar, na narrativa do amigo, a resposta para a busca pelo verdadeiramente popular, com estilização fiel a uma espécie de essência do brasileiro, personificada no herói sem nenhum caráter.

Em 1930, outra carta ajuda a recompor o argumento que se formava, em favor de uma totalidade possível do Brasil, que teria sido revelada por *Macunaíma*.

> Você botou todo o acento do seu esforço na totalidade brasileira, na virtualidade nacional, até mesmo sacrificando a expressão da obra quando era preciso. É isso que eu mais admiro em você, por que eu também me parece que tenho essa tendência pra formar ilhota em volta de mim – e compreendo que não devo, devo reagir.

Para igualar em gênio com *Macunaíma*, Meyer encontrava somente *Cobra Norato*, de Raul Bopp, repleto de falas da região amazônica e de elementos do folclore da floresta, uma outra revelação de uma espécie de "essência" brasileira. Em 1931, escreveu a Mário de Andrade:

> O Macunaíma é que é sempre uma reserva de surpresas: nunca lhe saberei dizer como eu gosto desse diabo sem-vergonha. Já tenho lido

---

[5] Sublinhado no original pelo autor.

não sei quantas vezes e um dia hei de poder escrever direito sobre ele. Continuo achando que é, com a "Cobra Norato" do Bopp, a flor do movimento. Quando eu escrever vai ser num só volume sobre os dois.

O fato, porém, é que o tempo passou e os prometidos ensaios e análises de Augusto Meyer sobre *Macunaíma* não saíram. Não se pode supor, além do pouco que se lê numa correspondência entre amigos, o que o maduro crítico Augusto Meyer diria do tal "diabo sem-vergonha". Sabe-se, porém, o que disse sobre Machado e, posteriormente, sobre Simões Lopes Neto. Quem sabe tenha encontrado neles as tais vozes, falas, personas essencialmente brasileiras, tornando-os uma espécie de modernistas por aclamação, sem jamais tê-los chamado assim.

Em 1929 participa da fundação da *Revista do Globo*, da qual se torna colaborador frequente. Meio sem querer, passou a integrar a burocracia do então governo da província em 1930, como diretor da Biblioteca do Estado, sediada em Porto Alegre. Não parecia especialmente interessado nos serviços de gabinete, mas os cargos públicos talvez fossem um meio seguro de garantir o sustento sem precisar abandonar os hábitos da leitura e da escrita, esses sim, os que verdadeiramente o interessavam. Em carta a Mário de Andrade escrita em 1930, comenta sem muito entusiasmo sobre o cargo recém-assumido em Porto Alegre: "O Bilú agora meteu na mala o bandoneon pra ser diretor da Biblioteca Pública. A vida não pergunta: o que é que você quer ser? A gente vai sendo, conforme os trancos e barrancos permitirem."[6]

Vale acrescentar que em carta de Mário a Augusto, datada de 5 de setembro de 1930, o paulista comenta o destacado lugar que a poesia do gaúcho merece, a seu juízo:

> O que me volta insistentemente é o desejo de fazer como Manuel Bandeira, como Drummond, como em grande parte fez você também nos *Poemas de Bilu*, e até eu mesmo fiz nas "Danças" dançando um momentinho, de que me arrependo aliás, a minha dança do ombro. Vocês que vivem inseparáveis na minha admiração, os três maiores líricos do Brasil contemporâneo, fazer isso, ir-me embora pra Pasárgada que lá sou amigo dos reis e tenho os prazeres que desejo!... (ANDRADE, 1968, p. 80).

---

6   A correspondência de Augusto Meyer a Mário de Andrade está preservada no Instituto de Estudos Brasileiros da USP, onde esta autora teve acessos aos documentos e copiou-os, para estudá-los.

Em 1937 foi convidado pelo governo Getúlio Vargas para fundar, no Rio de Janeiro, o Instituto Nacional do Livro, entidade que foi responsável pela divulgação de centenas de obras e escritores, impulsionando a publicação de novos autores e pavimentando o caminho para a construção do cânone da literatura nacional. Mesmo sem grande aprofundamento, é possível dizer que o INL, sob a batuta de Augusto Meyer, ajudou a consagrar um cânone que merecia o lugar no panteão das letras brasileiras de acordo com a valoração estética do Modernismo, movimento ao qual, mesmo com reservas e curvas, Meyer se filiou.

Antes de seguir em direção ao Rio de Janeiro, vale mencionar uma última aventura em terras gaúchas: Meyer foi contratado por Rodrigo Mello Franco de Andrade, diretor do recém-criado Serviço de Proteção ao Patrimônio Histórico e Artístico Nacional (Sphan, atual Iphan) para inventariar o patrimônio edificado que mereceria tombamento no Rio Grande do Sul. Em 1937, leva o jovem arquiteto Lúcio Costa até às ruínas da igreja de São Miguel Arcanjo, nas Missões, e à Igreja de São Pedro, a mais antiga do estado, localizada na cidade de Rio Grande, para que ele veja de perto as edificações e possa construir seu relatório. Esta última foi salva da demolição no último minuto graças à influência de Meyer. Há décadas se falava em pôr abaixo o velho templo erguido em 1758 para que se construísse um outro, mais novo e maior. Nesse mesmo ano de 1937, a Cúria autorizou a demolição e aguardava apenas que a prefeitura indicasse o local em que deveria ser erguida a nova igreja. A polêmica tomou os jornais e o ainda diretor da Biblioteca em Porto Alegre ficou sabendo do desastroso projeto a tempo. A Igreja foi tombada em 1938 e permanece aberta e preservada até hoje.

Para além da sua aventura como consultor para assuntos de patrimônio edificado e burocrata da cultura, Augusto Meyer foi professor – fundou o curso de Teoria Literária na UFRJ, naquele tempo Universidade do Brasil, ao lado de Afrânio Coutinho, e também lecionou Estudos Brasileiros na Universidade de Hamburgo, Alemanha. Foi adido cultural no exterior e participou de missões diplomáticas brasileiras em países como Portugal e Estados Unidos. Em 1960 foi eleito para a Academia Brasileira de Letras, casa que frequentou com assiduidade por 10 anos, até sua morte, em 1970, no Rio de Janeiro.

Apesar de ter tido seu retrato pintado por Portinari em 1937, tela aliás bastante conhecida, uma das imagens mentais mais associadas à sua personalidade é a da sombra da estante abarrotada de livros sob a qual ele permanece, absorto e introspectivo, cultivando a vida intelectual com movimentos suaves e pensamentos longos. A imagem batiza um de seus livros de ensaios mais conhecidos, À *sombra da estante*, de 1947, e não poderia descrevê-lo melhor. De acordo com a nora do escritor, Amélia Moro, e sua neta, Bárbara Meyer, a quem entrevistei em 2019, o intérprete ousado e o poeta sensível habitavam o corpo de um homem de humor refinado e de grande delicadeza, profundamente dedicado aos livros e à leitura, porém absolutamente incapaz de lidar com qualquer exigência prática da vida cotidiana. As duas se lembram de situações anedóticas como o dia em que a esposa, Sara, encontrou envelopes cheios de dinheiro nos bolsos de todos os ternos do marido. Eram os jetons recebidos a cada reunião da Academia Brasileira de Letras, que ele simplesmente esquecia de tirar do bolso ao chegar em casa. "Era um período em que a Dona Sara estava doente e precisava de dinheiro para uma cirurgia. Foi um alívio", lembra dona Amélia.

Comentarista de muitas surpresas

Como crítico, Augusto Meyer passeou livremente pelos temas que desejou comentar, exercitando sua prosa elegante para construir um caminho que se beneficiou, no mais das vezes, da posição periférica e ao mesmo tempo cosmopolita em que forjou seu pensamento. Seu desassombro ao encarar Machado de Assis ainda na juventude é uma amostra disso. Em 1935, ao publicar o primeiro conjunto de ensaios mencionados no início deste texto, inaugura uma longa frequentação da obra machadiana, que com o tempo revela o amadurecimento do leitor e, como consequência, amplia o alcance de sua análise.

Na abertura de À *sombra da estante*, de 1947, demonstra lucidez ao antecipar um debate sobre a autoria que, àquela altura, ainda não estava dado. Aconselhou que cada geração redescobrisse um Cervantes ou um Shakespeare com seus próprios olhos, para sentir sua genuína originalidade, sob pena de se reduzir a medalhão as fisionomias complexas dos grandes clássicos. É com essa disposição que ele parte em direção a outras perguntas que surgiam na obra de Machado de Assis. No ensaio "Capitu", lança sobre a personagem do título um juízo moral, como era corrente na época, acusando-a de ardilosa caçadora de um casamento que lhe desse posição social. Mas também antecipa de modo rápido e não plenamente desenvolvido, mas com grande originalidade, o debate sobre a inconfiabilidade do narrador de Dom Casmurro, que só seria feito a contento por Helen Caldwell nos anos 1960. "Por que não tenho mais dúvida quanto a isso, Dom Casmurro é o livro de Capitu, embora o seu perfil apareça aos olhos do leitor indiretamente, coado e transfigurado pelo ângulo visual retrospectivo de Bentinho", diz Meyer (1947, p. 52). Ao chamar a atenção para a economia descritiva com que o narrador apresenta Capitu, compara-a com as personagens femininas de José de Alencar, exaustivamente descritas em pormenores físicos e psicológicos. E, ao sentenciá-la como uma boa jogadora, em cujas mãos Bentinho é uma peça, põe em ligeira dúvida o tal dilema da infidelidade de Capitu: "... quando se despede do cadáver de Escobar e quando, enfim, diante da acusação viva que é o filho, confessa – confessa? – num relancear de olhos a sua culpa" (MEYER, 1947, p. 60). Quanta sutileza do ensaísta cabe nesse "confessa?". É bem verdade que ele não desenvolve esse argumento e que, ao final do ensaio, chama Capitu de mentirosa amoral. Mas um olhar torto e no mínimo desconfiado para Bentinho é inevitável depois dessa leitura.

Alguns anos antes, seu amigo Mário de Andrade também andou a comentar Machado, como já se disse. Em uma das crônicas publicadas em 1939, Mário diz que Machado "não é nosso maior poeta, nem nosso maior contista, tampouco nosso maior romancista. Mas é nosso maior escritor". Ahn? Ao deixar claro que não simpatiza com o ser humano Machado de Assis e por isso não gostaria de tê-lo em seu convívio, Mário de Andrade tenta colocar na conta da antipatia pessoal a incapacidade de compreender o alcance da obra. Procurando a si próprio em Machado de Assis, encontrou no escritor carioca o defeito de não ter sido o que Andrade julgava-se a si: um catalisador do sentimento do local a partir de onde se fala – no caso de Machado, o Rio de Janeiro; no caso de Mário, o próprio Brasil, na sua ideia totalizante do Modernismo. Machado teria deixado escapar o linguajar pulsante da cidade do Rio de Janeiro, usando em seu lugar um idioma castiço e que não encontrava correspondência nas ruas e becos da cidade – como se o uso de linguagem popular tivesse sido o objetivo de Machado ou, mais ainda, como se o decalque dessa linguagem fosse fator decisivo para afiançar a qualidade de qualquer escritor. Como exemplos de melhor prosódia Mário chega a citar João do Rio e Lima Barreto, que teriam, estes sim, tirado mais proveito dos falares do Rio de Janeiro. Até n'*O Cortiço* há mais Rio de Janeiro, sem as descrições topográficas de Machado, como aponta Mário.

Ao comentar os personagens machadianos, Mário não reconhece neles o que chama de "homem brasileiro", o que equivaleria a uma descrição do personagem característico nacional. "Como arte, foi o maior artesão que tivemos." Técnica impecável, o maior mestre justamente nisso, na técnica do romance, do manejo com a língua. Um virtuose que construiu peças perfeitas, sem transbordar delas a interpretação do seu tempo e do seu local, segundo o autor de *Macunaíma*. Hoje diríamos, em livre devaneio, que Machado não era suficientemente moderno para agradar a busca de Mário de Andrade pela síntese do Brasil.

Com a mesma atenção que dispensou ao comentário dos grandes, como Machado de Assis ou Camões, Augusto Meyer também olhou para o seu quintal, a literatura produzida no Rio Grande do Sul. *Prosa dos pagos*, lançado primeiro em 1943 e emendado em edições posteriores, demonstra a dedicação com que pensou a sua província, o local periférico a partir de onde observou todo o resto. Um ensaio é central para debater a questão: *Gaúcho, a história de uma palavra* (MEYER, 2002, p. 15-46). Na abertura, o ensaísta identifica um complexo cultural que chama de Idade do Couro, origem de boa parte do vocabulário dialetal que se empregava no Rio Grande do Sul, especialmente no campo. Afirma também que o couro, que procedia da grande quantidade de gado solto pelos campos da região, era um elemento de união da região do Prata, uma espécie de *commodity* comum no dia a dia dos habitantes do Pampa que se espalhava pelos territórios que hoje são o Rio Grande do Sul, Uruguai e Argentina. Uma tira de couro, a guasca, logo passou a designar o indivíduo que com ela lidava. O guasca acabou virando sinônimo de gaúcho. Ao longo do ensaio, então, Meyer percorre o processo de ressignificação da palavra "gaúcho", que no início representava o sujeito errático, que capturava gado livre, sem patrão e sem pátria, mestiço na origem, coureador e gaudério por não estar fixo nos trabalhos regulares das estâncias ou das guerras, mas que deles participava quando conveniente. O cunho abarbarado e o sentido pejorativo da palavra perduraram, segundo o crítico, até meados do século 19. Com o tempo, a domesticação do sujeito, que a partir de 1850 não circula mais livremente, impedido pelos aramados, torna-se mais evidente.

Os processos políticos de estabelecimento de fronteiras mais rígidas, separando a banda lusitana da influência espanhola do Prata, passam a interferir culturalmente no uso do termo gaúcho. No lugar do índio vago, nômade e sem lei, o homem da Pampa passou a ser mais valorizado pelas habilidades que de fato tinha, para guerrear e para lidar com os animais. Dessa vez, porém, essas virtudes se sobressaíam porque estavam a serviço dos patrões, nas estâncias, e da pátria, por consequência. A domesticação dessa figura, com idealização do seu papel na dinâmica social dos campos, foi instrumento político.

Com lente de historiador que busca compreender a construção simbólica desse personagem, com sua gradual domesticação e com a ressignificação do termo "gaúcho", que passou de bárbaro a gentílico das gentes que nascem no Rio Grande do Sul, Augusto Meyer vê esse processo vivo no momento em que os escritores produzem literatura regional, com temática rural. Diferencia-se grandemente, com isso, de outros analistas da época que procuravam termos para comentar a literatura relativa à matéria rural do interior do Rio Grande, sem produzir crítica com alcance semelhante. É bom lembrar que Meyer se debruçou ainda sobre pelo menos dois outros escritores que compartilharam com Simões Lopes Neto a temática rural no início do século 20: Alcides Maya e Amaro Juvenal. Apontou com clareza, em seus estudos, o salto narrativo que elevava Simões à condição de maior escritor entre os gaúchos: o pelotense acertou, como nenhum outro, ao passar a palavra ao narrador dos *Contos* e das *Lendas*, Blau Nunes, um velho homem do campo, com alguma instrução formal e protagonista de muitas das histórias que conta a um interlocutor silencioso e invisível.

Em 1949, Augusto Meyer é um dos grandes incentivadores da Coleção Província, uma série de publicações idealizada pela Editora Globo, dedicada a dar atenção editorial merecida a grandes nomes da literatura do Rio Grande do Sul. Não por acaso, o título que abre a coleção é justamente uma luxuosa edição conjunta dos *Contos gauchescos e Lendas do Sul*, de Simões Lopes Neto, agora lido e comentado por gente como Aurélio Buarque de Holanda, que prepara um glossário de termos regionais, e justamente Augusto Meyer, que escreve o ensaio introdutório da edição – demonstrando o tamanho da obra para as letras brasileiras, devedoras do gênio do escritor pelotense que entregou a narrativa à figura hipnotizante de Blau Nunes, uma síntese moderna flagrada por Meyer ainda nos anos 1920.

Referências

Obras de Augusto Meyer:

Antologia poética. Seleção de Ovidio Chaves. Rio de Janeiro: Editora Leitura, [s.d.].

Seleta em prosa e verso. Org. de Darci Damasceno. Rio de Janeiro: José Olympio; Brasília: INL/MEC, 1973.

À sombra da *estante*. Ensaios. Rio de Janeiro: José Olympio, 1947.

A forma secreta. 4. ed. Rio de Janeiro: Francisco Alves Editora, [s.d.].

Camões, O Bruxo e outros estudos. Rio de Janeiro: Livraria São José, 1958.

Machado de Assis. (1935-1958). Rio de Janeiro: Livraria São José, 1958.

Prosa dos pagos, 1941 a 1959. Ensaio crítico de Flávio Loureiro Chaves. Porto Alegre: Instituto Estadual do Livro, 2002.

Segredos da infância. No tempo da flor. Apresentação de Carlos Reverbel. Porto Alegre: Editora da UFRGS, 1996.

Outras obras:

ANDRADE, Mário de. *Aspectos da literatura brasileira*. São Paulo: Martins, [s.d.].

ANDRADE, Mário de. *Mário de Andrade escreve cartas a Alceu, Meyer e outros*. Coligidas e anotadas por Lygia Fernandes. Rio de Janeiro: Editora do Autor, 1968.

FISCHER, Luís Augusto. *Augusto Meyer, um ensaísta da comarca do Pampa*. Conferência apresentada em 16 de abril de 2002 na Academia Brasileira de Letras.

XAVIER, Laura Regina. *Patrimônio em prosa e verso: a correspondência de Rodrigo Melo Franco de Andrade para Augusto Meyer*. Rio de Janeiro, 2008. 156f. Dissertação (Mestrado em Bens Culturais e Projetos Sociais) – Centro de Pesquisa e Documentação de História Contemporânea do Brasil – CPDOC, Fundação Getúlio Vargas, 2008.

Pagu em caleidoscópio:
revolução permanente de uma obra-vida

Adriana Armony

Poucos escritores brasileiros encarnaram tão bem o ideal modernista quanto Pagu, pseudônimo mais conhecido de Patrícia Galvão. Não apenas por seus múltiplos nomes, suas múltiplas áreas de atuação ou por seus textos fragmentados, o estilo em *flashes*, à moda oswaldiana; mas, principalmente, por cumprir o anseio revolucionário de fundir arte e vida, aquilo que, ao se referir aos surrealistas, Benjamin chamou de "iluminação profana". Segundo o autor, "as obras desse círculo não lidam com a literatura, e sim com outra coisa – manifestação, palavra, documento, blefe" (BENJAMIN, 1993, p. 23): numa palavra, com experiências.[1] Ou, nas palavras de Patrícia: "o escritor moderno é uma aventura humana" (*apud* CAMPOS, 2014, p. 323). No limite, surrealistas e dadaístas queriam dissolver as fronteiras entre sonho e vigília, entre arte e vida, e isso implicaria não apenas um conceito radical de liberdade, mas uma práxis política.

Mas como "mobilizar para a revolução as energias da embriaguez" (BENJAMIN, 1993, p. 33)? Patrícia Galvão viveu dolorosamente esse limite. Em Paris, onde se hospedou no apartamento do casal Elsie Houston e Benjamin Péret, poeta surrealista e iconoclasta de primeira hora, conheceu os escritores surrealistas Aragon e André Breton e chorou o suicídio do jovem René Crevel. Filiada ao Partido Comunista francês sob o pseudônimo de Léonie, militou nas manifestações da Frente Popular (*Front Populaire*) em 1934 contra a ascensão do fascismo e, na cisão do grupo surrealista, se aproximou dos trotskistas. Mais tarde, em 1954-55, traduziria e apresentaria pela primeira vez para o público brasileiro *A cantora careca*, de Ionesco,[2] além de se dedicar a divulgar vários autores do movimento.

---

1 No mesmo artigo "O surrealismo: o último instantâneo da inteligência europeia", Benjamin diz da iluminação profana: "Porém a superação autêntica e criadora da iluminação religiosa não se dá através do narcótico. Ela se dá numa iluminação profana, de inspiração materialista e antropológica, à qual podem servir de propedêutica o haxixe, o ópio e outras drogas."
2 Cf. "Ionesco", in.: CAMPOS, 2014, p. 294-295.

"Militante do ideal", nas palavras do seu companheiro Geraldo Ferraz,[3] sua busca de uma entrega total[4] foi corajosa e diversificada. Da arte à militância política, do amor ao ativismo cultural, Patrícia foi muitas, para muitos.

É por isso que, quando falamos de Pagu, o caleidoscópio parece ser uma imagem adequada. As peças: suas inúmeras fotos, artigos, manifestos, confissões, poemas, prontuários de polícia, seus heterônimos. Traçar um itinerário de Patrícia Galvão implicaria então acionar continuamente esse instrumento que não cessa de, a cada giro, formar novas imagens.

I

Patrícia Rehder Galvão (1910-1962) nasceu em São João da Boa Vista, em São Paulo, em 9 de junho de 1910. Filha de uma tradicional família paulista, desde cedo se comportava fora dos padrões, vestindo-se e expressando-se de forma extravagante para os padrões morais da época. Com 15 anos, já colaborava para o *Brás Jornal*, com o pseudônimo de Patsy. Em 1928, com dezoito anos, completou o curso de professora na Escola Normal de São Paulo. Nesse mesmo ano, conhece o casal Oswald de Andrade e Tarsila do Amaral, fundadores do Movimento Antropofágico modernista, e se integra a esse movimento.

É nesse ponto que chegamos ao primeiro giro do caleidoscópio, o do "batismo" de Pagu. O nome nasce de um equívoco: o modernista Raul Bopp, acreditando que o nome da garota atrevida era Patrícia Goulart, uniu as primeiras sílabas e formou o nome mítico, dedicando-lhe em 1928 o poema "Coco de Pagu", uma louvação aos olhos moles da jovem, sua indiferença diante de um homem velho. Eis algumas estrofes da primeira versão do poema, publicado na revista *Para Todos* com ilustração de Di Cavalcanti:

> Coco de Pagu
>
> Pagu tem os olhos moles
> Olhos de não sei o quê

---

3   Cf. artigo de Geraldo Ferraz publicado em *A Tribuna de Santos* em 16/12/1962, por ocasião da morte de Pagu. In.: Campos, *op. cit.*, p. 343.

4   Na sua carta-confissão de 1940, Pagu assim descreve essa busca de entrega total: "Toda a vida eu quis dar. Dar até a anulação. Só da dissolução poderia surgir a verdadeira personalidade. Sem determinação de sacrifício." (Galvão, 2005, p. 52).

> Se a gente está perto deles
> A alma começa a doer
>
> Ai Pagu eh!
> Dói porque é bom de fazer doer.
> [...]
> Você tem corpo de cobra
> Onduladinho e indolente
> Dum veneninho gostoso
> Que dói na boca da gente.
>
> Eh Pagu eh!
> Dói porque é bom de fazer doer.[5]

Patrícia adotou o nome ao publicar, em 1929, na *Revista de Antropofagia*, sua primeira colaboração, "Desenho de Pagu". Ligada à ala dissidente, esquerdista e anticatólica, do movimento antropofágico, Pagu era a jovem fulgurante de dezoito anos, a boca pintada de roxo e os cabelos desgrenhados como raios de sol. No livro Álbum de *Pagu: nascimento, paixão e morte*, dedicado a Tarsila do Amaral, também de 1929, ela desenha sua personagem com o corpo virado de lado, os lábios carnudos, uma Betty Boop de olhos meio fechados, por baixo do nome Pagú, com acento. "Pagu era selvagem, inteligente e besta", ela diz de si mesma, no álbum. "Era uma menina forte e bonita, que andava sempre muito extravagantemente maquiada, com uma maquiagem amarelo-escura, meio cor de queijo Palmira", escreve Oliveira Ribeiro Neto.[6] Alguém pergunta, numa entrevista: "o que você pensa, Pagu, da Antropofagia?" "Eu não penso, eu gosto", ela responde.[7] Pagu, a triunfante declamadora de versos para salões siderados, a moça maliciosa e sensual que quebrava tabus, a jovem que fugiu com Oswald de Andrade após a trama de um casamento armado, e, depois, a sarcástica jornalista que assinava a coluna feminista "A mulher do povo" no tabloide que editava com Oswald, *O Homem do Povo*, onde atacava os estereótipos femininos e propunha, nas tirinhas que desenhava, uma outra imagem de mulher, representada na personagem da jovem contestadora Kabelluda.

---

5   O poema completo pode ser encontrado na Fotobiografia de Pagu, organizada por Furlani, 1999, p. 42.

6   Depoimento MIS – São Paulo, 1978.

7   Entrevista concedida por Pagu a Clóvis Gusmão, na revista *Para Todos* – 3/8/1929 (Furlani, *op. cit.*, p. 21)

(In: *O Homem do Povo*. São Paulo, n. 1, p. 5, 27 mar. 1931)

II

Um segundo giro e Patrícia é Mara Lobo, o pseudônimo que assinou o romance *Parque industrial*, publicado em 1933. Primeiro "romance proletário" brasileiro, esse painel de fragmentos da vida do proletariado, da pequena e da grande burguesia vai – percebemos hoje – muito além. Sua galeria de personagens femininas, capturadas em trânsito contínuo de humor e dor, é impressionante: elas palpitam de vida. Como a filósofa Simone Weil fará um ano mais tarde, em *A condição operária*, Patrícia escreve sobre a realidade da classe trabalhadora a partir da sua experiência como operária numa metalúrgica, e a ela acrescenta as lembranças da vizinhança do bairro onde cresceu. No romance (na verdade, uma novela) é narrado também o episódio do assassinato de Herculano, líder da greve dos estivadores de Santos, em que Pagu enfrentou corajosamente a opressão policial e que culminou na sua primeira prisão.

Parque industrial nasceu como uma oferenda ao Partido Comunista: faria um livro revolucionário, uma novela de propaganda. Patrícia o publica, numa edição bancada por Oswald, com o pseudônimo de Mara Lobo para cumprir as exigências do Partido Comunista, implacável na condenação de seu "individualismo burguês". Não confiava em seus dotes literários e não esperava nenhuma glória.

De fatura nitidamente modernista, a narrativa é de caráter simultaneísta, cheia de elipses e cortes súbitos, evocando as técnicas pictóricas do cubismo. João Ribeiro, o grande crítico da época, escreveu sobre ele, no *Jornal do Brasil*: "uma série de quadros pitorescos e maravilhosos, desenhados com grande realismo"; "coruscante beleza de seus quadros vivos de dissolução e morte"; "qualquer que seja o exagero literário desse romance antiburguês, a verdade ressalta involuntariamente dessas páginas veementes e tristes".[8]

Passado no Brás, à época reduto operário de imigrantes italianos em São Paulo, os primeiros personagens que aparecem em *Parque industrial* são a italianinha matinal que dá banana para o bonde, as meninas que contam os romances da véspera. São costureiras, operárias de uma tecelagem com seus desejos, seu sofrimento. Provavelmente não há nenhum romance da época povoado de tantas mulheres.

Quadros sintéticos de grande força expressiva se sucedem: "Um pé descalço se fere nos cacos de uma garrafa de leite". (GALVÃO/LOBO, 2006, p. 18);[9] "A limousine do gerente chispa espalhando o pessoal. Uma menina suja alisa o paralama com a mão chupada" (p. 22); "Uma criança lambuzada de açúcar esfrega um doce na boca sem dentes" (p. 27). Algumas passagens do livro têm indiscutível sabor oswaldiano: "O vento faz voar todos os cabelos do bonde" (p. 27); "Línguas maliciosas escorregam nos sorvetes compridos. Peitos propositais acendem os bicos sexualizados no sweater de listras, roçando" (p. 36). O próprio personagem Alfredo Ribeiro tem como modelo Serafim Ponte Grande. Outros trechos poderiam ter sido escritos por Nelson Rodrigues, se este não tivesse publicado sua primeira peça quase dez anos depois: "- Eu prefiro a corcunda porque ninguém quer. Essa ao menos é limpa!" (p. 59); "Cai num soco, machucando o aleijão. O rapaz goza as carnes moles, devorando os seios descomunais da prostituta" (p. 60).[10] Há mesmo uma zombaria que hoje soa tipicamente rodrigueana, dirigida à "esquerda festiva" da época, as "emancipadas, as intelectuais e as feministas que a burguesia de São Paulo produz" (p. 76): "Dona Finoca, velhota protetora das artes novas, sofre os galanteios de meia dúzia de principiantes. – Como não hei de ser comunista, se sou moderna?" (p. 41); "As ostras escorregam pelas gargantas bem tratadas das líderes que querem emancipar a mulher com pinga esquisita e moralidade" (p. 77).

A crítica corre nos múltiplos veios do romance. São representativos dessa polifonia trechos como os das "conversas da alta", entre os homens: alguém teve uma "aventurinha" de estupro com uma "virgenzinha em

---

8 *Apud* FERRAZ, Geraldo Galvão, na apresentação a *Parque Industrial* (GALVÃO/LOBO, 2006, p. 8-9).

9 Todos os trechos que aparecem a seguir com a indicação de páginas foram retirados de GALVÃO/LOBO, 2006.

10 Trechos referentes ao mundo da prostituição, no capítulo "Mulher da vida".

folha", mas "quando que a polícia perseguiu filho de político?"; "Os jornais são camaradas"; em vez de dar dinheiro a ela, "dei dentadas"; já Arnaldo "se desenroscou" da "crioula" (p. 74-75); e entre mulheres, falas esnobes, cheias de galicismos: "O maior *coiffeur* do mundo! Nem em Paris!" (p. 76); "Oh! Mas o Brasil é detestável no calor. Ah, Mon Palais de Glace!" (p. 77).

Vale a pena reler *Parque industrial* à luz de preocupações que apenas nos últimos anos passaram a assumir a devida importância. Várias passagens do romance abordam questões relativas ao racismo e ao machismo, como nos seguintes trechos que fazem a crítica da sexualização e opressão da mulher: "Todas as meninas bonitas estão sendo bolinadas [...] A burguesia procura no Brás carne fresca e nova." [...] "As orquestras sádicas incitam: Dá né-la! Dá né-la!" (sobre o carnaval no Brás, p. 44-45).

O racismo estrutural brasileiro marca sua presença na polifonia narrativa. Corina suspeita ter sido abandonada por ser mulata: "Por que nascera mulata? É tão bonita! Quando se pinta, então! O diabo é a cor! Por que essa diferença das outras? O filho era dele também. E se saísse assim, com a sua cor de rosa seca!" (p. 49). No capítulo "Habitação coletiva", repleto de ecos do *Cortiço*, de Aluísio Azevedo, vemos "uma preta deformada com o filhinho cinzento" dizendo: "Vou nanar os filhos dos rico e o meu fica aí num sei como". "Só rico que pode ter vergonha porque cada um tem o seu quarto" (p. 81-82). Em trechos como esses, poderíamos falar de um modernismo naturalista, antecipando em alguns anos o "romance em quadros" *Vidas secas*, de Graciliano Ramos.

O engajamento do romance iria então além do meramente panfletário. Aquilo que muitos leitores chamaram de simplificação e maniqueísmo poderia ser ultrapassado pelo efeito de real que transborda da experiência viva – em carne viva.[11]

---

11 Na avaliação de Nelson Archer, no artigo "Originalidade de Pagu supera militância", publicado na *Folha de S. Paulo* (1994): "'Parque Industrial' combina um arcabouço comunista tosco e datado com uma carnadura modernista e surpreendentemente moderna, consistindo numa série de poemas pau-brasil emoldurados pelos ditames do realismo socialista. Estes envelheceram a ponto de não serem nem mais caricatos: aqueles continuam inspirados". Disponível em: https://www1.folha.uol.com.br/fsp/1994/4/10/mais!/18.html. Acesso em: jan. 2022.

III

Um terceiro giro muda o cenário (os cenários) por onde Patrícia se move.

Em 1933, a jornalista embarca em um périplo pelo mundo, por recomendação do Partido Comunista, que lhe daria credenciais para uma visita à Rússia. Com sofrimento, deixa o filho pequeno com o pai Oswald e, ao longo da viagem, não sente nenhum entusiasmo. No navio, os viajantes são descritos como um bloco maçante. Nos Estados Unidos, o espetáculo do cais, os estivadores barbaramente explorados, o contato com tabernas proibidas, um assalto, as perseguições sexuais.

> Como dão importância em toda parte à vida sexual... Parece que no mundo há mais sexo que homens. [...] Eu sempre fui vista como um sexo. Eu me habituei a ser vista assim. Repelindo por absoluta incapacidade, quase justificava as insinuações que me acompanhavam. Por toda parte. Apenas lastimava a falta de liberdade decorrente disso, o incômodo nas horas em que queria estar só. Houve momentos em que maldisse minha situação de fêmea para os farejadores. Se fosse homem, talvez pudesse andar mais tranquila pelas ruas. (GALVÃO, 2005, p. 139).

Em Xangai, viu a fome, o combustível para a máquina morta. Na China, as crianças e os ratos, os excrementos e as feridas. O lixo de cadáveres recolhidos desmanchados pelos carros de limpeza. "Eu tenho pudor da realidade da China", diz (GALVÃO, 2005, p. 144).

Na Manchúria, assistiu à coroação do imperador Pu-Yi, o último dos imperadores chineses manchu. Com o imperador, Patrícia anda de bicicleta pelos corredores do palácio. A pedido do amigo, poeta e cônsul Raul Bopp, o mesmo que a batizou como Pagu e que lhe envia dinheiro de tempos em tempos para lhe financiar a viagem, obtém 19 vasinhos com sementes de soja. Bopp os repassa ao embaixador brasileiro, oficial de gabinete do ministro das Relações Exteriores, que ordena a sua semeadura em campos experimentais. É assim que a soja é introduzida no Brasil, num encadeamento improvável e terrível entre os alegres passeios de bicicleta e a atual sanha devastadora do agronegócio.

Antes de chegar a Paris, onde se estabelece, Patrícia viaja até a Rússia pelo Transiberiano, trajeto de pelo menos 8 dias e 8 noites. Numa parada em Omsk, hospeda-se na casa de camponeses. Em Moscou, a horrível decepção: nas festas e hotéis, o luxo para os oficiais do Exército Vermelho; na rua, as crianças mortas de fome. "Isto aqui é jantar frio sem fantasia", escreve num cartão-postal a Oswald (Furlani, 2010, p. 140). E algo se quebra.

E depois, Paris: a grande fome da pequena burguesia, no turbilhão gozador da cidade; a grande fome dos desempregados, os invernos gelados. No "mais onírico dos objetos do surrealismo",[12] o mundo se abre. Na política, a filiação de "Léonie Boucher, pseudônimo de Patrícia em Paris" ao Partido Comunista Francês, as manifestações de rua, o arranque vigoroso da extrema-esquerda diante da ameaça fascista, a participação na Frente Popular, a conversão ao trotskismo, o contato com Léon Blum. E também a prisão, a doença, a hospitalização. Na arte, a lufada de vida e de sonho dos surrealistas, os textos que escrevia para jornais e para si mesma, a "iluminação profana" na cidade que mais amava.

IV

Num quarto giro, vemos Patrícia nos braços e olhos do homem que viria a ser seu companheiro de toda a vida. Na carta que enviou em 1941 a Geraldo Ferraz da prisão de São Paulo, onde fora jogada em 1940 pela polícia de Getúlio Vargas, Patrícia revela uma antiPagu dentro de Pagu: os abusos que sofreu, os abortos, o assédio e o nojo sexual, as paixões e contradições de mulher e mãe. A carta é tornada pública apenas em 2005, no livro *Paixão Pagu: a autobiografia precoce de Patrícia Galvão*.

A força do texto dessa carta é impressionante.

A "musa da antropofagia" abre a carta-confissão assim: "Seria melhor que tudo fosse deglutido e jogado fora" (Galvão, 2005, p. 51).[13] É uma recusa do projeto oswaldiano, de incorporação do passado como forma de superar a opressão. Recusa também de todo um vocabulário político: "Sou contra a autocrítica. O aproveitamento da experiência se realiza espontaneamente, sem necessidade de dogmatização" (p. 51).

No texto, Patrícia fala a linguagem do corpo: "É que hoje tudo está brilhante"; "o meu corpo quer extensão, quer movimento, quer zigue-zagues.

---

12 Cf. Benjamin, 1993: "No centro desse mundo de coisas está o mais onírico dos seus objetos, a própria cidade de Paris. Mas somente a revolta desvenda inteiramente o seu rosto surrealista (ruas desertas, em que a decisão é ditada por apitos e tiros. E nenhum rosto é tão surrealista quanto o rosto verdadeiro de uma cidade" (p. 26).

13 Todos os trechos que aparecem a seguir com a indicação de páginas foram retirados de Galvão, 2005.

Sinto os ossos furarem a palpitação da carne. As folhas estão verdes. As azaleias morrendo. Esse ventinho doloroso" (p. 51).

Uma das páginas mais doídas da carta é a que fala do período em que finalmente sente o amadurecimento sexual, logo após o nascimento de Rudá. Foi quando começou a compreender que o ato sexual poderia ser mais do que "uma dádiva carinhosa do meu corpo ausente" (p. 68). Nesse momento, sofre uma enorme decepção. Na sala de um hotelzinho de Campinas, Pagu tinha sonhado refazer as relações com Oswald ("se ele fosse um pouco mais ternura e um pouco mais meu" – p. 67), e encostou a cabeça no seu ombro, gesto que ele uma vez repelira como sinal de exibicionismo íntimo mas que agora acolhia carinhosamente. Abraçados, subiram ao quarto. Na cama, Patrícia pela primeira vez procurava e sentia o prazer. A resposta de Oswald veio como uma "chicotada brutal", a de uma "oferta de machos": "Você quer gozar com o empregadinho que traz o café? Não é verdade que o deseja?". Nas palavras de Patrícia, o empregadinho tinha "cara redonda de bobo, cheia de saliências de pus" (p. 68).

Em 1945, lança com o então marido Geraldo Ferraz o romance *A famosa revista*, uma pesada crítica ao Partido Comunista e sua burocracia. Escrito a quatro mãos, o romance conta a história de desilusão da funcionária Rosa com seu trabalho na engajada Revista, assim como sua história de amor com Musci. Patrícia e Geraldo escreviam os capítulos alternadamente, depois faziam a revisão juntos e eventualmente os reescreviam; só o último capítulo foi escrito alternando frases de um e outro. Alegoria do PCB em que os principais personagens remetem a seus autores, o livro denuncia as violências, humilhações e abusos da organização, especialmente os de caráter machista: Rosa e Tribli são continuamente assediadas por seus colegas de trabalho; um dos funcionários tem mesmo uma cama no escritório em que se reúne com as funcionárias. Como ocorreu com Pagu em missões do Partido Comunista, Rosa é instada a se prostituir para obter informações importantes para a organização. É também uma crítica ao realismo socialista na arte e na literatura, atestando a filiação de Patrícia às formulações de Trotsky e Breton.

No livro, Rosa se demite da Revista após a morte de Tribli, que havia se desvinculado da Revista para fundar a Revistinha, numa provável alusão à dissidência trotskista e aos expurgos stalinistas nos Processos de Moscou.

V

Um quinto giro encontra Patrícia Galvão em Santos, agitadora cultural fortemente vinculada ao teatro. Ao longo de seu "último ato", segundo as certeiras palavras da jornalista e pesquisadora Marcia Costa (2019), Patrícia reúne em torno de si jovens idealistas, promove tertúlias literárias, traduz, apresenta e divulga autores.

É nesse período que ressurge Mara Lobo, em 1957, assinando a seção "Literatura", no Suplemento do jornal *A Tribuna de Santos*. A princípio com intenções didáticas de orientar o leitor e fomentar o gosto da leitura, traçando uma linha dos pré-modernistas aos modernos (que ela diferenciava dos "meramente contemporâneos"),[14] com o tempo os assuntos se dispersam, oscilando entre a divulgação de autores de vanguarda, a crônica afetiva e a crítica polêmica.

Com o fardo de 23 prisões, uma delas por 4 anos e meio, o peso de ideais mortos e de ter sido maltratada e rotulada de "degenerada sexual burguesa" pelo próprio Partido a quem dedicara parte significativa da sua vida, alcoólatra e doente de câncer, a "musa-mártir do Modernismo"[15] escolheria como cenário final de seu último ato sua amada Paris, onde tenta o suicídio com um tiro no peito.

VI

Vinte anos depois de sua morte, em 1982, um giro decisivo revelaria Solange Sohl, retirada das sombras pelo poeta Augusto de Campos, filiado ao Concretismo, último movimento herdeiro do vanguardismo modernista. Campos fica fascinado com o poema "Natureza morta", de Solange Sohl, até descobrir que este era um dos heterônimos da geminiana (como Fernando Pessoa) Pagu. ("Os livros são dorsos de estantes distantes quebradas. / Estou dependurada na parede feita um quadro. / Ninguém me segurou pelos cabelos / Puderam um prego em meu coração para que eu não me mova / Espetaram, hein? A ave na parede / Mas conservaram os

---

14 Cf. "Sobre a didática elementar: modernos e contemporâneos". In.: Campos, 2014, p. 322-324.

15 *Slogan* criado por Décio Pignatari para as suas primeiras "ressurreições", ocorridas nas revistas *Código* nº 2 (1975) e *Através* nº 2 (1978). Cf. Campos, 2014.

meus olhos").[16] Até então evocada como figura vagamente ligada ao anedotário modernista, uma jovem escandalosa e provocante que acabara com o casamento de Tarsila e Oswald, ele a eleva a "Luminosa agente subversiva de nossa modernidade". (CAMPOS, 2014, p. 15). E produz um trabalho seminal, o livro *Pagu: vida-obra*, uma vasta coletânea de textos e imagens de e sobre Patrícia Galvão, organizada ela própria em fragmentos, mas que traçam um retrato impressionante da figura de Pagu, uma releitura que viria a influenciar toda a fortuna crítica da autora.

VII

Parte significativa do acervo de Patrícia Galvão, em posse de Lúcia Furlani, promete novas leituras. A fotobiografia *Viva Pagu*, organizada pela pesquisadora e por Geraldo Galvão Ferraz, filho de Patrícia, com vasto material iconográfico e documental, é publicada em 2010. Textos inéditos nos arquivos do acervo aguardam publicação: esboços de peça teatral, poemas, fragmentos de romance. Dissertações, teses, biografias se produzem. Pesquisadoras se debruçam sobre vários aspectos da obra de Patrícia Galvão, como Tereza Freire, sobre a biografia, e Márcia Costa, sobre a produção jornalística. Além-mar, Kenneth Jackson, nos Estados Unidos, e Antoine Cheyère, na França, pesquisam, traduzem e divulgam sua vida e obra.

Em Paris, onde estive recentemente para pesquisar sua temporada francesa, encontro alguns fatos novos da sua biografia, e em um recorte de jornal, a informação de que lá escreveu o romance Água. Em manifestações de mulheres brasileiras na Igreja da Madeleine, seu cartaz é levantado bem alto, junto ao de Carolina de Jesus, Simone de Beauvoir, Maria da Penha e Marielle.

Da vida-obra proposta por Augusto de Campos,[17] desabrocha a prometida obra-vida de Patrícia Galvão, em novos giros de caleidoscópio, e por outras mãos.

---

16 Versos iniciais do poema " Natureza morta". In.: CAMPOS, 2014, p. 235.

17 Cf. CAMPOS, 2014, no prefácio "Re-Pagu": "Agora que Patrícia Galvão começou a 'existir' como personalidade literária, e não apenas anedótica, será talvez necessário voltar a considerar seu trabalho, enfatizando não mais a sua vida-obra mas a sua obra-vida" (p. 15).

Referências

BENJAMIN, Walter. O surrealismo: o último instantâneo da inteligência europeia. In: BENJAMIN, Walter. *Obras escolhidas*. São Paulo: Brasiliense, 1993. p. 21-35. v. 1.

CAMPOS, Augusto de (org.). *Pagu: vida-obra*. [1982]. São Paulo: Companhia das Letras, 2014.

COSTA, Márcia. *De Pagu a Patrícia*: o último ato. São Paulo: Dobradura Ed., 2012.

FERRAZ, Geraldo Galvão (org.). *Paixão Pagu: a autobiografia precoce de Patrícia Galvão*. Rio de Janeiro: Agir, 2005.

FREIRE, Tereza. *Dos escombros de Pagu*. São Paulo: Editora Senac, 2008.

FURLANI, Lúcia Maria Teixeira. *Pagu – Patrícia Galvão: livre na imaginação, no espaço e no tempo*. Santos: Unisanta/Universidade Santa Cecília, 1999.

FURLANI, Lúcia Maria Teixeira; FERRAZ, Geraldo Galvão. *Viva Pagu – Fotobiografia de Patrícia Galvão*. São Paulo Imprensa Oficial do Estado de São Paulo/Editora Unisanta, 2010.

GALVÃO, Patrícia (como Mara Lobo). *Parque industrial*. Rio de Janeiro: José Olympio, 2006.

GALVÃO, Patrícia; FERRAZ, Geraldo. *A famosa revista*. 2. ed. São Paulo: Livraria José Olympio Editora, 1959.

GALVÃO, Patrícia. Matérialisme & zones érogènes. Autobiographie précoce. Trad. du portugais (Brésil) par Antoine Chareyre. Le Temps des cerises, 2019.

Escrevendo como uma mulher: Cacy Cordovil

Hugo Lorenzetti Neto

Durante uma conferência sobre a obra de Sidney Rocha na XII Bienal Internacional do Livro de Pernambuco, em outubro de 2019,[1] a escritora Maria Valéria Rezende abandonou um pouco suas considerações sobre esse que era um dos homenageados do evento para fazer uma digressão muito interessante sobre um certo tipo de obra literária perdida. Para Rezende, o Brasil perdeu toda a literatura que ficou escrita em diários, cadernos e papéis avulsos de mulheres que dedicaram suas vidas a suas famílias. Sem deixar de lado o componente racial e social do trabalho na limpeza das residências particulares – o fato de que a maioria das empregadas domésticas é mulher e negra –, a autora explicou sua hipótese: fosse encarregada do serviço todo ou de manutenção da família ou não; tivesse ela, ainda, que trabalhar fora de casa parcialmente ou não; estando ocupada de marido e filhos e sendo alfabetizada, é muito provável que essa mulher escrevesse diários, memórias e exercitasse também os gêneros literários, sobretudo as narrativas e a poesia. Maria Valéria Rezende exortou o público presente a buscar esses trabalhos com suas parentas, e expôs seu desejo de ver publicadas cada vez mais essas obras, para que elas deixassem de se perder.

As mulheres que se casam, segundo Rezende, são aquelas que não publicam. Como exemplo disso, citou a obra de Cacy Cordovil, comentando seu livro de contos *Ronda de fogo*, publicado pela primeira vez em 1941. De fato, ao decidir se casar, pouco depois do lançamento, em 1942, Cordovil abandonou a literatura para cuidar da família que haveria de iniciar em decorrência desse ato cartorial. Ao menos manteve seu emprego no

---

[1] Esta é uma memória do autor deste ensaio. Decidi falar sobre essa memória, em vez de apenas citar fonte escrita, porque foi nesse momento que ouvi falar pela primeira vez de Cacy Cordovil e, durante essa mesma palestra, antes mesmo de sair, comprei o livro *Ronda de fogo* pelo celular, em um desses sebos virtuais, sem sequer imaginar que um dia escreveria este capítulo. Maria Valéria Rezende defende esses pontos de vista em muitas ocasiões de fala pública. Uma de suas entrevistas foi publicada na revista *Cadernos de Tradução* da USP, em janeiro de 2020, e pode ser encontrada neste link: https://www.scielo.br/j/ct/a/yydNtjSnK4d7KtkdRTGt7zG/?lang=pt. Acesso em: jan. 2022.

Banco do Brasil, a que acedeu, por concurso, em 1932, e de que se aposentaria em 1962.

Maria Cacimira de Albuquerque Cordovil nasceu no dia 17 de dezembro de 1911 em Ribeirão Preto. Perdeu o pai aos três e se mudou com mãe e irmãos para o Rio de Janeiro, onde fez estudos básicos. Já aos catorze anos começou a escrever para o Suplemento Literário, que era publicado semanalmente pelo jornal *Correio da Manhã*. Escreveu, também, pouco tempo depois, mais regularmente para os *Diários Associados*, do milionário brasileiro Assis Chateaubriand. Entre 1929 e 1931, Cordovil morou em Porto Alegre onde, encantada pela cultura gauchesca, acaba estudando-a para escrever os contos que publicaria em 1931. A primeira obra, embora hoje inacessível ao público em geral, foi, ao que consta nos poucos textos disponíveis sobre a autora, bem acolhida no meio literário.[2] O acesso a esse tipo de prefácio e a uma editora importante em Porto Alegre como a Globo está bastante conectado ao fato de que Cordovil escrevia para o principal jornal da cidade e que estava bem inserida nos meios intelectuais de sua época. Além desse primeiro livro, Cordovil escreveu um volume de poesia intitulado *Grito sem rumo*, que quis deixar inédito.

Ronda de fogo é um livro que apresentou experiências formais e temáticas importantes, que refletiam e ampliavam os procedimentos modernos de escrita literária, e a continuação da carreira de Cordovil poderia ter levado essa pesquisa mais longe. No entanto, à suspensão das carreiras de jornalista e de escritora de Cordovil, somou-se o paternalismo crítico com sua escrita, que insistia em atribuir a *Ronda de fogo* um *status* de trabalho de iniciante. Maria Valéria Rezende, naquela palestra de 2019 em Olinda, ainda avaliou que essa mesma crítica nos anos 1940, escrita por homens, só pôde elogiar a forma conseguida por Cacy Cordovil em seu trabalho dizendo que ela escrevia bem porque escrevia como homem.

Mas essa ideia de que Cordovil masculiniza o que escreve é bastante absurda porque indica que, em primeiro lugar, ela pressupõe que é preciso ser homem para escrever sobre sertões e pampas, descrever relações sociais nesses meios, criar personagens em relação a essas contingências sociais; e, na mesma tacada, que a escrita de mulheres não deva tratar desses assuntos, senão de sentimentos ou, como diz Maria Valéria Rezende sempre

---

2   O primeiro volume de contos de Cacy Cordovil foi prefaciado pelo historiador e imortal da Academia Brasileira de Letras José Francisco da Rocha Pombo. Cordovil foi a única mulher para cuja obra Rocha Pombo escreveu um prefácio em sua vida.

que pode, de *nhem-nhem-nhem*. Por outro lado, a leitura atenta dos contos mostra que diversos elementos femininos que não figuram normalmente na narrativa classificada como regionalista são incluídos pela autora, como, por exemplo, narradoras mulheres que contam histórias em que todos os personagens são homens. Um homem pode fazer isso, sim, mas normalmente não o faz. Outras autoras, como Rachel de Queiroz, apresentam universos com mais personagens e situações da realidade da mulher nos ambientes rurais e precários que representam em sua ficção. Mesmo assim, como de Cacy Cordovil, que opta por caminhos diferentes, também se diz de sua obra que é boa porque escrita como se um homem a escrevesse.[3] Naturalmente, o problema são os homens e seu incômodo com grandes escritoras, que figuram como mães freudianas castradoras, que vão tomar deles sua posição de prestígio social garantida pelo patriarcado. Cabe, então, ler atentamente essas escritoras e identificar o que há de ameaçador (para o escritor homem) em sua escrita, e por que é necessário casá-las.

Ronda de fogo é aberto com o que se assemelha a uma tomada cinematográfica ou um quadro em movimento nos pampas gaúchos, e se intitula *Tropeiros*. Não há enredo de fato: uma tropa se aproxima de uma estância, o gado é posto entre cercas baixas, e os tropeiros comem uma manta de carne sob figueiras da propriedade, e ali mesmo dormem, para partirem na manhã seguinte antes da aurora. "Vêm, sem que se saiba o seu destino e a sua origem…" é a frase de abertura do conto e do livro, e a ela se segue a seguinte descrição:

> No jogo de luz e sombra, quando a tarde declina, destacando mais enigmáticos na rasura dos campos os capões de vegetação máscula, escuta-se o tropear ao longe. Na vastidão do pampa, os seus gritos restrugem. As patas dos cavalos crioulos, sempre excitados, batem no chão, e parece que o chão é que palpita. Nenhum sinal visível ainda. Por todos os lados, a quietude, na sucessão das coxilhas, como se a terra fosse para todos os lados, até o infinito, esse ondular sonolento.

---

3   "O quinze caiu de repente ali por meados de 30 e fez nos espíritos estragos maiores que o romance de José Américo, por ser livro de mulher e, o que realmente causava assombro, de uma mulher nova. Seria realmente de mulher? Não acreditei. Lido o volume e visto o retrato no jornal, balancei a cabeça: 'Não há ninguém com esse nome. É pilhéria. Uma garota assim fazer romance! Deve ser pseudônimo de sujeito barbado.'"
Declaração do escritor Graciliano Ramos, citado por Heloísa Buarque de Hollanda, referência por que agradeço a minha colega pesquisadora Elisa Hübner.

> Das margens de um furo invernal, com gritos ásperos, um bando de garças róseas e brancas alça o voo assustado. Pinta-se assim o céu; sobre o azul cintilante, correm aqueles farrapos de nuvem: as garças fugitivas. Só então apontam. Vão aos poucos surgindo por detrás de uma coxilha como se brotassem do solo verde. Nada seria mais certo do que esse despontar, ao feitio das plantas; os tropeiros acordaram a manhã gauchesca, na História; filhos do ambiente identificados a ele, irmanam-se e mutuamente se dependem e completam.

A frase que abre o conto e se encontra sozinha no primeiro parágrafo, com o sujeito oculto, suspende o objeto central da descrição construída pelos dois seguintes: aparece logo "tropear", como substantivo que nomeia um ruído, e a palavra "tropeiros" surge apenas na última frase do terceiro parágrafo do texto – além do título. Isso já pede engajamento da leitura, porque a voz da narradora vai criando um quadro que tem uma paisagem e um retrato de um tipo humano, que é possível assumir se tratar de tropeiros, por causa do título. Essa confirmação é adiada, e isso chama atenção para essa figura anunciada primeiro pelo tropel e pelos gritos, ou seja, pelo som. Em seguida falam-se de coisas que são vistas: as coxilhas, a paisagem infinita, as garças rosadas em revoada. Só então os tropeiros primeiro apontam, vão surgindo aos poucos, como que brotando do solo até aparecerem completamente, e no texto aparece também a palavra "tropeiros". O movimento da voz narrativa lembra um movimento de câmera – Cacy Cordovil, jornalista e interessada em cultura, provavelmente visitava os cinemas tanto no Rio de Janeiro quanto em Porto Alegre, e provavelmente, antes de 1942, deve ter visto inclusive filmes coloridos, embora eles ainda não fossem a maioria das obras. Seja como for, os elementos sonoros e visuais estão bastante conformes à forma moderna de descrição de paisagem, semelhante a uma câmera cinematográfica fixa que assiste aos personagens em um cenário e os ordena: o som ao longe e a revoada de garças, em cuja cor – rosa – está indicado que o horário do entardecer antecipa a chegada dos tropeiros.

Quanto à masculinidade e feminilidade, Cordovil descreve "vegetação máscula", o que se associa aos pampas: campos e árvores esparsas, uma certa infertilidade se comparada à floresta. A floresta, como explicada por Sigmund Freud em *A interpretação dos sonhos*, bem como qualquer paisagem viva, é associada simbolicamente ao corpo feminino, em especial a seus genitais. Uma vegetação máscula invoca, então, algo de não acolhedor, não frutífero. A essa descrição seguem-se cavalos excitados – outro animal associado à masculinidade, e o contraste com coxilhas onduladas e tranquilas, que retorna à evocação de feminino e fértil. O encontro entre tropeiros e paisagem pode ser lido como fecundação, expressa no aparecimento do movimento e das cores no parágrafo seguinte à descrição do som: rosa, azul e branco; revoada de aves; figuras que brotam do solo como plantas. Nenhuma dessas alegorias depende do gênero de quem as escreve: se por um lado temas caros aos ideais feministas não aparecem como representação, por outro não há nada que determine que Cacy Cordovil copiou a escrita de algum homem.

Quando a palavra tropeiros aparece, ela vem já com uma espécie de análise sociológica muito curta, que fala de funcionamento integrado dos movimentos gerados pela ação humana e aqueles já característicos das forças da natureza. Como dito no início do texto, não se sabe de onde vêm essas pessoas: é como se elas fossem parte da paisagem, elementos que se movem, vêm e vão, como as garças que as anunciam. De fato, adiante, os tropeiros param, cercam o seu gado, comem e adormecem sob proteção de uma figueira, ou seja, um elemento não antrópico, mas já organizado por uma propriedade humana, a estância. Essa escolha parece indicar que Cacy Cordovil era uma leitora bem informada e atualizada em relação ao que se escrevia e se lia em sua época. De algum modo, a breve exposição sobre a natureza do tropeiro ecoa tanto a escrita gauchesca e sua análise como os procedimentos analíticos de alguém como Euclides da Cunha, autor de *Os sertões*, obra fundamental para se pensar na inclusão de elementos de sociologia moderna, destacada já da filosofia, na construção do discurso literário.

Essa atualidade de Cordovil incorporada a seus procedimentos artísticos também se nota no conto seguinte, "Sinhô do Vale", em que já há um enredo e um personagem muito simbólico: um certo fazendeiro de alcunha Sinhô do Vale conta sua história à narradora – o personagem se dirige a uma mulher, chamando-a de "dona". Estabelece-se um esquema muito interessante de narrador: (1) uma narradora se coloca na história a ouvir o relato de um contador de causos; (2) a narradora começa a narrar a história ouvida, mas a primeira pessoa desaparece completamente, restando a narração em terceira pessoa observadora, ou seja, que não lê pensamentos; (3) dentro dessa narrativa em terceira pessoa (que esconde uma primeira pessoa, como vimos) há abertura para a voz direta do contador de causos; (4) a história é ilustrada por diálogos, ou seja, por discurso direto, com a voz dos personagens, que são o contador, seu antagonista e os peões testemunhas do ocorrido.

O conto mostra então uma narradora contando de novo um causo contado por Sinhô do Vale, um velho fazendeiro que vive em algum lugar indefinido de Goiás. A história começa com o movimento do homem tirando o cachimbo da boca para dizer à narradora que já basta da fama de crueldade que ele tem, e que ele quer contar a história verdadeira, que mostra que ele não é cruel. Os parágrafos que seguem mostram a paisagem, e, em um deles, há uma ocorrência da primeira pessoa do singular como que a fixar a câmera diante do contador de história. É a única vez em que aparece essa primeira pessoa, manifesta pelo uso do verbo olhar no pretérito perfeito: "olhei". Ela vê o pasto e o gado e o céu da tarde, numa descrição também colorida e com movimentos suaves, como a do primeiro conto. Essa presença da narradora se faz notar muito pouco: três ocorrências de discurso direto com falas muito curtas, de uma ou duas palavras, que pedem a Sinhô do Vale para contar sua história. Do momento em que ele começa a contar a história, a voz que se ouve é a do homem, emulada pela mulher narradora. A narradora volta a ser sentida, sem se revelar completamente, no final do conto, com a descrição da noite que cai no lugar onde ela está com o fazendeiro.

Sinhô do Vale conta sua história porque quer se desfazer da fama de cruel espalhada por Amândio, um jovem capataz de fazenda próxima, propriedade do Coronel Fulgêncio, que, um dia, apareceu na fazenda do ainda não famigerado contador durante uma ronda de fogo. Depois de se gabar das propriedades do seu patrão, dono da outra fazenda, o visitante impôs, de repente, um desafio a Sinhô do Vale. Vendo os trabalhadores tentarem controlar com cordas um bezerro que queria se desgarrar da manada, Amândio quis prender um garrote pelo chifre, sem usar cordas, dizendo em tom arrogante que na fazenda do Coronel Fulgêncio assim se fazia, e que ele iria ensinar algo a Sinhô e seus empregados. Sinhô do Vale, que vinha progressivamente se irritando com as demonstrações de poder de Amândio, deixa que o rapaz ensine a seus peões como tratar seu gado, prevendo que o desafiante fracassaria. O garrote é bravo e quase mata Amândio. Sinhô do Vale impede que os demais vaqueiros o ajudem até o rapaz ficar bastante ferido e implorar duas vezes para ser salvo. Amândio é salvo, no fim, e, segundo Sinhô do Vale, saiu pelo mundo espalhando que o fazendeiro era mais diabólico que qualquer onça.

A cena do desafio de Amândio pode ser lida em chave irônica, e é sintomático que essa possibilidade tenha escapado aos críticos da época, que viram nos contos uma suposta escrita masculina, quando são os brios masculinos de Amândio e Sinhô do Vale que entram em choque quase infantil.

> Passivos, os garrotes entraram na mangueira
> – Um pouco d'água, moço! – sem pedir licença, Amândio estendeu ao menino a caneca de lata. Afundou o nariz na água diáfana. Bebeu ruidosamente, de todo absorto nesse conforto animal. Ergueu o queixo felpudo, por onde as gotas corriam; olhou o movimento da mangueira:
> – Quê! Ocês pega no laço um bezerrito assim? Lá na fazenda do Coroné é no chifre, moçada!
> Sinhô do Vale levantou-se, impaciente:
> – Aqui também se pega no chifre, mas não dessa era...
> – Dessa era também, siô Sinhô!
> – Olha, moço, eu sou caboclo vivido. Me criei em lombo em pelo, por essas légua. Vi gado dês que nasci. E nunca vi garrá bezerro dessa idade!
> O tom era ameaçador. Excitou o vaqueiro. Ele desafiou:
> – Siô Sinhô duvida, pois mostro já.
> Caminhou para a mangueira, apertando o cinturão, jogando ao chão o chapéu desabado.
> – É agora, moçada, que ocês vai aprendê!
> Saltou o cercado, num ímpeto, amparando o corpo numa só mão. Caiu de rojo na arena.
> – Vai começá a tourada! Reda, criançada! Reda, pra vê!
> A peonada parou, indecisa. Mas a voz de Sinhô do Vale, pintada de ironia, decidiu-a:
> – Reda, gente! Deixa o homi ensiná!
> Desdobrou a sua estatura agigantada, de pé no batente do avarandado, com os olhos espetados na arena. Instintivamente descansou a mão na cintura, sobre a garrucha carregada... E a peonada arredou.

A cena começa com um elemento natural, bois, símbolo que, segundo dicionários especializados como o de Jean Chevalier e Alain Gheerbrant, é normalmente ligado à masculinidade agressiva. Mas eles estão passivos, ou seja, em rebanho. Essa ideia de um rebanho pacificado espelha os peões da fazenda de Sinhô do Vale, que, ao verem o gesto automático do patrão de botar a mão na garrucha carregada, obedecem-no imediatamente e vão ver a humilhação de Amândio. Tirando o vizinho e o proprietário, os animais humanos ou não estão domesticados e submissos.

Amândio aparece como elemento perturbador da mansidão submissa: pega água sem pedir licença e provoca o senhor das terras. Quando esse outro peão bebe a água, descrita como diáfana, ou seja, transparente e que permite ver o que está do outro lado, temos a antecipação discreta do que vai ocorrer no conto: a condição de subalterno de Amândio será revelada. Há um detalhe que é bastante revelador da condição do vaqueiro na descrição desse gesto: as gotas d'água corriam pelo queixo felpudo de Amândio, ou seja, ele não tinha uma barba cerrada, o que implica, de um lado, juventude; mas de outro, masculinidade incompleta.

O diálogo entre Sinhô do Vale e Amândio que se segue é um desafio progressivo. Enquanto o vaqueiro garante que entre os peões da outra fazenda trata-se a natureza rebelde com mais virilidade, o fazendeiro evoca sua experiência, sabedoria e reafirma que é por isso que não há ali naquele momento demonstração alguma de virilidade espetacular. Certo de seu conhecimento, o fazendeiro empurra o vaqueiro para a derrota e demonstra seu poder de macho alfa sobre os demais machos ao redor.

Mal-afamado por crueldade, Sinhô do Vale depois rezará missas atrás de missas, e vai recorrer a essa narradora mulher para contar a verdade, e que, com sua intervenção (como se pedem coisas à Virgem Maria), sua reputação será restaurada. Ou seja, há também uma posição indesejada a que a própria demonstração de masculinidade do fazendeiro o leva. Tudo isso contado por uma narradora discretíssima, que apenas se anuncia e desaparece sob as falas masculinas. Esse tipo de registro, essa câmera-mulher que critica o espetáculo absurdo do masculino, pode ser o que há de feminino – e feminista – na escrita de Cacy Cordovil, e que só seria objeto de escrita de autores homens se eles se dedicarem a observar criticamente as dinâmicas do patriarcado. Todo esse expediente discursivo está inserido na execução hábil de elementos fundamentais na linguagem do conto: diálogos curtos e com função diegética bem delimitada, descrições precisas e ao mesmo tempo feitas com escolhas simbólicas e imagéticas significativas na narração e plenas de recursos poéticos, sejam das ações, dos personagens, ou da paisagem, e sequências narrativas expressivas, com foco nas ações relevantes para construir o tema do conto, qual seja, a busca por redenção não de alma ou moral, mas de reputação. Talvez por isso os críticos dos anos 1940 tenham se incomodado, a ponto de dizer que Cacy Cordovil escreve como homem e ao mesmo tempo tenham deixado escapar o comentário contra o patriarcado desse e de outros contos.

A figura da narradora nem sempre é discreta. Em *O homem bom*, um conto já quase no final dessa coletânea, surge uma narradora em primeira pessoa bem mais presente, que participa também da narrativa como uma contadora de histórias. Ela está em cima de um cavalo, em uma estrada no interior rural do estado do Rio de Janeiro, no Vale do Paraíba, a caminho da casa de parentes. O homem bom do título é Joaquim. Sua reputação começa com o fato de que ele domou Moreno, potro xucro que é, no momento da narrativa, cavalo adulto e cavalgadura da narradora – o que antecipa já uma relação próxima entre os dois. Sua outra fama é a de ter dons sobrenaturais: ele consegue, com uma reza, fazer que doentes terminais que não morrem partam em paz. Se alguém da comunidade está moribundo há muito tempo, chama Joaquim e sua reza liberta a pessoa do corpo. A narradora se recorda de todas essas histórias quando está prestes a passar pela casa de Joaquim. Ao vê-lo, ele retorna o olhar e ela o saúda, mas decide seguir viagem. Nisso, começa a surgir a memória mais tétrica – e mais verdadeira. A narradora conta de um dia que, por bisbilhotar a propriedade alheia, viu que a reza era na verdade uma execução: Joaquim pedia para ficar a sós com o doente e o sufocava. A narradora comunga com Joaquim, acredita que, de fato, por dar morte aos moribundos, Joaquim era, de fato, um homem bom, tanto quanto ela, sua cúmplice, era uma boa mulher.

A essa discussão moral e, na prática, pró-eutanásia, Cacy Cordovil novamente agrega descrições vívidas do espaço rural e comentários ao desenvolvimento econômico da região. Quando comenta sobre o adestramento de Moreno, ela está passando com seu cavalo sobre trilhos que o assustam, mas a amazona diz ao cavalo para ficar tranquilo, porque ali já não há mais trens, e que visse que mato e flores pequenas ocupam a estrutura. O breve comentário trata da virada da orientação do planejamento dos transportes no território nacional: o governo Washington Luís, iniciado em 1926, tinha como lema "governar é abrir estradas". Na Era Vargas, o processo se acelera, principalmente depois dos acordos com os Estados Unidos durante a Segunda Guerra Mundial. Caminhos de ferro começam a dar lugar a estradas de rodagem. O trilho abandonado ecoa não só esse processo, mas também a longa decadência do Vale do Paraíba, iniciada com a proibição da escravidão. O Vale do Paraíba fluminense voltaria a se dinamizar com a instalação da Companhia Siderúrgica Nacional em Volta

Redonda, mas seguiria com bolsões de pobreza e precariedade até hoje. O abandono e a precariedade da vida no Vale do Paraíba fluminense, onde a bruxaria e o sobrenatural pautam as relações humanas, são comentados no meio intelectual desde a decadência da cafeicultura na região; é uma análise típica na época da modernização do Estado e da política nacionais sob os governos revolucionário, constitucional e ditatorial de Getúlio Vargas, em que Cacy Cordovil esteve imersa: o atraso do Vale do Paraíba era uma das grandes questões para, por exemplo, Monteiro Lobato, e ela certamente conhecia suas posições, muito provavelmente em primeira mão.

Os contos de *Ronda de fogo* são majoritariamente ambientados no meio rural e são todos marcados pelas constatações do avanço urbano, pelas descrições vívidas, ainda que bastante sintéticas, de paisagens, hábitos, costumes e tipos humanos do sertão do Centro-Oeste e dos pampas, pela inserção de narradoras com senso de observação social e política que revela, em seu discurso, posições progressistas na atualidade de sua escrita. O volume se encerra, no entanto, com dois contos ambientados no meio urbano: "Conflito" e "Amor".

O conto que encerra o volume, "Amor", traz uma narradora onisciente, sem marcações de gênero, mas que acompanha predominantemente a personagem masculina. Essa escolha é sintomática e simbólica para o encerramento de *Ronda de fogo*. A história começa com um encontro fortuito entre Otávio e Laura, ex-amantes, numa esquina de uma cidade indeterminada, que havia mudado muito na última década. No momento do encontro, já com cabelos brancos, as personagens conversaram em um diálogo breve e, em seguida, "fitaram-se de novo, intensamente, com espanto renovado por esse encontro tão fácil, tão casual, nos lugares de sempre, dez anos mais tarde." Em seguida Otávio conduz Laura a seu carro e dirige para fora da cidade, até parar o automóvel na zona rural sob um plátano. O homem, que tomou a iniciativa da fuga, é quem verbaliza o espanto do encontro, e ela responde como se afastasse algo no que ele diz:

> – Como são estranhas as coisas, Laura! Parece que estivemos no fundo da terra e, de repente, voltamos de novo à luz…
> Virou-se para ela. Surpreendeu-se ante os olhos luminosos e repousados, ante o sorriso sem queixume que lhe endereçava:
> – E, no entanto, estávamos bem à superfície dela!

Fazemos dois mergulhos em fluxos de consciência que espelham esse diálogo. Primeiro Otávio, que interpreta a resposta de Laura como censura e pensa em se desculpar, sem saber de quê. Reflete sobre os dez anos de separação e os vê "vazios e banais", "sem desgostos, sem lutas." Laura parece para ele o oposto do vazio. Projeta nela "conhecimento das coisas". Em seguida, Otávio tenta fazer Laura falar, com uma pergunta banal, que leva Laura a seu turno de fluxo de consciência, que dura poucas linhas: ela pensa em seus próprios olhos, "olhos de emoção", vivos. O fluxo de consciência volta para Otávio, que medita longamente sobre o quanto Laura se esforçou para ser sua companheira, e sobre os motivos que teria tido para afastá-la:

> Por que a afastara? Que defeitos eram os dela? Que erros cometera? Todos os defeitos, todos os erros do amor. De um grande amor. Compreendia-o bem, agora. Afastara-a, sem hesitar, ouvindo apenas a voz da própria insatisfação. Da insatisfação que nunca pudera vencer, nem com o casamento, nem com o nascimento dos filhos. E que julgara ser o indício de que ainda não era feliz. Afastara-a, sem saber se no dia seguinte voltaria. A vida espreitava-os. Colhera-os nas suas malhas, aproveitando-se do instante de irreflexão. Como casara? Não havia amado a esposa mais do que a Laura. Fora a ocasião: estava só. Alongaram-se então os dias, monótonos, sem vibração, sem alma. Nunca vira nos olhos da mulher a expressão de Laura. O olhar que respondia à vida. Tinha certeza de que ela não afastaria montanhas ensanguentando as mãos... E que não o compreenderia até mesmo quando se tornava injusto, aceitando-o, como a outra, em toda a sua humana imperfeição.

O fluxo de consciência de Otávio é uma longa autocomiseração, que atribui à mulher, qualquer das duas, a função de "afastar montanhas ensanguentando as mãos", na luta pela aceitação de si que o próprio marido não consegue ter. Cobrindo o silêncio, começa a falar das banalidades de que se queixa em pensamento. Laura tem dois momentos curtos de fluxo de consciência mostrados pela narradora:

> Laura continuava a olhá-lo, sem estremecimento, sem mágoa. Tudo que lhe dissesse ela já havia sofrido. Tudo que lhe contasse, já pressentira, no silêncio da solidão em que sempre o seguia, vigilante, como se continuasse dentro da sua vida, como se vivessem a dois.
> [...]

> Nada. Basta-lhe o amor. Bastava-lhe o pensamento, aceso e intenso, do passado. Vivera tornando presente o passado. Contava encontrá-lo, numa esquina qualquer...

E quando fala, Laura disse que o esperou sempre, por esses dez anos. O par retorna à cidade. Ela pede para ser deixada no mesmo lugar onde ele a encontrou, porque não queria lhe dar seu endereço. O conto se encerra com um mal-estar de Otávio:

> Quando Laura desceu e se perdeu na multidão, Otávio sentiu que se abria, em torno, um vácuo. Que só então se desprendia da mocidade, da intensidade de dez anos atrás.
> Alguma coisa passara junto a ele, emocionando-lhe a vida, sem que se apercebesse. Alguma coisa que se esvaía, que perdia. Alguma coisa que já não poderia deter: – *o amor*.

A situação mais superficial é a de que um homem segue sua vida, enquanto uma mulher espera que ele volte. Até aí, esses papéis estão invertidos, ocorrem entre casais do mesmo sexo – é um grande lugar-comum da literatura e não torna nenhuma narrativa especial com sua presença no texto. O interesse está no aprofundamento das razões por que a mulher espera e por que ele segue sua vida. O afastamento, ele atribui a suas próprias insatisfações. A espera, ela suporta porque, ao contrário dele, percebe que Otávio é um grande amor. Aqui encontra-se mais um lugar-comum: que só existe na vida um grande amor. Cacy Cordovil é mais sofisticada do que isso. Laura espera, mas não toma nenhuma iniciativa de retomar essa relação, e inclusive prefere que Otávio não saiba onde ela mora. Talvez continue a seguir os passos do homem, como seguiu pelos dez anos, como *voyeur*, uma câmera de cinema que observa e deseja – como em *Janela indiscreta*, de Alfred Hitchcock ou qualquer filme de *slasher*, como *Sexta-feira 13*. Essa câmera é comum, mas ela corresponde ao olhar do homem, como formula a teórica do cinema estadunidense Laura Mulvey, em *Prazer visual e cinema narrativo*, um ensaio de 1975 que se tornou fundamental para o estudo do cinema numa perspectiva feminista. O homem no cinema olha, projeta seus desejos e ansiedades sobre a mulher. No conto que encerra *Ronda de fogo*, é Laura quem observa, deseja e espera. E, conscientemente ou não, angustia o homem que não compreende seu olhar, e só faz sentir a perda daquilo que é uma das forças motoras da vida mais importantes: o amor.

Depois de casada, Cacy Cordovil terá observado a vida intelectual a seu redor, sem voltar a publicar, e, talvez, sem voltar a escrever? Se há entrevistas que fazem essa questão, elas não estão facilmente acessíveis nos meios digitais, como há muito pouco sobre Cacy Cordovil, uma das grandes escritoras brasileiras, falecida no ano 2000, nesses mesmos meios.

Ronda de fogo é o único livro de Cacy Cordovil que se consegue encontrar, e ainda assim com alguma dificuldade, para compra na internet. Ao contrário das demais raridades vendidas nesses sítios de livros usados famosos, o volume, uma republicação de 1998 pela Editora Musa, tem preço médio abaixo dos livros novos, por exemplo. Seu primeiro livro, *Raça*, de contos, foi publicado em Porto Alegre, pela Editora Globo, em 1931. O livro de poemas *Grito sem rumo* segue inédito. Alguns de seus contos que aparecem no *Ronda de fogo* saíram em coletâneas posteriores e bastante relevantes nos anos 1950.[4] Desde então, até 1998, nada mais foi publicado ou reeditado. Depois de 1998, até o momento da escrita deste capítulo, tampouco.

Essa bem cuidada edição da Musa traz nos paratextos a apreciação crítica da época. Confirmando o relato de Maria Valéria Rezende, a orelha centra três de seus oito curtos parágrafos na figura de outro escritor famoso por seus encômios a mulheres cuja aparência se enquadra nos padrões determinados por homens, que teria dedicado seus primeiros versos à escritora.[5] Esse fato, aliás, se não é estruturante, é bem destacado sempre, inclusive nos obituários de Cacy Cordovil em 2000. A orelha é compartilhada por uma nota curta extraída de uma carta de um importante editor da época a Cordovil, em que, depois de supostamente elogiá-la por não colocar em sua escrita "enfeites femininos", diz haver encontrado "todas as qualidades de varonilidade, segurança, "directedness" e enfibratura dos que são escritores natos e souberam educar no apuro da língua o dom que a natureza lhes deu."[6] Basicamente escrever bem é coisa de homem, nesse elogio ao romance, pouco depois de seu lançamento, que equivale mais a um insulto à autora e às mulheres de uma forma geral.

---

4   Uma dessas coletâneas foi publicada pela Livraria da Editora da Casa do Estudante, do Rio de Janeiro, e organizada pelo escritor Graciliano Ramos.

5   O nome do escritor não será citado porque, perdoe-me esse poeta, para entrar neste capítulo beleza é fundamental.

6   Carta de Monteiro Lobato a Cacy Cordovil, datada de 5 de novembro de 1941.

A produção de Cacy Cordovil, a julgar pelo que se tem acesso hoje, e considerando que se trata de um processo interrompido pelas decisões de acomodação ao papel esperado de uma mulher da geração da autora, é uma produção de arte e discurso literário em compasso com o que se escrevia à época, fruto de convívio ativo nos meios literários, jornalísticos e políticos de seu tempo. Não bastasse a inserção social, o gesto estético de Cordovil é estudado, preciso e belo. Se há algo feminino no texto, é a arguta observação crítica do patriarcado. Se houver algo de especificamente masculino nessa produção, será o fato de ela revelar a participação ativa e atenta de Cordovil na vida intelectual de sua época, e não na escrita específica, que não é necessariamente feminina ou masculina. O problema para o escritor e crítico homem é admitir mulheres em seus clubes, e, quando elas são admitidas, precisam ser masculinizadas, mesmo que o gesto seja delirante e apavorado pela perspectiva psicanalítica da castração.

Referências

Obra literária:

CORDOVIL, Cacy. *Ronda de fogo: contos*. São Paulo: Musa, 1998.

Obras de referência:

CHEVALIER, Jean; GHEERBRANT, Alain. *Dicionário de símbolos: mitos, sonhos, costumes, gestos, formas, figuras, cores, números*. Rio de Janeiro: José Olympio, 2008.

COELHO, Nelly Novaes. *Dicionário crítico de escritoras brasileiras: (1711-2001)*. São Paulo: Escrituras Editora, 2002.

FREUD, Sigmund. *A interpretação dos sonhos*. Trad. Renato Zwick. Porto Alegre, L&PM, 2019.

HOLLANDA, Heloísa Buarque de. A roupa da Rachel. *Revista Estudos feministas*, Rio de Janeiro, Editora Imago, v. 0, n. 0, p. 187-202, 1992.

MULVEY, Laura. *Visual Pleasure and Narrative Cinema. Screen*, Glasgow, v. 16, n. 3, p. 6-18, 1975.

Cataguases no mapa literário brasileiro: o Grupo Verde

Luiz Ruffato

Publicada em Cataguases, cidade do interior de Minas Gerais, a revista *Verde* surgiu num momento, setembro de 1927,[1] em que não havia em circulação nenhum órgão de divulgação do espírito radical do Modernismo: *Terra Roxa e outras terras* encerrara as atividades em setembro de 1926 e a *Revista de Antropofagia* só seria lançada em maio de 1928. Com isso, *Verde* entrou para a história da literatura brasileira ao evidenciar a força de penetração do Modernismo, contribuindo, em definitivo, para a consolidação dos postulados estéticos de vanguarda, reafirmados em suas principais vertentes, liberdade de expressão e nacionalismo.

Curiosamente, as tentativas de compreensão do aparecimento da revista *Verde* esbarram sempre em um lugar-comum: Cataguases é um "fenômeno inexplicável". Esse argumento, até hoje repetido à exaustão, até mesmo pelos estudiosos, descerra um véu sobre o assunto. Pouco a pouco, *Verde* tornou-se uma espécie de exotismo literário. Já em 1929, Tristão de Athayde se perguntava, pasmo: "Por que enredos da Providência Divina foi nascer à beira de um riacho chamado Meia-Pataca [...] um grupo de poetas interessantes que hão de deixar uma certa marca no momento poético que estamos vivendo?".[2]

Os próprios membros do grupo *Verde* contribuíram para elevar o fato à categoria do incognoscível, como, por exemplo, Francisco Inácio Peixoto: "Cataguases sempre foi, e agora mais do que nunca, um equívoco" (DUARTE, 1982, p. 62); ou Enrique de Resende: "*Verde* foi um milagre. E os milagres não se explicam!";[3] ou, ainda, Rosário Fusco: "A *Verde* é folclore

---

1 *Verde* teve quatro números mensais, entre setembro e dezembro de 1927, um quinto número, em maio de 1928 (com data de janeiro), e um sexto, em maio de 1929, homenagem a Ascânio Lopes, morto em janeiro daquele ano.
2 Comentário publicado em *O Jornal*, Rio de Janeiro, 10 fev. 1929, p. 4.
3 Comentário publicado em *Revista Cultura*, Brasília, ano 2, n. 5, jan.-mar. 1972, p. 94.

e os seus representantes, um episódico [...] equívoco".⁴ Esses depoimentos buscaram minimizar a importância socioeconômica da cidade, o que, por contraste, ampliava o significado das atividades de seus protagonistas. Guilhermino César, por exemplo, na abertura do Festival de Cinema de Gramado (RS), em 22 de fevereiro de 1978, afirmava:

> Imaginem um aglomerado urbano cortado por um rio de 80, 100 metros de largura, com a ponte metálica fabricada pelos ingleses, duas praças com dois nomes ilustres que nós chamávamos "a praça de cima" e "a praça de baixo", para simplificar as coisas, e umas cinco ruelas.
> Eis Cataguases. Habitantes na década de 20/30, a vaidade local dizia 5.000 – mas as estatísticas diziam 3.500 habitantes. E nessa cidade de 3.500 habitantes, deram coisas espantosas para o tempo, o lugar e o ambiente cultural.⁵

Descrita assim, Cataguases parece um pacato e bucólico arraial, quando na verdade, em 1927, a cidade não possuía nem 3.500, nem 5 mil habitantes, mas 16 mil apenas na sede do município, distribuídos em 1.300 casas construídas em 30 ruas, servidas de rede de água e esgoto e iluminação elétrica, economia baseada na indústria têxtil, variado comércio, invejável sistema educacional e ligação direta por estrada de ferro com o Rio de Janeiro,⁶ onde, aliás, seu nome já circulava na imprensa por conta das experiências cinematográficas de Humberto Mauro.⁷

A sedimentação de uma certa abertura para a cultura literária em Cataguases pode ser reputada, em grande medida, à qualidade do ensino no Ginásio Municipal, fundado em 1910. Na primeira metade dos anos 1920, quase todos os futuros membros do grupo *Verde* passaram por suas dependências: Martins Mendes (1903-1980), Ascânio Lopes (1906-1929), Cristophoro Fonte-Bôa (1906-1993), Oswaldo Abritta (1908-1947), Guilhermino César (1908-1993), Francisco Inácio Peixoto (1909-1986) e Camilo Soares (1909-1982) – à exceção de Enrique de Resende (1899-1973),

---

4   Comentário publicado em *O Pasquim*, Rio de Janeiro, n. 351, 19 a 26 mar. 1977, p. 12.
5   Uma palestra cinematográfica. In: WERNECK, Ronaldo. *Kiryrí rendáua toribóca opé* – Humberto Mauro revisto por Ronaldo Werneck. São Paulo: Arte PauBrasil, 2009. p. 64.
6   *Cataguases*, Cataguases, 7 set. 1927, p. 3.
7   Em termos de comparação, Belo Horizonte, capital e maior cidade de Minas Gerais, tinha 110 mil habitantes na época, e o Rio de Janeiro, capital da República e maior conglomerado urbano do país, 1 milhão.

poeta simbolista convertido ao Modernismo, que fez o curso médio no Rio de Janeiro e Ouro Preto e formou-se em engenharia civil em Juiz de Fora, e de Rosário Fusco (1910-1977), que só concluiria o curso médio no final daquela década.

Guilhermino César recorda que

> o Ginásio Municipal de Cataguases [...] reunira no segundo decênio deste século [século XX] um grupo de bons professores, dentre os quais Cleto Toscano Barreto, juiz de direito da Comarca. Ensinava português e francês aos meninos, com uma austeridade e saber a que eles não foram indiferentes. Dava-lhes o mestre, a par de conhecimentos metódicos, regras de conduta intelectual. Traduzir Racine e Corneille, ler Camilo e Machado, analisar sintaticamente *Os Lusíadas*, isso não era nada. O velho Cleto fazia-os ler também os jornais do Rio, a *Revista de Língua Portuguesa*, de Laudelino Freire, artigos de crítica e de história literária. E, não contente, obrigava-os a escrever. Aos domingos e feriados havia ainda o Grêmio Literário Machado de Assis, a cujas sessões festivas comparecia o corpo docente. Junto da bibliotecazinha da sociedade estudantil, onde a Enciclopédia Jackson se emparelhava com Machado, Alencar, Aluísio, Pompeia, Macedo, Júlio Verne e o mais o que Deus e a censura didática permitiam, meninos e rapazes se exercitavam de várias formas, lendo trabalhos próprios e alheios, fazendo "crítica" (a que se pode imaginar) e declamando o que nem sempre se casava com o tom parnasiano gloriosamente reinante. Nesse ambiente veio repercutir a inquietação modernista. E de que maneira, já se adivinha: confusa e atropeladamente.[8]

Quando lançada, no final de setembro de 1927, três dos cinco principais nomes da revista já não viviam em Cataguases: estudantes, Francisco Inácio Peixoto morava no Rio de Janeiro e Guilhermino César e Ascânio Lopes em Belo Horizonte. Aliás, é por meio do contato dos dois últimos com a chamada "Turma do Café Estrela", que publicou *A Revista*, em 1925, que o primeiro número da *Verde* ostenta as colaborações de Carlos Drummond de Andrade e Emílio Moura. Ancorados no prestígio social de Enrique de Resende, que, além de engenheiro estabelecido, pai de família e poeta reconhecido – foi o quarto colocado no concurso para eleger o Príncipe dos Poetas Mineiros, promovido pelo *Diário de Minas*, em 1927 –, era filho de

---

[8] Os verdes da *Verde*. Apresentação geral da edição fac-similar da revista *Verde*. São Paulo, 1978, s/pag.

um ilustre advogado e neto do criador do município de Cataguases, e nos sobrenomes dos outros participantes – "todos esses rapazes eram filhos de gente de dinheiro", lembra Rosário Fusco,[9] sendo ele mesmo a única exceção –, não foi difícil conseguir apoio do comércio e da indústria da cidade à iniciativa.

Então, após o primeiro número, feito somente com colaborações de escritores mineiros, entra em cena o ímpeto febril de Rosário Fusco, que esparrama correspondência para todos os cantos do Brasil: "Se não fosse o Fusco, não haveria a *Verde*. Nós éramos todos vagabundos, mas fantasiados de estudantes. E ele nem isso era. Era vagabundo mesmo. Ele escrevia pra todo mundo, descobria endereços", lembra Francisco Inácio Peixoto.[10] Paulo Emílio Salles Gomes argumenta que

> o primeiro com quem Fusco se corresponde é Antônio de Alcântara Machado, que aceita colaborar e sugere que convidem também Mário [de Andrade], Oswald [de Andrade], Couto de Barros, Sergio Milliet, Prudente de Moraes Neto. Todos irão colaborar em *Verde*. Mário, Alcântara e Prudente terão pela revista um carinho especial. Tentam arranjar anúncios, conseguem assinantes e depositários, mandam dinheiro do próprio bolso, comentam cada número, fazem sugestões de todo tipo.[11]

Apesar de estranhamente quase nunca citado pelos verdes, Alcântara Machado teve papel fundamental na sobrevivência e visibilidade da revista. Em duas cartas, datadas de 21 e 26 de setembro de 1927, ele envia para Rosário Fusco endereços dos modernistas paulistas, entre eles o de Mário de Andrade, e indica jornais para onde a *Verde* deveria ser enviada.[12] Além de ajudar a estabelecer conexões com o mundo literário, ele se mete até

---

9   *Apud* ARAÚJO, Laís Corrêa de. A poesia modernista de Minas. *In*: ÁVILA, Affonso (org.). *O Modernismo*. São Paulo: Perspectiva / Secretaria de Cultura, Ciência e Tecnologia de São Paulo, 1975. p. 182.

10 *Totem*, Cataguases, 5 abr. 1979, s/pag.

11 Para um estudo sobre "Os azes de Cataguazes". Separata. *Língua e Literatura*, n. 4, São Paulo, Faculdade de Filosofia, Letras e Ciências Humanas, Universidade de São Paulo, 1975, p. 464.

12 Cf. MENEZES, Ana Lúcia Guimarães Richa Lourega de. *Amizade "carteadeira": o diálogo epistolar de Mário de Andrade com o Grupo Verde de Cataguases*. (Doutorado). Departamento de Letras Clássicas e Vernáculas da Faculdade de Filosofia, Letras e Ciências Humanas, Universidade de São Paulo. São Paulo, 2013, p. 368.

mesmo na programação visual da revista, conforme carta de 5 de dezembro de 1927:

> O aspecto material prosperou. Eu se fosse você ainda o simplificaria um bocado. Enfeia-o muito desenhinho tipográfico. Na capa, além da margem verde bastaria um quadrado preto cercando o sumário. Não dois como agora. Nos paralelepípedos que ladeiam o título arranque os pontilhos ::::: As letras bastam. Tire também os traços desenhados que separaram os artigos [...] Para que essa separação? Para este fim bastam os títulos. Mas querendo separar ponha um traço e mais nada. Uma linha como se diz em língua tipográfica.[13]

Mas, sem que soubessem, Alcântara Machado fez muito mais: abortou um princípio de rebelião contra a revista, que, caso fosse à frente, a teria inviabilizado completamente. Em carta a Prudente de Moraes, neto, datada de 21 de novembro de 1927, ele afirma:

> Soube pelo Tristão [de Athayde] que você, o [Manuel] Bandeira e o Rodrigo [de Melo Franco de Andrade?] estavam com a sinistra intenção de publicar um manifesto contra a *Verde*. Naturalmente, vocês ficaram como toda a gente indignados contra a maneira besta com que aquela rapaziada (16 a 17 anos) redigiu o primeiro número: a língua, a preocupação modernista, a ortografia, a agressividade chulé, as asneiras e o resto. Mas eu adotei outra atitude. Escrevi a eles: vocês escrevem pedra, pensam pedra, são modernistas pedra. Não valem um tostão. No fundo o esforço é ótimo. Tratem de melhorar, pois o pensamento é o estilo. Cresçam primeiro. Depois apareçam devargarzinho. É o que eles têm feito. O segundo número da revista é a prova. Para essa obra de catequese não posso dispensar o seu concurso. Está claro.[14]

No terceiro número da revista, em novembro de 1927, saiu encartado o Manifesto Verde, que estabelece, em linhas gerais, embora de forma confusa, alguns parâmetros do ideário do grupo de Cataguases. "A desorientação é ainda melhor coisa que se fez no modernismo", justificaria Enrique de Resende,[15] responsável pela redação do documento, revisto por

---

13 Idem, p. 369.
14 Ibidem, p. 370.
15 *O Jornal*, Rio de Janeiro, 7 abr. 1929, segunda seção, p. 2.

Ascânio Lopes, enquanto "os demais só assinaram",[16] conforme Francisco Inácio Peixoto. Na verdade, o documento, como mais tarde reconheceriam, foi uma "bobagem", mera necessidade de marcar o território com frases de efeito, no qual se misturam tolas invectivas municipais, legítimo anseio por reconhecimento, reivindicação de inventividade e ingênuo clamor de independência em relação aos outros grupos e entre eles mesmos, conforme seu resumo:

> 1º) Trabalhamos independentemente de qualquer outro grupo literário;
> 2º) Temos perfeitamente focalizada a linha divisória que nos separa dos demais modernistas brasileiros e estrangeiros;
> 3º) Nossos processos literários são perfeitamente definidos;
> 4º) Somos objetivistas, embora diversíssimos, uns dos outros;
> 5º) Não temos ligação de espécie nenhuma com o estilo e o modo literário de outras rodas;
> 6º) Queremos deixar bem frisado a nossa independência no sentido "escolástico";
> 7º) Não damos a mínima importância à crítica dos que não nos compreendem.

Os dois pontos que nortearam as ações do grupo, liberdade de expressão e nacionalismo, estão mais bem explanados nas páginas da revista. No artigo "A cidade e alguns poetas", que serve de editorial do número inaugural de *Verde*, Enrique de Resende afirma que

> de entre os muitos bens que nos trouxe o modernismo, sobressai, é certo, a liberdade com que sonhávamos.
> Daí o abandonarmos tudo que pudesse subjugar-nos o espírito – como são os cânones de toda espécie.
> E com a liberdade veio o amor a todas as coisas belas.
> E tudo que é nosso irrompeu no ritmo novo de uma geração nova.[17]

No mesmo número, Rosário Fusco, em inflamado artigo, reclama a necessidade de se permitir a liberdade absoluta de criação, proclamando

---

16 *In*: ROMANELLI, Kátia Bueno. *A revista Verde* – contribuição para o estudo do Modernismo brasileiro. (Dissertação) – Departamento de Letras Clássicas e Vernáculas da Faculdade de Filosofia, Letras e Ciências Humanas, Universidade de São Paulo. São Paulo, 1981, p. 196.

17 *Verde*, Cataguases, n. 1, set. 1927, p. 10.

que cada autor deveria ser sua própria escola – e condenando o "banzé danado que a gente de peso na Arte Moderna vem fazendo atualmente":

> Na Arte Moderna não há escolas, nem nada. Portanto, cada um pra si. Cada um é líder de si mesmo [...] Esse negócio de torcida é só no futebol. Nada de política! Nada de partidos! Nada de polêmicas! Nada. Nada. Nada! [...] na Arte Moderna a gente segue a emoção pura e espontânea de cada um.[18]

Fusco demonstraria, pouco depois, "grande arrependimento e imensa vergonha" deste artigo, segundo Francisco Inácio Peixoto,[19] possivelmente por conta da didática repreensão dirigida a ele por Alcântara Machado, em carta de 5 de dezembro de 1927:

> É preciso distinguir modernismo verdadeiro de modernismo falso. Não modernismo de futurismo. Porque a diferença entre estes últimos é evidente. Entre eles a distinção está feita há tempos. Na lista *Os combatentes da hora* verifiquei assombrado uma confusão desastrada. Couto de Barros modernizante? Modernizante quem dirigiu *Klaxon* e escreveu *A mulher que virou infinito*? Paulo Prado moderno? Paulo Prado é uma das primeiras forças da inteligência brasileira de hoje. Mas nunca foi moderno ou antes vanguardista. É um historiador de visão moderna sem dúvida. É um dos brasileiros mais modernos no gosto e no juízo. Em literatura é um simpatizante. Não quer ser e não é outra coisa. Tem um lugar apartado no movimento. Não pode ser posto ao lado de Mário e Oswald [de Andrade] por exemplo no torvelinho da luta.
> Cassiano Ricardo moderno? Ai-ai-ai! Cuidado, gentes. Cautela, pessoal. Distinga, meninada. Graça Aranha moderno? Nossa senhora de minha devoção: elucide a rapaziada.
> Outra coisa: Godofredo Rangel e Ildefonso Falcão colaborando na *Verde*. Bom. Já estou eu de novo metendo o nariz (aliás, pequeno) onde não fui chamado. Prefiro não dizer nada.[20]

Se no quesito liberdade de expressão, de alguma forma, os verdes encontravam-se bem próximos de Mário de Andrade – "A gente desaprendia tudo que tinha aprendido para escrever à maneira do Mário de Andrade",

---

18 Idem, p. 11.
19 *Verde*, Cataguases, n. 4, dez. 1927, p. 13.
20 *Apud* GOMES, *op. cit.*, p. 466.

lembra Guilhermino César [21] –, no quesito nacionalismo suas ideias inclinavam-se mais para Oswald de Andrade. No Manifesto Verde, eles assim se exprimem:

> Nós não sofremos a influência direta estrangeira. Todos nós fizemos questão de esquecer o francês. [...] Não temos pais espirituais. Ao passo que outros grupos, apesar de gritos e protestos e o diabo no sentido de abrasileiramento de nossos motivos e de nossa fala, vivem por aí a pastichar o "modus" bárbaro do sr. Cendrars e outros franceses escovados ou pacatíssimos. [...] os outros querem que escrevamos sonetos líricos e acrósticos portugueses com nomes e sobrenomes.
> Nós preferimos deixar o soneto na sua cova, com seus quatorze ciprestes importados, e cantar simplesmente a terra brasileira.

Essa "fúria nacionalista", "mais literária do que política", segundo Rosário Fusco,[22] apresenta-se desde o primeiro número da revista. "Abrasileirar o Brasil – é o nosso risco" – parecia claro aos integrantes do grupo que o processo de maturação do nacionalismo como ponta de lança para a formulação de uma nova cosmovisão autêntica se realizaria com o afastamento das ideias estéticas e do condicionamento temático de seus antecessores, a partir da necessidade de voltar os olhos para as coisas verdadeiramente brasileiras. Enrique de Resende argumenta:

> Já não pensamos em Bruges-la-Morte com os seus carrilhões e os seus canais.
> Já não sonhamos Veneza com as suas gôndolas e os seus passadiços. Já não cobiçamos a nudez de Salomé. E nem tampouco – oh Deus misericordioso! – já não nos embebeda o macetíssimo luar de Verona.
> Hoje contamos o que é nosso com palavras nossas. O verde das nossas matas e o mistério das nossas selvas. O esplendor dos nossos campos e a força bruta das nossas águas. A fartura das nossas lavouras e o ouro dos nossos garimpos. O brilho metálico das nossas montanhas e o trabalho das nossas fábricas rangendo.[23]

---

21 *In*: ROMANELLI, *op. cit.*, p. 217.
22 *O Lince*, Juiz de Fora, n. 1.499, maio 1975, p. 1.
23 *Verde*, Cataguases, set. 1927, n. 1, p. 10.

Em artigo intitulado "A hora presente", publicado no nº 2 da *Verde*, Ascânio Lopes enfoca o problema dentro de um contexto político, antecipando, de certo modo, uma preocupação que norteará os rumos ideológicos da Revolução de 1930, e explorando pontos comuns ao movimento antropofágico:

> A palavra estrangeiro, na sua origem, significava o inimigo. [...] A grande guerra, despertando os sentimentos nativistas dos povos, acordando as forças que prendem o homem à sua terra e à sua gente, reviveu o velho sentido do vocábulo; criou uma atmosfera de revolta contra o estrangeiro, contra as instituições e costumes alheios; criou, enfim, um estado de rebelião permanente contra as outras nacionalidades. Mais ainda: fez com que todos voltassem os olhos para sua terra e sua gente. Não para um idealismo romântico, porque o momento era de ação; não para um pessimismo doentio, porque o momento, que era de exaltação de cada nacionalidade, não o comportava. Mas, para um exame melhor das coisas, para a nacionalização das instituições, para a formação dum espírito nacional, para a criação, apuração ou consolidação de uma nacionalidade, isenta e fora do círculo da influência direta dos elementos estrangeiros. E nos países novos e de imigração, como o Brasil, onde o espírito e as coisas nacionais não estão estabilizados, passado o primeiro instante de choque com essa corrente de ideias de nacionalização, que foi um combate violento, mais de barulho que de resultado, trata-se, na hora presente, de formar um espírito nacional, um critério nacional, para a solução dos problemas nacionais; luta-se pela formação da nacionalidade, pela conservação em estado de pureza ou pela criação dos elementos que são indispensáveis a ela; trata-se de absorver o estrangeiro, sem ser absorvido por ele. [...]
> Trata-se, pois, da unificação da raça; da unificação da língua, já diferenciada da portuguesa por uma força subconsciente, incorporando-se ao patrimônio dela os legítimos modismos e palavras da generalidade do povo brasileiro; tenta-se a formação duma literatura própria, quer quanto às fontes de inspiração, quer quanto à forma; [...]
> Hora de análise profunda das coisas a hora presente, em que a ânsia de brasilidade invade todos os corações, preocupa todos os cérebros, porque todos que sentem e pensam compreenderam que o problema, longe de encerrar um mesquinho sentimento bairrista, é o problema mesmo da nossa existência e duração, como povo e como nação. [...]

> Hora momento-brasileiro, a mais bela da nossa gente; hora incerta, obscura, nebulosa, em que se trata da eternidade, no espaço e no tempo, de uma sociedade.[24]

A confluência dos verdes ao pensamento de Oswald de Andrade já havia sido, na época, percebida e apontada por Tristão de Athayde, ao comparar as revistas *Verde* e *Festa*:[25]

> Se essa revista, *Festa*, corresponde, portanto, a uma concepção "espiritualista" do movimento moderno de nossas letras, a alegre e paradoxal revista de Cataguases, *Verde*, [...] corresponde à concepção primitivista. Tanto tende o grupo carioca a um sentido de elevação pela incorporação de novos planos do espírito, em todas as direções, ou como diz o sr. Henrique Abílio – "ascensão em profundidade" – quanto visa o grupo Verde o mesmo ideal expresso no famoso manifesto do sr. Oswald de Andrade – a retrogradação ao terra-a-terra (por sutileza).
> [...] Vê-se portanto que o grupo está no extremo oposto aos rapazes de *Festa*. Movimento improvisado, desejo não só de fazer qualquer coisa de novo, mas também "abrasileirar o Brasil", ruptura integral com o passado recente [...] sedução irresistível pelas ideias primitivistas (já abandonadas em parte pelo seu próprio autor), desejo do novo pelo novo, enfim, todos os característicos de um movimento mais de ampliação que de criação.[26]

Mas, problemas incontornáveis começaram a aparecer logo após a publicação do nº 4 da revista, em dezembro de 1927. O nº 5 saiu, atrasadíssimo, em junho de 1928, embora com data de janeiro, trazendo um suplemento especial relativo aos meses de fevereiro, março, abril e maio – o único cuja capa não é verde, e sim vermelha – "por causa da grande pressa que nós tínhamos de botar pra fora *Verde* nº 5, que por sinal já anda vermelhinha de vergonha [...]"[27] –, derradeira tentativa de manter a revista em circulação, como prova este desesperado apelo:

---

24   *Verde*, Cataguases, n. 2, out. 1927, p. 17.

25   Lançada em outubro de 1927 – embora na capa esteja consignado agosto –, *Festa* tirou treze números mensais até janeiro de 1929.

26   *O Jornal*, Rio de Janeiro, 22 jan. 1928, p. 4 (primeira seção).

27   *Verde*, Cataguases, n. 5, jan. 1928, p. 5 (suplemento).

> GENTE, porque VERDE já passou pelo susto de morrer, e nós por isso quase que morremos de susto, resolvemos que a partir deste número em diante, a nossa revistinha ficasse menor, mais barata pra gente e pra vocês também. / Aproveitando a ocasião, lembramos a vocês que VERDE precisa de assinantes. Sem isso ela morrerá NECESSARIAMENTE!
> [...] VERDE precisa da camaradagem de toda a gente moça. Sem isso ela morrerá NECESSARIAMENTE![28]

No entanto, o nº 6 nunca foi lançado. Aliado às dificuldades financeiras, no começo de 1928 conclui-se a dispersão do grupo. Oswaldo Abritta e Cristophoro Fonte-Bôa mudam-se para Belo Horizonte, onde já se encontrava Guilhermino César – Francisco Inácio Peixoto e Martins Mendes estavam no Rio de Janeiro. Camilo Soares vai inicialmente para Juiz de Fora e em seguida para o Rio de Janeiro. Enrique de Resende deixara o emprego como engenheiro da The Leopoldina Railway Company para trabalhar na construção da estrada de rodagem que liga Cataguases a Leopoldina. Ascânio Lopes, severamente acometido pela tuberculose, volta para Cataguases em maio daquele ano, onde morre em janeiro de 1929, motivando o grupo a se organizar uma última vez para prestar homenagem ao amigo, na forma de uma edição especial da *Verde*, numerada como 1 da segunda fase, publicada em maio de 1929.

Em 1939, Guilhermino César assim se pronunciaria:

> Nesse ínterim, aconteceram-nos muitas coisas desagradáveis. A vida, carregada de intenções misteriosas, começou a brincar conosco. Ascânio Lopes morreu logo depois, tendo-nos deixado uma produção lírica realmente notável. A morte do companheiro não arrefeceu de todo o nosso entusiasmo. A revista ainda aguentou um número, publicado em sua homenagem. [...] E um dia morreu, por falta de dinheiro. A distribuição era difícil, os anúncios, quiméricos, e a vida nos solicitava para o trabalho do ganha-pão.[29]

A quebra da Bolsa de Valores de Nova York, em 24 de outubro de 1929, mudou o quadro econômico mundial, e suas desastrosas consequências aceleraram a configuração de uma situação favorável à deposição do presidente Washington Luís, ocorrida exatamente um ano depois, em

---

28 Idem, p. 8 (suplemento).
29 *Vamos Ler!*, Rio de Janeiro, 14 set. 1939, p. 10.

24 de outubro de 1930, por meio de um golpe de Estado civil-militar. O Modernismo literário, que teve sua fase radical ou doutrinária ao longo da década de 1920, mostraria, nos conturbados anos subsequentes, um caráter bem menos inovador. Deixam de existir os grupos organizados em torno de revistas e manifestos e os escritores partem para o desenvolvimento de obras individuais.[30]

E foi assim que, em meados da década de 1920, Cataguases deixou de ser um ponto indistinto no mapa do Brasil para transformar-se em centro irradiador das ideias novas. Ou, como afirma Guilhermino César: "nosso movimentinho, à semelhança do que sucedeu, por igual, em outros lugares, na mesma ocasião, prenunciou [19]30, fomentando inquietações que iriam desembocar num largo estuário literário e político".[31]

Referências

CÉSAR, Guilhermino. Uma palestra cinematográfica. *In*: WERNECK, Ronaldo. *Kiryrí rendáua toribóca opé* – Humberto Mauro revisto por Ronaldo Werneck. São Paulo: Arte PauBrasil, 2009. p. 64.

DUARTE, José Afrânio Moreira. *Palavra puxa palavra*. São Paulo: Editora do Escritor, 1982.

---

30 Do grupo original da revista *Verde*, Enrique de Resende, radicado no Rio de Janeiro a partir de 1932, deixou larga obra poética (*Cofre de charão*, 1933; *Rosa dos ventos*, 1957); excelente contista, Francisco Inácio Peixoto permaneceu em Cataguases (*Dona Flor*, 1940; *A janela*, 1967); Rosário Fusco, no Rio de Janeiro a partir de 1932, regressou para Cataguases em 1968, destacou-se como romancista (*O agressor*, 1943; *Carta à noiva*, 1954); e Guilhermino César, em Porto Alegre a partir de 1943, tornou-se um importante ensaísta e historiador, principalmente das coisas da terra adotiva (*História da literatura do Rio Grande do Sul*, 1956), além de poeta *(Lira Coimbrã & Portulano de Lisboa*, 1965; *Sistema do imperfeito & Outros poemas*, 1977). Ascânio Lopes, morto prematuramente, deixou obra pequena, mas considerável, reunida por mim em *Ascânio Lopes: todos os caminhos possíveis* (Cataguases: Instituto Francisca de Souza Peixoto, 2005).

31 Os verdes da *Verde*. Introdução geral à edição fac-símile da revista *Verde*. São Paulo, 1978, s/pag.

Do falso realismo ao *Teatro da Bagunça*: a crítica teatral de António de Alcântara Machado

Rodrigo Alves do Nascimento

Durante muito tempo o teatro brasileiro foi considerado um primo pobre na seara das inovações modernistas. Aparentemente preso às convenções e hegemonizado pelos espetáculos de entretenimento leve e de bilheteria garantida, só tardiamente teria aderido ao programa de renovação da cena que desde o século XIX já tomava conta dos palcos europeus. Não teve representação nos eventos que marcaram a Semana de 22 em São Paulo e foi solenemente ignorado em publicações como a revista *Klaxon*, em que boa parte dos modernistas paulistas de primeira hora apresentou balanços e diretrizes para renovação da cultura nacional. Críticos e historiadores do teatro consolidados como Décio de Almeida Prado e Sábato Magaldi contribuíram para fixar tal leitura em meados do século XX, mas não só: já no final dos anos 1920, perto do fim da famosa "fase heroica" do movimento, Walter Benevides diria de modo radical na revista *Festa* que "o teatro brasileiro continua não existindo" (BENEVIDES, 1927, p. 16). Até o cinema, primo novíssimo de outras artes já decanas, tinha conquistado o lugar de arte-farol do século XX. O teatro, no entanto, parecia agonizar antes mesmo de nascer.

Essas percepções de uma ausência ou de uma limitação crônica do teatro brasileiro sempre foram recorrentes na história de nossa crítica teatral. No entanto, mais do que revelar um fato inquestionável, elas permitem entrever os pressupostos que guiam o ponto de vista de cada crítico ou historiador de teatro. Já no século XIX, José de Alencar lamentaria o despreparo do público, que por ser formado na comédia de costumes, no *vaudeville* ligeiro e na ópera-cômica via tudo com galhofa e não sabia apreciar dramas elevados – no caso, os próprios dramas do autor. A partir desse enquadramento, o alcance de um teatro "verdadeiro" dependeria, entre outras coisas, de um disciplinamento do público ao seu próprio parâmetro. Não à toa, o romancista e dramaturgo faria do teatro tema recorrente de suas colunas no *Correio Mercantil*, a fim de tornar a circulação de um teatro nacional tido como elevado realmente possível (RAMOS, 1994).

Tal dimensão da crítica como ferramenta pedagógica perduraria, entraria no século XX e atingiria seu ápice na profissionalização do ofício crítico com a geração de Décio de Almeida Prado. Esse grupo viu a emergência d'Os Comediantes (1938-1947) no Rio de Janeiro e a sua antológica encenação de *Vestido de noiva*, dirigida pelo polonês Ziembínski, em 1943, erguida à condição de marco fundacional da dramaturgia e do teatro brasileiro modernos. Do mesmo modo, acompanhou em termos especializados – sem diletantismo e combatendo o impressionismo – as encenações do Teatro Brasileiro de Comédia (TBC). A modernização da cena era acompanhada, portanto, da profissionalização do trabalho crítico, em uma simbiose – ou *cumplicidade* – na qual as duas esferas se alimentavam com materiais e discursos.

Para esse projeto crítico, o TBC, na esteira d'Os Comediantes (só que em escala empresarial mais arrojada), seria um divisor de águas, pois pautado pela lógica internacional da profissionalização do ator e do reconhecimento do encenador como figura fulcral para a organização do espetáculo: na primeira fase da companhia "esforçavam-se os encenadores em realizar bonitos espetáculos, estribados em desempenhos e acessórios cujo padrão era a sobriedade e a finura europeia" (MAGALDI, 1997, p. 210) – e tal característica, ainda que não a única para uma empresa em busca de estabilidade e, por isso, capaz de construir um repertório arrojado, versátil e viável economicamente, tornou o TBC espécie de escola que anos depois multiplicou intérpretes que se desdobraram em companhias de perfil semelhante. De qualquer modo, não é arriscado dizer que, seja no caso d'Os Comediantes, seja no caso do TBC, procurava-se "mais uma vez, com algum atraso, acertar o passo pelo que se praticava na Europa" (MAGALDI, 1997, p. 207).

Nessa seara, a crítica teatral, longe de ser unânime, não deixou de contribuir para operar uma visão que se tornou hegemônica na compreensão da história do teatro brasileiro, a partir do que se convencionou chamar "padrão TBC": teríamos ali finalmente a modernização de nossos padrões de encenação, antes reduzidos ao horizonte repetitivo e estreito da comédia de costumes dirigida por "ensaiadores" e sustentada por pontos que sopravam aos atores textos mal decorados, ao horizonte das salas construídas para serem cineteatros e ao monopólio do ator-empresário capaz de virtuoses improvisadas no palco.

No entanto, esse "novo profissionalismo" (PRADO, 2009, p. 45) não pode ser pensado fora de um quadro histórico específico. Modernizar o teatro significava não só alinhar a dramaturgia a investigações temático-formais em curso na Europa desde meados do século XIX (e, a despeito de *Vestido de noiva*, segundo essa perspectiva nossa dramaturgia seria feita ainda de trabalhos muito episódicos), mas dar aos espetáculos um nível de acabamento que respondia a um anseio de cosmopolitismo das elites cafeeiras e financistas de São Paulo. Daí a preponderância nesses anos do elemento estrangeiro sobre o local, que se beneficiou não só da presença de inúmeros diretores emigrados fugidos da Guerra, bem como da visita frequente de companhias teatrais estrangeiras, e também de um programa crítico largamente influenciado pela escola francesa e pelos padrões estéticos de Copeau e do *Cartel* francês (Dullin, Jouvet, Baty e Ptoeff). Todos esses diretores que, de algum modo, se alinhavam à crítica ao comercialismo barateador, mas também à depuração de radicalidades temáticas que o teatro de vanguarda (sobretudo o Expressionismo e o Construtivismo) explorou no início do século. Todos mais ou menos alinhados a um "humanismo universal e abstrato" (CARVALHO, 2002, p. 70), formalizado em espetáculos de refinado acabamento, com trabalho de elenco igualitário, estudo de texto e centralidade na figura do encenador.

Segundo Kil Abreu, não se pode pensar o programa de Décio de Almeida Prado, por exemplo, fora desse programa analítico, o que significou, ao menos no período, uma forte valorização na análise espetacular do texto sobre a teatralidade cênica, do erudito sobre o popular, do internacional e elegante sobre o popular e o cômico-caricato (ABREU, 2016). Isso significou em grande medida a consolidação de uma perspectiva que organizava nosso passado teatral e o presente da cena em função de tais pontos de chegada. Não à toa, Sábato Magaldi veria a cena teatral carioca dos anos 1920 e 1930, por exemplo, como muito limitadas, do mesmo modo que muitos gêneros já há anos popularíssimos nos teatros das capitais, como a farsa, a opereta e a revista, seriam largamente criticados porque pautados pela lógica comercial e produzidos sem a batuta do grande encenador. Similarmente, muitas peças de autores como Oduvaldo Vianna, que já defendia desde 1920 o uso da linguagem coloquial contra o lusitanismo, ou de outros dramaturgos como Roberto Gomes e Renato Vianna, que já desbravavam a senda dos "dramas interiorizados", investigando temas então polêmicos e recheando suas peças de silêncios e reflexões íntimas alongadas (ainda que de forte cunho melodramático), eram secundarizadas do cânone porque traziam na fatura a mesma radicalidade formal das peças de Nelson Rodrigues, ainda que muitos temas explorados por este último já viessem sendo atacados há anos por aqueles (MEDEIROS, 2008, p. 38-42). Na mesma esteira, todo cabedal de experimentações cênicas do teatro operário vigoroso do início do século, bem como de "teatralidades" populares e "amadoras" que não aspiravam à cena institucional ou ao cosmopolitismo das elites urbanas, ficaram, por isso, em segundo plano no panteão do cânone teatral brasileiro moderno.

Se tal projeto compunha, dentro dessa perspectiva, o tão esperado encontro da crítica e da cena com o "alto Modernismo", isso também não significa que muitos elementos que o constituíam já não tivessem sido lançados anteriormente, ao mesmo tempo que também apontavam para caminhos distintos do que essa geração estabeleceu como prioridade. Entre a geração de escritores como Martins Pena, Machado de Assis, João do Rio e Artur Azevedo, que no século XIX também se ocuparam da crítica teatral (ainda que esta não gozasse em geral de seções fixas nos jornais), até a crítica especializada que emergiu a partir dos anos 1940, boa parte do trabalho crítico em jornais era feita por jornalistas sem preparo, pessoas que "davam notícia" deste ou daquele espetáculo e que foram batizados por muitos de "cronistas teatrais" (BERNSTEIN; JUNQUEIRA, 2013, p. 163). Nesse período de aparente intervalo, o trabalho de António de Alcântara Machado (1901-1935) é ponto de parada obrigatório, já que, nos dizeres do próprio Décio de Almeida Prado, Machado seria o crítico teatral que mais teria abraçado o legado da Semana de Arte Moderna (PRADO, 1993, p. 15).

No entanto, para nós, tal consideração serve mais como ponto de partida para compreendermos o ambiente em que se forja sua perspectiva do que para supor um quadro coeso de pensamento. Isso porque a crítica de Machado revela em seu conjunto o quanto diferentes pensadores e artistas modernistas viviam em um contexto variado, feito de descontinuidades e pluralidades de percepção. Ao final, permite entrever que noção aparentemente descritiva e homogênea de "teatro moderno" não deixa de ter fundo ideológico e é fruto de uma ideia de nacionalidade em disputa.

Crítica, crônica

António de Alcântara Machado é autor singular para a compreensão dos sentidos que a modernidade assume no teatro. Jovem e profundo conhecedor das peças e teorias teatrais do cânone europeu, era frequentador assíduo do teatro paulista. Escreveu críticas teatrais de modo regular por quase dez anos. Seus escritos, mesmo que dispersos nas páginas dos jornais e das revistas literárias da época, revelam um programa estético consistente. Por outro lado, mesmo que afiados, seus balanços e apontamentos não repercutiram de maneira decisiva junto a seus contemporâneos: "Aparece de quando em quando um pregador no deserto. Alcântara Machado é um deles", diria Walter Benevides (1927, p. 16) no já mencionado artigo da revista *Festa*.

Lembrado principalmente por seu livro de contos *Brás, Bexiga e Barra Funda* (1927), responsável por erigi-lo como um dos grandes nomes do Modernismo paulista, mas também por ofuscar outros aspectos de sua obra variada, Alcântara Machado foi um típico intelectual paulistano do início do século XX. Nasceu em família abastada e foi preparado para ser mais um dos elos de uma família tradicional. Estudou na Faculdade de Direito e, já em 1926, publica *Pathé-Baby*, livro no qual reúne suas crônicas de viagem pelo já famoso eixo de formação da ilustração periférica: Lisboa, Paris e Londres. Ali faz um retrato ao mesmo tempo pitoresco e irônico do Velho Continente, a partir do qual adere mais diretamente ao estilo e à crítica modernistas.

Tanto nesse livro inaugural como em *Brás, Bexiga e Barra Funda* e em *Laranja da China* (1928), Alcântara Machado revela uma estreita ligação com a crônica, aqui entendida não apenas como gênero, mas também como um cabedal de procedimentos. São narrativas curtas, de ritmo dinâmico, com linguagem concisa e uma vivacidade que cria pontes constantes com o leitor (LARA, 1992, p. 345-347). Torna-se um observador atento da modernização irregular de que a cidade de São Paulo se torna lugar e símbolo, e por isso privilegia não as personagens representativas do "arrojo" e da "iniciativa" burguesa, mas sim figuras à margem, como os imigrantes pobres, a geração de filhos de imigrantes já nascidos no Brasil (retratados de modo lisonjeador no primeiro livro e de modo mais ácido no segundo), os trabalhadores informais negros e os pequenos comerciantes... Da mesma forma que os modernistas de primeira hora, exercita a linguagem descontínua e dinâmica, inspirada na câmera-olho cinematográfica e nos arrancos do Ford que cruza as avenidas do centro de São Paulo – são as frases nominais, as construções típicas da linguagem oral e, no plano da construção narrativa, o privilégio do quadro em detrimento da intriga, bem como o efeito de simultaneidade em detrimento da progressão causal e linear.

A proposta temático-formal no campo ficcional é afim à sua atividade como editor, jornalista e crítico. Já em 1923 começa a escrever sobre teatro para o *Jornal do Comércio*, onde assina a seção "Teatro e Música", e escreve sobre literatura e variedades da vida cotidiana de São Paulo em outras seções do mesmo jornal. Nesse período serão quase trezentos textos publicados. Suas crônicas teatrais – e mesmo atuando nitidamente como crítico, preferia chamar muitos de seus textos de "crônicas" – eram marcadas pelo estilo conciso, atravessado por oralidade irônica, e também por uma perspectiva moderna ácida, de ruptura e de combate ao "ecletismo" e à falta de um projeto nacional na cultura:

> O que nos causa impacto é a diferença da visão que da cidade tinham muitos modernistas e a realidade objetiva que se constata em fontes informativas, e das quais António de Alcântara Machado se aproximou bastante, pois continuamente assinala, junto à modernização, a permanência de traços provincianos [...]. O assunto que predomina é a análise satírica das características do brasileiro: o amor à eloquência, a falta de leitura e informação, o senso crítico falho, levando ao elogio fácil; a imitação europeia sem critério, valorizando o passado pelo passado; a dualidade da cultura brasileira: atraso e progresso [...]. (LARA, 1992, p. 351-352).

Após deixar o *Jornal do Comércio* em 1926, no recém-criado *Diário Nacional*, escreveria sobre teatro para a seção "Caixa" (de 1928 a 1929), sob o pseudônimo de J. J. de Sá. Ali, publicaria ensaios de maior fôlego, destacando sobretudo a limitação dos espetáculos apresentados em São Paulo e esboçando propostas de cunho teórico para a renovação da cena brasileira. São nítidos os ecos de reflexões que já vinha fazendo como editor no jornal literário modernista *Terra Roxa e Outras Terras* em 1926, no qual se propunha não ao enfrentamento belicoso da primeira geração moderna, mas a um projeto de aglutinação de tendências em torno do desejo de "atualização" da inteligência brasileira. Em 1929 se afasta do núcleo editorial da *Revista de Antropofagia* (do qual fazia parte desde 1928) e funda, junto com Paulo Prado e Mário de Andrade, a *Revista Nova*, na qual pouco depois passam a privilegiar ensaios de interpretação do Brasil e da qual Mário se afastaria mais tarde por não concordar com o "tom conciliatório" geral.

De modo geral, entre os modernistas daquela geração, ainda que o espírito crítico fosse pautado por uma indiscutível insatisfação com a realidade social, política e cultural do Brasil – que, como se sabe, será canalizada para orientações políticas mais radicais, como o comunismo, a partir de 1930 –, e ainda que o ponto de partida fosse certo nacionalismo difuso, "propenso à denúncia e ao pessimismo" (PRADO, 1993, p. 16), a trajetória do pensamento de António de Alcântara Machado foi feita de momentos distintos, bastante contraditórios, mas igualmente estimulantes.

Falso Realismo

Então, com pouco mais de vinte anos e já bastante empenhado na crítica teatral, o Alcântara Machado que escreve para o *Jornal do Comércio* a partir de 1923 fala das peças de teatro, concertos, balés, recitais, óperas e operetas em cartaz em São Paulo e, apesar da linguagem moderníssima, não deixava de carregar alguns cacoetes da "crônica teatral" da época. O movimento de análise dos espetáculos em cartaz no início seguia o roteiro então típico de apresentação do enredo da peça, seguido de um comentário geral sobre o desempenho de cada ator ou atriz e um balanço final sobre a atitude do público. Com isso, guardava algo do paradigma anterior, pautado pelo teatro de entretenimento e pela crítica que levava em consideração a reação do público como baliza para o sucesso ou fracasso do espetáculo (ainda que quase sempre estivesse em desacordo com ela), mas também podia ser resultado da pressão sob a qual os textos tinham que ser produzidos: eram escritos "à noite, após o espetáculo, no prazo máximo de sessenta minutos, para que saíssem a tempo no jornal do dia seguinte" (LARA, 1987, p. 25).

De qualquer modo, em muitas "crônicas teatrais" revelava-se uma das primeiras facetas implacáveis de seu empenho pedagógico-militante dos anos iniciais: a crítica ao gosto médio do público. Via-o em geral como pouco especializado, pronto a aplaudir qualquer coisa em sua língua de origem (como no caso da comunidade italiana), sempre a postos quando havia celebridades em cartaz e formado de maneira rasteira na comédia ligeira e na farsa. Sobre a peça *Zuzu*, de Viriato Correia, diria em 26 de outubro de 1923: "Ademais, o público não vai ao teatro em busca de uma emoção, de arte ou de beleza: vai para rir tão somente. Assim o essencial para o comediógrafo é fazê-lo gargalhar [...]" ("Zuzu", *Jornal do Commercio*, 26/10/1923); da mesma maneira, diria em dezembro do mesmo ano, ao comentar *Eva no Ministério*, de Mário Domingues e Mário Guimarães: "estamos entre os que abominam a farsa. Mas o público aprecia esse teatro, ou melhor, só suporta e aplaude esse teatro" ("Eva no Ministério", *Jornal do Commercio*, 25/12/1923).

O mesmo espírito belicoso se dará em relação ao repertório dos teatros paulistanos, feito quase sempre de peças escritas sob medida para um ator, cujo personagem principal a ele se moldava. O alvo privilegiado nesse período seria Leopoldo Fróes, empresário e primeiro ator de sua própria companhia, que encarnava um tipo de subproduto das produções portuguesas muito em voga anos antes e então abominadas pelo crítico: o estrelismo de um ator que deixava os demais ao relento, o mesmo ator que mal comparecia aos ensaios de marcação de cena, que dependia da presença constante do ponto no palco, que abusava da improvisação e que misturava sua própria personalidade à da personagem principal, criando uma espécie de simbiose nociva. Segundo Alcântara Machado, "[...] o resultado é essa colaboração desabusada e prejudicialíssima a que o intérprete força o autor, deformando os papéis [...]" ("A vida é sonho", *Jornal do Comércio*, 2/3/1923).

O resultado, segundo ele, era a fixação de um padrão que orientava as produções dramatúrgicas da época em direção à estereotipia, à pieguice e ao riso fácil, já que qualquer ousadia formal parecia ser logo recusada por empresários de teatro e atores. É isso que se pode entrever nos comentários que tece às montagens de peças como as de Oduvaldo Vianna, tidas por muitos críticos como responsáveis por reacender uma onda de regionalismo dramático nos palcos (então em declínio desde o início da década). Segundo Alcântara Machado, ainda que o dramaturgo fosse capaz de observar com muita verdade algumas situações, na maioria das vezes descambava no lirismo piegas ou nos tipos cômicos estapafúrdios. Na peça *Terra Natal*, por exemplo, o mal do autor teria sido o de, no gesto de resgate dessa vida interiorana idealizada, tornar a caracterização dos personagens falsamente lírica e melosa. Viriato Correa também receberia muitos comentários críticos, por ser uma espécie de protótipo da comédia ligeira do período: exagerada comicamente e recheada de cenas piegas. Ainda assim, ciente da situação geral, o crítico não deixava de pontuar: "Como peça feita nos consagrados moldes nacionais, horrivelmente nacionais, *Zuzu* é incontestavelmente das melhores que possuímos" ("Zuzu", *Jornal do Comércio*, 26/10/1923).

De resto, dramaturgos como Gracindo Alvim, Armando Gonzaga e Correa Varella seriam vistos como excessivamente repetitivos, sem interesse, volúveis ao gosto médio pelo riso fácil... e mesmo as peças que elogia possuem inevitavelmente "falhas técnicas, de movimentação, de criação de tipos etc. (LARA, 1987, p. 62). Por outro lado, se a dramaturgia brasileira era uma terra devastada com poucos oásis onde descansar, o teatro internacional seria fonte de um cabedal de peças de referência – verdadeiros modelos a seguir. Nesse período entre 1923 e 1925 elogiaria entusiasticamente companhias internacionais em visita ao Brasil, bem como o drama europeu em geral, capaz de dar tratamento realista acertado para questões espinhosas como a traição e o adultério. Em especial Bataille, com seus dramas passionais, nos quais se fazia a análise de patologias (e por isso tido como decadente por muitos críticos tradicionalistas), tinha-se um farol: "Literatura dramática decadente não é com certeza aquela que produz o lirismo ardente de *L'homme à la rose* de Bataille ou *La Gloire* de Maurice Rostand; a agudeza psicológica de *Un ami de jeunesse* de Edmond See ou *L'avocat* de De Brieux [...]." ("Comédienne", *Jornal do Comércio*, 7/7/1923).

Tal atitude combativa não só no programa crítico, como também no estilo, era marca desses anos iniciais. Sobre esse último aspecto, Sérgio de Carvalho diria que tal caráter ácido, irregular e entrecortado, que expõe os outros, mas também a si próprio, revela um crítico à procura de "categorias mais adequadas a realidades formais diversas" (CARVALHO, 1992, p. 23). Isso porque o confronto entre modelos internacionais e a realidade brasileira trazia problemas de difícil solução, que a própria linguagem crítica espelhava. Ainda assim, muitas vezes no afã militante, o crítico se contentava em passar a impressão de segurança e irredutibilidade – e qualquer coisa que não se assemelhasse ao artificialismo de nossa comédia de costumes e de nosso melodrama já era suficiente para a elevação do nível teatral nacional.

Tudo que não lembrasse nossos vícios românticos alastrados, seja no gosto público, seja na atuação (pouco estudo de papéis, pouco trabalho coletivo, excesso de estrelismo individual), seja no material representado (artificialidade das situações, exageros melodramáticos e estereótipos de caracterização), já seria suficiente. Não à toa, a propósito de *A Juriti*, do tão criticado Viriato Correa, veria mérito na peça pelo fato de que ali, finalmente, o entrecho, a linguagem e os tipos não eram caricatos: "merece incondicional louvor por não incluir no número de seus personagens [...] criadas pernósticas, geralmente mulatas, que estropiam o francês, velhos ridículos e femeeiros; meninos bonitos e meninas estouradas [...] e caipiras boçais que dizem disparates e quejandas figuras e intoleráveis de nosso teatro" ("A Juriti", *Jornal do Comércio*, 1º/2/1923). Ou seja, o problema é que nosso teatro realista era falsamente realista: "Exagera aqui, força ali, inventa acolá [...] tudo quanto há de mais fora da vida." ("Cartas de amor", *Jornal do Comércio*, 15/3/1926). É como se bastasse a boa assimilação da forma do realismo dramático internacional, repleto de contenção e de sutilezas psicológicas, mas com tipos e situações brasileiríssimas, para termos finalmente um bom teatro:

> [...] Abrasileiremos o teatro brasileiro. Melhor: apaulistanizêmo-lo. Fixemos no palco o instante radioso de febre e de esforço que vivemos. As personagens e os enredos são encontradiços, nesta terra de São Paulo, como os Ford, nas ruas de todos os bairros [...]. O casal de italianinhos. Ele se despede, agora. Logo mais vem buscá-la. Um belo dia mata-a. Traga este drama de todos os dias para a cena. Traga para o palco a luta do operário [...]. Nasceu na Itália. Três anos de idade: São Paulo. Dez anos: vendedor de jornais. Vinte anos: bicheiro. Trinta anos: chefe político, juiz de paz, candidato a vereador. [...]. Argumentos nacionalíssimos. Há a importar as fórmulas, tão somente as fórmulas [...]." (MACHADO, 1940, p. 434).[1]

Em suma, a necessidade de passarmos por toda a modernização pela qual o teatro e o drama europeus já tinham passado em fins do XIX, para que a cena brasileira finalmente fosse digna de ser apreciada; mas com foco específico: a matéria brasileiríssima, a ponta de lança da experiência nacional, são as ruas de São Paulo. Como se vê nas palavras de Machado, não se trata apenas do contista vibrante das ruas de *Brás, Bexiga e Barra Funda*, mas também do Alcântara Machado historiador, que anos mais tarde, em *Terra Roxa e Outras Terras*, dedicará uma reflexão alongada ao teatro de Anchieta – o Machado tradicionalista que continua a perspectiva do pai, empenhado que fora no resgate do "pioneirismo bandeirante". Sem exagero, estamos diante de um crítico estimulante e contraditório, capaz de capturar o turbilhão de vozes e situações da metrópole, mas que não esconde a narrativa tradicionalista das elites paulistanas, em uma inegável transposição do bandeirante do século XVIII para o paulista do XX. Trata-se da mesma valentia, arrojo e iniciativa de outrora, mas agora em roupagem

---

[1] Publicação original: "O que eu disse a um comediógrafo nacional". *Novíssima*, São Paulo, n. 8, ano 1, nov.-dez. 1924.

moderníssima – na mesma dose de apagamento simbólico e brutalidade que sempre operou como avesso desse projeto: "apaulistanizêmo-lo".

Vanguarda e Teatro da Bagunça

Se nesses primeiros anos parecia ser suficiente para Alcântara Machado a crítica contundente à miséria do estrelismo e o desejo de um realismo menos artificial – semelhante àquilo que além-mar já dava sinais de desgaste desde o pós-Guerra –, após sua viagem à Europa em 1925 sua crítica ganha novos parâmetros, muito provavelmente devido ao contado direto com as vanguardas estéticas.

Bataille, por exemplo, continua sendo visto como um audacioso, mas que não fez nada além de levar ao extremo as teorias naturalistas. Para Alcântara Machado, interessam agora os novos cenários e o novo repertório da *Comédie Française*, casa na qual se vê a morte "do classicismo heroico e sentimental, o descrédito completo do romantismo e do teatro amoroso de antes da guerra" ("Rejuvenescimento", *Jornal do Comércio*, 2/6/1926); do mesmo modo que interessam mais peças de caráter vanguardista, como as de Pirandello, que já havia visto em temporada por São Paulo em julho de 1923 e cujo trabalho o havia impressionado profundamente, sobretudo por em geral fazer a sátira ao próprio teatro (ou a redução do teatro à carpintaria dramática). Percebe assim que o núcleo da novidade está nas formas de representação (e em seus limites). Estava aí – e não só nos temas ousados e mais atinentes ao nosso dia a dia – uma saída moderna para além do drama realista. Daí seu interesse crescente por uma série de dramaturgos como Ibsen, Strindberg e O'Neill, que já desestabilizavam a lógica causal que regera a construção de intrigas do drama burguês ou do melodrama e apresentavam novos caminhos de captura da experiência contemporânea. Em suma, cada vez mais parece fazer a defesa de uma noção de realismo que se aproxime de uma vanguarda antidramática, talvez porque mais capaz de abarcar as diversas dimensões da coisificação da experiência humana na modernidade capitalista, os tipos humanos falhos e nada modelares, bem como os desvãos da *psique* dos sujeitos modernos – tudo que não cabe na "história arranjadinha que tem que começar no primeiro ato, atingir o seu maior grau de intensidade no segundo e acabar de qualquer maneira no terceiro" – sobre a qual falara em interessante ensaio sobre Ibsen, de 1928 ("Henrik Ibsen", *Diário Nacional*, 12/4/1928).

Nesses seus últimos textos no *Jornal do Comércio*, em críticas no *Diário Nacional* ou em artigos em revistas como a *Revista do Brasil* e *Terra Roxa*, Alcântara Machado será peremptório na ideia de que o que está morrendo é certo tipo de teatro e não o teatro como todo – ideia esta que à época tentavam pregar os tradicionalistas do Brasil e da Europa. Não vê na substituição de atos por quadros uma marca de decadência, pelo contrário: estava ali uma nítida ligação do teatro com as novas formas de vida. Do mesmo modo, as influências do cinema e do café-concerto sobre o teatro seriam vistas não como fim da teatralidade, mas como enriquecimento: "Meios de evocação, simultaneidade, movimento, plasticidade, perfeição rítmica, liberdade de fantasia – tudo isto o teatro dentro de suas possibilidades vem tentando imitar do cinematógrafo. Para lucro seu. Com o café-concerto aprende o traço rápido, a síntese fulminante, a força, o burlesco, a instantaneidade cômica, o vigor caricatural [...]" ("Um aspecto da renovação contemporânea", *Revista do Brasil*, n. 1, 15/9/1926). Simultaneamente, revelava-se para ele a importância de um elemento que até então ganhara pouquíssima ou nenhuma reflexão em solo brasileiro: a encenação. Via com empolgação a renovação da cena europeia, feita não só de dramaturgos e atores, mas também de cenógrafos e diretores que pensavam o conjunto do espetáculo. Daí seu interesse crescente por novíssimas teorias teatrais e pelo trabalho de encenadores como Meierhold, Reinhardt, Craig e Copeau.

Como se vê, articulava-se o interesse por todo um universo de procedimentos formais que ampliam o escopo das pesquisas antidramáticas – então a todo vapor no teatro de vanguarda soviético e alemão, por exemplo, que resgatavam formas populares menos elitizadas, como o cabaré, o circo e o *music-hall*, bem como o interesse por encenadores de viés experimental e não realista. No entanto, como aponta Sérgio de Carvalho, ao mesmo tempo que Alcântara Machado via com muita simpatia todos esses experimentos vanguardistas em solo estrangeiro, muitas vezes falava das limitações do teatro brasileiro em termos tradicionais, como se aqui ainda precisássemos cumprir uma etapa dramática para nos elevarmos ao nível do grande teatro internacional. Do mesmo modo, a admiração pelo que havia de mais atualizado na Europa tornava acrítica a aceitação do preconceito purista de diretores como Copeau, que se erigiram contra o que seriam supostos excessos veristas do naturalismo de Antoine (o que parece ter impedido Alcântara Machado de ver muito do que havia de pesquisa antiburguesa no naturalismo). Além disso, o deslumbre com a cena internacional de algum modo parecia impedir o reconhecimento da força e da radicalidade de experimentos igualmente importantes no Brasil, como as experimentações com luz e cenografia de Renato Vianna já nos anos 1920, bem como iniciativas como o Teatro de Brinquedo, de Álvaro Moreyra, fazendo que ele se indagasse se haveria ali realmente algo de novo (CARVALHO, 2002, p. 78; LARA, 1987, p. 119).

Ainda assim, é a partir de 1926 – momento em que toma a frente da revista *Terra Roxa* – que Alcântara Machado se dedica à condenação insistente da imitação de padrões estrangeiros. A busca da brasilidade se tornará espécie de pedra de toque. A respeito de *Pulo do gato*, de Batista Júnior, escreveria em 5 de dezembro de 1926:

> A tal mania dos comediógrafos brasileiros; quando não fazem uma peça de costumes à carioca, perpetram uma coisa qualquer à francesa.
> Essa coisa qualquer em geral, não presta. Assunto francês desenvolvido em brasileiro. Mal. Aí que está.
> Não quero saber de peças estrangeiras escritas por brasileiros. Ainda sou dos que esperam o nascimento do teatro nacional. Nacional, nacional. (MACHADO, 1926 *apud* LARA, 1987, p. 64).

Insiste em seus ensaios em transferir para o teatro o veio primitivista que vinha sendo impresso por outros modernistas à pintura, à escultura e à poesia. De certo modo, as vanguardas europeias já tinham validado essa busca do elemento trans-histórico popular comum a todos os povos, e aquilo que na revista se traduz na busca pelas culturas do passado e no cotidiano das camadas populares, no caso específico do teatro levará o crítico a buscar as formas e temas que podem servir de pivô para uma brasilidade pura. A partir daí, começa a pesquisa do que seria a evolução mais profunda e independente de nosso teatro. Uma delas o leva à dramaturgia de Anchieta, segundo ele, o inventor de uma cena satírica moderníssima, capaz de uma leitura crítica da vida na colônia. Vista a distância, como dissemos antes, talvez revele mais sobre a pulsão da elite paulistana de harmonizar um nacionalismo "inocente" a um paulistanismo desbravador de origem, do que algo a respeito de uma "cor local" popular, que seria encontrada de maneira mais vibrante nas suas apreciações sobre o circo em geral e sobre o palhaço Piolim em particular – linha de pesquisa esta pela qual mostrará interesse desde o primeiro número da revista *Terra Roxa*.

Piolim, àquela altura, parecia resultado da busca do que seria "a brasilidade, a autêntica, a moderna, não a tradicionalista e saudosista [...]", resultado de uma busca para captar qual seria "o gênero de teatro apropriado para captar o que as camadas populares possuem de mais genuíno, de mais recôndito e significativo" (PRADO, 1993, p. 21-22). Mas a admiração por aquele palhaço, compartilhada abertamente por figuras como Blaise Cendrars, Sérgio Milliet, Mário e Oswald, advinha não só de uma percepção de que havia ali algo de espontâneo e genial, mas também do jogo corporal e da dinâmica relacional com o outro palhaço em cena – tudo apenas aparentemente deformado, pois a simplicidade decorre de domínio técnico inspirador:

> Brasileirismo só existe na revista e na burleta. Essas refletem qualquer coisa nossa. Nelas é que a gente vai encontrar, deformado e acanalhado embora, um pouco do que somos [...]. São Paulo tem visto companhias de toda sorte. Incontáveis. De todas elas, a única, bem nacional, bem mesmo, é a do Piolim [...] Piolim sócio do Diabo, e outras coisas assim, que ele chama de pantomimas, deliciosamente brasileiras [...] ("Indesejáveis". *Terra Roxa e Outras Terras*, ano I, n. 1, 1926).

Essa salvação do teatro pelo popular nacional, conquistada de algum modo após a passagem pelas vanguardas internacionais, guarda algo da busca romântica pela "cor local", mas também não deixa de revelar sua dimensão crítica, porque mais afeita não só à busca curiosa de temas e formas, mas também à tentativa de revalorização do que até então era tido por inferior, justamente porque não profissional, porque excessivamente comercial ou porque feito pelas camadas pobres. A partir daí, radicalizará cada vez mais sua busca, indo além do interesse pontual por Piolim e passando a uma revisão de muitos juízos críticos que fizera anos antes: a salvação pelo popular implicava o interesse por todas as formas "onde o povinho se reúne" e por tudo aquilo que é *informe*. O circo, a farsa anônima, a revista e mesmo toda aquela disposição improvisacional que o levaram anos antes à crítica contundente de Leopoldo Fróes agora são alvo de elogio. Para um país sem lógica, a arma da crítica e a salvação antiburguesa e nacional residiriam nesse "Teatro da Bagunça", justamente naquilo que as saídas internacionais e europeias em particular não dão conta de capturar; naquilo que ele tanto rechaçaria no gosto médio do público em seu início de carreira como crítico. Em ensaio na *Revista Movimento*, de 2 de novembro de 1928, diria:

> [...] o desejado indivíduo (o teatro) está no ventre da terra clamando por parteira. Está aí na macumba, no sertão, nos porões, nos fandangos, nas chegancas, em todos os lugares e em todas as festanças onde o povinho se reúne e fala aos desejos e os sentimentos que tem. À música nova disso tudo misturado nasceu. Pois isso tudo misturado tem mais um filho. É o teatro da bagunça, o teatro brasileiro. ("Teatro do Brasil", *Revista Movimento*, n. 2, p. 144, nov. 1928).

E continuará nesta linha, até os anos 30:

> [...] a salvação pelo popular é o que pode salvar o teatro brasileiro. Que venham a farsa grosseira, a comédia de costumes, de pé no chão, os ingênuos de subúrbio, o folclore, o samba, o carnaval, a feitiçaria, o vernáculo estropiado, os dramas do sertão, flores de papel nos lustres, carapinhas, dentes de ouro, a fama e o ambiente, graças e desgraças da descivilização brasileira. ("Leopoldo Fróes", *Revista Nova*, ano II, n. 7, jul. 1932).

Como se vê, nesses momentos finais da trajetória de Alcântara Machado como crítico (e nos momentos finais de sua própria vida, pois morreria jovem em 1935), a perspectiva coletivizadora do teatro emerge de maneira radical – não só como saída dionisíaca ou pura festa, mas como embrião de uma crítica de classe, que mais tarde será desdobrada nas incursões dramatúrgicas de Oswald em *O Rei da Vela* e de Mário de Andrade em *Café*. Não à toa, o crítico seria contundente na abominação à proposta de criação da Companhia de Drama e Alta Comédia feita pela Câmara de São Paulo em 1928, por ver nessa preocupação com o "civilizado e o bonito" um nítido sinal do caráter elitista e ultrapassado de nossa política teatral.

Esse pensamento em alta voltagem modernista infelizmente repercutiu pouco nos meios teatrais, na mesma medida em que Alcântara Machado também não fora capaz de ver em experimentações de seus contemporâneos – talvez porque à margem da cena profissional e comercial que era foco de sua atenção, talvez pelo excesso de exigência formal que não levava em conta tempos – muitos dos elementos que julgava fundamentais para a renovação de nossa cena.

É possível imaginar que em sua última fase o crítico não seria tão afim ao "Modernismo profissional" e "estetizante" que o TBC desenvolveria quase vinte anos mais tarde em São Paulo, como se para sermos modernos fosse obrigatória a passagem por um "universal" antes de sermos "nacionais". Talvez tivéssemos aí, segundo perspectiva dos últimos anos de vida, uma modernização sem modernismo. Mas, se por um lado, essa orientação combativa e antiburguesa não retira as contradições de um pensamento ainda muito marcado pelo tradicionalismo da elite paulistana, pela perspectiva autocentrada e pela tensão em conciliar simpatia pela vanguarda com tradicionalismo dramático e "salvação pelo popular", por outro lado, estamos diante de um dos pontos altos do pensamento teatral brasileiro, capaz de antever saídas experimentais e críticas que só seriam desdobradas em larga escala muitos anos mais tarde pelo teatro brasileiro.

Referências

Obras de António de Alcântara Machado

MACHADO, António de Alcântara. *Brás, Bexiga e Barra Funda*. Org. e introd. de João Valentino Alfredo. São Paulo: Papagaio, 2012.

MACHADO, António de Alcântara. *Cavaquinho e saxofone*. Rio de Janeiro: Livraria José Olympio, 1940.

MACHADO, António de Alcântara. *Prosa preparatória & Cavaquinho e saxofone*. Org. de Francisco de Assis Barbosa e Cecília de Lara. Rio de Janeiro: Civilização Brasileira; Brasília: INL, 1983. (Obras, v. 1).

Artigos em jornais e revistas de Alcântara Machado

(Acervo consultado: Arquivo do Instituto de Estudos Brasileiros da Universidade de São Paulo (USP) – Coleção António de Alcântara Machado)

A vida é sonho. *Jornal do Comércio*, São Paulo, 2 mar. 1923.

Comédienne. *Jornal do Comércio*, São Paulo, 7 jul. 1923

Zuzu. *Jornal do Comércio*, São Paulo, 26 out. 1923.

Eva no Ministério. *Jornal do Comércio*, São Paulo, 25 dez. 1923

Rejuvenescimento. *Jornal do Comércio*, São Paulo, 2 jun. 1926.

Henrik Ibsen. *Diário Nacional*, 12 abr. 1928.

Um aspecto da renovação contemporânea. *Revista do Brasil*, n. 1, 15 set. 1926.

Teatro do Brasil. *Revista Movimento*. Rio de Janeiro, n. 2, nov. 1928.

Gerais

ABREU, Kil. Crítica teatral: da organicidade à deriva. *Teatrojornal*, 15 maio 2016. Disponível em: https://teatrojornal.com.br/2016/05/critica-teatral-da-organicidade-a-deriva/#_ftn4. Acesso em: 4 ago. 2021.

BENEVIDES, Walter. Teatro brasileiro. *Revista Festa:* Mensário de Pensamento e Arte, Rio de Janeiro, p. 16, n. 5, fev. 1927. Disponível em: http://memoria.bn.br/DocReader/docreader.aspx?bib=164526&pasta=ano%20192&pesq=&pagfis=97. Acesso em: 4 ago. 2021.

BERNSTEIN, Ana; JUNQUEIRA, Christiane. A crítica teatral moderna. In: FARIA, João Roberto (dir.). *História do Teatro brasileiro:* do modernismo às tendências contemporâneas. São Paulo: Editora Perspectiva/Sesc, 2013.

CARVALHO, Sérgio de. *O drama impossível:* teatro modernista de António de Alcântara Machado, Oswald de Andrade e Mário de Andrade. Tese de Doutorado. Programa de Pós-Graduação em Literatura Brasileira. Faculdade de Filosofia, Letras e Ciências Humanas. Universidade de São Paulo (USP), São Paulo, 2002. 234 p.

LARA, Cecília de. António de Alcântara Machado. Uma faceta do cronista: a crônica de espetáculos. In: CANDIDO, Antonio (org.). *A crônica:* o gênero, sua fixação e suas transformações no Brasil. Campinas (SP): Unicamp; Rio de Janeiro: Fundação Casa de Rui Barbosa, 1992.

LARA, Cecília de. *De Pirandello a Piolim:* Alcântara Machado e o teatro no Modernismo. Rio de Janeiro: Inacen, 1987.

MAGALDI, Sábato. *Panorama do Teatro brasileiro.* São Paulo: Global, 1997.

PRADO, Décio de Almeida. *O Teatro brasileiro moderno.* São Paulo: Perspectiva, 2009.

MEDEIROS, Elen de. O teatro brasileiro e a tentativa de modernização. *Terra roxa e outras terras, Revista de Estudos Literários,* v. 14, Londrina, dez. 2008.

PRADO, Décio de Almeida. *Peças, pessoas, personagens:* o teatro brasileiro de Procópio Ferreira a Cacilda Becker. São Paulo: Companhia das Letras, 1993.

PRADO, Décio de Almeida. *O Teatro brasileiro moderno.* São Paulo: Perspectiva, 2009.

RAMOS, Luiz Fernando. Da pateada à apatia: O teatro da bagunça de Alcântara Machado e a crítica de teatro no Brasil. O Percevejo, Rio de Janeiro, v. 2, 1994.

Gestos modernos no teatro da década de 1930: as peças *Amor...*, de **Oduvaldo Vianna** e *Deus lhe pague*, de **Joracy Camargo**

Lígia Rodrigues Balista
Phelippe Celestino
Paulo Pina
Carlos Gontijo Rosa

Introdução: a questão do moderno no teatro brasileiro

O Modernismo – ou a modernidade – na literatura dramática ocidental se desenvolveu de forma imbricada com a renovação da cena, de modo que seria inexequível pensar a dramaturgia moderna isolada da prática cênica. Isso implica o fato de que, antes de se propor uma renovação estética no âmbito da dramaturgia – ou da literatura dramática –, renovações cruciais concernentes sobretudo ao campo de performance do ator e à concepção da encenação foram necessárias e determinantes para o processo de modernização como um todo. Peter Szondi[1] e Jean-Pierre Sarrazac[2] são alguns dentre os vários estudiosos que analisaram o período de gênese e formação da cena moderna, sobretudo na Europa. No Brasil, segundo a crítica e a historiografia tradicionais, representadas por figuras como Décio de Almeida Prado e Sábato Magaldi, o surgimento da cena moderna – e a congruência de fatores a ela inerentes – teria ocorrido somente em 28 de dezembro de 1943, no Theatro Municipal do Rio de Janeiro. Trata-se da estreia da peça *Vestido de noiva*, de Nelson Rodrigues, pelo grupo Os Comediantes, sob a direção do encenador polonês Zbigniew Ziembinski. Essa construção mítica e simbólica em torno de uma única matriz modernizadora tem perdurado desde então. Ou seja, "verifica-se que aqueles que elegem 1943 como marco conseguiram apresentar um rol de argumentos

---

1 *Teoria do drama moderno*. São Paulo: Cosac&Naify, 2001.

2 *O Futuro do drama*: escritas dramáticas contemporâneas. Porto: Campos das Letras, 2002; *Léxico do drama moderno e contemporâneo*. São Paulo: Cosac Naify, 2014; *Poética do drama moderno*: de Ibsen a Koltès. São Paulo: Perspectiva, 2018.

que se sobrepõe às demais interpretações" (SOUZA, 2015, p. 87). No entanto, o caráter múltiplo e diverso da cena brasileira não comporta uma postulação desse gênero, anedótica e peremptória, tal como nos mostra a pesquisadora Tânia Brandão (2009, p. 73):

> A data não seria um divisor de águas no que se refere ao advento do *moderno* no teatro brasileiro, apesar de ter sido transformada de imediato em *acontecimento fundador*. [...] Ela foi muito mais um fato recorrente, se bem que importante, no interior de uma dinâmica cultural *sui generis*, transformado em ícone por parte da geração que o promovera e que precisou bastante deste ícone, dado o caráter acidentado, aqui, da história do *teatro moderno*. (grifos da autora).

Nessa direção, a pesquisadora Elen de Medeiros também argumenta que, "em vez de entender a peça do dramaturgo pernambucano como uma manifestação isolada, julgo que é importante notar que ela não surgiu do nada, como às vezes se pensa, mas trouxe em si aspirações por muitos já planejadas" (MEDEIROS, 2008, p. 37). Poderíamos também nomear tais "aspirações" por "gestos modernos", pois são atitudes que testemunham a ambição de alguns dramaturgos anteriores à década de 1940 em atualizarem a cena brasileira por meio de certas proposições e experimentações formais, que, se não chegaram ao nível de ruptura radical dos paradigmas, certamente contribuíram e fazem parte do intrincado processo de formação da dramaturgia moderna brasileira.

> Na década de 1930, alguns autores – que caíram no esquecimento –, agitadores do teatro brasileiro da época, tentaram provocar a reviravolta e, enfim, modernizar os palcos, trazendo do exterior influências e correntes de pensamento dominantes de então. Autores como Renato Vianna, Paulo de Magalhães e Joracy Camargo produziram, cada um à sua maneira, dramas que aspiravam ao moderno, especialmente pela representação das angústias do homem, mas que se depararam com um aspecto até então bastante negligenciado: a forma dramática, que não acompanhou a modernização dos temas (MEDEIROS, 2008, p. 39).

Torna-se, portanto, cada vez mais importante extrapolar o marco criado[3] em torno de *Vestido de noiva*, de Ziembinski e Os Comediantes,

---

3 Gusmão e Herzog (2015) discutem, a partir da análise do livro *Panorama do teatro brasileiro*, de Sábato Magaldi, algumas chaves explicativas para a criação desse "marco funda-

explorando um movimento mais amplo, menos abrupto e restringido do que estamos habituados a considerar a modernização teatral brasileira. Isto é, de que modo(s) podemos propor um novo alcance da palavra "modernismos" dentro dos nossos estudos teatrais? Ampliar as perspectivas de abordagem e reavaliar determinadas análises acerca dos conteúdos dramatúrgicos anteriores à década de 1940 parecem ser algumas das atitudes fundamentais para essa tarefa. Essa maior abrangência implica uma mobilização para rediscutir a historiografia e a crítica preestabelecidas, destacando produções que merecem ser lidas como parte ativa dessa renovação, e não como devedoras da redução genérica e própria do termo "modernismo", associado sobremaneira ao conjunto de artistas paulistanos e ao símbolo da Semana de Arte Moderna de 1922.

Amor..., de Oduvaldo Vianna: recursos cênicos em direção à renovação da cena

Oduvaldo Vianna (1892-1972) foi um dramaturgo brasileiro, autor de vasta obra, associado a uma importante tradição de produção de comédias em nosso teatro – produziu diferentes tipos, como opereta, revista, *vaudeville*, costumes. É reconhecido por suas comédias de costumes, sobretudo pela peça *Terra natal*, de 1920, na qual satiriza a valorização do que é estrangeiro. Sua produção da década de 1920 é associada a um enaltecimento do que é nacional. Como empresário, Oduvaldo esteve ligado a várias companhias teatrais e tentou valorizar o repertório nacional, além de defender o uso da linguagem coloquial e da prosódia brasileira nos palcos que ainda viviam, nas décadas de 1920 e 1930, sob o jugo do sotaque lusitano. Oduvaldo começou a escrever ainda quando adolescente e, já na década de 1910, atuava ativamente no meio jornalístico e teatral, participando, inclusive, da fundação da Sociedade Brasileira de Autores Teatrais (SBAT). Durante o Estado Novo, chegou a se exilar na Argentina e, em 1945, quando o Partido Comunista do Brasil (PCB) foi legalizado, filiou-se a ele. Também ficou conhecido por escrever muitas radionovelas – e, para alguns leitores, talvez ele seja lembrado como pai de outro importante nome do teatro brasileiro do século XX: Oduvaldo Vianna Filho, o Vianninha.

---

dor" do teatro brasileiro moderno, que se difundiu tão amplamente no ambiente intelectual dos estudos teatrais.

A peça *Amor...*, de Oduvaldo Vianna, foi encenada pela primeira vez em 7 de setembro de 1933, pela Companhia Dulcina-Odilon no Teatro Boa Vista, em São Paulo, e no ano seguinte estreou no Rio de Janeiro, inaugurando o Teatro Rival, na Cinelândia, em 22 de março de 1934, e mantendo ótima bilheteria nas plateias cariocas e reconhecimento da crítica imediata nos jornais. Matéria do jornal *O Globo*, do dia seguinte à estreia no Rio de Janeiro, aponta como "sucesso" a montagem e destaca o trabalho da atriz Dulcina de Moraes. Outros jornais fariam elogios semelhantes. Nas palavras do crítico Gustavo Dória (1975, p. 42): "Raramente se viu tal unanimidade; peça, intérpretes, espetáculo e, sobretudo, a estrela, todos louvados e com parabéns a Oduvaldo Vianna pelo belo trabalho de sua responsabilidade". Testemunha presente à época dos acontecimentos, o crítico aponta ainda como fator de destaque a inauguração do Teatro Rival, já que passa a oferecer uma nova sala de espetáculos ao público do Rio de Janeiro, além de revelar a jovem atriz Dulcina de Moraes, que se tornará comediante "de primeira grandeza" (1975, p. 42).

O próprio autor dedica a peça para a atriz principal, com as seguintes palavras: "A Dulcina de Moraes, a cujo talento admirável, na maravilhosa interpretação da figura de Lainha, devo em grande parte o êxito desta peça, profunda homenagem". Trata-se, portanto, ainda de um teatro muito ligado à prática das companhias e à centralidade de uma figura do elenco – condutas antigas e que perduram no século XX. A montagem circulou fora do eixo Rio-São Paulo, tendo apresentações em 1936, por exemplo, em Aracaju, com alterações no elenco e anunciada como "representação da maior peça do Theatro Brasileiro".[4] A peça seguiu ainda em cartaz pela década de 1940.

O texto de Oduvaldo Vianna é apresentado pelo dramaturgo como "drama em 3 atos" e dividido em 38 quadros sem intervalos[5] – o que alguns críticos apontam já como um gesto que modifica, "moderniza", mesmo que timidamente, a organização clássica do drama em três atos. O espaço cênico divide-se em cinco platôs: cinco palcos diferentes montados para dar conta dos 16 ambientes em que se passa a peça e da simultaneidade de

---

4 Informação do cartaz de 1936. Disponível em: https://www.albertolopesleiloeiro.com.br/peca.asp?ID=6333614#simple3. Acesso em: 8 jul. 2021.

5 Para a temporada no Rival-Teatro o autor teria modificado os quadros finais, em função da estrutura do palco do teatro, tendo, portanto, uma versão do texto com 35 quadros – o que não interfere na observação crítica mencionada.

ações. Um jogo de abre e fecha de cortinas em cada platô alterna a atenção do espectador entre as ações em cada palco – em mais de um momento, há mais de um platô funcionando em cena. Essa estrutura comprova como a composição dramatúrgica de Oduvaldo questiona a forma tradicional do drama. Diversos pesquisadores comentam, inclusive, os diálogos com a dramaturgia de Nelson Rodrigues, que despontaria na década seguinte. Há muitas cenas fragmentadas, com diálogos sincopados: as falas ocorrem simultaneamente em cenas diferentes, ou com textos intercalados que, ao se completarem, muitas vezes causam humor. Esse paralelismo de ações e diálogos entre vários platôs marca a estruturação da peça e, muitas vezes, confere caráter cômico a algumas cenas, como nos quadros XII e XIV, em que a empregada Maria faz suas ações no platô onde encena-se a casa de Lainha, contando os passos em voz alta para simular e controlar o tempo que Artur gastaria para seu deslocamento da redação do jornal até um café – ação que se desenvolve em outro platô. O espaço em que se desenrola a ação da peça é condicionado a essa estrutura fragmentada e de exposição simultânea ao público. Se a trama da peça explora o retrato da classe média da época, a tradicional sala de estar, que marcava muitas dramaturgias do período, é retratada aqui de maneira ousada, a partir da composição formal específica que marca essa peça e seu ímpeto de renovação da cena brasileira. Por conta dessa estrutura e do uso do *flash-back*,[6] muitos associam a essa peça uma dinâmica cinematográfica – expressão que já aproxima as escolhas formais dessa criação artística de uma estética chamada modernista.

Para Elen de Medeiros (2012, p. 2), teria sido com a peça *Amor...* que Oduvaldo se firma "na história do teatro brasileiro, como um dos principais autores a propor uma renovação", ao lado de outros nomes (como Joracy Camargo, analisado adiante) que compunham ao longo das décadas iniciais do século XX o rol de dramaturgos com "significativa produção teatral visando à modernização cênica e dramatúrgica".

Nas temáticas centrais da peça estão o divórcio e o ciúme nas relações conjugais. Vale lembrar que o divórcio ainda era assunto tabu na época. Lainha, a protagonista, é uma ciumenta descomedida que persegue

---

6   "uma cena ou um motivo dentro de uma peça (na origem, dentro de um filme) que remete a um episódio anterior àquele que acaba de ser evocado. [...] Todos estes procedimentos se tornam legítimos quando a dramaturgia renuncia à linearidade e à objetividade da apresentação, quando brinca de imbricar inextrincavelmente as realidades umas nas outras" (Pavis, 2008, p. 170). Segundo Medeiros (2012, p. 2), "até então, esse recurso só havia sido utilizado por Joracy Camargo em *Deus lhe pague...*".

o marido e torna sua vida uma espécie de prestar contas a ela de cada passo seu. Ao ficar tentando provar que o marido Artur a trai, ela chega a criar uma mulher fictícia que mandaria textos a ele (sendo que os textos e as insinuações seriam escritos por ela própria, a esposa). Nessa insistência quase doentia, Lainha envolve sua amiga Madalena em seus planos e acaba por instigar que o marido e Madalena se envolvam de fato.

A peça inicia-se com uma cena de assassinato, seguida de um quadro em que um dos personagens está no plano pós-morte e, depois, percorre um longo *flash-back* para explicar os fatos que antecederam aquele evento inicial. Os espaços da trama variam entre a casa dos protagonistas Lainha e Artur, o trabalho de Artur no jornal, um café, o escritório de Catão, o recanto do cemitério e a cabine de um trem. A passagem de tempo ocorre de maneira irregular, com esse grande salto temporal ao passado para explicar a cena dos assassinatos com que se abre a peça. Há uma personagem nomeada "Tempo", que indica, em algumas passagens, a partir da personificação, de falas e do manuseio de relógios e calendários em cena, a transição de um momento a outro. Como se vê no quadro III:

> (Abre-se a cortina do *plateau* n. 5. Sentado, com sua foice, e suas longas barbas brancas, o Tempo, tendo ao lado um grande calendário, arranca uma página, fazendo aparecer a data que lê):
> TEMPO (fala) – 3 de Março de 1933. (VIANNA, 2008, p. 314).

Vale observar que esse uso de alegoria não era novidade na cena brasileira, já que as próprias revistas de ano (gênero teatral em alta no final do século XIX e início do XX, no Brasil) utilizavam esse recurso largamente.

Se a divisão entre vários platôs é um elemento destacado na avaliação da estrutura da peça, também o deve ser a personagem de Catão – figura conservadora do núcleo principal, tanto em termos de costumes quanto nas marcas de linguagem. Ele luta pela permanência de códigos sociais criticados pela peça, assim como defende escolhas linguísticas que não acolhem inovações, faz citações em latim, "veste fraque, como sempre" (VIANNA, 2008, p. 378) e explora financeiramente o próprio amigo. Alguns dos procedimentos de humor de certas cenas se constroem exatamente sobre a ridicularização dessa posição (como sua insistência em usar determinadas palavras e condenar o uso de outras; ou nas cenas em seu escritório, rodeado por dicionários e outros livros que não podem ser fechados). Talvez esse personagem seja uma chave de leitura da peça em relação ao fazer artístico e seus movimentos para se modernizar ao se desprender de certas posturas sociais e de uso da linguagem e da língua portuguesa. Seria, então, uma maneira de criticar a retórica literária tão presente nas peças oitocentistas e nas dramaturgias do início do século, que até propunham certa renovação no tema, mas na linguagem ainda se viam presas aos códigos restritos da literatura clássica e erudita, aspecto que dificultou "a agilidade da encenação e renovação nos palcos [brasileiros]" (MEDEIROS, 2008, p. 41).

Mesmo diante da exposição do amigo Artur sobre o drama central da peça, Catão insiste na questão da escolha específica do vocábulo, tornando isso o centro de sua preocupação:

> CATÃO – Isso é outro caso. E depois, de que se queixa você? Sua senhora é honesta, dedicada, tem-lhe amor... amor...
> ARTUR – Amor? Amor, que me restringe a liberdade de viver feliz; amor, que me tortura; amor, que me tolhe os movimentos na luta pela vida e me fará, fatalmente, fracassar...
> CATÃO – Fracassar? É horrível! Horrível!
> ARTUR – Ah! Concorda então...?
> CATÃO – Absolutamente. Fracassar é um galicismo e não exprime absolutamente o que você quer dizer. Nesse caso deve ser falir. Que me fará falir na vida. É verdade que somente Rui Barbosa e eu não escrevemos fracassar. Todos os que escrevem, no Brasil e mesmo em Portugal, tem empregado a palavra "fracassar" sem propriedade. (Senta-se. Artur, desanimado, encosta-se à mesa) Fracassar é quebrar, partir-se em vários pedaços. (A cortina do *plateau* n. 1 começa a cerrar) É isto que o francês chama de "fracassar". É verbo. Presente do indicativo: jê fracasse, tu fracasses, Il fracasse, nous fracassons, vous...
> (A cortina fecha-se de todo, enquanto se abre a do *plateau* 2). (VIANNA, 2008, p. 347-348).

Defensor das leis tanto para as relações humanas quanto para o uso da linguagem, Catão personifica o conservadorismo que é ridicularizado na peça. Assim, parte da defesa de ideias feita por Oduvaldo nessa peça pode ser vista na maneira como ocorre a construção desse personagem.

Vale destacar ainda a maneira como as rubricas são exploradas pelo autor. Além de marcas de ação, indicações espaciais de entrada e saída de personagens e das explicações sobre o abre e fecha das cortinas dos diferentes platôs, Oduvaldo insere, em alguns momentos, observações críticas que extrapolam as indicações de ações, como no quadro X:

> JOCELIM – Eu também.
> *(Chefe sai. Há uma pequena pausa. Os dois escrevem vertiginosamente. Surge da esquerda o nosso conhecido Catão Carneiro da Cunha, vivinho da Silva... Tem, no entanto, o mesmo aspecto de defunto. É um desses muitos cadáveres que andam pela vida. Pálido, magro, barba longa, chapéu duro, guarda-chuva e o indefectível fraque preto. Faz a sua entrada solenemente).* (VIANNA, 2008, 340).

No início dos anos 1930, preocupações sociais começam a envolver os escritores de teatro: a peça de tese ganha espaço e Oduvaldo também começa a escrever comédias para defender ideias. O papel da mulher na sociedade ganha destaque, em termos progressistas, em sua escrita (como na peça *Mas que mulher!* de 1932), além do tema do divórcio, como vimos, tema central de sua peça *Amor...* – segundo Claudia Braga (2012, p. 416), a peça "mais lembrada do autor, não pelo que ela discute, mas pela forma como o faz". O final do texto se apoia ainda em elementos de comicidade, com cenas que trazem as figuras de Jeová e Belzebu jogando baralho enquanto conversam com Pedro e comentam as consequências das escolhas dos seres humanos. Esses quadros finais são vistos por parte da crítica como um ponto de fragilidade no acabamento formal da peça – como se ela ainda precisasse de um epílogo para provar suas ideias. De toda forma, as cenas finais não apagam a importância do tratamento formal que essa produção teatral teve e sua relevância para a história da modernização do teatro brasileiro.

Para Medeiros, o jogo constante entre a tradição e o moderno acaba por marcar o texto de Oduvaldo, assim como era um impasse representativo do contexto histórico-teatral no Brasil da década de 1930, nesse período de transição "entre essa tradição indefinida e uma modernidade desejada" (MEDEIROS, 2012, p. 3). Percebe-se, portanto, nessa peça, alguns dos gestos modernizantes que identificamos como aspirações do dramaturgo em modernizar a cena brasileira. A determinação de um cânone modernista hegemônico, que escolheu como marco a montagem de 1943 de *Vestido de noiva*, acaba por desprezar manifestações anteriores que já apontavam para essa modernização formal. O teatro de Oduvaldo Vianna e os procedimentos técnicos inovadores realizados por ele marcam a história do teatro brasileiro e seu nome como um dos principais dramaturgos a proporem uma renovação para a cena, possibilitando que mais tarde se construam outras produções consideradas modernas. Se hoje olhamos tais modificações como aspirações ainda tímidas, talvez não o tenham sido à sua época, em que grande parte das peças em cartaz repetia sistematicamente as formas consagradas pelo público, sem desejar mudanças ou transformações que alterassem esse equilíbrio bem estabelecido, mas pouco frutífero.

Deus lhe pague, de Joracy Camargo: tentativa de crítica ao contexto social moderno

Dentre os muitos cargos e funções ocupados por Joracy Camargo em sua longa vida (1898-1973), as profissões que mais se destacam em sua carreira são as de jornalista e dramaturgo. No que nos interessa, sua face artista, escreveu para o teatro, cinema, rádio e, inclusive, foi letrista de canções e autor de livros de literatura infantil. Sua versatilidade também se vê nos gêneros pelos quais transitou no âmbito teatral, indo do teatro de revista ao drama, passando pela comédia e pela peça histórica, sempre com grande sucesso desde sua primeira peça, a revista *Me leva, meu bem*, estreada no Recreio Dramático em 1925 pela Companhia Margarida Max. De toda sua produção, entretanto, nenhuma peça fez tanto sucesso quanto *Deus lhe pague*, escrita exclusivamente para ser interpretada pelo grande ator Procópio Ferreira.

A peça *Deus lhe pague*, comédia em 3 atos e 9 quadros, seguiu caminho contrário ao grande teatro da época, estreando primeiro em São Paulo, no Teatro Boa Vista, em 30 de dezembro de 1932, e já em 15 de junho de 1933 subindo aos palcos cariocas no Teatro Cassino Beira-Mar. Raymundo Magalhães Jr. atribui-lhe o título de "início do nosso teatro moderno" no que concerne à dramaturgia, dez anos antes da postulada modernização da cena promovida com a encenação de *Vestido de noiva*, de Nelson Rodrigues, e ressalta seu "diálogo vivo, natural, brilhante, enxuto e preciso". Já Afrânio Coutinho vê a contundência do teatro de Joracy Camargo nos "reais problemas e [n]as mazelas da vida moderna que aparecem debaixo do efeito da ilusão dramática". As peças de Joracy Camargo, e *Deus lhe pague* ocupando lugar central de sua produção, são tidas pela crítica como peças inteligentes, com uma denúncia social mordaz contra a burguesia, concernente com os movimentos intelectuais da sua época. Décio de Almeida Prado (1970, p. 28) destaca como essa peça ampliou o alcance da comédia brasileira, trazendo ao teatro reflexos de preocupações políticas nascidas anos antes. A estreia de *Deus lhe pague* é vista por Sábato Magaldi como uma exceção à dominação das encenações de comédia de costumes "costuradas ao gosto do público" que prevaleciam nos palcos da época (MAGALDI, 2004, p. 8).

Seu enredo traz como protagonista um mendigo-filósofo que fez fortuna com a mendicância. No tempo presente da narrativa dramática, o protagonista conversa com um seu "colega de profissão" nas escadarias de uma velha igreja. O diálogo entre as personagens, que atravessa os três atos, é entremeado por *flash-backs* (um por ato) que contam o passado do protagonista: no primeiro ato, em meio às discussões sobre a necessidade que a sociedade burguesa tem da figura do mendigo para lhe purgar os pecados, mostra-se como um projeto seu foi roubado por seu patrão e ele foi parar na cadeia. No segundo ato, discorrendo sobre sua vida dupla de pedinte e milionário, o mendigo conta como "deformou o espírito" de sua mulher, conduzindo-a à necessidade da inteligência e do dinheiro dele; enquanto no quadro passado é apresentada a relação da mulher com um rapaz mais jovem, "deformada" pelos discursos do marido, os quais ela já assimilou. No terceiro e último ato, os mendigos discutem temas como a felicidade, enquanto no quadro em *flash-back* o mendigo revela à esposa que não é um capitalista, mas um mendigo, a fim de manipular o par de amantes e evitar-lhes a fuga. Para tanto, utiliza-se de sua inteligência e do dinheiro que possui: tentaram enganá-lo, mas ele é quem acabou enganando os amantes. Ao final da peça, a esposa encontra o mendigo na escadaria, onde se reconciliam.

Mais do que o enredo, as discussões filosóficas ou existenciais levantadas pelo protagonista colocam em questão a própria organização da sociedade – não num sentido propositivo de tentar alterá-la, mas como um diagnóstico de sua situação atual. Embora chamada de "comédia" por Joracy Camargo, não estamos diante de um texto cuja proposta seja o riso aberto, popular, mas a sátira preciosa, retoricamente elaborada no melhor estilo *ridendo castigat mores* latino, em que o riso serve também como crítica aos costumes. Se considerarmos a produção teatral carioca e paulista dos anos 1920 e inícios de 1930, portanto anteriores a *Deus lhe pague*, avultam as comédias de costumes, revistas de ano e demais formas teatrais focadas na diversão despretensiosa do espectador. Joracy Camargo, com essa peça, propõe elevar o nível da experiência estética teatral através do texto bem elaborado, provocativo e, por conseguinte, um espetáculo que lhe faça jus.

Sobre as primeiras encenações da peça, é certo que muito do sucesso inicial de *Deus lhe pague* é devido à atuação de Procópio Ferreira – que acaba interpretando a peça mais de três mil vezes, "segundo seus próprios cálculos" (PRADO, 1993, p. 70) – como o protagonista absoluto da encenação:

> Na perspectiva dos críticos, é possível entender que Joracy Camargo foi o autor de Procópio Ferreira [...]. Essa autoria de encomenda estabelece fortes laços de parceria entre autor e ator, como se o ator fornecesse um pré-código para o autor desenvolver na trama, fixando modos de atuar e papéis que se tornam praticamente intercambiáveis (WERNECK, 2012, p. 419).

Contudo, não se pode deixar de ver as inovações cênicas que o próprio dramaturgo concebe nas rubricas de seu texto.

A cena é dividida em dois ambientes, o da igreja e o dos *flash-backs*, que representará a casa do mendigo com 25 ou com 50 anos. Há já aí dez anos antes não apenas de Nelson Rodrigues, mas também de *A moratória*, de Jorge Andrade, o jogo com os planos representando passado e presente. Certamente os *flash-backs* são utilizados de forma mais esquemática, mas não se deixa de ver um caminho desbravador para a dramaturgia moderna nos recursos técnicos e discursivos utilizados por Joracy Camargo.

Assim, se há algo a se questionar no texto dramatúrgico de *Deus lhe pague*, é justamente o tom um tanto esquemático que o texto assume perante o olhar do leitor. Isso porque

> A peça, permeada de tiradas socialistas e marxistas, vingará por muito tempo como grande texto revolucionário da nova dramaturgia brasileira (lembremos que *O rei da vela*, de Oswald de Andrade, escrita um ano após, só foi encenada em 1967) (MEDEIROS, 2008, p. 43).

Tal característica, que foi durante muitos anos entendida como elogiosa, também dá a ver a fragilidade que o texto adquire perante o tempo. Jorge Andrade, em entrevistas, lembrava que ele era "odiado" pela esquerda e pela direita porque não se posicionava contundentemente: "Como não sou fascista para satisfazer o governo, nem comunista para agradar às esquerdas reacionárias, sou obrigado a viver entre dois fogos" (AZEVEDO *et al.*, 2012, p. 152).[7] Já Joracy Camargo, com *Deus lhe pague*

---
7   Entrevista concedida a Edla von Steen em 1981.

inaugura uma nova fase da dramaturgia brasileira ao abdicar da comédia ligeira e lançar mão de tendências marxistas em seu diálogo, o que conferiu à peça um caráter inédito (MEDEIROS, 2008, p. 42).

Marca do discurso de uma época, é aí que se inicia o "teatro de frases", hoje mais conhecido pelo nome cunhado por Oswald de Andrade, o "teatro de tese". Essa forma dramática se mostra proselitista de um pensamento, uma vez que

> As peças desenvolvem uma tese filosófica, política ou moral, buscando convencer o público de sua legitimidade convidando-o a analisar mais a reflexão que suas emoções. [...] Este gênero goza hoje de má fama, pois o assimilamos (muitas vezes rapidamente demais) a uma aula de catecismo ou de marxismo (PAVIS, 2008, p. 385).

Procópio Ferreira comenta, à época da montagem de *O rei da vela*, em 1967 pelo grupo Oficina, este outro marco do debate sobre Modernismo no teatro brasileiro (a peça de Oswald, texto também da década de 1930, mas que se realizaria como encenação apenas décadas mais tarde):

> Em 1933 ou 1934, não estou bem certo, Oswald tentou o teatro, criando *O rei da vela*. Essa peça foi lida para mim e meus artistas no desaparecido Teatro Cassino, no Rio de Janeiro. A impressão dessa leitura foi a melhor possível. Ficamos todos entusiasmados e pensamos representar esse original. Mas esbarramos com um grande empecilho: a Censura. Se esse órgão controlador da moral teatral não permitia que pronunciássemos a palavra "amante", como sonhar em levar à cena a peça de Oswald? Recuamos. O tempo passou. A peça foi para as estantes esperar seu dia. (FERREIRA *apud* MAGALDI, 2004, p. 8).

Curioso pensarmos que a peça *Amor...* traz no registro do texto a palavra "amante" (no quadro XX, em fala de Lainha), além do tema em si da traição e do divórcio – e isso não a impediu de circular e ter tantas apresentações como teve, talvez por manter-se ainda bem próxima de uma estrutura do drama e não ter, nesse sentido, o mesmo caráter revolucionário que se vê na peça de Oswald.

A partir desses aspectos, tem-se em resumo a vinculação de *Amor...* e *Deus lhe pague* com outros textos fundamentais para a modernização da cena brasileira, seja pela utilização dos recursos cênicos explorados em ambas, e que serão aprimorados mais tarde por dramaturgos como Nelson

Rodrigues e Jorge Andrade, seja pela adoção de uma perspectiva crítica e analítica do contexto social, quase dogmática, presente em *Deus lhe pague*, e que será verticalizada em dramaturgias tidas como modernas, como *O rei da vela*, de Oswald de Andrade, e *Eles não usam black-tie*, de Gianfrancesco Guarnieri. Ou seja, as encenações de *Amor...* e *Deus lhe pague*, no momento em que foram escritas, atuam como prova da contemporaneidade dos temas e dos esforços em se renovar a cena brasileira de algum modo, a exemplo do que Gustavo Dória (1975, p. 40) denominou como "uma espécie de convulsão em nossa modestíssima literatura teatral". Se observados hoje, tais esforços talvez tenham ocorrido de maneira um tanto comedida e ingênua, mas, se vistos em seu contexto, são experiências válidas e contundentes para se compreender o movimento modernizante na sua completude, e úteis sobretudo para não se valer de soluções abruptas (ou *ex machina*, sendo atribuídas apenas a estrangeiros) em se tratando do intrincado e complexo processo de modernização do teatro brasileiro. Torna-se necessário, por conseguinte, perceber a legitimação que obtiveram esses textos, para o que se faz útil explorar a recepção, o acolhimento crítico e os desdobramentos editoriais suscitados pelo sucesso que ambas as peças obtiveram na década de 1930, não somente no Rio de Janeiro, onde se engendraram, mas no Brasil como um todo.

Legitimação e preservação: edições impressas e suas repercussões

Sucessos de público e de crítica – não apenas em São Paulo, onde estrearam primeiramente, mas também no Rio de Janeiro, capital do país e centro de frenética vida teatral à época –, as peças *Amor...*, de Oduvaldo Vianna, e *Deus lhe pague*, de Joracy Camargo, conseguiram prolongar sua popularidade para além do âmbito geográfico em que vieram à luz e sobrepujaram consideravelmente os limites de seu apelo junto ao público, muito após o fim da temporada teatral em que foram repetidamente apresentadas.

Tal fato não deve ser creditado apenas à capacidade desses textos em corresponder, de maneira direta, aos anseios de parte da sociedade de seu tempo, que se identificava com aquele discurso, ou, pelo contrário, de chafurdar impiedosamente suas angústias ou mesmo de discutir e causar escândalo por abordar certos tabus no pensamento dominante. Na verdade, todo um conjunto de elementos que compunham uma eficiente máquina de fabricar sucessos deveria ser conjugado para que uma peça se tornasse bem-sucedida nesse período de vigorosa expansão da chamada sociedade do espetáculo no Brasil.[8]

Muito importante, nesse contexto, foi a popularidade das companhias que originalmente encenaram as peças em questão, o talento e a fama dos intérpretes que primeiramente as representaram (Dulcina de Moraes e Odilon Azevedo, no caso de *Amor...*, e Procópio Ferreira, no caso de *Deus lhe pague*), as concorridas casas de espetáculo que ocuparam, a estratégia de divulgação em revistas, jornais diários e programas de rádio de então e a extensão, até o limite do esgotamento, do número de sessões programadas para o público. Porém, um componente bastante importante da engrenagem especializada na exploração comercial dessas obras, fundamental na construção e propagação de celebridades no campo da dramaturgia e constantemente menosprezado ou mesmo ignorado nos estudos dedicados ao tema, não poderia passar em branco nos casos em questão. Referimo-nos aqui à edição do texto dramático.

Muito pouco se fala sobre a edição de peças teatrais impressas, que se proliferou rapidamente a partir do final do século XIX no Brasil e tornou o texto acessível não apenas ao público leitor comum, mas também a múltiplas companhias profissionais de teatro em diferentes capitais, às trupes dos circos-teatro que circulavam incessantemente pelo país – nas capitais, em cidades médias e pequenas – e inclusive aos grupos amadores, que passaram a ensaiar e representar essas peças em pequenos círculos associativos e familiares.

Nos dois casos aqui estudados, a publicação da peça se deu menos de um ano depois de sua primeira representação, fato que deve ser destacado tendo em vista a época de sua realização. *Deus lhe pague*, estreada em 1932, foi editada pela Editora Flores e Mano já em meados de 1933, após ter sido apresentada pela primeira vez no Rio de Janeiro. Essa modesta livraria-editora de caráter popular era de propriedade de Oscar Mano, nascido na virada do século e que iniciou sua atividade no ramo livreiro

---

8 Segundo Christophe Charle, a constituição da chamada sociedade do espetáculo é um fenômeno que pode ser observado a partir da segunda metade do século XIX em metrópoles que conhecem uma vigorosa expansão de suas populações mediante a imigração. A busca desses novos citadinos por distrações sempre mais variadas tende a aumentar a oferta de espetáculos. Conservatórios das convenções, locais onde eclodem transgressões que preparam a liberação dos corpos e mentes, os teatros tornam-se epicentros da sociedade do espetáculo no sentido amplo, assumindo o papel de teatralização do político, do emocional e do escândalo (CHARLE, 2012, passim).

ao se empregar como caixeiro, aos 13 anos de idade, na famosa Livraria Francisco Alves (QUEIROZ JUNIOR, 1943). Tal como a encenação da peça, a publicação foi um sucesso, pois bateu recordes de vendas, com uma segunda edição publicada meses depois, em 1934 (As NOVIDADES, 1934). Isso ressalta a importância da peça para além do seu âmbito estritamente cênico, expandindo-se, portanto, para o domínio da literatura dramática. Em 1937, a quarta edição já conta com o prefácio de Procópio Ferreira e é confeccionada ainda por Oscar Mano, que nesse momento era diretor da Cia. Editora Minerva, sucessora da Flores & Mano, e que se ocupava principalmente de livros técnicos, de vulgarização, livros escolares e infantis. Ainda nesse mesmo ano, a Cia. Editora Minerva publica a quinta edição do texto, agora como o volume inicial da "Collecção Theatro Nacional", que contará ainda com peças de Oduvaldo Vianna, Abadie Faria Rosa, Renato Vianna, Gastão Tojeiro, Armando Gonzaga, dentre outros (DEUS, 1937). Vê-se, assim, a inclusão de Joracy nesse rol de autores dramáticos de considerável participação no processo de renovação da cena brasileira. O sucesso do texto continuou, com 30 edições apenas no Brasil, traduções publicadas em diversos países, adaptação para o rádio (LEVY, 1939) e para o cinema em 1948, na Argentina (*Dios se lo pague*, adaptação de Tulio Demicheli e direção de Luis César Amadori).

Amor..., de Oduvaldo Vianna, que estreou em São Paulo em 1933, já em maio do ano seguinte, quando da divulgação das representações da peça no Teatro Rival, no Rio de Janeiro, propagandeava a edição do texto nos jornais e revistas cariocas (DULCINA, 1934).

Oduvaldo resolveu editar *Amor...* juntamente com a peça *Canção da felicidade*, num volume intitulado "Theatro", na prestigiosa Editora Civilização Brasileira, recém-adquirida por Octalles Marcondes Ferreira (1899-1972). O editor já era dono da Companhia Editora Nacional (CEN), onde foi sócio de Monteiro Lobato (1882-1948). Ao que nos parece, a escolha de Oduvaldo pela Civilização Brasileira levou em consideração dois fatores: o público-alvo da editora, até então especializada em literatura brasileira e estrangeira; e a possibilidade de melhor distribuição da obra, que passou a ser realizada pela CEN, após a compra da Civilização Brasileira por Octalles. Nessa mesma época, Octalles utilizou o nome Civilização Brasileira para criar uma filial da CEN em Lisboa, "curta experiência de uma fase de câmbio favorável que possibilitou a entrada maciça de livros brasileiros no mercado português" (LIMA; ROSA, 2010, p. 253-254). Isso se mostra importante à medida que aponta *Amor...* como precursora de certo esforço de internacionalização não somente de literatura em geral, mas do repertório literário teatral brasileiro daquela época.

Tanto Joracy como Oduvaldo viviam dos direitos autorais de suas obras. Se é verdade que a maioria desse dinheiro vinha das representações teatrais de suas peças,⁹ não se pode esquecer que a edição de seus textos tinha um papel importante na difusão das obras, já que favorecia o acesso a elas, mesmo para pessoas distantes do lugar em que se originaram, aumentando sua abrangência e influenciando de maneira especial sua recepção.

Amor... e *Deus lhe pague* são bons exemplos dos gestos modernos que se faziam no teatro brasileiro na década de 1930, sobretudo na cena carioca, pouco observada em relação ao eixo modernista paulista estabelecido com base na Semana de Arte Moderna de 1922 e seus desdobramentos. Se, por um lado, se tornou usual considerar a renovação do teatro brasileiro pelo viés da ruptura radical da forma dramatúrgica tradicional, aliada à experimentação cênica mais robusta e à profissionalização das atrizes e dos atores, por outro, se faz urgente considerar nessa perspectiva de análise crítica e historiográfica o papel fundante que experiências como as de *Amor...* e *Deus lhe pague* possuem para a abertura e germinação da renovação da cena brasileira. Ainda, a ampla divulgação dessas novas formas de textualidades dramáticas através de edições impressas das obras diminui a centralidade da modernização do teatro brasileiro das grandes companhias de repertório, uma vez que produções dramáticas "modernizantes" poderiam ser experimentadas por qualquer grupo (amador, profissional, de circo-teatro, entre outros) que se dispusesse a adquirir a peça publicada.

O quase hiato que se estabeleceu nos estudos historiográficos dedicados à literatura dramática nessas primeiras décadas do século XX não corresponde à riqueza e à profusão de esforços feitos para a renovação do teatro brasileiro. Enfim, isso implica que iniciativas e realizações *ex-cêntricas* como as de Oduvaldo Vianna e Joracy Camargo devam ser submetidas a análises mais profundas e rigorosas, a fim de se extrair o seu potencial de esclarecimento e compreensão do multifacetado movimento de

---

9   Segundo Raymundo de Magalhães Junior os direitos autorais eram pagos da seguinte forma aos dramaturgos por conta das apresentações das peças: "Cada vez que se representa uma peça, o autor recebe determinada quantia, que corresponde a um número estabelecido de cadeiras, ao preço cobrado ao público. Se a peça é musicada, a música é paga separadamente. Os sábados e domingos são dias festivos para os autores. Em regra há três representações nesses dias" (MAGALHÃES JUNIOR, 1935).

modernização do teatro brasileiro. Esta é, portanto, a tarefa que se atribui ao breve estudo aqui apresentado.

Referências

Amor..., Cartaz, 14 ago. 1936. Disponível em: https://www.albertolopesleiloeiro.com.br/peca.asp?ID=6333614#simple3. Acesso em: 8 jul. 2021.

AS NOVIDADES do mez. *Boletim Ariel*, Rio de Janeiro, v. 3, n. 7, p. 17, abr. 1934.

AZEVEDO, Elizabeth R.; MARTINS, Ferdinando; NEVES, Larissa de Oliveira; VIANA, Fausto (org.). *Jorge Andrade 90 anos*: (re)leituras – a voz de Jorge. São Paulo: Tusp/Fapesp, 2012. v. 1.

BRANDÃO, Tânia. *Uma empresa e seus segredos*: Companhia Maria Della Costa. São Paulo: Perspectiva, 2009.

BRAGA, Claudia. A retomada da comédia de costumes. In: FARIA, João Roberto (org.). *História do teatro brasileiro I:* das origens ao teatro profissional da primeira metade do século XX. São Paulo: Sesc-SP/Perspectiva, 2012. p. 403-416.

CAMARGO, Joracy. *Deus lhe pague*. Rio de Janeiro: Edições de Ouro, 1994.

CHARLE, Christophe. *A gênese da sociedade do espetáculo: teatro em Paris, Berlim, Londres e Viena*. São Paulo: Companhia das Letras, 2012. 397 p.

DEUS lhe pague... de Joracy Camargo – Editora Minerva. *O Cruzeiro*, Rio de Janeiro, n. 24, p. 40, 1937.

DÓRIA, Gustavo. *Moderno teatro brasileiro*: crônica de suas raízes. Brasília: Serviço Nacional de Teatro, Ministério da Educação e Cultura, 1975.

DULCINA no Rival – Theatro. *A Batalha*, Rio de Janeiro, n. 1.297, p. 4, 24 maio 1934.

GUSMÃO, Henrique Buarque de; HERZOG, Thiago. O Vestido em Panorama: sobre a formação e a relativização de um cânone da historiografia teatral brasileira. *Sala Preta*, v. 15, n. 1, p. 124-134, 2015.

LEVY, S.G. Radiofonices: Deus lhe Pague. *Beira-mar: Copacabana, Ipanema, Leme*, Rio de Janeiro, n. 636, p. 5, 22 abr. 1939.

LIMA, Guilherme Cunha; ROSA, Flávia Garcia. Editora Civilização Brasileira: novos parâmetros na produção editorial brasileira. In: BRAGANÇA, Aníbal; ABREU, Márcia (orgs.). *Impresso no Brasil*: dois séculos de livros brasileiros. São Paulo: Editora Unesp, 2010. 1969. p. 253-270.

MAGALDI, Sábato. *Teatro da ruptura*: Oswald de Andrade. São Paulo: Global, 2004.

MAGALHÃES JUNIOR, R. Os que escrevem para serem ouvidos... *A Noite: Supplemento Secção de Rotogravura*, Rio de Janeiro, n. 293, p. 25, 1º jun. 1935.

MEDEIROS, Elen de. Oduvaldo Vianna, Amor e uma proposta de renovação do teatro brasileiro. *Anais do VII Congresso da Abrace*. Porto Alegre, out. 2012. Disponível em: https://www.publionline.iar.unicamp.br/index.php/abrace/article/view/2364. Acesso em: 20 jul. 2021.

MEDEIROS, Elen de. O teatro brasileiro e a tentativa de modernização. *Terra Roxa e Outras Terras, Revista de Estudos Literários*, v. 14, Londrina, dez. 2008.

PAVIS, Patrice. *Dicionário de teatro*. Tradução de Jacó Guinsburg e Maria Lúcia Pereira. São Paulo: Perspectiva, 2008.

PRADO, Décio de Almeida. Procópio Ferreira: um pouco de prática e um pouco de teoria. In: *Peças, pessoas, personagens: o teatro brasileiro de Procópio Ferreira a Cacilda Becker*. São Paulo: Companhia das Letras, 1993. p. 41-91.

PRADO, Décio de Almeida. Evolução da literatura dramática. In: COUTINHO, Afrânio (dir.). *A literatura no Brasil*; direção de Afrânio Coutinho com a assistência de Eugênio Gomes e Barreto Filho. 2. ed. Rio de Janeiro: Editorial Sul Americana, 1970. p. 7-37. v. 6.

QUEIROZ JUNIOR, José. O livro é passaporte para o mundo novo. *Vamos ler!*, Rio de Janeiro, n. 386, p. 28-9, 23 dez. 1943.

SOUZA, Camila M. B. *Ziembinski, o encenador dos tempos modernos*: a construção de uma trajetória na crítica de Décio de Almeida Prado (1950-1959). São Paulo: Editora Unesp/Cultura Acadêmica, 2015.

VIANNA, Oduvaldo. Amor... In: VIANNA, Oduvaldo. *Comédias*. São Paulo: WMF Martins Fontes, 2008.

WERNECK, Maria Helena. O teatro profissional dos anos de 1920 aos anos de 1950: a dramaturgia. In: FARIA, João Roberto (org.). *História do teatro brasileiro I:* das origens ao teatro profissional da primeira metade do século XX. São Paulo: Sesc-SP/Perspectiva, 2012. p. 417-436.

A Nova Música do Brasil: Samba Moderno e Outras Bossas na virada dos anos 1920/30

Arthur de Faria

Pixinguinha[1] tinha 16 anos quando, no carnaval de 1914, seu Grupo Caxangá estourou. Eles assim haviam se batizado por causa de uma canção de sucesso: *Caboca de Caxangá*. Canção que tinha sido composta por um de seus integrantes, João Pernambuco[2], e letrada pela então celebridade Catulo da Paixão Cearense[3].

Três anos depois, em 1917, o que então se chamava samba tem seu primeiro sucesso[4]: *Pelo Telefone*. Pixinguinha estava então com 20 anos, e compusera há pouco nada menos que *Rosa* e *Sofres Porque Queres*. Por essa mesma época, alguns compositores cariocas retomavam uma velha invenção de Chiquinha Gonzaga[5]. Em 1899 ela, com toda carioquice, misturara o estilo das marchas portuguesas com o ragtime estadunidense numa canção chamada *Oh, Abre Alas*: a primeira marcha carnavalesca. A canção fizera sucesso, mas ficara como uma curiosidade até que, duas décadas depois, novas marchinhas como *O Pé de Anjo*, de Sinhô[6], retomaram o gênero e passaram e emplacar sucesso após sucesso.

Pois então: ainda estávamos nos anos 1910 e modernidade, invenção e ineditismo eram o mote da música popular carioca. O samba *Pelo Telefone*, a valsa *Rosa*, o choro *Sofres Porque Queres* e a marchinha *O Pé de Anjo* seriam fundadores do que se entenderia a partir dali como música popular brasileira. E que seguiria assim pelo menos até o final dos anos 1950. Ou seja: quatro décadas em cima desses primeiros passos definitivos da (moderna) valsa/seresta, do choro e da marchinha/marcha-rancho de

---

1   negro, Rio de Janeiro, RJ, 1897 – 1973.

2   branco, Petrolândia, PE, 1883 – Rio de Janeiro, RJ, 1947.

3   branco, São Luís, MA, 1863 – Rio de Janeiro, RJ, 1946.

4   Não foi o primeiro samba gravado, mas sim o primeiro samba gravado de sucesso. Já em 1910 se gravava até partido-alto – https://soundcloud.com/musicadeportoalegre/samba-em-casa-de-uma-baiana.

5   filha de branco e negra – ex-escrava – , Rio de Janeiro, RJ, 1847-1935.

6   negro, Rio de Janeiro, RJ, 1888-1930.

carnaval. Além, é claro, do samba – e do samba-choro e do samba-canção já a partir de 1928, com *Linda Flor*, do maestro e pianista Henrique Vogeler[7].

Essa nova música, evidentemente, não vinha do nada. Ela se desenhava há pelo menos quatro décadas. Ainda chamada de polca, depois polca-choro, tanguinho, tango-polca, tango brasileiro etc., há tempos não era a mesma polca que se fazia na Europa. Desde que a mulher-síntese de todas a modernidades, Chiquinha Gonzaga, compôs *Atrahente*, em 1877. E seu amigão flautista e compositor Joaquim Callado[8] fundou o grupo *Choro Carioca*, com Chiquinha ao piano.

Mas voltemos a 1917. Na casa/terreiro de Tia Ciata, na Cidade Nova, encontravam-se para fazer música Pixinguinha, Donga, Mauro de Almeida, Catulo da Paixão Cearense, Sinhô. A ialorixá Tia Ciata[9] era uma das mais amadas e respeitadas "tias" baianas. Enquanto a batucada corria solta no quintal, Pixinguinha fazia choro nas salas de estar da casa, que ficavam de frente para a rua.

Sem alarde ou gritedo, Pixinga seguia na vanguarda.

Em 1919, aos 22 anos, montou com Donga[10] um novo grupo, majoritariamente negro, batizado Os Oito Batutas. Seu primeiro contrato era para tocar no Cine Palais, na parte mais chique do centro da capital federal. O repertório se dividia entre choros e música "do norte", chamada então música sertaneja: emboladas etc. Por isso, se definiam como um grupo *regional*. Por causa da sua popularidade e da importância de Pixinguinha, a partir de então todos os grupos que se dedicaram a tocar choro adotaram esse nome: "regional", ainda que o choro jamais fosse visto como uma música "regional". Desde aí chamamos de "regional" o grupo de músicos que toca choro (e samba) com uma formação baseada na dos Oito Batutas: flauta, cavaquinho, bandolim, violões, percussões, vozes. Os caras inventaram um conceito. Quer mais modernidade do que isso?

E então, por longas voltas que não cabem aqui, os carioquíssimos Oito Batutas vão parar em Paris justamente no ano da Semana de Arte Moderna paulista: 1922. Os modernistas da província imaginavam a Paris de 1922. Os Oito Batutas estavam lá.

---

7   filho de alemão branco e brasileira negra, Rio de Janeiro, RJ, 1888-1944.
8   pai negro, mãe branca, Rio de Janeiro, RJ, 1848/1880.
9   Hilária Batista de Almeida, negra, Santo Amaro da Purificação, BA, 1854 – Rio de Janeiro, RJ, 1924.
10   Ernesto Joaquim Maria dos Santos, negro, Rio de Janeiro, RJ, 1890-1974.

Quando voltaram, já não eram mais um *regional*. Sintonizados com o que de mais moderno havia na música popular do ocidente, haviam se transformado numa *jazz band*, com banjo, saxofone e um instrumento recém-inventado: a bateria. Voltavam ao Brasil armados da modernidade necessária para que o samba/maxixe e o choro disputassem a preferência com as outras febres de então: o one-step, o two-step, o ragtime, o charleston, o black bottom...

Quantos exemplares de cada um desses gêneros você conhece?

Pois então.

Fácil deduzir quem venceu.

Já temos então, pegando emprestado o conceito do professor Antonio Candido, um "sistema" da música popular brasileira. Temos editoras de partituras publicando os compositores nacionais (nacionais = quase todos cariocas); temos gravadoras registrando em disco essa música e vendendo esses discos; temos lojas de música que vendiam partituras, discos e instrumentos; temos orquestras de todos os tamanhos, em todos os lugares: no teatro de revista, nos cafés-cantantes, nos chopes-berrantes, nas salas de espera dos cinemas, nas próprias salas de cinema e, claro, no ainda incipiente e amador rádio.

É nesse momento – por si só de vanguarda e modernidade – que chega a turma do Estácio para revolucionar o ainda recente samba, raspando fora o que ele ainda tinha de maxixe. Ismael Silva (1905-1978), Nilton Bastos (1899-1931), Brancura, Baiaco, Bide (1902-1975), Getúlio Marinho, Heitor dos Prazeres (1898-1966), todos negros e cariocas, criam o *bumbum paticumbum prugurundum*. É a nova levada do samba, na qual o tempo fraco é marcado por um novo instrumento, o surdo. A genial invenção de Bide, feita com grandes latas de manteiga e couro de cabrito. Junto com ele, o tamborim, o reco-reco e a cuíca somam-se ao velho pandeiro. Substituindo para sempre o acompanhamento até então utilizado nas batucadas: faca-e-prato, palmas das mãos e ganzá. O que antes funcionava numa roda comunitária/coletiva era agora remodelado para sair à rua, com todo mundo dançando atrás. Tiraram o pessoal dos terreiros e botaram pra sambar na rua, com uma nova – mais uma – invenção: as escolas de samba, que separam de uma vez por todas o que é maxixe e o que é samba.

Em dois ou três anos tornam coisa do passado tanto os sambas amaxixados/pianísticos/orquestrados de Sinhô como a batucada de Donga, Caninha e seus colegas de geração.

E não é acaso que todos esses compositores/inventores do Estácio, todos na lira dos 20 anos, tocassem instrumentos de percussão, e não instrumentos de harmonia, como o violão ou o piano. Além disso, não havia o rádio como uma força efetiva – isso só aconteceria a partir de 1932. Provavelmente nenhum deles tinha acesso a luxos como discos ou gramofones. Praticamente sem influências "externas", influenciavam-se uns aos outros, inventando juntos uma nova sonoridade. Tão nova que demorou um tempo para conseguir ser reproduzida em discos, e mais ainda para chegar ao rádio.

Mas ok, você pode ouvir várias gravações de Francisco Alves dessa época, cantando sambas feitos dentro ou fora do Estácio e concluir que todo esse blá-blá-blá é papo furado.

Pegue, por exemplo, os dois lados do 78rpm lançado em janeiro de 1928, com Chico Viola acompanhado da Orquestra Pan American do Cassino Copacabana, regida pelo russo Simon Bountman. É fácil, só digitar: discografiabrasileira.com.br e procurar.

De um lado, tem *Não Quero Saber Mais Dela*, de Sinhô (cantado por Francisco Alves e Rosa Negra). Do outro, *Me Faz Carinhos*, parceria de Chico com Ismael Silva. Sinhô *versus* Ismael. Samba amaxixado *versus* o novo samba do Estácio. Ambos soando como dois maxixes quase iguais no seu acompanhamento.

Só que você pode experimentar tirar fora o arranjo de Simon Bountman, o russo que conhecera o maxixe na Europa. Se escolher o acompanhamento certo, tudo muda de figura.

Por exemplo: duas gravações feitas no mesmo janeiro de 1931. Na primeira, Francisco Alves em dupla com Mário Reis, acompanhados pela mesma orquestra Copacabana de Bountman, cantam o samba *Se Você Jurar*. Não importa como o tenham composto Francisco Alves, Ismael Silva e Nilton Bastos. O que você ouve é um maxixe, com aqueles sopros graves fazendo as linhas de baixo e tudo mais. Só que aí você pega a outra gravação: *Nem é Bom Falar*, com o mesmo Francisco Alves – e Mário no coro –, composta na mesma época, e pela mesma dupla: Ismael Silva e Nilton Bastos.

É inegavelmente outra coisa. É só cantar junto que encaixa: *paticumbum prugurundum, paticumbum prugurundum...*

Demos um outro salto de modernidade.

Como isso aconteceu?

Bom. A enxurrada de maravilhas contemporâneas vindas do Estácio convenceu a gravadora Odeon de que precisavam modernizar não só o repertório como também o *acompanhamento* das gravações. Aí eles chamam uns músicos da turma, os batizaram de *Bambas do Estácio*, e serão esses que acompanharão a partir dali as músicas vindas de compositores do bairro.

Rapidamente atualizam-se os parâmetros.

Em 1933 *Agora é Cinza* (Bide / Marçal), com Mário Reis, já é puro *paticumbum prugurundum*. Quem acompanha? Os Bambas do Estácio?

Não.

Os Diabos do Céu, a orquestra de... Pixinguinha, que mais uma vez provava sua sintonia com a vanguarda. Quando não a estava protagonizando, ele rapidamente incorporava o que de mais novo houvesse (e seria assim até mais ou menos 1940, quando passaria esse cetro para Radamés Gnattali[11]).

O problema da turma do Estácio é que eram todos negros, pobres e – uns mais, outros menos – malandros. Além de efêmeros. Afinal, a cena toda durou, creia, menos de cinco anos, a partir de 1928. Em meados dos anos 1930 estavam quase todos mortos – de tuberculose, facada ou tiro –, loucos de sífilis, presos ou sumidos no mundo. Dos sobreviventes, só Heitor dos Prazeres e Ismael Silva seguiram carreira. Sendo que Ismael seria preso em 1935 e, quando saiu, dois anos depois, levou quase 15 anos para voltar à cena. Já Heitor sumiu, e só foi ser revalorizado no final dos anos 1960.

A turma acabou esquecida. E, por longas décadas, não foi lembrada devidamente na história dessa incrível injeção de modernidade, dessa síntese final desse produto cultural perfeitamente acabado, que resiste a 100 anos no mesmo formato básico: o samba. Quem levou esse mérito acabou sendo a (também genial) geração de brancos de classe média, seus conterrâneos e contemporâneos, que entraram no jogo a partir da virada dos anos 1930: Noel Rosa[12], Ary Barroso[13], Lamartine Babo[14], Braguinha[15], Custódio Mesquita[16] etc.

---

11 branco, filho de italianos, Porto Alegre, RS, 1906/ Rio de Janeiro, RJ, 1988.
12 Rio de Janeiro, RJ, 1910-1937.
13 Ubá, MG, 1903 – Rio de Janeiro, RJ, 1964.
14 Rio de Janeiro, RJ, 1904-1963.
15 Rio de Janeiro, RJ, 1907-2006.
16 Rio de Janeiro, RJ, 1910-1945.

Não por acaso, os mesmos artistas que, com muito esforço e trabalho, dedicaram-se a profissionalizar a música popular. Tinham a influência do foxtrote, das jazz bands e do cinema falado – que chegara ao Brasil em 1929, deixando desempregados 30 mil músicos que acompanhavam o cinema mudo.

Se musicalmente esses compositores glosavam o mote rítmico estabelecido no Estácio, na forma de encarar a profissão estavam mais próximos do pianeiro/pioneiro Sinhô. Que, como brilhantemente sintetizou Muniz Sodré em *Samba, o Dono do Corpo*, foi o primeiro a transformar o conceito de viver *o* samba em viver *de* samba.

No caso de Ary Barroso e Custódio Mesquita, pianistas como o autodidata Sinhô, ainda havia a sólida formação musical. O resultado é que ficou creditada a essa turma a distância que há entre *Se Você Jurar* e *Agora é Cinza*. Afinal, no ano de 1930 Ary aparece com *Faceira* e Noel com *Com Que Roupa*, inegáveis sambas *bumbum paticumbum prugurundum*. E que transformam *Pelo Telefone* e os sambas/maxixes/batucadas seus contemporâneos em distantes velharias de nem 15 anos de idade.

Ary, aliás, não falava em *bumbum paticumbum prugurundum*. Mas usava outra onomatopeia para referir-se a seu samba tão moderno (e que tinha a mesma levada dos bambas do Estácio). Dizia ele que tinha sido o inventor do samba com *telecoteco*. O samba da modernidade.

Correndo nem tão por fora quanto a turma do Estácio nem tão por dentro quanto essa elite branca, vinha o pessoal do morro, negros e pobres todos: Cartola[17], Nelson Cavaquinho[18], Geraldo Pereira[19], Wilson Batista[20]. Esses, se nunca ganharam tanto dinheiro quanto Braguinha ou Ary, tiveram um reconhecimento muito maior que Nilton Bastos ou Heitor dos Prazeres.

Há ainda um detalhe importante nesse processo: a inovação cultural de vanguarda chamada samba é contemporânea de outras duas inovações culturais que se espalharam rapidamente pelo mundo: o jazz (que passa a se chamar "swing" em 1930, tocado por *big-bands*) e o bolero (que na mesma década de 1930 se estiliza e populariza via *orquestas tropicales*).

---

17   Angenor de Oliveira, Rio de Janeiro, RJ, 1908-1980.
18   Nelson Antônio da Silva, Rio de Janeiro, RJ, 1911-1986.
19   Juiz de Fora, MG, 1918 – Rio de Janeiro, RJ, 1955.
20   Campos dos Goytacazes, RJ, 1913 – Rio de Janeiro, RJ, 1968.

O que fez com que ele, o samba, vencesse mais uma batalha pela preferência do público nacional, agora nos anos 1930/40 – como o maxixe havia feito com os ritmos estadunidenses na década anterior?

Uma boa ajuda veio da crise mundial de 1929, que bateu forte por aqui no começo da década seguinte, provocando uma significativa queda na venda de discos e gramofones, e favorecendo assim o desabrochar da música nacional.

Ué, por quê?!

Por causa do rádio.

É simples: um aparelho receptor de rádio, além de mais barato que um gramofone, gasta apenas a energia elétrica que consome para ir reproduzindo sempre novas músicas. Enquanto qualquer coisa que toque discos precisa de novos discos a cada tanto que devem ser comprados. Como a rádio era então feita basicamente ao vivo, e não com discos, e artistas internacionais raramente vinham ao Brasil, passou-se a escutar hegemonicamente repertório nacional. O que, nas emissoras da capital federal, significava a grande novidade daquele começo de anos 1930: o samba.

O golpe final veio com o novo contexto político a partir da Revolução de 30, onde a ênfase é unificar o Brasil – o que seria feito a partir da capital, Rio de Janeiro. Em 1931 as emissoras de rádio se tornam sujeitas à concessão governamental, tendo entre suas obrigações a de retransmitir a *Hora do Brasil*. O programa, diário, tinha a missão de levar a todos os cantos do imenso país notícias do governo, serviços de utilidade pública e, ora veja só, música popular brasileira.

Em 1932, mesmo ano em que inaugura uma série de projetos de desenvolvimento social e econômico e institui o voto feminino, Vargas publica o decreto 21.111, autorizando que até 10% da programação das rádios seja ocupada por publicidade. O meio que até então vivia no amadorismo, sustentado por idealistas e/ou visionários, explodirá graças a suas possibilidades comerciais. Entre as mudanças, está a da programação, que passa a centrar-se em música popular, deixando rapidamente para trás o que se transmitia até então de música erudita, palestras e discursos educativos. O *Programa Casé* é o primeiro exemplo claro disso, estreando já em 1932 pagando cachês aos artistas e tendo, por exemplo, Noel Rosa na função de contrarregra.

O resto é história. A história de como o samba e a marchinha, músicas de uma cidade, transformam-se na música de uma nação.

Mas aí já é outro assunto.

Referências

CABRAL, Sérgio. *Pixinguinha: vida e obra*. 4. ed. Rio de Janeiro: Funarte, 2007.

CALDEIRA, Jorge. *A construção do samba*. São Paulo: Mameluco, 2007.

CANDIDO, Antonio. *Formação da Literatura brasileira: momentos decisivos*. 6. ed. Belo Horizonte: Itatiaia, 1981. v. 1.

DINIZ, Edinha. *Chiquinha Gonzaga: uma história de vida*. Rio de Janeiro: Record, 1999.

FRANCESCHI, Humberto Moraes. *A Casa Edison e seu tempo*. Rio de Janeiro: Sarapuí, 2002.

FRANCESCHI, Humberto Moraes. *Samba de sambar no Estácio – 1928 a 1931*. Rio de Janeiro: IMS, 2010.

HOBSBAWN, Eric. *História social do jazz*. Rio de Janeiro: Paz e Terra, 1990.

MÁXIMO, João; DIDIER, Carlos. *Noel Rosa: uma biografia*. Brasília: Editora Universidade de Brasília, 1990.

MELLO, Zuza Homem de; SEVERIANO, Jairo. *A canção no tempo: 85 anos de músicas brasileiras. V. 1: 1901-1957*. São Paulo: Editora 34, 1997.

NETO, Lira. *Da roda ao auditório: uma transformação do samba pela Rádio Nacional*. Dissertação (Mestrado em Comunicação e Semiótica) – PUC-SP, 2018.

NETO, Lira. *Uma história do samba: Volume I (As origens)*. São Paulo: Companhia das Letras, 2017.

PEREIRA, Arley *et alli*. *História do samba*. São Paulo: Globo, 1998.

SAROLDI, Luiz Carlos; MOREIRA, Sônia Virgínia. *Rádio Nacional, o Brasil em sintonia*. Rio de Janeiro: Funarte, 1984.

SEVCENKO, Nicolau. *Literatura como missão: tensões sociais e criação cultural na Primeira República*. 2. ed. São Paulo: Companhia das Letras, 2003.

SEVERIANO, Jairo. *Uma história da música popular brasileira*. São Paulo: Editora 34, 2008.

SANDRONI, Carlos. *Feitiço decente: as transformações do samba no Rio de Janeiro (1917-1933)*. Rio de Janeiro: Zahar, 2012.

SODRÉ, Muniz. *Samba, o dono do corpo*. Rio de Janeiro: Codecri, 1970.

TINHORÃO, José Ramos. *Pequena história da música popular: da modinha à lambada*. São Paulo: Art Editora, 1991.

TINHORÃO, José Ramos. *História social da música popular brasileira*. São Paulo: Editora 34, 1998.

VIANNA, Hermano. *O mistério do samba*. Rio de Janeiro: Jorge Zahar Editor/ Editora UFRJ, 1995.

História e crítica literária: Machado de Assis; José Veríssimo e Sílvio Romero; João Pinto da Silva e Ronald de Carvalho

Luís Augusto Fischer

Quando se configura o debate crítico *moderno* no Brasil? A resposta corriqueira e errada indica que foi com Mário de Andrade, e secundariamente com Oswald e depois com Sérgio Buarque de Holanda, entre outros de menor prestígio. Se a resposta for um pouco mais aberta, poderá lembrar que entre os escritores ligados à Semana de Arte Moderna de São Paulo havia também ao menos mais um sujeito de grande força no momento, Ronald de Carvalho. Nem ele, nem Mário nem Oswald foram militantes da crítica literária de varejo, coisa que em certo tempo Sérgio Buarque foi; mas todos eles pensaram a literatura criticamente e estiveram envolvidos naquela quadra, embora Ronald, com o tempo, tenha sido apagado do rol.

Para os fins do presente ensaio, não são esses os nomes inaugurais do debate crítico moderno no país, ou da modernidade crítica – nada de ficar aqui inventando trocadilhos, porque o ponto é essencial: é preciso definir o que significa a modernidade crítica, ou a crítica moderna, em primeiro lugar para escapar à rotina viciosa que iguala modernidade, sentido amplo, ao Modernismo que teve epicentro em São Paulo, e em segundo para criar um patamar seguro de avaliação.

Como fica claro no cenário desenhado na presente publicação, modernidade para nós, no contexto da virada do século 19, implica autoconsciência em gesto de ruptura com o passado, mergulho nos temas da cidade do tempo, abalada pela eletricidade, pelo automóvel, pelo cinema, atenção para elementos sociais ou culturais novos, como fez o narrador naturalista, e eventualmente a tomada da palavra por agentes sociais antes não presentes no cenário. Não é uma definição unívoca, mas é adequada para operar.

Dadas essas variáveis, a resposta àquela pergunta inicial aponta para Machado de Assis, como desbravador, depois para um par (que pode ser um trio ou um quarteto) formado por José Veríssimo e Sílvio Romero (mais João Ribeiro e Araripe Júnior) e alcança ao menos duas vozes de qualidade em Ronald de Carvalho e João Pinto da Silva. São três gerações cronológicas que acumularam debate crítico de alto nível, moderno e anterior ao movimento paulista – mas costumam ser negligenciadas ou mesmo apagadas, justamente em favor da hegemonia do pensamento crítico paulista sobre o cenário brasileiro.

Machado de Assis

Nascido em 1839 e com formação intelectual ainda hoje mal mapeada, com escolaridade formal quase nula de um par de anos, Machado de Assis é um assombro também no campo do debate crítico. É comum lembrar-se de indivíduos como o padre Antônio Sarmento ou Francisco de Paula Brito, que teriam sido decisivos para educar um rapaz sem história letrada familiar. Menos ainda se sabe de amigos mais velhos e de formação intelectual mais exigente que a dele, como Caetano Filgueiras ou o francês Charles Ribeyrolles. O certo é que Machado encontrou jeito de se informar e de formar juízos e esquemas de pensamento de enorme qualidade e originalidade, ainda mais se lembrarmos o contexto ralo na matéria, no Brasil de então.

Entre seus 30 e 40 anos, depois de muita crítica literária de varejo, Machado de Assis soube produzir alguns ensaios de espantosa qualidade e valor duradouro. Em três deles encontramos uma síntese de notável originalidade para questões cruciais na aurora da modernidade ocidental em terras brasileiras. São eles a "Notícia da atual literatura brasileira – Instinto de nacionalidade", de 1873, o debate sobre *O primo Basílio*, conjunto de duas intervenções críticas publicadas em 1878, e "A nova geração", de 1879.

O foco do primeiro texto: uma avaliação do nacionalismo, sentimento e ideologia já antigos, no momento em que o ensaio era produzido. Era passado meio século da Independência, portanto duas gerações haviam já laborado sobre o tema, sempre afirmando o valor do nacional sobre talvez qualquer outra coisa. Machado encontra um ângulo novo de ataque a essa tradição: o cultivo da identidade nacional tem cabimento mas não pode ser uma camisa de força para a criação.[1] Dito assim parece pouco e óbvio,

---

[1] Como curiosidade para traçar um paralelo americano, Jorge Luis Borges formulou – nos anos 1940 – ideias muito semelhantes, sobre o mesmo dilema entre pertencer a uma nação jovem, fruto do processo colonial, e desejar cultivar uma perspectiva cosmopolita. Desenvolvo esse paralelo no livro *Machado e Borges* (2008).

mas a simplicidade foi alcançada mediante uma crítica fina e com o auxílio fundamental de uma comparação expressiva.

"Devo acrescentar que neste ponto manifesta-se às vezes uma opinião, que tenho por errônea: é a que só reconhece espírito nacional nas obras que tratam de assunto local, doutrina que, a ser exata, limitaria muito os cabedais da nossa literatura", afirma o ensaio. Machado separava, aqui, a validade de uma obra (essa que expressa o "espírito nacional", que podemos traduzir como pura e simples marca de qualidade da criação feita pelo autor nascido naquele país) e o assunto que essa obra aborda: pode haver valor, na expressão de pertencimento ao local sem incorrer em localismo. E vem o exemplo: "perguntaria mais se o *Hamlet*, o *Otelo*, o *Júlio César*, a *Julieta e Romeu* têm alguma coisa com a história inglesa nem com o território britânico, e se, entretanto, Shakespeare não é, além de um gênio universal, um poeta essencialmente inglês".[2]

Visto desde o futuro, o argumento do ensaio é preciso, porque dá uma banana para os nacionalistas elementares, que vincularam valor (como realização artística local) e localismo temático. Shakespeare ambientou seus textos na Dinamarca, em Veneza, na Roma antiga e em Verona, respectivamente, sem deixar de expressar uma visão inglesa das coisas.[3]

A 16 e a 30 de abril de 1878 saíram os dois textos sobre o novo romance de Eça de Queiroz, sensação grande no momento, *O primo Basílio*. Machado escreve o primeiro texto assentando que o autor é um seguidor do Realismo, termo que é associado nominalmente a Émile Zola, portanto seguidor do que se chama mais especificamente de naturalismo. Machado não gosta dessa estética e debocha dela: essa nova poética, diz, que "não esquece nada, e não oculta nada", "só chegará à perfeição no dia em que nos disser o número exato de fios de que se compõe um lenço de cambraia ou um esfregão de cozinha" (p. 904). Machado atira no rosto dos ditos realistas uma vocação trivial, de copistas da realidade, e um gosto pela sujeira, mencionada no lenço para o nariz e no esfregão.

---

2   Todas as citações de Machado vêm da *Obra completa*, v. 3. Aqui, p. 804-5.

3   Se o raciocínio machadiano tem limitações? Por certo, como qualquer texto do passado. Para ele, por exemplo, os indígenas eram, em 1873, a "raça extinta", o que é uma bobagem inacreditável, que só se explica por seu despreocupado cariocacentrismo; de outro lado, a comparação com Shakespeare tem lá suas limitações, porque o bardo inglês viveu e produziu *antes* dos estados nacionais burgueses, que inventaram o nacionalismo de que Machado queria se livrar aqui.

O naturalismo era uma moda avassaladora naqueles anos, e representava uma visão politicamente progressista: era a lente capaz de dar a ver a miséria, social como a dos pobres trabalhadores, ou humana como a dos amantes comandados pelos instintos animais. Machado, nesse particular, estaria então fazendo papel reacionário? Não exatamente, ou não apenas: o escritor – que ainda não produzira sua obra mais valiosa – reclama da "inanidade do caráter da heroína", quer mais densidade da personagem: "para que [a protagonista] Luísa me atraia e prenda é preciso que as tribulações que a afligem venham dela mesma", então, "por Deus!, dê-me a sua pessoa moral". E quer também menos preconceito: reclama explicitamente de um adjetivo empregado por Eça para qualificar uma carvoeira, uma mulher que vendia carvão – Eça diz que ela ostenta "uma gravidez bestial", e Machado pergunta indignado: "Bestial por quê?" (p. 906-7).

Entre olhar para os de baixo tratando-os como animais, ou, ao contrário, dar-lhes protagonismo reconhecendo sua humanidade, Machado fica com essa segunda, e Eça com a primeira. Eça estava na moda com seu realismo implacável; Machado preferiu tomar distância dessa onda, intuindo que a psicologia complexa da personagem tem valor muito superior à mera circunstância. Dito de outro modo: nosso escritor estava cravando um prego no caixão do romance como sucessão de peripécias e prenunciando o romance de maior densidade psicológica e sociológica. Estava afinado com um Dostoiévski, como que preparando o terreno para um Proust, uma Woolf, mesmo um Kafka.

No ano seguinte, 1879, foi a vez de outro artigo de balanço: agora, era o quarentão Machado avaliando os mais jovens, os poetas que, na sequência, ganhariam protagonismo na voga parnasiana – entre eles, poeta tentativo, figurava Sílvio Romero, que entra na nossa conta logo a seguir, como crítico. Machado considera que "o Sr. Romero não possui a forma poética" (p. 828). Aqui o ponto é o nexo entre a ciência moderna – Darwin começava a correr o mundo letrado fazendo estragos, Marx tinha aberto nova estrada na sociologia e na economia – e a poesia.

Certo, sempre há alguma pressão do contexto sobre a criação, Machado lembra; mas ali algo de novo havia estourado: "o desenvolvimento das ciências modernas, que despovoaram o céu dos rapazes" (p. 810). Agora os jovens poetas olhavam para a lua e viam apenas o satélite natural da Terra, não mais uma representação do amor sublime. E mais: a mesma ciência moderna, "a teoria da seleção natural", dá aos jovens um sentimento novo – "um dos caracteres da nova direção intelectual terá de ser um otimismo, não só tranquilo, mas triunfante". Em suma: "É o inverso da tradição bíblica; é o paraíso no fim" (p. 810-811).

Até ali, insinua Machado, o paraíso era um ponto do passado; agora, ele está no futuro. Em outras palavras, o ensaísta está testemunhando o nascimento... da vanguarda. Ela não nasceu no tempo da Primeira Guerra, mas nos anos 1870; talvez ela não fosse suficiente nem claramente divisável; mas para isso estava ali a inteligência machadiana, que matou essa charada. Matou e percebeu que era uma nova ilusão.

Para ele, pensador e escritor moderno, tanto o paraíso perdido (aquele que o nacionalismo imaginava como um fio inteiriço que vinha dos primeiros tempos até o presente) quanto esse outro paraíso utópico (a suposta vitória dos mais aptos, na versão trivial da história "científica" da vida, que, aliás, Machado ironizou de modo arrebatador em *O alienista*), nenhum dos dois encanta o pensador. Contra o aplauso fácil do nacionalismo e a moda do naturalismo, e reconhecendo que a ciência moderna tinha reorganizado o céu da humanidade mas podia levar a impasses, Machado forjou uma interpretação de fôlego para a vida que se impunha. Uma interpretação que talvez poucos tenham percebido e digerido a contento naquele momento, mas que deve ser reconhecida como o marco zero da modernidade no Brasil no campo da crítica literária.

A geração seguinte: Sílvio Romero e José Veríssimo

Essas formulações alcançadas por Machado de Assis certamente foram lidas por algumas inteligências que tomariam seu lugar no cenário da crítica literária brasileira. Dois que tiveram apelo na época mas não sobreviveram a ela são Araripe Júnior e João Ribeiro.

Nascido em 1860, Fortaleza, capital do Ceará, e falecido no Rio de Janeiro em 1911, Araripe nasce em família letrada (era sobrinho de José de Alencar) e produziu reflexões de boa qualidade. João Ribeiro, nascido no interior do Sergipe em 1860 e falecido no Rio em 1934, derivou seus interesses para além da crítica literária, figurando no primeiro plano do debate sobre a língua portuguesa no Brasil, tema em que defendeu uma corajosa reforma ortográfica que diminuísse o peso da tradição (como as consoantes dobradas em uso na época) em favor de uma maior simplicidade para os muito jovens estudantes que pela primeira vez teriam escola, com a República.

Muito mais que eles, porém, devemos lembrar dois nomes que, por motivos diferentes entre si, representam passos adiante no rumo da modernização do debate literário. São eles Sílvio Romero e José Veríssimo. Como Araripe e João Ribeiro, também eles são filhos de províncias que buscaram a capital para desenvolver carreira.

Sílvio Romero nasceu no interior de Sergipe, em Lagarto, em 1851. Estudou Direito no Recife, onde entrou em contato com o pensamento de Tobias Barreto, intelectual de grande projeção no contexto, a quem idolatrou pela vida afora. Em 1879 Romero se estabeleceu no Rio, onde viveu até falecer, em 1914. Sua obra exerceu influência sobre figuras de primeiro plano do Modernismo brasileiro, como Mário de Andrade e Gilberto Freyre, e ainda sobre Darcy Ribeiro. Antonio Candido estudou seu método quando se doutorou na área de Literatura.[4]

Candido observa que Romero tem algo de turbilhão, tal é o aspecto de sua obra, voluptuosa na defesa de ideias, poucas mas fortes, mas também redundante, excessiva. Teve uma relação nada amistosa com Machado: embora tenham os dois sido fundadores da Academia Brasileira de Letras, Romero dedicou a ele um livro furioso, contendo uma série de comentários sobre a obra machadiana, que Romero considerava importante mas não muito bem realizada.[5]

Vale entrar em algum detalhe sobre as ideias que esposou e divulgou. Pensador radicalmente nacionalista, Romero foi o primeiro a dar destaque positivo para a presença negra na cultura brasileira, assim como para o legado cultural dos ameríndios. Crítico da idealização que os indianistas românticos haviam praticado, ele postulava que esses dois vastos contingentes humanos não apenas eram construtores do Brasil econômico, mas também do que hoje podemos chamar de imaginário nacional. Não por outro motivo, ele produziu dois volumes em que recolheu histórias e poemas

---

4 *O método crítico de Sílvio Romero*, trabalho defendido em 1945.

5 *Machado de Assis – Estudo comparativo de literatura brasileira*, de 1897. Note-se que o autor com que Machado é comparado é ninguém menos que Tobias Barreto – que não era ficcionista. Em certo momento, chega a afirmar, num auge de sua visão mecanicista e agressiva, que o texto de Machado contém um ritmo truncado que correspondia à gagueira do grande escritor.

do folclore, que para ele faziam parte da literatura nacional: os *Cantos populares do Brasil*, em 1883, e os *Contos populares do Brasil*, em 1885.

Essa inclusão do povo iletrado no âmbito da cultura letrada já é um elemento de forte modernidade: em sua *História da literatura brasileira*, obra que recebeu edições sucessivas e mutantes, havia lugar seguro para a cultura popular. Mas há mais: Romero embarcou de corpo inteiro na onda cientificista, que acreditava que a literatura era também regida pelas regras que o campo da então chamada História Natural estava formulando, com Darwin e outros. Embarcou a ponto de acreditar que a literatura era um produto da vida social, numa perspectiva determinista a que não faltava certo fatalismo. Era favorável ao mestiçamento étnico, posição muito diferente da de tantos outros, assim como postulou a necessidade de distribuir terras aos ex-escravos.

Só por esse breve apanhado se pode já avaliar traços de modernidade mental de Romero. Muito desses méritos, no entanto, ficavam em segundo plano em função de seu temperamento belicoso, que o levou a participar de muitas polêmicas, por exemplo contra José Veríssimo, e em função de uma atitude arrogante e fortemente autocongratulatória, que o fazia considerar suas ideias e suas obras num patamar alto, que não correspondia nem à opinião dos pares, nem ao mérito cabível, vistas a distância. O livro escrito contra Machado de Assis o atesta.

José Veríssimo, o segundo grande autor moderno dessa geração, antes de mais nada escrevia muito melhor que Romero. Basta ler qualquer página dos dois e conferir. Veríssimo era filho de Óbidos, cidade do Pará, nascido em 1857. Veio ao Rio aos 12 anos, para estudar (Engenharia), retornando para sua província antes de se formar (por doença) e de lá partindo para estadias de muitos meses na Europa, onde esteve nos anos de 1880 e de 1890; em 91, estabeleceu-se para sempre na capital, agora republicana, e ali veio a falecer em 1916. Da mesma maneira que Romero, que ele tinha como modelo no começo da vida intelectual, Veríssimo também foi professor no Rio de Janeiro, como havia sido em sua província, além de jornalista.

A modernidade de José Veríssimo é de outra ordem. Em sua vasta e variada obra crítica – ele lia francês, como todos, mas também inglês, bem mais raro no contexto –, vamos encontrar por exemplo a defesa da validade do verso livre, a crítica ao descritivismo parnasiano, o respeito modulado pelo pouco entusiasmo com o Simbolismo, assim como a abertura para o nexo entre a literatura e a vida social e entre o pensamento social e filosófico e as ciências. Mais que tudo, sua obra é a demonstração prática de uma perspectiva cosmopolita rara, que Romero, por exemplo, desconhecia ou ao menos negligenciava, em seu nacionalismo popular.

Pode-se mesmo dizer que Veríssimo pratica uma boa dialética. Quando comenta a obra de Sílvio Romero, o considera o mais completo historiador da literatura brasileira, mas ao mesmo tempo o vê arbitrário e repetitivo. Quando critica algum aspecto do mundo literário brasileiro, por exemplo, a fragilidade da crítica e do pensamento, lembra-se de considerar que a melhoria geral da literatura dependia do desenvolvimento da instrução geral da população, tese que defendia. Ao comentar o Naturalismo, critica uma certa vulgarização da literatura por ele promovida ou sugerida, por ter de certo modo rebaixado a arte a algo acessível para qualquer um, mas reconhece que ele trouxe um sentido mais justo da realidade social para os escritores.

É notável a qualidade de sua crítica a autores não brasileiros. Pode-se considerar que não lhe escapava nada de relevante, nem nas literaturas francesa e inglesa, mas também na russa – foi um dos grandes comentaristas de Tolstói em sua geração. Com esse autor russo, aliás, manifestou afinidade inclusive política, naquele projeto de um socialismo mais ou menos cristão, embora ele fosse um pensador não religioso (outra marca moderna, por sinal). Em certo momento, afirma que o socialismo "será a doutrina política do século XX ou XXI" (Veríssimo, 2001, p. 157).

Discute literatura das Américas, ao mesmo tempo que procura acompanhar o debate crítico da filosofia de seu tempo, por exemplo em Nietzsche. Um volume como *Homens e coisas estrangeiras (1899-1908)* o atesta. Aqui encontramos por exemplo a defesa do feminismo. A abrangência de sua leitura o fazia perceber que aquele tempo era já tão complexo, em pensamento e em criação estética, que excluía a pretensão de haver alguma uniformidade ou mesmo alguma hegemonia estética, lição que ainda hoje parece difícil de penetrar em muitas cabeças (ainda mais que o Modernismo paulista construiu toda uma interpretação uniformizadora e concentracionista da literatura brasileira).[6]

Vale o registro de uma curiosidade terminológica. Veríssimo emprega o termo "modernismo", em sua *História da literatura brasileira* (1916). Ali há um capítulo com esse nome, dedicado a estudar a literatura dos anos

---

6 Exponho essa discussão com detalhes no livro *A ideologia modernista: a Semana de 22 e sua consagração* (Todavia, 2022).

1870, que se julgavam já modernos – esse uso, com esse sentido, prevaleceu na historiografia das letras hispano-americanas, como se sabe. No movimento modernista daquele momento, diz, foram favorecidos os caminhos em direção ao Naturalismo, assim como ao Parnasianismo e ao que se chamou de "poesia científica"; mas o fruto mais relevante do modernismo, assim concebido, diz, foi a *História da literatura brasileira* de Sílvio Romero, cuja primeira edição saiu em 1888.

Testemunhas das vanguardas

Entram em cena agora duas outras figuras desse seleto grupo, dois críticos de bom poder de observação e texto ótimo, que não permanecem ativos no debate brasileiro por motivos que valem a pena discutir. São eles João Pinto da Silva, gaúcho, e Ronald de Carvalho, carioca. O segundo tem nome e teve fama, mas sua presença no panteão modernista foi contestada, explicitamente, como um intruso, como um pseudomodernista a ser defenestrado. O primeiro nem fama nacional obteve, em parte por haver abandonado o metiê quando começava a haver debate articulado no campo das letras, nos anos 1930.

Comecemos pelo gaúcho. Nascido em 1889 numa cidade fronteiriça, Jaguarão, separada do vizinho Uruguai por um rio, João Pinto da Silva tem um tanto de raro em sua trajetória. Autodidata, jornalista em sua cidade, poeta simbolista na juventude, muda-se para Porto Alegre pelos 20 anos; ali desenvolve uma trajetória como funcionário, primeiro mero burocrata, mas depois chefe de gabinete do presidente da província (o que hoje se chama governador), posição que manteve quando o jovem Getúlio Vargas assume o poder no estado, em 1928. Quando da Revolução de 30, João Pinto sobe para o Rio e se transforma em diplomata, vindo a ocupar alguns postos na Europa – estava em Paris quando da ocupação nazista, tendo sido preso, e depois veio a morrer quando ocupava o consulado geral brasileiro em Genebra, na Suíça, em 1950.

Sua vida como crítico se desenvolve entre 1910 e 1930, em Porto Alegre. Escrevia para o *Almanaque do Globo*, obra da livraria que viria a converter-se numa editora de alcance nacional, atuando como "diretor literário". Publica seu primeiro volume de crítica, *Vultos do meu caminho*, em 1918, reunindo estudos de literatura. A seguir, outras publicações admiráveis: em 1922, *Perfis de novos*; em 1924, a impressionante *História literária do Rio Grande do Sul* (com segunda edição em 1930), e a retomada da série *Vultos do meu caminho*, também pela Globo, em 1926 (que revê aumentar aquela de 1918) e 1927. Quando faleceu, tinha planos para mais.

O primeiro volume de *Vultos* tem material não brasileiro, com destaque para um longo estudo sobre José Enrique Rodó, grande intelectual uruguaio do tempo, e outro sobre José Ingenieros, destacado pensador argentino da mesma geração de Rodó. Aqui se pode ler toda uma profissão de fé latino-americanista, já reivindicando resistência crítica contra a força dos Estados Unidos. O segundo volume desse título se ocupa de brasileiros, despontando entre outros um longo artigo sobre Euclides da Cunha, outro sobre Cruz e Sousa – que ele defende contra a opinião negativa de José Veríssimo.

Sua *História literária do Rio Grande do Sul* é uma excelente demonstração de suas capacidades. Tomando como matéria-prima um âmbito infranacional, mas desde logo rechaçando qualquer perspectiva localista, João Pinto procura entender a singularidade da literatura no estado. Aborda a literatura da nova geração, esta que chega à cena no começo dos anos 1920, com Augusto Meyer, Felipe de Oliveira e outros. Num capítulo que se acrescenta na segunda edição, produzido em 1926, ajuíza ser o Modernismo (paulista) algo precipitado, mas diz não haver de sua parte "condenação ou censura ao esforço atual dos nossos modernistas".

Percebe uma contradição que escapou a muitos críticos, no momento: "na tendência francamente nacionalista, o nosso modernismo afasta-se do europeu, que é todo ele cosmopolita". Não era, portanto, alguém que desconhecesse o teor das vanguardas europeias ou brasileiras, mas um crítico que apontava para uma limitação do modo brasileiro de fazer vanguarda. Para completar nosso diagnóstico de sua modernidade, veja-se que, ao analisar as novidades da poesia naquele momento, como a "ruptura com as leis clássicas do metro", observa que isso já era praticado pelos simbolistas (SILVA, 2013, p. 244-8).

João Pinto fazia reparos ao nacionalismo que tomou conta da vanguarda paulista, um rumo que não lhe parecia adequado para a modernização que presenciava. Ceticismo semelhante tem Ronald de Carvalho, cuja trajetória social apresenta traços bem diversos dos do gaúcho. Nascido em família da elite carioca em 1893, foi garoto-prodígio, formando-se em Direito e logo cumprindo temporada na Europa, quando estudou na

Sorbonne e ligou-se a correntes modernistas em Portugal. Voltando ao Brasil, entrou para o serviço diplomático.

Jornalista desde os 20 anos, foi dos raros cariocas a participar diretamente na Semana de Arte Moderna de São Paulo, de 1922 – foi ele o marcante leitor do poema "Os sapos", de Manuel Bandeira. Naquele ano já tinha fama como poeta e crítico, tendo publicado sua *Pequena história da literatura brasileira* em 1919. Mas nem toda essa credencial o livraria de ser, com os anos, retirado do panteão modernista paulista: passa a ser atacado como nefelibata, depois como inimigo do líder Mário de Andrade, o qual chega a dizer, em carta a Manuel Bandeira datada de outubro de 1924: "essa gente do Rio desconfia de mim", referindo-se a "Ronald, Graça e até o Renato [Almeida]" (ANDRADE, 2000, p. 135).

Logo antes de falecer, ainda muito jovem, em desastre de automóvel, em 1935, Ronald entrega para a editora uma revisão de sua *Pequena história*, que sairá em 1937. Essa nova feição da obra permite uma interessante avaliação do pensamento do autor acerca da Semana de 22 e da questão modernista em geral. Na primeira edição, anterior à Semana famosa, ele era francamente favorável ao Simbolismo como veio de renovação da poesia e da literatura em geral; na segunda, não demonstra entusiasmo pela Semana ou pelo modo paulista de fazer renovação, porque, entre outros pontos, não acredita que ser moderno é ser futurista e esquecer o passado.

Diverge também da ideia primitivista que via como povo brasileiro apenas os índios (e mais raramente os negros, que figuram apenas lateralmente na retórica modernista de Mário e Oswald, como se sabe); para ele, o brasileiro já era também o imigrante recente, europeu incorporado à rotina das cidades grandes. Em terceiro, postula outra diferença em relação à noção vitoriosa de vanguarda modernista, porque defende a necessidade da "lição americana", quer dizer, de atentar para o mundo das Américas, ideia que terá nascido de seu contato forte com os Estados Unidos, o México e o Peru, países onde esteve a trabalho, como diplomata. Para dar conta dessas dimensões, pensava ele, o caminho era mais aquele de Walt Whitman que o dos poetas vanguardistas europeus.

Mais organicistas do que vanguardistas, ambos atentos para a dimensão do Brasil como parte do continente americano em geral, João Pinto e Ronald não rezaram pela cartilha modernista que triunfaria como hegemônica, nas décadas seguintes. Mas não foram menos modernos, como se pode ver em vários dos valores que estruturavam seu pensamento e sua ação crítica. Os dois dialogam com as posições analíticas da geração anterior, delas se distanciando em parte, mas sempre mostrando, mesmo que apenas nas entrelinhas, que sua visão da modernização se concebia também como continuidade, bem ao contrário do imperativo da ruptura, real ou apenas desejada, que animou o grupo paulista.

Finalmente, vale sublinhar que, dos cinco críticos aqui lembrados, quatro mantiveram uma perspectiva cosmopolita forte, em oposição ao único nacionalista do grupo, Romero, justamente uma das matrizes da fração do pensamento modernista que viria triunfar. Quando menos, essa contabilidade serve para mostrar outro horizonte de modernização possível, mais americano e mais internacionalista do que aquele que ainda agora domina o modo brasileiro de pensar a literatura e a cultura em geral.

Referências

ANDRADE, Mário de. *Correspondência Mário de Andrade & Manuel Bandeira*. Org. e notas de Marcos Antônio de Moraes. São Paulo: Edusp/IEB, 2000.

ASSIS, J. M. Machado de. *Obra completa*. Rio de Janeiro: Nova Aguilar, 1992.

CANDIDO, Antonio. *O método crítico de Sílvio Romero*. 4. ed. Rio de Janeiro: Ouro sobre Azul, 2006.

CARVALHO, Ronald de. *Pequena história da literatura brasileira*. 13. ed. Rio de Janeiro: Briguiet, 1968 [1919].

ROMERO, Sílvio. *Machado de Assis – Estudo comparativo de literatura brasileira*. Campinas: Editora da Unicamp, 1992.

ROMERO, Sílvio. *Sílvio Romero – Teoria, crítica e história literária*. Seleção e apresentação de Antonio Candido. São Paulo: Editora da USP, 1978.

ROMERO, Sílvio. *História da literatura brasileira*. 7. ed. Rio de Janeiro: José Olympio; Brasília: INL, 1980.

ROMERO, Sílvio. *Estudos sobre a poesia popular do Brasil*. 2. ed. Petrópolis, RJ: Vozes, 1977.

SILVA, João Pinto da. *História literária do Rio Grande do Sul*. Porto Alegre: Globo, 1924.

SILVA, João Pinto da. *História literária do Rio Grande do Sul*. 2. ed. revista. Porto Alegre: Globo, 1930.

SILVA, João Pinto da. *História literária do Rio Grande do Sul*. 3. ed. Porto Alegre: IEL, 2013.

VERÍSSIMO, José. *Homens e coisas estrangeiras (1899-1908)*. Rio de Janeiro: Topbooks, 2003.

VERÍSSIMO, José. *História da literatura brasileira – De Bento Teixeira (1601) a Machado de Assis (1908)*. 4. ed. Rio de Janeiro: José Olympio, 1969.

VERÍSSIMO, José. *O que é literatura? (e outros escritos)*. São Paulo: Landy, 2001.

VERÍSSIMO, José. *Teoria, crítica e história literária*. Seleção e apresentação de João Alexandre Barbosa. São Paulo: Editora da USP, 1977.

Sobre os autores

Adriana Armony
Escritora, professora do Colégio Pedro II, no Rio de Janeiro, e doutora em Literatura Comparada pela UFRJ, com pós-doutorado na Sorbonne Nouvelle (Paris 3). É autora dos romances *A fome de Nelson* (Record, 2005); *Judite no país do futuro* (Record, 2008); *Estranhos no aquário* (Record, 2012), premiado com a bolsa de criação literária da Petrobras; *A feira* (7Letras, 2017), finalista do Prêmio Rio de Literatura; e Pagu no metrô (Ed. Nós, 2021).

Ana Elisa Ribeiro
Professora titular do Departamento de Linguagem e Tecnologia do Centro Federal de Educação Tecnológica de Minas Gerais, onde atua no Programa de Pós-Graduação em Estudos de Linguagens e no bacharelado em Letras/Edição. É doutora em Estudos Linguísticos pela Universidade Federal de Minas Gerais e pesquisadora do CNPq. Escritora e editora. Publicou, entre outros, *O ar de uma teimosia* (Macabéa, 2020), sobre a edição de livros de autoras brasileiras no século XX.

André Boucinhas
Historiador, mestre em História pela UFF e doutor em Literatura Brasileira pela UFRGS. Publicou diversos artigos relacionando História e Literatura no século 19 e é coautor dos livros *Pernambuco em chamas* e *Um passeio pelo Rio de Janeiro*.

Anna Faedrich
Professora de Literatura Brasileira da Universidade Federal Fluminense (UFF). Coordenadora do projeto "Literatura de autoria feminina na *Belle Époque* brasileira: memória, esquecimento e repertórios de exclusão". Organizou as reedições de *Exaltação* (1916), de Albertina Bertha, e de *Nebulosas* (1872), da poeta Narcisa Amália, bem como o volume 16 do Cadernos da Biblioteca Nacional *Dois dedos de prosa: o cotidiano carioca por Julia Lopes de Almeida*. Autora de *Teorias da autoficção* (no prelo).

Armando Gens
Doutor em Literatura Brasileira pela Universidade de São Paulo, atuou na qualidade de professor associado na Universidade Federal do Rio de Janeiro e na Universidade do Estado do Rio de Janeiro. Escreveu o volume intitulado *Medeiros e Albuquerque* e, em coautoria, *Através das fronteiras: literatura, ensino e interdisciplinaridade*. Atualmente, participa do Grupo de Pesquisa do CNPq – Labelle.

Arthur de Faria
Músico, compositor e arranjador, jornalista, mestre e doutor em Literatura Brasileira pela UFRGS. Autor de ensaios e estudos sobre vários cancionistas (como Lupicínio Rodrigues), músicos (como Radamés Gnattali) e cantores (como Carlos Gardel). É autor, entre outros, de *Elis – uma biografia musical* (Arquipélago, 2015).

Carlos Gontijo Rosa
Doutor em Literatura Portuguesa (USP, 2017), mestre em Teoria e História Literária (Unicamp, 2011) e bacharel em Artes Cênicas (Unicamp, 2008). Realizou pesquisa de pós-doutorado em Literatura Brasileira (USP, 2019). Atualmente, é pesquisador de pós-doutorado em Estudos da Linguagem na Pontifícia Universidade Católica de São Paulo (LAEL/PUC-SP), com financiamento da Fapesp (Processo n. 2019/20703-2), e professor colaborador externo do Programa de Pós-Graduação em Literatura Portuguesa da Universidade de São Paulo. Membro do Grupo de Estudos do Teatro Ex-cêntrico - ETEx (CDT/ECA/USP).

Carmen Negreiros
Professora de Teoria Literária do Instituto de Letras da UERJ. Compõe o LABELLE (Grupo de Pesquisa Estudos de Cultura e Literatura da Belle Époque).

Gilberto Araújo
Professor de Literatura Brasileira na UFRJ e doutor em Letras Vernáculas pela mesma instituição. Autor de *Literatura brasileira: pontos de fuga* (Verve, 2014), *Júlio Ribeiro* (ABL, 2011), *Melhores crônicas de Humberto de Campos* (Global, 2009). Atualmente, dedica-se ao estudo das relações entre texto e imagem na obra de Raul Pompeia, de quem já reeditou *O Ateneu* (Glaciar/ABL, 2015) e *Canções sem metro* (Unicamp, 2013).

Giovanna Dealtry
Pesquisadora, crítica literária e professora adjunta de Literatura e Cultura Brasileira na UERJ e doutora em Literatura Brasileira pela PUC-Rio. É pesquisadora do Labelle/UERJ. Autora de *No fio da navalha – malandragem na literatura e no samba* (Casa da Palavra/Faperj), *Clara Nunes – Guerreira* (Cobogó) e co-organizadora dos livros *Alguma prosa – ensaios sobre a literatura brasileira contemporânea*, com Stefania Chiarelli e Masé Lemos (7Letras), *O futuro pelo retrovisor – inquietudes da literatura brasileira contemporânea*, com Stefania Chiarelli e Paloma Vidal (Rocco) e *Sérgio Sant'Anna – cartografia crítica*, com Igor Graciano (Ed. Carolina). Organizou a primeira edição com notas do volume *Vida vertiginosa* (José Olympio), de João do Rio.

Guto Leite (Carlos Augusto Bonifácio Leite)
Nascido em 1982 em Belo Horizonte (MG). Linguista pela Unicamp. Especialista, mestre e doutor em Literatura Brasileira pela UFRGS, onde é professor de Literatura Brasileira no Departamento de Letras Clássicas e Vernáculas. Fez estágio de pós-doutoramento na Universidad de Buenos Aires. Autor de seis livros de poemas, um romance, além de textos diversos publicados em várias coletâneas. Autor de três álbuns autorais de música popular. Ganhador de dois Prêmios Açorianos, um como escritor, outro como compositor popular. Pelo projeto Sesc Mais Leitura, em feiras de livro, congressos, colóquios, seminários etc., já deu mais de cem palestras em diversas cidades do Rio Grande do Sul e do restante do país.

Heloisa Sousa Pinto Netto (ou Heloisa Netto)
Doutora em Letras pela Universidade Federal do Rio Grande do Sul, com estágio doutoral na Università Ca' Foscari, de Veneza, e estágio pós-doutoral em Estudos da Tradução na Universidade Federal de Santa Catarina. Cursa bacharelado em História na Universidade Federal do Rio Grande do Sul. É tradutora de italiano.

Homero Vizeu Araújo
Professor titular de Literatura Brasileira na Universidade Federal do Rio Grande do Sul. Autor de Futuro pifado na literatura brasileira: promessas desenvolvimentistas e modernização autoritária e Machado de Assis e arredores, entre outros livros.

Hugo Lorenzetti Neto
Poeta, tradutor, ensaísta, diplomata e professor de artes da escrita. É doutorando do programa de Pós-Graduação em Letras da UFRGS. Serviu nas embaixadas brasileiras na Nicarágua, Bélgica, Índia e Indonésia, voltou ao Brasil para trabalhar em Recife e atualmente é curador-geral do Centro Cultural Brasil-Angola, em Luanda. Publicou os livros 24 e *A máquina extraordinária*, pela editora Zouk.

Ieda Lebensztayn
Crítica literária, pesquisadora e ensaísta. Mestre em Teoria Literária e doutora em Literatura Brasileira pela USP. Fez pós-doutorado no IEB e na Biblioteca Mindlin/FFLCH. Autora de *Graciliano Ramos e a* Novidade: *o astrônomo do inferno e os meninos impossíveis*. Organizou, com Thiago Mio Salla, os livros *Cangaços* e *Conversas*, de Graciliano. E, com Hélio de Seixas Guimarães, os dois volumes de *Escritor por escritor: Machado de Assis segundo seus pares*.

Jean Pierre Chauvin
Professor associado da Escola de Comunicações e Artes da USP, onde pesquisa e leciona Cultura e Literatura Brasileira (Colônia / Império / República). Atua nos programas de pós-graduação em Letras (Unifesp) e Estudos Comparados de Literaturas de Língua Portuguesa (USP). Publicou *O poder pelo avesso na literatura brasileira* (2013), *Estudos sobre a épica luso-brasileira* (2021), dentre outros. Mais recentemente, organizou a coletânea *Estudos sobre Dom Casmurro*, em homenagem a Lineide do Lago Salvador Mosca.

Karina de Castilhos Lucena
Professora de Espanhol do Instituto de Letras da UFRGS. Doutora em Letras pela UFRGS, com estágio pós-doutoral no Programa de Pós-graduação em Estudos da tradução da Universidade Federal de Santa Catarina (PGET-UFSC). Autora do livro *Leituras em constelação: literatura traduzida e história literária* (Bestiário/Class, 2020).

Laila Thaís Correa e Silva
Graduada em Filosofia (2009) e História (2015) pela Universidade Estadual de Campinas (Unicamp). É mestra em Filosofia (2012) pela mesma instituição. É doutora em História Social pela Unicamp (2016-2021), foi bolsista

da Fundação de Amparo à Pesquisa do Estado de São Paulo (Fapesp, 2017-2021) e Visiting Fellow na Harvard University, Departamento de História da The Gratuate School of Arts and Sciences (GSAS), durante o ano acadêmico de 2019-2020. Tem experiência na área de História, com ênfase em História do Brasil Império, Literatura Brasileira e Literatura e Imprensa Feminista do século XIX no Brasil.

Lígia Rodrigues Balista
Doutora em Literatura Brasileira (USP, 2018), com tese sobre Teatro Brasileiro. Mestre em Teoria e História Literária (Unicamp, 2012), bacharel e licenciada em Letras (Unicamp, 2007). Atualmente, é supervisora de conteúdo de Letras e Linguística da Univesp (Universidade Virtual do Estado de São Paulo) e pesquisadora de pós-doutorado em Literatura Brasileira na USP (FFLCH/ECA/CDT), onde investiga materiais inéditos de Gianfrancesco Guarnieri e Oduvaldo Vianna Filho. Membro do Grupo de Estudos do Teatro Ex-cêntrico - ETEx (CDT/ECA/USP).

Luís Augusto Fischer
Professor titular de Literatura Brasileira na UFRGS, é autor de uma série de trabalhos, entre os quais *Duas formações, uma história – das "ideias fora do lugar" ao "perspectivismo ameríndio"* (Arquipélago, 2021) e *A ideologia modernista - A Semana de 22 e sua consagração* (Todavia, 2022).

Luiz Mauricio Azevedo
Mestre em Literatura pela PUCRS, doutor em Teoria da Literatura pela Unicamp, com estágio na Rutgers University, pesquisador pós-doc na FFLCH/USP. Autor de *Estética e raça: ensaios sobre a literatura negra* (Ed. Sulina), entre outros. Editor da editora Figura de Linguagem.

Luiz Ruffato
Autor de *Eles eram muitos cavalos, Inferno provisório* e *O verão tardio*, entre outros, seus livros ganharam prêmios nacionais (APCA, Jabuti, Machado de Assis) e internacionais (Casa de Las Américas, Hermann Hesse) e estão publicados em treze países. Lançou em 2021 o ensaio *A revista Verde, de Cataguases*, pela Autêntica Editora.

Magali Lippert da Silva Almeida
Nasceu em Porto Alegre em janeiro de 1979. É graduada em Biblioteconomia pela Universidade Federal do Rio Grande do Sul (UFRGS), onde também fez Mestrado em Comunicação e Informação (PPGCOM/UFRGS) e Doutorado em Letras/Estudos Literários (PPG LETRAS/UFRGS) com tese sobre as representações de leituras e livros na obra *O Ateneu* de Raul Pompeia – *A biblioteca de Sérgio: representação do irrepresentável*. Desde 2010 atua como professora de Biblioteconomia do IFRS/Campus Porto Alegre.

Marcos Lacerda
Sociólogo e ensaísta. Doutor em Sociologia pelo IESP/UERJ, em estágio de pós-doutorado no PPGS/UFPEL. Foi professor visitante do ICS da Universidade de Lisboa. Publicou *Hotel Universo: a poética de Ronaldo Bastos* (2019) e *Sociologia das tecnociências contemporâneas: ensaios de teoria social portuguesa* (2020), entre outros. É um dos curadores da coleção Cadernos Ultramares.

Maria Clara Gonçalves
Doutora em Teoria e História Literária pela Unicamp. Vice-coordenadora do grupo de pesquisa do CNPq "Estudos do Teatro Ex-cêntrico - ETEx" (ECA/USP). Desenvolve pesquisas sobre a dramaturgia de Qorpo-Santo e gêneros teatrais populares dos Oitocentos. Tem vários artigos publicados. Atualmente realiza estágio de pós-doutorado (PNPD/Capes) na Unesp/Assis.

Maria do Rosário Alves Pereira
Professora do Departamento de Linguagem e Tecnologia do Centro Federal de Educação Tecnológica de Minas Gerais, onde atua no bacharelado em Letras/Edição. É docente do Programa de Pós-Graduação em Letras da Universidade Federal de Viçosa, Minas Gerais. É doutora em Estudos Literários pela Universidade Federal de Minas Gerais.

Natália Conceição Silva Barros Cavalcanti
Doutora em História pela Universidade Federal de Pernambuco. Professora do Instituto Federal de Educação, Ciência e Tecnologia do Pará. Sua tese de doutorado foi *Arquivos da vida, arquivos da história: as experiências intelectuais de Joaquim Inojosa e os usos da memória do modernismo* (Recife, 2012, UFPE).

Olívia Barros de Freitas
Doutora em Letras – Literatura Brasileira pela UFRGS, mestra em Literatura, bacharelada e licenciada em Letras pela UnB. Docente convidada do curso de Pós-Graduação em Literatura Brasileira da UFRGS. Atua na Editora da Universidade Federal de Ciências da Saúde de Porto Alegre (Editora da UFCSPA).

Patrícia Lima
Jornalista, graduada em Letras e mestre em Literatura Brasileira pela UFRGS. Em sua dissertação, recuperou as crônicas de João Simões Lopes Neto na imprensa pelotense em 1913 e 1916, publicadas em *Inquéritos em contraste* (Editora Edigal, 2016). Doutoranda na mesma universidade, com pesquisa sobre a biografia intelectual de Augusto Meyer.

Paulo Pina
Doutorando em História Social, mestre em História Social (USP, 2015) e bacharel em Biblioteconomia (USP, 1984). Tem especialização em Gestão Cultural (Paris III - Sorbonne Nouvelle, 1998-1999) e em Organização de Arquivos (IEB/USP, 1990). Atualmente, é coordenador da Biblioteca Jenny Klabin Segall/Museu Lasar Segall/Ibram/Ministério do Turismo. Membro do Grupo de Estudos do Teatro Ex-cêntrico - ETEx (CDT/ECA/USP).

Paulo Roberto Tonani do Patrocínio
Doutor em Letras pela PUC-Rio. É professor adjunto do Departamento de Letras-Libras e do Programa de Pós-Graduação em Ciência da Literatura, ambos da Faculdade de Letras da UFRJ. É autor dos livros *Escritos à margem*: a presença de autores de periferia na cena literária brasileira (7Letras/Faperj, 2013) e *Cidade de lobos*: a representação de territórios marginais na obra de Rubens Figueiredo (Ed. UFMG/Faperj, 2016) e também co-organizador dos livros de ensaios *Modos da margem, figurações da marginalidade na literatura brasileira* (Aeroplano, 2015), *Estudos culturais*: legado e apropriações (Pontes, 2017), além de ter publicado diferentes artigos e ensaios sobre literatura no Brasil e no exterior.

Phelippe Celestino
Doutorando em Artes Cênicas (PPGAC/ECA/USP), sob orientação de Elizabeth R. Azevedo. Mestre em Artes Cênicas (PPGAC/ECA/USP, 2018), com dissertação sobre a História do Teatro Brasileiro na Primeira

República. Bacharel em Artes Cênicas com habilitação em Direção Teatral pela Universidade Federal de Ouro Preto. Bolsista da Fundação de Amparo à Pesquisa do Estado de São Paulo (Fapesp, Processo 2018/26644-5). Membro do Grupo de Estudos do Teatro Ex-cêntrico - ETEx (CDT/ECA/USP).

Raquel Afonso da Silva
Doutora em Teoria e História Literária pela Unicamp e possui pós-doutorado em Literatura Brasileira pelo Instituto de Estudos Brasileiros da USP. Em suas pesquisas, dedicou-se à literatura infantojuvenil e à recepção de leitores, através do trabalho com arquivos de escritores e acervos de correspondência. Atualmente, é professora do Instituto Federal de Brasília.

Renata Moreira
Professora do Departamento de Linguagem e Tecnologia do Centro Federal de Educação Tecnológica de Minas Gerais, onde atua no Programa de Pós-Graduação em Estudos de Linguagens e no bacharelado em Letras/Edição. É doutora em Estudos Literários pela Universidade Federal de Minas Gerais.

Ricardo Souza de Carvalho
Professor de Literatura Brasileira na USP e autor de *A Espanha de João Cabral e Murilo Mendes* (Editora 34, 2011), vencedor do Prêmio Jabuti na categoria Teoria/Crítica Literária em 2012.

Rodrigo Alves do Nascimento
Crítico de teatro, professor e tradutor. Tem graduação em Letras pela Universidade Estadual de Campinas, mestrado e doutorado em Literatura e Cultura Russa pela Universidade de São Paulo. Foi professor de História do Teatro no Instituto de Artes da Unesp e há anos dedica-se à pesquisa dos teatros russo e brasileiro. É autor de *Tchékhov e os Palcos Brasileiros*, publicado pela Editora Perspectiva em 2018.

Rodrigo de Albuquerque Marques
Professor da Faculdade de Educação, Ciências e Letras do Sertão Central (FECLESC-Uece) e do Mestrado Interdisciplinar de História e Letras (MIHL/Uece). Doutor em Literatura Comparada pela UFC. É autor de vários livros, entre os quais *Literatura cearense: outra história* (Dummar,

2018) e *A nação vai à província: do Romantismo ao Modernismo no Ceará* (UFC, 2018).

Rosa Gens
Doutora em Literatura Brasileira pela UFRJ; professora aposentada de Literatura Brasileira da Faculdade de Letras da UFRJ. Escreveu o volume intitulado *Afrânio Peixoto* e, em coautoria, *Através das fronteiras*: literatura, ensino e interdisciplinaridade. Atualmente, participa do Grupo de Pesquisa do CNPq – Labelle.

Suzane Silveira
Doutora em Letras Vernáculas, com ênfase em Literatura Brasileira pela UFRJ e participante do Nielm (Núcleo Interdisciplinar de Estudos da Mulher na Literatura), liderado pela professora Anélia Pietrani. Integrante do coletivo Escritoras Vivas, editora na *Revista Toró* e autora de *Entre o palco e a página: confronto das ideias teatrais de Artur Azevedo e Coelho Neto* (Autografia, 2020).

Tiago Lopes Schiffner
Doutor em Estudos Literários, com ênfase em Literatura Brasileira. É integrante do grupo de pesquisa "Literatura Brasileira em dinâmica desigual e combinada", junto ao Instituto de Letras da UFRGS. Atualmente, é graduando em História da Arte no Instituto de Artes da UFRGS.

Vinícius de Oliveira Prusch
Mestrando na linha Literatura, Sociedade e História da Literatura pelo Programa de Pós-Graduação em Letras da Universidade Federal do Rio Grande do Sul (UFRGS) e licenciado em Letras (Português/Inglês) pela mesma universidade. Integra o grupo de pesquisa Literatura, Canção e Sociedade no Brasil dos Séculos XX e XXI e tem como foco principal de pesquisa as relações entre pós-modernidade, neoliberalismo e estética.

está obra foi composta
em Minion Pro 11/14
pela Editora Zouk e impressa
em papel Pólen Soft 80g/m²
pela Gráfica Odisséia
em agosto de 2022